科学百科

大讲堂
双　色
图文版

刘凤珍◎主编　唐飞雪◎编著

中国华侨出版社
北京

图书在版编目（CIP）数据

科学百科大讲堂 / 唐飞雪编著 . —北京：中国华侨出版社，2016.12
（中侨大讲堂 / 刘凤珍主编）
ISBN 978-7-5113-6547-7

Ⅰ . ①科… Ⅱ . ①唐… Ⅲ . ①科学知识—普及读物
Ⅳ . ① Z228

中国版本图书馆 CIP 数据核字（2016）第 292761 号

科学百科大讲堂

编　　著 / 唐飞雪
出 版 人 / 刘凤珍
责任编辑 / 冰　馨
责任校对 / 王京燕
经　　销 / 新华书店
开　　本 / 787 毫米 × 1092 毫米　1/16　印张 /24　字数 /385 千字
印　　刷 / 三河市华润印刷有限公司
版　　次 / 2018 年 3 月第 1 版　2018 年 3 月第 1 次印刷
书　　号 / ISBN 978-7-5113-6547-7
定　　价 / 48.00 元

中国华侨出版社　北京市朝阳区静安里 26 号通成达大厦 3 层　邮编：100028
法律顾问：陈鹰律师事务所
编辑部：（010）64443056　　64443979
发行部：（010）64443051　　传真：（010）64439708
网　　址：www.oveaschin.com
E-mail：oveaschin@sina.com

前言
Preface

　　科学包含了世界的全部奥妙，是揭开自然之谜的钥匙，是通向未来世界的桥梁，它的不断进步给世界带来了翻天覆地的变化。掌握了科学知识的人，就像搭上了一列高速列车，向着美好的未来飞奔而去。科学是人生的主要功课之一，虽然未必人人都能成为科学家，但作为21世纪的现代人，不了解基本的科学知识，是难以想象的。这本《科学百科大讲堂》就像一片神奇的帆，能将读者轻松带进浩瀚的科学海洋，让读者开开心心爱上科学，成为有科学头脑的人。

　　本书按照学科种类组织编写，并考虑到读者的阅读习惯，将纷繁复杂的科学内容归纳为基础科学、天文、地理、生物、人体生命、动物、植物、医学、生活、交通通信、军事科学、应用科学与当代新科技共12部分，从浩瀚的知识海洋中精心选取对读者最有了解价值的内容，具体而直观地介绍当今主要学科领域的基础知识、历史进展、核心概念、主要成就、科学趣谈和最新应用等，帮助读者系统全面地架构起科学知识体系的框架，开阔视野，启迪思维，一步步进入神秘而有趣的科学王国。全书将探索精神和人文关怀贯穿始终，为读者展示了一个丰富多彩、奥妙无穷的科学世界，是一本融知识性和趣味性于一体的理想科普读物。书中的每一节都独立成篇，以通俗生动的语言阐述一个个科学专题，结构完整，讲解准确清晰，使读者于趣味盎然中轻松受益，且能从任一页读起，便于随时翻阅。

　　全书配有百余幅精美插图，有实物照片、现场照片、手绘插图、原理示意图和大量结构清晰、解释详尽的分解图等，再配以简洁、准确的图注，与文字相辅相成，帮助读者形象、直观地理解各学科知识，激发读者热爱科学、学习知识的兴趣，拓展其想象空间，使他们能在充满趣味的阅读中，轻松增长知识，并启发思维与创造能力。另外，本书还设置了"知识窗"和其他一些简洁的小栏目作为知识链接，或对专业术语进行通俗解释，或对相关知识进行补充延伸，或为实用性较强的提示说明，或为与之相关的历史档案，让读者有豁然开朗、触类旁通之感，并留下深刻印象。

厚厚一本，却不感到沉重枯燥，带领读者轻松步入有趣的求知之旅。对科学知识的讲述既简明通俗，但在专家眼里，又达到了准确的要求；内容编排上既注重各章节间的内在联系和逻辑顺序，又符合一般读者的认知规律；既可以作为学科学的起步读物，随时随地"充电"，又便于在急需查找某些信息时，迅速而准确地获取相关的知识；既图文并茂，又与现代审美有机结合，用新颖科学的体例、版式和装帧设计，全面打造一个融汇文字、图片等元素为一体的全新视读世界，彰显其欣赏价值与艺术价值。这些都是本书的突出特点。

今天，"科学技术是第一生产力"的观念已深入人心，崇尚科学的精神正成为时代的主旋律。现代社会要求每个劳动者对博大精深的科学知识体系有个大概的了解，形成与之相匹配的知识结构，以便能够与时俱进地进行知识更新。这样，才会理解和应对自然界的各种现象和社会上有关科学的各种问题。愿每位读者都能树立科学的观点、科学的方法和科学的精神，具备较为丰富的科学素养。

目 录
Contents

基础科学

天　文

地　理

生 物

人体生命

动 物

植 物

医 学

生 活

交通通信

军事科学

应用科学与当代新科技

基础科学

黄金分割律的发现

黄金分割律很早就被人们发现了。古希腊数学家曾对"如何在线段 AB 上选一点 C，使得 AB ： AC ＝ AC ： CB"这样一个问题进行过深入细致的研究，最终发现了世界上赫赫有名的黄金分割律。

然而 C 点应设在何处呢？要解决这个问题，我们可以先设定线段 AB 的长度是 1，C 点到 A 点的长度是 x，则 C 点到 B 点的长度是（1−x），于是

1 ： x ＝ x ：（1−x）

解得 $x = \pm\frac{\sqrt{5}-1}{2}$

去掉负值，得

$x = \frac{\sqrt{5}-1}{2} = 0.618$。

"0.618"就是唯一满足黄金分割律的点，叫作黄金分割点。

后来，人们慢慢地发现了更多黄金分割点深层而有趣的秘密。

一百多年前，一位心理学家做了一个非常有趣的实验。他别出心裁地设计了许多不同的矩形，并邀请许多朋友前来参观，请他们从中挑选一个自认为最美的矩形。最后，592 位来宾选出了 4 个公认为最美的矩形。

这 4 个矩形个个都协调、匀称，让人看了倍感舒适，确实能给人一种美的享受。大家不禁要问，这些矩形的美是从何而来的呢？

该心理学家亲自对矩形的边长进行了测量，结果发现它们的宽和长分别是：5，8；8，13；13，21；21，34。其比值，又都非常接近 0.618。

5 ： 8 ＝ 0.625；

8 ： 13 ＝ 0.615；

13 ： 21 ＝ 0.619；

21 ： 34 ＝ 0.618。

这太令人惊讶了！

难道这些纯粹是一种巧合吗？

只要你留心观察，就不难发现"0.618"的美丽身影。一扇看上去匀称和谐的窗户，一册装帧精美的图书，它们宽与长的比值都接近 0.618。经验丰富的报幕员，绝不会走到舞台的正中央亮相，而是站在近乎舞台长度的 0.618 倍处，给观众一个美的享受。

只要你留心，就会发现生活中有很多符合黄金分割率的例子。例如芭蕾舞演员的优美动作，女神维纳斯像等。可以说，在生活中哪里有黄金分割，哪里就有美。

哪里有"0.618"，哪里就有美的影子。我们如果去测量一下女神维纳斯雕像其躯干与身长的长度，就会发现二者的比值也接近0.618，难怪我们会觉得断臂的维纳斯奇美无比呢！

一般人的躯干与身长之比大约只有0.58，这就是为什么芭蕾舞演员在翩翩起舞时，不时地踮起脚尖的原因，他们在人为地改变那个比值，以期接近那个完美的0.618。

所有这些都不是偶然的巧合，因为它们都在有意无意地遵循着数学上的黄金分割律。

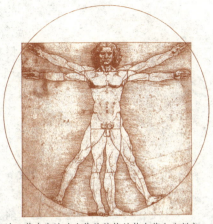

达·芬奇也认为人体的结构就符合黄金分割率。

人们珍视这一定律，故在其名上冠以"黄金"二字。黄金分割律在生活中的应用极为广泛。艺术家们发现，如果在设计人体形象时遵循黄金分割律，人体的身段就会达到最优美的效果；音乐家们发现，如果将手指放在琴弦的黄金分割点处，乐声就变得格外洪亮，音色就变得更加和谐；建筑师们发现，如果在设计殿堂时遵循黄金分割律，殿堂就显得更加雄伟壮观，在设计别墅时遵循黄金分割律，别墅将变得更加舒适；科学家们发现，如果在生产实践和科学实验中运用黄金分割律，就能够取得显著的经济效益……

黄金分割律的应用极为广泛，给人们的生产、生活带来了无穷的好处。

人类对圆周率的探索历程

在所有的几何图形中，圆是我们人类最早认识的几何图形之一，在这个简单而美丽的几何图形中却包含着一个神秘的数值，那就是圆周率 π。

圆周率指的就是圆的周长与其直径的比值，通常以"π"来表示。古人关于这个比值的看法莫衷一是：古埃及人认为，这个比值应该是3.16；古印度人认为是10；而古罗马人则认为是3.12……

公元前3世纪时，古希腊著名数学家阿基米德第一个研究圆周率。首先，他画了一个内接于圆的正三角形，然后又画了一个外切于圆的正三角形。众所周知，正多边形的边数越多，其周长就越接近于圆的周长，为此他不断地增加多边形的边数。

当阿基米德将正多边形的边数增加到96时，这样就得出圆周率的近似值为22/7，取其值为3.14，这样将 π 值精确到小数点后2位，是世界上首次计算出来的圆周率值。为纪念阿基米德的这一伟大贡献，人们将3.14叫做"阿基米德数"。

在我国最早的几部数学著作中，凡涉及圆周率的时候，一概采用了"径一周

$$\pi = \frac{22}{7}$$

约率

$$\pi = \frac{355}{113}$$

密率

中国南朝数学家祖冲之将圆周率精确到小数点后7位。他还创立"约率"和"密率"2个相当精确的分数来表示圆周率。

三"的方法，即认为圆的周长是直径的3倍，相当于 π 等于3。这一圆周率的数值是非常粗糙的，后人遂将其称为"古率"。

3世纪时，我国数学家刘徽创造性地提出了"割圆术"，开启了我国古代圆周率研究史上的一个新纪元。刘徽最后计算出 π 的近似值为3927/1250，相当于取 π 等于3.1416。这个 π 的近似值在当时的世界上是处于绝对领先地位的，后人称其为"徽率"。

刘徽之后200多年，我国著名数学家祖冲之立足于前人的研究成果，更进一步，从圆内接正六边形算起，一直算到圆内接正24567边形。

为了完成这项复杂的计算工程，并力求做到计算准确，祖冲之对至少9位数字反复进行了多达130次以上的运算，其中的开方运算和乘方运算就有近50次之多，有效数字多达18位，第一次将 π 值精确到了小数点后6位，并确定出圆周率值在3.1415926和3.1415927之间。

祖冲之用"约率"22/7和"密率"355/113这2个分数来表示圆周率。其中，分子、分母在1000以内时，祖冲之用"密率"来表示圆周率。直到1573年，德国数学家奥托才重新得到355/113这个分数值，祖冲之为数学的发展做出了杰出的贡献，人们为了纪念他，便特意将355/113命名为"祖率"。

在西方，对圆周率的研究主要建立在阿基米德的研究成果之上。若干年来，许多数学家经过艰苦计算，越来越精确地确定了圆周率的数值。

1596年，德国数学家鲁道夫将 π 的精确值推进到小数点后15位，从而创造了圆周率研究史上的一个奇迹。然而他并未就此罢手，后来又把 π 值精确到小数点后的35位。鲁道夫差不多将其生命都投入到了对圆周率的计算当中。鲁道夫去世后，人们为了纪念他，便将他呕心沥血算出的这一 π 值称为"鲁道夫数"，并铭刻在他的墓碑上。

1767年，德国数学家兰伯特提出"π 是无理数"的假想，并对其进行了研究证明。他明确指出：π 的小数部分一定是无限而又不循环的，这从理论上宣告了彻底解决 π 的精确值问题的所有努力破产。

然而人们的积极性并未因兰伯特的断言而受到影响，反而更加热衷于对 π 的计算。1841年，英国的卢瑟福将 π 值算到小数点后208位，其中正确的有152位。9年之后，他又重新计算 π 值，将 π 值推进到了小数点后第400位。

英国学者威廉·欣克采用无穷级数的方法，耗尽30年心血，终于在1873年将 π 值算到小数点后的707位，这是在电子计算机问世之前人类计算 π 值的最高历史纪录。

颇具戏剧性的是，76 年后有人却发现欣克的 π 值因计算疏漏，将第 528 位小数 5 写成了 4。这就意味着他后面的计算结果全部作废。

　　改写这一历史的是美国的几个年轻人。

　　1949 年，世界上第一台计算机问世，这几个小伙子用它来计算 π 值，把 π 的值计算到小数点后的 2037 位。

　　从此以后，由于计算机技术的飞速发展，在先进的计算手段的辅助下，人们求出了更加精确的圆周率。

　　1984 年，日本的计算机专家在超级电子计算机上将 π 值算到了 1000 万位小数，它成为当今世界上最精确的圆周率。据说，目前人类已经可以将 π 值计算到 2.0132 亿位小数。

浮力定律的发现

　　浮力定律又叫阿基米德定律，它的发现者是古代著名的科学家阿基米德。

　　阿基米德在反复实验之后，总结出一条规律，那就是物体浸在任何一种液体中时，该物体浸入的体积都等于所排出的液体的体积，因此，物体所受的液体浮力一定与所排开的液体重量相等。这就是流体静力学中的一条重要规律——浮力定律。

　　关于这个定律的发现，还有一个有趣的故事呢。

　　传说，当时叙拉古国王希罗想要制作一顶纯金的皇冠，就让大臣交给珠宝工匠一锭称过重量的金子。珠宝工匠夜以继日，很快就制好了精美绝伦的皇冠。国王看了十分高兴。然而这个国王是个多疑之人，他担心工匠在皇冠中掺了假，盗走一部分黄金。于是，命令左右大臣去调查此事。

　　大臣们束手无策，国王无奈，只好请来了他的远房亲戚——著名的宫廷科学家阿基米德，希望他能解决这个难题。

　　阿基米德答应了国王的请求，回到家后就开始思考解决难题的办法。他冥思苦想、茶饭不思。日子一天一天地过去了，阿基米德还是一筹莫展，他几乎想放弃这项任务。

　　国王等了一阵子不见回信，便派人催阿基米德进宫汇报情况。由于阿基米德整天泡在实验室里工作，胡子拉碴，一副脏兮兮的样子，于是他决定先洗个澡再进宫去。阿基米德就是在洗澡时，也仍没有停止思考。泡在浴盆里时，阿基米德仍在思忖着那个难题，甚至连浴盆里的水已经放满了都没有觉察到。当他坐进浴盆时，突然发现了一个奇怪的现象：他坐进

古希腊物理学家阿基米德像

浴盆里，当水溢出盆外时，感到自己的身体略略往上漂浮，身体浸没在水中的部分越多，溢出的水就越多，身体就感到越轻，也就是说，水的托力就越大，当他跨出浴盆后，发现盆中的水少了很多。这个司空见惯的现象却激发了阿基米德的灵感，促使他从中发现了一个极其重要的科学原理。

阿基米德顿时如醍醐灌顶，他大叫起来："找到啦！找到啦！"欣喜若狂的他顾不上洗澡，一边喊一边向皇宫狂奔而去。

赶到皇宫的阿基米德并没有急着告诉国王他的发现，而是请求国王允许他先做一个实验。国王虽然心急如焚，但也只能点头同意。阿基米德在国王和大臣们面前进行了如下实验：他取来与皇冠一样重的一块白银和一块黄金，依次将白银、黄金和皇冠浸入一个盛满水的容器里，仔细观察在3种情况下溢出水的量。结果，浸入皇冠时所溢出的水的量，介于黄金和白银所排溢的水的量之间。通过这种方法，阿基米德得知这顶皇冠不是纯金也不是纯银，而是金子和银子的混合物。阿基米德立即告诉国王：皇冠一定掺了假，绝不是纯金制成的！国王得知这一消息之后，自然没有轻饶那个造假的珠宝匠。

阿基米德作为一名科学家，并没有浅尝辄止，仅仅满足于皇冠问题的解决，而是经过反复实验，终于发现了伟大的浮力定律。后来，人们为了纪念这位伟大的科学家，就将浮力定律命名为"阿基米德定律"。

阿基米德洗澡时找到了解决问题的办法。

牛顿发现万有引力定律

在英国北部林肯郡，有一个名叫乌尔斯索普的村庄。1642 年，名扬世界的伟大的物理学家艾萨克·牛顿在此诞生了。

牛顿从小就非常喜欢数学，并且非常留心观察周围的事物，他还热衷于动手制作各种各样的机械玩具。

牛顿勤奋好学，当他以优异的成绩考取著名的剑桥大学三一学院时，才只有 19 岁。

牛顿于 1665 年毕业后，被剑桥大学的研究室留用，从此，开始了他的科研生涯。不久以后，为了躲避一场传染病，牛顿重返家乡。

牛顿像

在家乡休养期间，牛顿对宇宙间的吸引力问题进行深入的探索和思考，他提出了这样一个假设：如果地球的引力没有受到阻力，月亮是不是也会受到地球吸引力的影响呢？月亮总是在一定的轨道上绕地球旋转，是否正是地球对它的吸引作用所导致的呢？他又进一步推测：如果地球对月亮有吸引力，那么太阳对它的各个行星也必定有吸引作用，否则各个行星不会围绕着太阳运转。

牛顿对这个问题的思考起源于他的一次偶然经历。一天，牛顿躺在一棵苹果树下，专心致志地思考着地球引力的问题。忽然，一只苹果从树上掉下来，刚巧落在牛顿的脑袋上。苹果落地在一般人看来是再平常不过的自然现象，而看着滚落到一旁的苹果，牛顿却陷入了沉思：苹果为什么不是飞上天去而是掉到地上来呢？如果说苹果往下掉是因为它本身有重量，那么重量又是从何而来的呢？他想，大概在地球上隐藏着某种力量，这种力量能把一切东西都吸引向它。每一件物体的重量，也许就是受这种地球吸引力影响而产生的。这说明地球和苹果之间互有引力，推而广之，这种吸引力充斥在整个宇宙空间。就这样，牛顿将思考的问题由一只落地的苹果引向星体的运行这样的大问题上来了。

经过反复的思考和推敲后，牛顿得出这样一个结论："质量与质量间的相互吸引是宇宙的永恒定律。"从恒星到恒星，从行星到行星，在广阔的宇宙间，到处都有这种相互吸引的交互作用，这种作用迫使宇宙间的任何事物都在既定的时间，依照既定的轨道，向着既定的位置运动。牛顿将这种存在于整个宇宙空间的相互吸引作用称为"万有引力"。

牛顿运用严密的数学手段对物体运动的规律和理论进行了更进一步的研究

和论证。牛顿从力学的角度分析后得出：开普勒所提出的行星运动的三个定律都建立在万有引力的基础之上。于是，牛顿决定从这些定律入手，通过一系列严密的数学推论，用微积分证明万有引力的存在。"开普勒第一定律"所表明的是，太阳作用于某一行星的力就是吸引力，它与太阳中心到行星的距离的平方成反比；而"开普勒第二定律"则表明，太阳沿着太阳和行星的连线方向对行星施加作用力；然而，太阳对于不同行星的吸引力都遵循平方反比关系，这则是"开普勒第三定律"要表明的。在这些论证的基础上，牛顿进一步对天体运动进行了深入的分析研究，最终得出了著名的万有引力定律。

18世纪讽刺牛顿万有引力理论的一幅漫画

富兰克林与避雷针

　　雷电是大自然的一种自然现象，它像一把双刃剑，既可以被人们利用服务于人类，也可能给人类造成危害。经过漫长的探索过程，人们逐步认识并掌握了它。避雷针的发明，是人类有效地掌握雷电的开始，人类对雷电的研究必将更加深入、全面。

　　避雷针是由富兰克林发明的。富兰克林用不导电的材料把一根金属棒固定在高楼顶部，而后用一根导线将其与大地相连。这样，打雷时天空中产生的强大的电荷可以通过金属棒直接流入地下，这样便可以避免对建筑物和人造成伤害。

　　富兰克林设计避雷针的灵感，很大程度上得益于莱顿瓶的实验。1751年夏天，富兰克林住处附近的一座教堂被雷电击毁。他惊奇地发现，天空中的雷电现象和科学界著名的莱顿瓶内外两层箔片相连的爆炸现象具有异曲同工之处。

　　莱顿瓶是一种能够聚集电荷的瓶子，由荷兰莱顿大学的科学家们研制出来。长久以来，人们认为是上帝制造了天空中的雷电，打雷是神在发挥威力，认为人类根本无法控制这种现象。随着科学技术的进步，到1745年时，人们对摩擦生电的原理已经有所了解，但是由于摩擦产生的电

知识窗→避雷针

　　避雷针实际上是一个金属杆，由导线接地，可以将雨云上的闪电导至地下，以免发生触电危险。大多数高层建筑物上都安装有避雷针。雷电天气，云层下部的负电荷吸引大地上的正电荷，正电荷向上升至云层，抵消云层下部的一部分负电荷，这样就有可能阻止发生雷击，而一旦发生雷击，电流也可以通过避雷针和导线进入大地，而不致造成损害。

量非常之小，因此对电的性质还无法进行深入的研究。

莱顿大学的科学家经过长期研究，终于研制出这个叫莱顿瓶的装置。它的构造很简单，就是在普通玻璃瓶的内壁和外壁上分别贴上银箔，内壁银箔通过导线与带电体连接起来，外壁接入地下。这样，当带电体不断接收电荷时，内壁的银箔上就会聚集大量的电荷。运用莱顿瓶，就是把内外两层箔片用导线连接起来，由于大量正负电荷相碰，就会产生强烈的火花和爆炸声。

由莱顿瓶的实验受到启发，富兰克林由此推测，天上的雷电与摩擦产生的电完全一样。为了证实推测，极富冒险精神的富兰克林做了一个大胆的决定，那就是在雷雨天气放风筝，以此收集那些云层中的电荷。放风筝的绳子实则就是一根导线，它可以把天空中的电荷引入莱顿瓶。事实证明，天空中的雷电与摩擦产生的电确实相同。就这样，在风马牛不相及的两种现象中，富兰克林却找到了它们隐含的共同的原理。

富兰克林的闪电实验
富兰克林和他的儿子在费城做了一次震撼18世纪科学界的"风筝实验"——将天上的"闪电"引下来。

这一原理极大地启发了富兰克林，他进行了大胆设想，他认为可以把狂暴不羁的雷电导入地下，从而避免它对人类的伤害。经过不懈的努力，避雷针终于在富兰克林的手中诞生了。

当今随着城市发展的需要，几十层、近百层的高楼鳞次栉比，避雷装置对这些建筑物来说更是不可或缺的了。尽管有许多新的避雷装置不断问世，但万变不离其宗，它们都是在富兰克林发明的避雷针原理的基础上设计出来的。

◎小问答：外出时遇到雷雨天气应该怎么办?

如果外出时不慎遇到了雷雨天气，千万不要跑动，而是要原地停下来。因为一个击中树木的闪电，通过其在地下传播的巨大电能，会危及在树木附近跑动者的安全。由于电能随着击中点的距离而逐渐减弱，所以有可能使跑动者一只脚上的电压高于另一只脚。这种跑动电压，会在体内释放，因为身体的导电性能要强于大地。在身处空旷的野外时也不要并起双腿，而要蹲在地上低凹处，以避免成为雷击目标。

中国古建筑是怎样避雷的

聪慧的中国人民在很久以前就已经不自觉地使用了避雷技术。许许多多的中国古代建筑历经千年沧桑后依然岿然屹立，这在很大程度上归功于中国古建筑上的避雷技术。

古塔是我国现存最有特色的古建筑，它们也是我国古建筑避雷技术的最好见证。

我国的古塔以砖石质居多，也有木质、金属结构的。古塔最初是从印度传入我国的佛教建筑，其外观造型与中国的宫殿屋宇相比，独具特色。中国的塔平面多为方形和八角形，塔顶尖尖，高耸入云，最容易遭遇雷击，但为什么许多古塔却能完好地保存至今呢？这当然不是因为雷电的特殊照顾，而是古塔在雷电来临时，能自动消除雷灾。

关于古塔避雷的记载在历史上曾多次出现。1611 年的一个夏夜，浙江嘉兴的东塔大放金光，宛如四散的流星。1960 年的一个夜晚，雷声大作，人们发现浙江杭州的六和塔塔顶尖端连续发光。这些都是古塔放电现象，放电以后，雷灾就消除了。

上面提及的这些古建筑，虽然没有避雷针，却都装有消雷、防雷的设备。最常见的避雷设备就是塔刹，根据目前的考古发现，早在三国时期，我国就发明了塔刹。建成于 229 年的位于江苏高淳区的保圣寺塔，塔高 31 米，塔顶有一装饰，高约 4 米，由覆钵、相轮和宝葫芦等组成，这就是塔刹。这种塔刹就是人们常说的"葫芦串"，它实际上是一个避雷装置。正是由于安装有"葫芦串"，才使得这座古塔历经 2000 多年而未遭受雷击。

金属塔刹可以避雷，但是对于砖石结构的塔与木塔中的许多谜团，我们目前尚无从解释。就拿木塔来说吧，它为什么可以在雷雨天气下岿然屹立呢？有人说，这是因为木塔不导电，地面又干燥，于是，木塔就有了避雷的性能。而有的人却反对这种说法，认为当雷电袭来时，会产生很高的电压，电流又特别大，木结构的塔也会成为导体，它又怎么能够躲得过电压高达几百万伏的雷电呢？大家众说纷纭，莫衷一是。尽管如此，那一座座完整的古代木塔仍然让人们为之折服。比如山西应县的木塔，塔高 51 米，全部是木结构。这种高大的建筑很容易遭受雷击，然而，它从建成至今，已经有 900 多年的历史了，却仍高高地耸立在天地之间。

关于中国古建筑的避雷技术，最完整的文字记述源于《中国札记》一书，该书是法国旅行家戴马甘兰于 1688 年写成的。书中有这样的记述："中国屋宇的屋脊两头各有一个高高仰起的龙头作装饰，龙口里的一条金属舌头曲折地伸向天空。舌根连着的一根金属丝是同地面相接的，这种装置非常奇妙，因为当碰上雷雨天气的时候，它可以使雷电从龙舌沿铁丝跑到地下，避免建筑物被雷电击毁。"

这位法国人说的"龙头"，就是我国史书中记载的"鸱尾"。相传，汉代的时候，未央宫遭雷击失火，有人向汉武帝建议，在宫殿的屋脊上安装一些能消灭火灾的鸱鱼。于是，就有这种叫作"鸱吻"或"鸱尾"的金属饰物出现在后来的宫殿和民房的屋脊两头。"鸱吻"并不仅限于龙头，还有鱼、雄鸡等各种式样。很遗憾，这些鸱尾与大地间并没有金属线相连，这位法国旅行家却以自己的想象和观察，想当然地认为它应该是同西方的避雷针有着相似的装置。但到底是不是真像他说的那样呢？目前我国的有关专家还没有找到真实可靠的证据，没有定论，但是遍布祖国各地的古代建筑群却向世人证明：中国古代的劳动人民在同自然做斗争的过程中创造了人类的奇迹！

红外线与紫外线的发现

　　牛顿曾做过一个实验，发现太阳的"白光"通过三棱镜可以被分解为红、橙、黄、绿、蓝、靛、紫7种有色光。在相当长的一段时间内，人们一直认为太阳光只能分解成这7种颜色。然而，英国物理学、天文学家赫歇尔对此却提出了质疑：在这7种可见光的"外"面，也就是在那些看不见的领域中，果真什么"东西"都没有吗？为了证实这个疑问，1800年，赫歇尔做了下面这个实验：

　　他让阳光通过三棱镜折射到侧面的白色纸屏上，由此得到了七色彩带，这同牛顿的发现是一样的。不同的是，赫歇尔不仅在每种色区内都放了1支温度计，还在红光以"外"和紫光以"外"的附近区域各放了1支完全相同的温度计。

　　温度计显示：在七彩光的照射下，7个可见光区的温度都升高了；而紫光外区域的温度却没变。奇怪的是，红光外区域的温度不仅升高了，而且还略高于红光区的温度。

　　实验结果令赫歇尔大为吃惊，因为并没有光线照射在红光外区域啊！它的温度为什么也会升高呢？赫歇尔不禁联想到，在离红光区更远的区域，温度会不会升得更高呢？他又做了一个实验，将温度计移到离红光区更远的区域。令人不解的是，这时的温度非但没有增加，反而降到了室温。赫歇尔被搞迷糊了，他又做了许多实验，最终确认，在红光外附近区域确实存在红外线或者"红外辐射"，而

赫歇尔
英国天文学家，现代天文物理学先驱，红外线的发现者。

白光由光谱中不同波长的光混合而成。

———— 三棱镜将白光分解成它的组成色光

三棱镜的折射现象
三棱镜能将白光分成七色光，在被分解的光的外围还有人肉眼无法看见的红外线和紫外线。

◎ 缩短的调羹 ◎

将一把调羹垂直插入一只装满了水的水桶内，平行看水桶水面，就会发现，水中的调羹一下子变短了，这是怎么回事呢？

其实，这是人产生的一种错觉，这个错觉的产生，主要是因为被插入水中的调羹所反射的光线，在水面上被折射成一个角度，所以才看到调羹的尖端比实际大大靠上，反射到人眼中，调羹就短了许多。印第安人用箭或矛在水中捕鱼时，总是向更深的地方瞄准，就是这个道理。

实|验|课|堂

知识窗→彩虹的色彩

三棱镜将一束光分解后，我们就能看到构成白光的不同颜色。三棱镜不同程度地折射不同的波长，并将其散射出去形成一张可见光谱，这样我们就能看到这些光了。红光折射率最小，紫光最大。

且红外线也和可见光一样遵守反射、折射定律，但与可见光不同的是，红外线更容易被空气吸收。所以，红外线在刚发现时被称作"不可见辐射"。

赫歇尔发现红外线后，科学家们又开始了更深入的探索，以期发现紫光以外区域中的秘密。他们在想，紫光以外区域的温度计示值为何没有升高呢？这里会不会存在不可见光呢？许多科学家采用物理方法做了大量实验，可仍是一无所获。而德国物理学家里特尔却独辟蹊径，他舍弃物理方法，采用化学方法来探测紫光外区域的情况。1810年，他将一张浸有氯化银溶液的纸片放在七色彩带的紫光区域以外附近的区域。没过多久，里特尔就发现纸片上的物质明显地变黑了。他又做了许多研究，最后确定纸片之所以变黑一定是受到一种看不见的射线的照射。他称这种射线为"去氧射线"，这就是我们现在所熟知的"紫外线"。此外，他还研究了各种辐射对氧化银分解作用的大小，也就是各种辐射所产生的能量的大小，并据此判断出紫外线的能量比紫光的能量大。

任何一种科学发现，都要以造福人类为其最终目的，否则它就失去了存在的意义。红外线和紫外线的发现，同样也给人类带来了极大的福音。

和太阳一样，宇宙中的很多天体都会辐射出大量的红外线。科学家们发明了红外望远镜，便运用此种望远镜对外层空间进行探测，从而更准确地探测到这些天体发出的红外线。红外线在人类生产和生活实践中的应用不胜枚举，如监视森林火情、估计农作物长势和收成、寻找地热和水源，以及金属探测、遥感、烘干、加热和"红外显微镜"等。

紫外线的主要应用在其化学作用方面。紫外线的荧光效应可用在照明的日光灯和能杀虫的黑光灯上。它的照射具有明察秋毫的能力，可以轻易地辨别出极其细微的差别来，比如紫外线能够

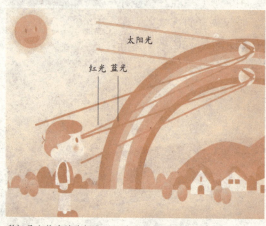

彩虹是自然光被分解成可见的七色光而形成的。

清晰地分辨出留在纸上的指纹。另外，紫外线在治病和消毒方面也得到了广泛的应用。不过，人体吸收过多的紫外线会给身体带来伤害，因此，应该避免日光的强烈照射，避免在不穿戴防护用具的情况下进行电弧焊接等操作。

共振的现象

在坐公交车的时候，你有没有遇到过这样一种情况：整辆车突然间剧烈地振动起来，大有散架的趋势？在用洗衣机洗衣服的时候，你有没有发现洗衣机也会突然间急剧地振动起来？这都是共振现象的表现。如果你细心观察，还能在生活中发现很多这种现象。早在古代，这种现象就被人们注意到了。关于共振现象，还有一个有趣的小故事。

唐朝时，洛阳寺院里有一个奇妙的磬。磬作为一种打击乐器，本来应该在敲击下才会鸣响，可是这个磬非常奇怪，它经常自己就鸣响起来。这件事把负责管磬的一个和尚吓出了病。恰巧这个和尚有一位爱好音乐的朋友，叫曹绍夔。他得知这件事后，就特意去看望这个和尚。事也凑巧，这时随着寺内的钟敲响，和尚的磬又自己鸣响起来了。曹绍夔一下子就看出了其中的奥妙，他对和尚说："明天就可以给你除去'妖怪'，治好你的病。"并且还半开玩笑要和尚好好招待自己一顿。

第二天，曹绍夔按时赴约，来到寺院，吃饱喝足后，曹绍夔用先前带来的锉刀在磬上锉磨了几下，从此以后这只磬非常听话，再也不不敲自鸣了。后来，和尚的病也好了。和尚就向他朋友打听这是怎么回事。曹绍夔向他解释道："你的这个磬和寺里的钟的振动频率刚好是相同的，当敲钟时，由于共振的原因，这个磬也就自己振动起来，不敲自鸣现象就是这样产生的。我虽然只把它锉去一点，但由于改变了它的振动频率，所以它就不能和寺内的钟共鸣了，原先的特异功能也便消失了。"

原来，在自然界中如果两个物体振动频率相同，共振的现象便会产生，如果是发声物体，就会产生共鸣。人们正是巧妙地利用了大自然的这种原理来辨听远处微弱的声音的。

我国古代在军事上运用共振原理的事例非常多。比如兵临城下时，为了监视敌人的动向，监听敌人是否在城墙下挖地道，每隔一定距离就在城墙里面的地下挖下深坑，然后在坑内

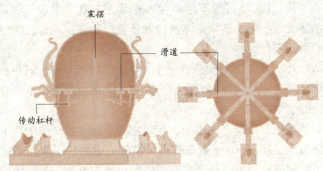

震摆

滑道

传动杠杆

候风地动仪
早在我国汉代，张衡就利用共振原理发明了候风地动仪，用来监测地震。

埋上蒙着皮革的大瓮。这样蒙上皮革的瓮便成为了共振器。士兵通过在瓮口听声音就能够判断敌人的动向。一旦从瓮口听到声音,就能确知敌人在挖地道攻城,甚至攻城的方向和位置也可以确定。明代名将戚继光在抗击倭寇时,把长竹去掉节,埋在地下让士兵听筒口,及时地发现和消灭了倭寇,也是利用了共振的原理。

在现代生活中,运用共振的例子更是数不胜数,大夫用的听诊器、收音机里的调频、音乐家使用的琴等都是对这一原理的巧妙运用。在工业生产中还可以应用共振原理来进行振动检测、振动焊接、振动去渣及用激振器消除金属内部的残余物等。

赫兹捕捉电磁波

电磁理论的建立是一项系统而又繁复的工程,它的完善几乎耗尽了几代科学家的心血。法拉第为其奠定了坚实的基础,麦克斯韦(英国物理学家,1831—1879年)最早预言世界上有电磁波的存在,而赫兹则是向世界推广麦克斯韦的理论并使其得到世界公认的科学家。

1857年,亨利希·赫兹诞生于德国汉堡一个中产阶级家庭里。中学毕业后,他继续在德累斯顿高等技术学校学习工程学。当时,他的理想是成为一名建筑工程师。1877年秋天,赫兹在柏林铁道兵团服役满一年退伍后,进入慕尼黑大学,继续攻读工程学。在此期间,赫兹选修了著名物理学家菲利浦·冯·约里的物理课和数学课。教授授课深入浅出,非常生动,使赫兹获益匪浅。从此以后,赫兹对物理和自然科学产生了浓厚的兴趣。

为了能听到著名的数学家亥姆霍兹和物理学家基尔霍夫的课,赫兹申请转入柏林大学学习。很快,这两位老师就将赫兹视为自己的得意门生,并决定从各方面对其进行培养。

1880年3月,赫兹获得了柏林大学博士学位,随后在亥姆霍兹研究所做了两年半助手。此时正值麦克斯韦发表了电磁场理论。下面介绍麦克斯韦的电磁场理论的主要内容。

变化的磁场产生电场。在变化的磁场中放一个闭合电路,电路里将会产生感应电流(图1),这就是我们所说的电磁感应现象。麦克斯韦从磁场的观点研究了电磁感应现象,认为电路里能产生感应电流,是因为变化的磁场产生了一个电场,这个电场驱使导体中的自由电荷做定向的移动。麦克斯韦还把这种用场来描述电磁感应现象的观点,推广到不存在闭合电路的情形。他认为,在变化的磁场周围产生电场，是一种普遍存在的现象，跟闭合电路是否存在无关（图2）。

　　变化的电场产生磁场。既然变化的磁场可以产生电场，那么变化的电场是否也可以产生磁场呢？一个静止的电荷，它产生的是静电场，即空间各点的电场强度将随着时间而变化。另一方面，运动的电荷在空间要产生磁场。用磁场的观点来分析这个问题，就可以说：这个磁场是由变化的电场产生的。例如在电容器充放电的时候，不仅导体中的电流产生磁场，而且在电容器两极板间周期性变化着的电场也产生磁场（图3）。

　　变化的磁场产生电场，变化的电场产生磁场，这是麦克斯韦理论的两大支柱。按照这个理论，变化的电场和磁场总是相互联系的，形成一个不可分离的统一的场，这就是电磁场。电场和磁场只是这个统一的电磁场的两种具体表现。

　　遗憾的是，该理论在当时并没有得到社会的承认，甚至遭到了一些人的公开为难。1879年，亥姆霍兹以"用实验建立电磁力和绝缘体介质极化的关系"为题，设置柏林科学院悬赏奖金，希望通过实验证明麦克斯韦的理论。

　　赫兹参与了这一课题，花费了几年的时间，对有关电磁波的各种不同的观点进行了深入的研究与分析。为了深入研究"电火花实验"，赫兹做了大量的比较和鉴别工作，在此基础上他精心设计了一个电磁波发生器，想通过一系列实验证

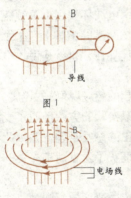

图1

图2　变化的磁场产生电场
　　　（磁场增强时）

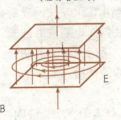

图3　变化的电场产生磁场

知识窗→麦克斯韦

　　麦克斯韦是继法拉第之后电磁学的集大成者，他依据库仑、高斯、欧姆、安培、法拉第等前人的一系列发现和实验成果，建立了第一个完整的电磁理论体系，奠定了现代的电力工业、电子工业和无线电工业的基础。

　　麦克斯韦出身于英国爱丁堡一个贵族家庭。父亲是一名律师，但主要兴趣在于制作各种机械和研究科学问题。父亲这种对科学的强烈爱好，对麦克斯韦的一生产生了深刻的影响。麦克斯韦小时候记忆力惊人，8岁就能背诵弥尔顿的长诗，而且对很多事都充满了好奇心，喜欢动手制作小玩具。麦克斯韦在10岁时作为插班生进入爱丁堡中学，15岁那年就在爱丁堡皇家学会学报上发表了他的第一篇论文《论椭圆之制图法》，初次显露出数学才能。

　　1854年，他从剑桥大学三一学院毕业，获得了数学博士学位。麦克斯韦从剑桥大学毕业后留校从事光学色彩理论的研究工作。后来，又转而从事电磁学研究。

　　1856年，为了照顾父亲，麦克斯韦辞去了剑桥大学的工作，到家乡附近的学院担任自然哲学教授。

　　1871年，麦克斯韦应聘到剑桥大学任实验物理教授，负责筹建卡文迪许实验室的工作。

　　1873年，麦克斯韦的代表作——《电磁学理论》终于出版。它全面地总结了19世纪中叶以前对电磁现象的研究成果，建立了完整的电磁理论体系。

太阳是电和磁的巨大波源。它每时每刻都在发出光、热、电、磁，并以波的形式传到地球。

实麦克斯韦曲高和寡的电磁场理论。

赫兹首先在 2 块边长为 0.4 米的正方形锌板上分别接上 2 个 0.3 米长的铜棒，然后在铜棒的一端又焊上一个金属球，让铜棒与感应圈的电极相连。通上电后，只要 2 根铜棒的金属球相互靠近，就会有电火花产生，并从一个球跳到另一个球。这些火花说明电流是循环不止的，在金属球之间产生的高频电火花便是电磁波。根据麦克斯韦的理论，电磁波由此就能被送到空间去。

赫兹为证明该理论，又制作了一个电波环，以捕捉这些电波，确定它能否被送到空间。顾名思义，电波环是一个环状物，是用粗铜线弯成的，环的两端有 2 个小金属球，球的间距可以调整。赫兹就是用这个装置来接收莱顿瓶辐射的电磁波的。小金属球之间一旦产生火花，就表明接收到了电磁波。在实验中，只要改变金属球的间距，就可以调整接收天线的谐振波片，而谐振的时候，火花就产生了。赫兹把这个电波环放到离莱顿瓶 10 米远的地方，当莱顿瓶放电时，果然不出所料，铜丝线圈两端的铜球上产生了电火花。赫兹解释道，电磁波从莱顿瓶发出后，被电波环捕捉住，也就是说，电磁波不仅产生了，还传播了 10 米远。

1887 年，赫兹完成了一篇题为《论在绝缘体中电过程引起的感应现象》的论文。他在论文中对以往有关电磁波的研究成果进行了总结，并以实验的方法证明了麦克斯韦的电磁场理论。这篇论文很好地解答了亥姆霍兹提出的悬赏难题，并因此而荣获柏林学院的科学奖。赫兹用自制的简易仪器有力地证实了麦克斯韦深奥的电磁场理论。

自此以后，赫兹开始专门研究电磁波，还对电磁波的传播速度做了测量。实验时，他选择了一个特殊的教室，该教室长 15 米，高 6 米，宽 14 米。赫兹把一块 4（米）×2（米）的锌板安装在了离波源 13 米处的墙面上，当电磁波从波源发射出来，经锌板反射后，便在空间形成了驻波。赫兹首先用检波器对电磁波的波长进行检测，接着根据直线振荡器的尺寸计算出电磁波的频率，最后通过驻波法计算出了电磁波的传播速度。赫兹于 1888 年 1 月发表《论电动效应的传播速度》一文，文中提出了电磁波在真空中的传播速度同光一样快。

接下来，赫兹又进行了电磁波的折射、反射、偏振等一系列实验。实验证明，同光波一样，电磁波同样具有折射、反射和偏振等物理性质。

赫兹不仅是一位严谨的科学家，还是一位极负责任感的老师。1893 年 12 月，作为波恩大学的教授，赫兹抱病坚持上完了他一生中的最后一堂课。第二年元旦，年仅 37 岁的赫兹便因病去世了。

为了纪念这位年轻的科学家为人类做出的贡献，人们以他的名字来命名"赫兹矢量""赫兹波""赫兹函数"等物理学概念，并以"赫兹"作为频率的单位。

知识窗→电磁波的产生及特点

电磁波的产生：从麦克斯韦的电磁场理论可以知道：如果在空间某处发生了变化的电场，就会在空间引起变化的磁场，这个变化的电场和磁场又会在较远的空间引起新的变化的电场和磁场。这样，变化的电场和磁场并不局限于空间某个区域，而要由近及远向周围空间传播开去。电磁场这样由近及远地传播，就形成电磁波。

电磁波的特点：根据麦克斯韦的电磁场理论，电磁波中的电场和磁场互相垂直，电磁波在与二者均垂直的方向传播。图 1 表示做正弦变化的电场或磁场所引起的电磁波在某一时刻的波的图像。波峰表示在该点的电场强度 E 或磁感应强度 B 在正方向具有最大值，波谷表示在该点的电场强度 E 或磁感应强度 B 在反方向具有最大值。两个相邻的波峰（或波谷）之间的距离等于电磁波的波长。在传播方向上的任一点，E 和 B 都随时间做正弦变化，E 的方向平行于 x 轴，B 的方向平行于 y 轴，它们彼此垂直，而且都跟波的传播方向垂直，因此电磁波是横波。

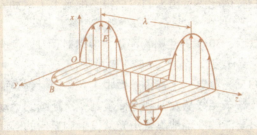

图 1 沿 z 轴传播的电磁波在某一时刻的波的图像

电磁波在空间以一定的速度传播，其波长 λ，频率 f（或周期 T）和波速 v 之间的关系遵从波动的一般关系，即：

$$v = \lambda / T = \lambda f$$

图 2 表示经过一个周期 T 电磁波向前传播的情形。经过一个周期 T，电磁波传播的距离等于波长 λ。

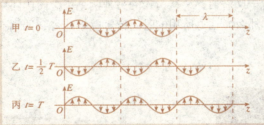

图 2 电磁波以一定速度在空间传播（为求简单只画出了 E 矢量）

麦克斯韦从理论上预见，电磁波在真空中的传播速度等于光在真空中的传播速度，即电磁波在真空中的传播速度 c=3.0×108m/s。这个预见后来得到了证实。

从场的观点来看电场具有电能，磁场具有磁能，电磁场具有电磁能，电磁波的发射过程就是辐射能量的过程，电磁波在空间传播，电磁能就随着一起传播。

光速是如何测出来的

　　光与人类的生活息息相关。一直以来，科学家们都在致力于研究光的特性，探索光的奥秘，以期利用光来更好地为人类服务。

　　我们都知道，光是自然界中传播速度最快的，其速度可达30万千米／秒。那么，人类是如何测出这么快的光速的呢？从17世纪初开始，就有许许多多的科学家在努力寻找一种测量光速的有效方法，并为此做了大量实验。

　　第一个想出测量光速的方法的人是意大利科学家伽利略。1607年，他从光走直线的特性中受到启发，做了这样一个实验。他先让2个人手提一盏前面有盖的信号灯，分别站在2个山头上，两山相距1.5千米。然后，伽利略让第一个人先打开灯盖，让第二个人一看到灯光就立即打开自己的灯盖，将光作为信号传出来。伽利略原以为只要测出这段时间，就能计算出光速了。然而在实验中，此两人的动作衔接时间过长，因此测量出来的数据很不准确，不尽如人意，又加上光的传播速度实在太快，所以这一实验最后以失败而告终。

　　两个多世纪以后，30岁的法国物理学家斐索对伽利略测光速的实验进行了仔细的分析、研究，终于发现了这个实验失败的原因。

　　大家对镜子的反光现象一定都很熟悉吧！光一照射到镜面上便会立即被镜面反射，这样一来，一条光线从发射到返回就是一次连续的运动。这一现象启发了斐索。斐索认为只要能够准确地测量出光从发射到返回的时间差，就可以准确地计算出光的速度了。

　　斐索对实验装置做了一番改进。为了减少误差，他把伽利略实验中的第二个人换成了一面镜子，并用一只旋转的齿轮代替钟表计时。斐索改变了两山之间的间距，选择了2个相距7千米的山头，把旋转的齿轮和一面镜子分别放在山头上面。实验开始后，斐索首先让光通过齿轮的两个齿之间，照到另一个山头的镜子上，然后光线经过镜子反射后，又从齿轮的另外两个齿之间传回来。这样只要算出齿轮旋转的速度，那么光往返所用的时间就可以据此得到计算。斐索的试验得出的

斐索测定光速的装置

结果是，光的速度为每秒钟315 000千米。为了纪念斐索的这一伟大贡献，人们称誉他为"第一个捕捉住光的人"。

人们探索光速的脚步并没有停止在斐索这里，到了19世纪，人们对光速的探求获得了更准确的结果。

美国历史上第一个获得诺贝尔奖的人是物理学家迈克尔逊。他在精密光学仪器改进以及利用这些光学仪器进行计量学和光谱学的研究等方面做出了卓越的贡献。迈克尔逊也曾测量过光速，并且，他的测量结果也是历史上最精确的。

迈克尔逊于1873年毕业于美国海军军官学校，因为学习成绩优异，他被留校工作。由于航海上的实际应用和理论研究方面的需要，迈克尔逊对测定光速也非常感兴趣。1879年，迈克尔逊得到岳父大人2000美元的资助，他用这笔钱对旋镜装置进行了改进。恰巧当时美国的航海历书局局长纽科姆对这项工作也很感兴趣，

于是两人开始携手合作，幸运的是，该工作还得到了政府的援助。在此后整整50年的时间里，迈克尔逊和纽科姆对实验结果不断地进行改进和重复测量，终于确定光速为（299 764±4）千米／秒。不幸的是，在一次光速测量中，迈克尔逊由于突发中风而去世，享年79岁。

伦琴与X射线的发现

19世纪末物理学领域有3大发现是具有里程碑意义的，分别是X射线的发现、放射性的发现、电子的发现。其中X射线的发现是一个偶然的巧合，说起来有这么一个小故事。

X射线的发现起源于对阴极射线的研究。所谓阴极射线就是真空管内的金属电极在通电时其阴极发出的射线，射线受到磁场影响，具有能量。19世纪末，关于阴极射线的本质问题吸引了许多科学家。德国维尔茨堡大学的物理学教授伦琴就是众多的研究者之一。

1895年，身为彼茨堡大学校长的伦琴教授有一次在学校物理研究所大楼的实验室内研究阴极射线时，发现了一件怪事：有一包用黑纸包得很好的照相底片全

德国物理学家伦琴

部感光了。他试验了多次，都得到了同样的结果。伦琴敏感地注意到这种情况以前从未发生过，他怀疑是刚装在实验室内的阴极射线使底片感光了。

为了把这件怪事弄清楚，也为了使底片自动感光的事不再发生，一个傍晚，年过半百的伦琴，一手拄着手杖，一手拿着一本厚厚的科学专著，和往常一样，独自来到实验室，继续研究阴极射线，他关上了所有的门窗，接通了电源，检验黑纸是否漏光。就在这时，他忽然看到一道绿色的荧光在漆黑的实验室里闪烁。伦琴感到很奇怪，便自言自语道："这光是从哪儿来的？"他立即打开电灯，发现原来发光物是离放电管2米远处的一个工作台上的氰化钡荧光屏。他一关掉阴极射线管的电源，荧光屏就不发光了；但是只要一接通阴极射线管电源，荧光屏就又发光了。他反复做了多次实验，终于证明确实是荧光屏在发光。

伦琴在奇怪之余也感到很兴奋。有一点他觉得很奇怪：阴极射线在空气中能通过的距离只有几厘米，而阴极射线管又已经被厚厚的黑纸包裹起来了，2米远处的荧光屏又怎么可能会因此而发光呢？兴奋的伦琴冥思苦想，不禁喃喃自语："射线管是通电的，那么荧光屏发光的原因是什么呢？难道是射线中有某种未知射线，射到荧光屏上引起它发光吗？"想到这儿，伦琴随手把一本书挡在射线管和荧光屏之间，想看看这样荧光屏还会不会发光，结果是荧光屏依然会发光。他将荧光屏再移远一些，上面仍然发光。原来这种射线竟然能够穿透固体物质。

一次，伦琴偶然把手伸到射线管和荧光屏之间，手的影子竟然出现在荧光屏上。再仔细一看，荧光屏上赫然出现了一只黑色的手骨骼的影子，这简直令伦琴瞠目结舌。伦琴怀疑是自己看错了，他把眼睛狠狠地揉了几下，又定睛细望，眼前清清楚楚出现一只手的骨骼，他试着弯弯手指，握握拳头，屏幕上的手也跟着

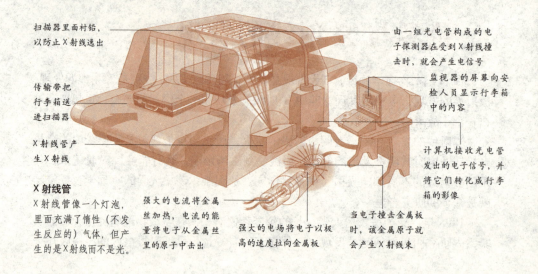

扫描器里面衬铅，以防止X射线逸出

传输带把行李箱送进扫描器

X射线管产生X射线

X射线管

X射线管像一个灯泡，里面充满了惰性（不发生反应的）气体，但产生的是X射线而不是光。

强大的电流将金属丝加热，电流的能量将电子从金属丝里的原子中击出

强大的电场将电子以极高的速度拉向金属板

当电子撞击金属板时，该金属原子就会产生X射线束

由一组光电管构成的电子探测器在受到X射线撞击时，就会产生电信号

监视器的屏幕向安检人员显示行李箱中的内容

计算机接收光电管发出的电子信号，并将它们转化成行李箱的影像

做出同样的动作，看到这一幕时，伦琴高兴极了。

1895 年 12 月，伦琴做了一个更有意义的实验。这天，他的夫人来到实验室，伦琴让她把手放在黑纸包严的照相底片上，然后用这种射线对准照射了 15 分钟。显影后，底片上呈现出伦琴夫人的手骨像，手指上的结婚戒指也清晰可见。这成了一张有历史意义的照片。夫人惊奇地问："什么射线有这么大的魔力？"伦琴回答："无名射线。"夫人顺口说："又是一个 X！"此刻伦琴心头一亮，接着他说道："那就叫它 X 射线吧！"

伦琴公布了他的发现，立即震惊了全世界。他那生物骨骼的 X 射线照片，引起了人们的好奇心。几天后，全世界的报纸都报道了这个重大发现。差不多有名望的科学家都重复做了这个实验。在美国报道伦琴发现 X 射线的新闻 4 天后，就有人用 X 射线发现了患者足部的子弹。于是，X 射线很快被应用于医学，从而创立了 X 射线学。X 射线的发现为后来物理学的发展提供了一个有力的工具。

X 射线的发现给伦琴带来了巨大的荣誉。1901 年，诺贝尔奖第一次颁发，伦琴就由于这一发现而获得了这一年的物理学奖。

如今，X 射线已经被广泛应用于晶体结构研究、医学、金属探测和透视等方面，人类因此受益匪浅。

爱因斯坦与他的相对论

自 17 世纪以来，人们一直将牛顿力学视作全部物理学，甚至是整个自然科学的基石，并运用它来研究所有物体的运动。进入 20 世纪后，科学家们发现传统的理论体系在解释一些新的物理实验中产生的现象时已经无能为力。曾经对牛顿力学坚信不疑的科学家们陷入了迷茫，尽管他们无力调和新发现和旧理论之间的矛盾，但他们仍然不曾对牛顿力学产生过丝毫的怀疑。就在这场物理学革命中，爱因斯坦选择了与其他科学家明显不同的方向，最终在牛顿力学的基础上，成功地提出了狭义相对论。

爱因斯坦

爱因斯坦的狭义相对论建立在相对性原理和光速不变原理这两条基本原理之上。

根据狭义相对论的两条基本原理，可以推导出一些前人无法想象的结论。比如，宇宙飞船上的一切过程都会比在地球上慢半拍。而宇宙飞船的速度越快，这种时间的延迟就会越明显。假如飞船以每秒 3 万千米的飞行速度飞行的话，那么飞船上的人过了 1 年，地球上的人就过了 1.01 年；假如飞船以每秒 29.99 万千米的速度飞行，那么飞船上的人过了 1 年，地球上的人已经过了 50 年了。

此外，狭义相对论还可以推导出物体的质量与运动有着紧密的联系，即随着运动速度的增加，其质量也会增加以及质量和能量可以互相转换的结论。爱因斯坦得出的质能关系式为：$E=mc^2$，其中 m 表示物体的质量，c 表示光速，E 是同 m 相当的能量。这个方程式揭示了原子内部隐藏着巨大能量，并成为原子能应用的主要理论基础，启发了高能物理学家和原子核物理学家的科学研究。

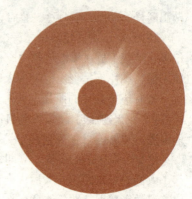

1919 年 5 月 29 日发生日全食时，英国考察队的观测结果证明了爱因斯坦预言的正确性。

有一点需要说明：物质在低速运动时，相对论的效应不易显示出来，也很难被察觉，因此牛顿力学与相对论的结论非常接近。相对论力学只适用在当速度大到能够和光速相比拟的情况下。所以我们在现在日常生活的各个领域中，还必须应用牛顿力学的原理和方法。

1912 年 10 月，爱因斯坦任教于苏黎世大学。在此期间，他继续钻研，进一步充实和丰富了狭义相对论的思想。1913 年，爱因斯坦发表了一篇论文，题为《广义相对论和引力理论纲要》。这篇重要的论文是爱因斯坦和他的老同学数学教授格罗斯曼合作写成的。这篇论文的发表具有重大的意义，它为广义相对论的建立扫清了障碍。

1915 年，爱因斯坦终于完成了创建广义相对论的艰巨工作。次年，他发表了《广义相对论的基础》一文。在这篇总结性的论文中，他提出了与 200 年来在科学界占垄断地位的牛顿引力方程不同的新的引力方程。人们称誉这篇论文为 20 世纪理论物理学的巅峰。

后来，爱因斯坦又在广义相对论的基础上提出了 3 大预言：光线在太阳引力场中将发生弯曲；水星近日点运动；引力场中的光谱线向红端移动。

1919 年 5 月 29 日，发生了一次日全食，英国分别派出了两支天文考察队，在两个地点进行了独立观测。这次被清晰地拍摄下来的日食的星光照片结果证实了爱因斯坦的预言是正确的。光线不但如爱因斯坦所言是弯的，就连弯曲的程度和数值也和爱因斯坦的计算结果相吻合。爱因斯坦的其余两个预言也在后来相继得到证实。

爱因斯坦于 1921 年获得诺贝尔奖。

爱因斯坦被誉为"20 世纪的牛顿"，他的广义相对论如今已成为现代物理学最主要的理论基础，从而宣告了原子理论时代的到来。

这一理论成为 20 世纪及以后世纪里宇宙航行和天文学主要的理论基础。这位著名的科学家于 1955 年在美国普林斯顿与世长辞，但他的名字将永远留在人们心中。

金属的记忆本领与记忆合金的研制

不仅人有记忆能力，有些金属也有记忆能力，不过它们的记忆和人的记忆截然不同。人的记忆对象是发生过的事情，金属的记忆侧重于对形状的记忆，即在某种适宜的条件下，被改变了形状的金属总能像弹簧一样恢复成原来的样子。人们把能记忆形状的合金叫作形状记忆合金。

也许你会问，记忆合金在平常人的生活中能施展手脚吗？答案是肯定的。你可能看到过有的同学在做牙齿矫正手术时，牙上装着矫齿丝，这些矫齿丝的材料就是记忆合金。记忆合金不仅具有形状记忆特性和超弹性，而且还具有耐腐蚀性，因此做矫齿的材料是最适合不过的了。医生遂利用镍钛合金制成矫齿丝，借助人的口腔温度，来为病人矫正畸形齿。医生在使用口腔矫齿丝之前，先得为准备矫正的牙齿做一个石膏模型，然后按照模型，将口腔矫齿丝弯成牙齿的形状，固定在牙齿上，每隔一段时间更换一次。每次更换的时候，由记忆合金制成的矫齿丝由于其"记忆力"，都会更加趋向于它原来的形状，在这个逐渐趋向原形的过程中，牙齿就会慢慢得到矫正。

形状记忆合金为什么能够恢复原来的形状呢？

原来，加热时，因受外力作用而使其内部结构变为菱形晶格的形状记忆合金就重新转变到受力前的正方晶格的状态，从而恢复了原来的形状。

举个例子来说吧，形状记忆合金之一的镍钛合金在温度 40℃之上和之下的晶体结构是不同的。40℃时，镍钛合金会发生转变，因此 40℃是它的转变温度，也

几种常见的合金的组成、性质和用途一览表			
合金名称	组成	主要性质	主要用途
镁铝合金	含有10%～30%的镁	强度和硬度都比纯铝和纯镁大	火箭、飞机、轮船等制造业
硬铝	含铜4%，镁0.5%，锰0.5%，硅0.7%	强度和硬度都比纯铝大	火箭、飞机、轮船等制造业
合金钢	加入硅、锰、铬、镍、钼、钨、钒、钛、铜、稀土元素等	多种优良性能	用途广泛
锰钢	含锰9%～14%	硬度和强度很大	制造粉碎机、球磨机、钢轨
黄铜	含锌20%～36%，常加入少量锡、铅、铝	有良好的强度和塑性、易加工、耐腐蚀	机器零件、仪表和日用品
青铜	含锡10%～30%	有良好的强度和塑性、耐磨、耐腐蚀	机器零件如轴承、齿轮等
钛合金	含铝6%、钒4%	耐高温、耐腐蚀、高强度	用于宇航、飞机、造船、化学工业
金合金	加入银、铜、稀土元素等	有光泽、易加工、耐磨、耐腐蚀、易导电	金饰品、电子元件、钱币、笔尖

阿波罗登月舱的天线就使用了记忆金属。

叫"记忆温度"。在转变温度以上，其晶体结构处于稳定状态，而在转变温度之下，其晶体结构失去稳定。如果人们在转变温度以下改变了它的形状，那么再将其加热到转变温度以上时，由于处于不稳定状态的晶体结构会立刻恢复到稳定状态，因此它的形状也会相应地恢复到原态。这就是镍钛合金能记忆形状的原因所在。

记忆合金不仅能恢复原态，而且能重复恢复原态多达数百万次，而不会产生丝毫的疲劳和断裂。镍钛合金的拉伸强度可达1000兆帕。也就是说，需要加1000多牛顿的力在1平方毫米那么小的断面上，才能将镍钛合金拉断。

记忆合金的奇特本领吸引了人类的注意力。从镍钛合金开始，人类已开发了镍钛合金、铁系合金和铜系合金等多种系列的记忆合金。它们广泛应用于工业生产、航天、电子器具、医疗等方面，帮助人们解决了许多难题。

形状记忆合金的最初应用是在20世纪60年代初。镍钛形状记忆合金首先被用于美国海军飞机液压系统的管道接头上，结果获得了很大的成功。当时，在美国海军飞行事故中，有1/3是因为飞机液压系统管道接头泄漏引起的。飞机起初使用普通接头，由于热胀冷缩，有一些管道接头总免不了产生泄漏。采用记忆合金套筒接头技术后，一架F-14战斗机的液压系统使用800多只记忆合金套筒接头，竟没有发生一起管道接头泄漏事件，这在当时无疑是一个奇迹。此后，美国就在各种飞机的液压系统上推广使用记忆合金套筒接头，至20世纪90年代初已使用100多万件而无一事故。

日本的一些汽车公司非常有想象力，他们打算用形状记忆塑料制成汽车的保险杠和易碰撞部位。如此一来，一旦汽车被撞瘪，只要用吹风机加热一吹，这些部件很快就会恢复原状。

诺贝尔发明炸药

很久以来，人类便一直在研究火药。黑火药是中国的四大发明之一，俗称火药。火药发明后，阿拉伯人将这一技术传入了欧洲，一直应用到19世纪。在使用过程中，人们发现黑火药威力不大，而且不容易引爆。为了满足飞速发展的工业需要，科学家们开始寻找一种新的爆破动力，而在这一领域做出杰出贡献的就是瑞典科学家阿尔弗雷德·伯纳德·诺贝尔。

1846 年，意大利人索布雷罗把甘油和浓硝酸、浓硫酸混合在一起，合成了硝化甘油。硝化甘油和甘油不一样。甘油是一种黏稠液体，略带甜味，是制造肥皂的副产品。从外表上看，硝化甘油和甘油完全相同，都呈黄色，但前者的爆炸力非常强，威力也远远大于原来使用的黑火药，用火引发后甚至能炸开坚固的岩石。硝化甘油极易爆炸，还曾炸伤发明家索布雷罗本人。后来，索布雷罗与荷兰化学家德弗里奇相继研制出硝化甘油药物，用它可以扩展和疏通堵塞的血管，

在实验室工作的诺贝尔

诺贝尔，生于 1833 年，卒于 1896 年，出生于瑞典斯德哥尔摩。

治疗心绞痛等病。时至今日，硝化甘油药物也是治疗心脏病的一剂药方。

1859 年，曾经做过诺贝尔家庭教师的化学家西宁，带了一小瓶硝化甘油来见诺贝尔，要让他的学生见识硝化甘油的爆炸威力，他在铁砧上倒了一点儿硝化甘油，然后用锤子敲打，硝化甘油立即发生了爆炸。当时诺贝尔正在苦心研制炸药，见此情景，一下子就被硝化甘油的极强爆炸力吸引住了，他决定要找出一种控制硝化甘油爆炸的方法，并找到爆破的新动力。

从此，诺贝尔全身心投入到实验中去，他与弟弟埃米尔·诺贝尔在斯德哥尔摩海伦坡联手建立了一个实验室。在那里，诺贝尔凭着一种惊人的毅力做着各种各样的实验。他一直在想：硝化甘油是液体，只有两种方法才能使它爆炸，要么提高它的温度，要么给它以重力冲击。如何才能寻找到一种安全简易的引爆装置呢？诺贝尔试验了无数次，可每次实验都以失败而告终，但他毫不泄气。诺贝尔在实验中发现，将水银溶解在浓硝酸中，与酒精起作用，会生成雷酸汞。雷酸汞不仅具有极大的爆炸力，而且敏感度很高，可以与烈性炸药、硫化锑、氯酸钾等混合使用，受到摩擦或撞击会引起爆炸。

功夫不负有心人。一天，诺贝尔又一次亲自点燃导化剂，只听见"轰"的一声巨响，炸药爆炸了。顿时，滚滚浓烟弥漫在诺贝尔的实验室内外，实验室被炸得一片狼藉。过了一会儿，诺贝尔竟然从瓦砾堆中爬了出来。他顾不上自己被炸得皮开肉绽，鲜血淋漓，含泪跳了起来，狂呼不已："我成功了！我终于成功了……"

1863 年，诺贝尔的这套雷管——雷酸汞引爆装置取得了

诺贝尔的实验室

发明专利。雷酸汞雷管的发明是自黑火药发明后，炸药科学上一个最大的进展。一直到今天，人们仍在使用这一伟大发明。

这项发明的意义和价值是难以估量的。它也为诺贝尔在经济上带来了极为可观的收入。此时正逢世界各地采矿业蓬勃发展，诺贝尔抓住时机，建立了硝化甘油公司。后来，他又与人合作，在德国汉堡组建了诺贝尔炸药公司，产品广销英、美、葡、澳等国。

为了表彰诺贝尔为全人类做出的巨大贡献，1868年，瑞典科学院授予他金质奖章。1896年12月，这位科学巨匠辞别了人世。他去世以后，人们遵照他生前的嘱托，将其大部分遗产作为设立诺贝尔奖金的基金，每年的基金利息用来奖励为人类科学文化事业做出杰出贡献的后人。

门捷列夫创建元素周期表

化学元素周期律是自然科学的基本定律之一，它是由著名的俄罗斯化学家德·伊·门捷列夫发现的。有意思的是，这个发现居然是梦神的恩赐。

当时，化学家所知道的元素总共达63种。每一种元素都可以与其他元素和物质化合成几十、几百，甚至几千种化合物，包括氧化物、酸、盐、碱。这些化合物里有气体、液体、晶体、金属等，而且，这些元素各不相同，性质各异。

这些化学物质的性质，连续讲几个月都讲不完。但讲得越多，听的人反而对物质的性质就越感到糊涂。身为俄罗斯著名的彼得堡大学化学教授的门捷列夫心想：这些化学物质难道真的毫无次序，只是很偶然地组合在一起的吗？

门捷列夫不相信元素之间没有规律，于是他下决心寻找。

当时门捷列夫正在写《化学原理》一书，可就在写第二卷时，门捷列夫遇到了困难。这一卷主要是对化学元素进行描述。但是如何描述它们？它们究竟是以什么样的次序排列的呢？门捷列夫思考良久，也不得要领，仍然在元素的迷宫里徘徊。

门捷列夫

平时，门捷列夫总是从清晨就开始工作，一直工作到傍晚5点半钟，6点半吃"午饭"，然后继续工作到深夜。这回，门捷列夫决定暂时停止写书，他用铅笔在笔记本上面涂涂画画，试图找出元素排列的一些规律。然后，他就开始把纸剪成卡片。卡片剪好后，他把各个元素的名称、原子量、化合物的化学式和主要性质都写在每张卡片上。他比以前更辛苦，废寝忘食，竟一连干了三天三夜。他把写好的卡片分组，以不同的方式来排列它们，希望排出一种能体现各种元素之间内在联系的次序，拟制出一张表格。但令人失望的是，仍然毫无结果。

一天，门捷列夫累极了，就在工作室里睡着了。他睡得特别沉、特别香，居然还做了一个梦，睡梦中的他依然没有停止思考。突然，他的梦中竟然出现了一张元素周期表，各种元素都各就各位，犹如一个个训练有素的士兵。门捷列夫醒来之后，立即拿起笔，在纸上记下在梦中出现的那张表，然后进行推算。经过反复验算，他发现梦中的那张表居然是如此的完美，需要修改的地方只有一处而已。

就这样，年仅35岁的门捷列夫在化学元素符号的简单排列中，发现了化学元素周期律。按元素周期律的排列演算，有的元素当时还没有被发现，但门捷列夫预先为它们在周期表中留出了空位。这张试排的元素周期表终于在1869年3月发表了。

元素周期表完成之后，门捷列夫想进一步研究。他甚至丢下《化学原理》的著述工作，夜以继日地投入到这项研究工作中来。次年，他发表了一篇重要论文。根据周期律，他预言了类硼、类铝和类硅这3种还没有被当时的科学界发现的化学元素，并详细描述了它们的性质。

门捷列夫的这些预言引来不少科学家的嘲讽，但门捷列夫坚信周期律的科学性一定能经得起实践的检验。

果然，事隔不久，1875年，法国化学家用科学的方法发现了一种新元素——镓。门捷列夫发现，这种新元素其实就是他5年前预言过的类铝。镓的发现充分证明了门捷列夫的预言，化学元素周期表的科学性也得到了证实。化学元素周期律取得了第1次胜利。

化学元素周期律的发现引起了世界科学界的轰动，它的发现使门捷列夫的名字也同时享誉全球。

4年后，即1879年，瑞典的一位化学教授又发现了一种被命名为钪的金属元素，它与门捷列夫所描述的类硼的性质完全一样。元素周期律获得了第2次胜利。

1885年是门捷列夫和其元素周期表最辉煌的一年，德国化学家温克勒发现了一种叫锗的新元素。这个锗恰好可以填入周期表的第32格，代替当时暂住其中的类硅。预言中类硅与真实中的锗在性质上几乎没有差别。元素周期律取得了第3次胜利。

从此，再没有人怀疑元素周期律的准确性了。

门捷列夫的元素周期表激励着世界上的许多科学家去探索尚未被发现的元素。欧洲几十家很有名望的实验室都在紧张地工作着，很多科学家渴望和期待获得新的发现，以进一步揭开化学物质的谜底。后来，实践一次又一次地证明了门捷列夫曾经预言过的其他一些元素的性质是正确的。

◎小问答：为什么火柴一擦就会着火？

火柴一擦就会着火，主要在于火柴杆的一头沾有易燃的三硫化二锑和氯酸钾，而盒子旁边的擦片上则涂着一层也易着火的红磷。

春秋时期的古剑为何迄今仍不生锈

1965 年，我国考古工作者在湖北江陵发掘楚墓时，发现 2 把寒光闪闪的宝剑，其中有一把剑就是著名的"越王勾践剑"，剑身上黑色菱形格子花纹仍清晰可见。为什么已埋在地下 2000 多年的宝剑出土时竟没有一丝锈痕？1974 年，3 把剑身乌亮、寒光逼人的宝剑在陕西临潼秦始皇陵陶俑坑中出土。同样这几把剑也是在五六米深的潮湿土壤中埋了 2000 多年，出土时不但毫无锈迹，而且能一下子划破 10 多张纸张，其锋利程度让人咋舌。

古剑不锈成为人们急于探索的神秘现象。为了不损坏这些宝贵的文物，有关部门采用了多种现代仪器对宝剑的表层化学成分进行检测。

青铜剑

检测分析结果表明，这些宝剑的金属成分是铜与锡的合金，即商朝时就发明的青铜。是锡这种抗锈金属使宝剑历经 2000 年都不生锈。另外一个主要原因是这些宝剑在当年被打造的时候对其表面都进行了防锈处理。

1974 年出土的 3 把剑的表面处理，则更为先进。古人用氧化能力非常强的铬盐酸对剑进行氧化处理，于是剑的表层金属就紧紧地覆盖在剑的表面。这层仅厚 0.01 毫米的氧化金属性质却非常稳定，因而也就不会被锈蚀了。

这种精细的铬盐钝化加工处理技术，国外应用时间是 20 世纪 30 年代以后，比我们的祖先晚 1000 年，可见我国古代文化的繁荣程度。古剑不锈的谜就此被揭开。

青铜工具制造过程示意图

①采矿、冶炼、合金配制。采集铜矿和锡矿，把它们放在堆满木炭、黏土垫底的坑内冶炼，熔化了的金属就积聚在底部。

②制范，即制造模子。这是铸造的前奏。历史上铸造的模子可分为石范、泥范、金属范等。

④制成的青铜器样品。

③浇铸与后期处理。把炼好的青铜液浇注入模子中，待其冷却凝固后拆去模子，就得到如图④青铜器。

⚛ 微观世界

宇宙间的万物都是由各种物质组成的，所有的物体，包括最坚硬的岩石，其内部也并非实心，其中有很多空隙。所有的物质都是由分子、原子以及这些粒子之间的空隙组成的。原子本身以及原子之间的空隙非常细微，只能用功能非常强大的显微镜才可以观察到。20 亿个原子全部加起来，也不过像本文中的句号一般大小。但即使是原子，其内部也不是实心的，它们更像是由亚原子微粒星罗密布排列在一起形成的能量云。

由质子和中子
组成的原子核
含有电子的球壳　电子的运动轨迹
电子

原子的中心是原子核，原子核由质子及中子组成，质子和中子依靠一种强大的作用力结合在一起，核能便是从这种结合力转化而来的。

原子

原子的中心是 1 个原子核（致密的粒子团），这个核由两种粒子组成：质子和中子。原子核外有电子在不停地绕核旋转，电子的体积要比质子和中子小得多。各种亚原子粒子仅仅是能量的浓缩集合，只可能在特定的位置出现。质子带 1 个单位正电荷，电子带 1 个单位负电荷，中子不带电。

原子配对

原子与原子相互结合在一起形成分子。分子是保持物质化学性质的最小粒子。例如，人们生存所不可或缺的氧气，其分子是由 2 个氧原子结合在一起形成的；人类生存所必需的水，其分子是由 2 个氢原子和 1 个氧原子结合在一起形成的。

晶体

自然界中大部分的固体物质都可以形成晶体。晶体的硬度大，表面有光泽，并且具有规则的几何外形。每种晶体都是由规则的原子晶格或者分子晶格组成的。糖块和盐都是晶体，当然还包括大部分

知识窗→原子的内部

原子内部是十分空旷的，原子核与离其最近的电子间的距离大约是原子核直径的 5000 倍。如果原子核直径为 1 厘米，那么离其最近的电子也在距其 50 米外的地方。

质子都带有正电荷，所以质子之间通常会互相排斥。但在原子内部有一种被称为核力的强作用力，这种核力能够把质子结合在一起，使原子核免于分裂。

宝石，像钻石和翡翠也都是晶体。很多岩石以及金属也都是由晶体组成的，但是由于这种晶体太小，我们肉眼几乎看不到。

力与运动

力分为推力和拉力，它可以改变物体的形状和原来的运动状态。有些力只有在物体相互接触时才可以表现出来，例如踢足球时的力。而另外一些力在物体之间有一定距离时才能表现出来，例如引力和磁力。力总是成对出现的，两个大小相等、方向相反、沿同一直线相互作用的物体间的力，我们称之为作用力与反作用力。当你推墙时，墙同时也会推你，否则你的手会穿透墙壁。自然界中力的主要类型为：重力、电磁力以及核力和强核力。

知识窗→重力与惯性

与其他的力相同，重力也可以使物体改变速度。靠近地球表面的物体在下落时会获得每秒9.8米的速度这被称为重力加速度，用 g 表示。

物体具有保持原有运动状态或静止状态的性质，物体的质量越大，要改变它原有的状态所需的作用力就越强。这种现象被称为惯性。

过山车

过山车没有发动机。在重力的作用下过山车获得一个初始速度，开始自高处下滑，速度变得越来越大，当到达斜坡的最底部时速度最大，这个速度足以使车体冲上第二个斜坡。物体这种保持原来运动状态的性质被称为惯性。

自由落体

牛顿发现，物体在下落时总是落向地面而非"落"向空中，经过研究，他提出了著名的"万有引力定律"。该理论的提出出乎所有人的意料：物体下落是由于重力的作用引起的，而重力则是由于地球吸引而使物体受到的力。宇宙中的物体都会受到重力的作用，不管物体多么微小，都竭力给其他物体施加这一引力。这种引力的大小取决于物质的质量，质量越大的物体受到的重力也越大。物体若被分成几个部分，这种引力就会变小。

炮弹需要火药施加的强大的作用力才能得到它所需要的加速度。

功、力和负荷

功、力和负荷在物理中是很重要的概念，尤其是与那些移动物体的机械联系的时候显得尤为重要。负荷是指移动物体的质量，以千克来衡量；力是指移动物体时所施加的作用，用牛顿来衡量；功描述的是力使负荷沿力的方向发生的位移。在公制单位中，功的单位是焦耳，1焦耳是指作用在物体上的1牛顿的力持续1米的位移产生的能量。1焦耳等于1牛顿·米。

牛顿三大运动定律

17世纪末期，艾萨克·牛顿通过总结力和运动的关系得出三大定律：

第一定律：力只会改变物体的运动状态（改变速度大小或者方向）。

第二定律：加速度与力的大小成正比，与物体的质量成反比。

第三定律：两个物体之间的作用力与反作用力在同一直线上，大小相等，方向相反。

这三大定律是研究经典力学的基础，不管是踢出的足球还是飞行的太空船都可以用这三大定律来解释。

功和能

能是物质做功的能力。能不仅指太阳发射出的可见光，也不仅仅指来自于火中的热量。它包括发生在宇宙中任何地点的任何活动，不管是小草生长还是星球爆炸都属于能的范畴，物质的能量

> **知识窗→能的转化**
>
> 能既不能被创造，也不能被消灭，只能从一个物体转移到另一个物体。因此不管宇宙中的物质以什么形式存在，其能的总量是不变的。
>
> 英国科学家詹姆斯·焦耳是最早认识到做功会产生热以及热是能的一种形式的科学家之一。有一次他发现瀑布底部的水比顶部的热，从而通过实验证明下落的水的势能或动能部分转化成了热能。

赛跑选手与起跑架分离的1秒钟里，他们的加速度比普通赛车的加速度还要大。

比赛结束时，运动员体内肌肉中的化学能不再转化成动能。失去了能量来源，再加上空气阻力和鞋与地面的摩擦力，他们很快停了下来。

蕴藏在它们的原子和分子之中。能有很多种形式，可以从一种形式转化成另一种形式。

动能

运动的物体所具有的能称为动能。物体的质量越大、运动的速度越大，所具有的动能也就越大。运动员从起跑线上开始起跑时，是把肌肉中的化学能转化成动能，转化的速度越快，他们起跑的速度也就越快。在比赛结束时，动能停止转换，空气的阻力以及鞋与地面的摩擦力使他们停下来。

势能

物体由于处于一定位置而具有的能，称为势能。势能是一种蓄能。起重机吊起地面上的物体时需要克服重力做功，物体的势能就会增加。

能量转换

燃料燃烧使水变成水蒸气，水蒸气通过一个具有特殊形状的大烟囱排放出去。水蒸气的动能带动汽轮机旋转发电，这样动能就转换为供人们使用的电能了。

波能

所有的波，包括水波、电磁波都具有能量。当波撞击其他物体时，会把能量部分或全部丧失。当把鹅卵石扔入水中时，水面的振动就会形成波。当光波射入人的眼睛后，视网膜（可见光的敏感区域）会感知到这种能量，人眼就能看到东西了。红外线照射到物体上时能量会转变为热量。当无线电波传到收音机天线上时，无线电波的能量会转变成电流，收音机再把电流转变成声音信号。

时间

在钟表发明之前，人类是利用地球的运转规律（通过观看天空中的太阳、月亮和星星的运动情况）来计时的，现在则可以通过钟表表针的变化情况来确定时间。目前人们研制的原子钟是一种极精密的计时器，准确度极高。但是仍有一些科学家和哲学家认为原子钟不能与真实时间完全吻合。科学家们认为时间也是一维（如同长度和宽度一样），可以上下、前后、左右移动，因而把时间定义为除长度、宽度、高度三维空间外的第四维。但是时间不会倒流：一根蜡烛不会越烧越长，人也不可能越活越年轻。

原子钟

正如吉他一样，原子和分子也会以一定的音调和频率振动。原子钟是利用原子固定周期的振荡或摆动来维持时间的精度的。这种特殊的钟，大都安置在特殊实验室里，通常是利用铯 -133 原子为材料。1967 年，把 1 秒钟定义为"铯 -133 原子两个基态能级的转换所经过的 9 192 631 770 个辐射周期"的时间。原子钟也用于设置国际标准时间，称为国际协调时间，又称世界标准时间，简称 UTC，由美国标准技术研究院负责设置。

自然界的计时仪器

在有太阳光照射的时段，人们可以通过日晷的投影来确定时间，但是晚上或者没有太阳的状况下，由于没有标杆投影，日晷就无法工作了。古代人们发明了很多不依赖日光计时的方法。蜡烛可以稳定地燃烧，因此可以利用燃烧时蜡烛的长度来计算时间，即蜡烛计时法。水或者沙子可以很稳定地从一个容器流到另一个容器里面，这也可以作为测量时间的依据。17 世纪时，伟大的意大利科学家伽利略发现一定长度

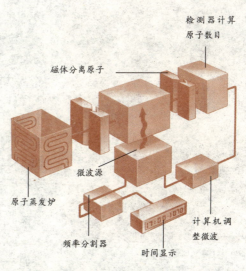

检测器计算原子数目

磁体分离原子

微波源

原子蒸发炉

频率分割器

时间显示

计算机调整微波

原子时间是以原子吸收了多少电磁波为标准衡量的。

的摆（在线或者杆的底端有一重物）在摆动时具有等时性。正是这个发现使得获得准确时间成为可能，把钟摆的一端与表针连在一起，钟表盘就可以显示时间了。

亚原子粒子

到 1920 年，科学家已经知道每一个原子都是由原子核和电子组成，且带正电的原子核被带负电的电子云所包围。原子并不是"基本粒子"——构成物质的最基本的材料，不可再拆分成更小的微粒。不久，科学家们不断地发现了比原子更小的粒子，使人们对微观世界的认识更加深入。

新西兰裔英国物理学家欧内斯特·卢瑟福（1871—1937 年）用 α 粒子（氦核）轰击氮原子时，发现氢核被释放出来，也就是说，氮核中必定含有氢原子核。1920 年，卢瑟福建议将释放出的氢原子核命名为"质子"（源自希腊语，意思是"第一"）。质子的质量是电子的 1836.12 倍。原子绝大部分的质量都被原子核占据。同年，卢瑟福提出了比氢原子质量大得多的原子核还包含了不带电荷的微粒。

自 1919 年起，卢瑟福一直担任剑桥大学的物理教授和卡文迪许实验室的主任。卢瑟福研究的重点仍然是用 α 粒子（氦核）轰击不同种类的原子核。1925 年，英国物理学家帕特里克·布莱克特（1897—1974 年）在卢瑟福的指导下，将云室——1911 年苏格兰物理学家威尔森（1869—1959 年）发明——改进为一种能记录原子的瓦解的装置。但是 α 粒子所具有的能量还不足以将质量较大的原子核轰击成碎片，因此，对质量较大的原子核需要用能量更强的粒子轰击。1932 年，英国物理学家约翰·考克劳夫特（1897—1967 年）和爱尔兰物理学家欧内斯特·沃尔顿（1903—1995 年）在卡文迪许实验室建造了世界上第一台粒子加速器，利用电磁铁产生的强大磁场加速质子，然后直接轰击目标。

20 世纪 20 年代，德国物理学家瓦尔特·波特（1891—1957 年）在柏林领导一个科学家小组进行了一系列的科学实验，他们用 α 粒子轰击几种轻元素的原子核，这些元素包括铍、硼和锂。1930 年，他们发现轰击原子核时会产生高能穿透辐射，起初，这些科学家认为这是一种 γ 射线辐射，但是这种辐射的穿透力比任何见过的 γ 射线辐射都要强。

1932 年，法国物理学家约里奥·居里夫妇——伊伦·约里奥·居里（1897—1956 年）和弗雷德里克·约里奥·居里（1900—1958

安装在卡文迪许实验室的一台电压放大器，在 1937 年，它作为菲利浦百万伏加速器的部件，其百万伏电场用于加速粒子。

年）——发现用 α 粒子轰击石蜡或其他类似的碳氢化合物（由氢和碳元素组成）时，会发射出能量很高的质子。对这一现象的进一步研究使科学家对波特观察到的所谓 γ 射线推论产生了越来越多的质疑。英国物理学家詹姆斯·查德威克（1891—1974 年）在卡文迪许实验室证实了轰击原子核所产生的射线不可能是 γ 射线，他还指出该辐射所含的粒子的质量与质子质量一样，但是不带电荷。查德威克认为这种新粒子是被束缚在一个电子（氢原子）内的质子，当他用 α 粒子轰击已知原子量的硼原子时，就能计算出这种粒子质量——该粒子为 1.0087 原子质量单位，略大于质子（1.007276 质量单位）。因为该粒子不带电荷，所以被称为中子。在原子核内，中子很稳定，但到了原子核外，中子会衰变成一个质子、一个电子，以及一个反中微子。质子和中子构成了原子核，一起被称作核子。

沃尔夫冈·泡利（1900—1958 年）是 20 世纪最伟大的物理学家之一，1930 年，泡利正研究 β 射线——由不稳定的原子发射的电子流，这些电子看起来失去了一些能量，但是没有人能找出电子失去能量的原因，这与基础的物理定律之一——能量不能凭空创造和失去——是矛盾的。泡利为了解开这个谜团，他提出 β 辐射还包含了一种以前不为人知的粒子，具有在静止时既不带电也没有质量的特性。意大利物理学家恩里克·费米（1901—1954 年）在 1934 年证实了这种粒子的存在，并把它叫作中微子。

英国理论物理学家保罗·狄拉克（1902—1984 年）对量子电动力学的发展做出了重要的贡献。19 世纪 20 年代后期，理论物理学家对电子的研究非常感兴趣，狄拉克对德国物理学家沃纳·海森堡（1901—1976 年）对电子做出的描述很不满意，于是提出了自己关于电子的表述——狄拉克方程，并提出电子有带上正电荷的可能性。1932 年，美国物理学家卡尔·安德森（1805—1991 年）发现了这种粒子的存在。1933 年，帕特里克·布莱克特也发现了该种粒子。后来，这种粒子被称为正电子。正电子是第一种被发现的反物质粒子。

1937 年，安德森与研究生塞恩·尼德梅耶（1907—1988 年）合作发现了 μ 子——与电子相似的极不稳定的粒子，但质量是电子的 200 多倍。

原子核裂变

20 世纪早期，物理学家们一直致力于研究当原子受到亚原子粒子轰击后将会发生什么样的变化。一系列的实验使科学家认识到，在某些情况下，这种轰击能在核反应堆中通过原子核裂变释放出大量的能量，并可以用来发电。到 2005 年 1 月份，已有 439 座可控原子核反应堆分布在世界各地，核电量已占总发电量的 16%。

1932 年，英国物理学家约翰·考克劳夫特（1897—1967 年）和爱尔兰物理学家欧内斯特·沃尔顿（1903—1995 年）开始在英国剑桥大学的粒子加速器中进行高能质子实验。1934 年，法国物理学家伊伦·约里奥·居里（1897—1956 年）和弗雷德里克·约里奥·居里（1900—1958 年）发现质子轰击有时会产生靶原子的

知识窗→铀裂变

当一个原子核碎裂成两部分——"裂变产物"，并释放 2～3 个中子时，核裂变就发生了。有些重元素会经历自发的核裂变过程，其他元素则通过中子或质子轰击原子核引发核裂变。核裂变释放的能量等于将这些核子合在一起的能量。

慢中子撞击一个铀−235(^{235}U) 原子后，原子核吸收了慢中子而变成了铀−236(^{236}U)，并立即裂变成两轻核并同时释放出 2～3 个中子。如果释放的中子撞击其他 ^{235}U 原子核，就会引发后续的核裂变，那么就构成了一个核裂变链式反应。1 千克的铀−235(^{235}U) 原子核裂变能释放出 2 万兆瓦的惊人能量，相当于 330 万吨煤完全燃烧释放出的能量。

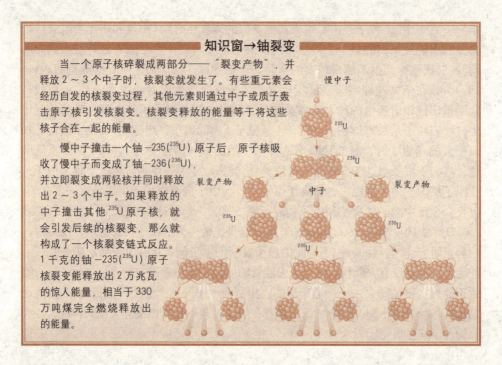

放射性同位素。两年后，意大利裔美国物理学家恩里科·费米 (1901—1954 年) 在罗马发现用中子——1932 年由英国物理学家查德威克 (1891—1974 年) 发现——在撞击原子时，比质子更有效。

中子轰击通常会通过中子吸收产生更重的原子。但是，当费米轰击一些重元素尤其是铀原子时，他发现会有更轻的原子核产生。1939 年，德国物理学家奥托·哈恩 (1978—1968 年) 和弗里兹·斯特拉斯曼 (1902—1980 年) 确定铀轰击后的产物是只有原来一半质量的铀元素，他们由此证实了铀原子核已被打破，原子核裂变已经发生了。

同一年，瑞士斯德哥尔摩大学的奥地利女物理学家赖斯·梅特纳 (1878—1968 年) 和她远在丹麦哥本哈根大学 (当时与丹麦物理学家波尔一起工作) 的侄子奥托·弗瑞士 (1904—1979 年) 共同解释了原子核裂变问题——铀原子核吸收了一个中子后发生剧烈的摆动，然后分裂成两部分并释放出 2×10^8 电子伏 (3.204×10^{-11} 焦耳) 的能量。哈恩和斯特拉斯曼后来发现，除了产生大量能量之外，铀原子核裂变释放的中子会引发其他铀原子核裂变，由此引起的可能的链式反应将会释放出异常巨大的能量。这一结论后来被约里奥·居里夫妇和利奥·西拉德通过实验证明了。西拉德 (1898—1964 年) 是匈牙利裔美国物理学家，当时和恩里科·费米一起研究可控核裂变反应，后来进入纽约哥伦比亚大学工作。

铀会自然产生 3 种同位素，并且总是占相同的比例：铀−238(^{238}U) 占 99.28%，铀−235(^{235}U) 占 0.71% 和铀−234(^{234}U) 占 0.006%。波尔经过计算得出铀−235(^{235}U) 比其他两种同位素更易发生核裂变。这就意味着必须用一种方法分离出铀−235(^{235}U) 同位素，这种方法就是如今所知的"铀浓缩"技术。波尔还指出，如果中子被减慢，核裂变效应会更显著。西拉德和恩里科·费米建议用一种"减速剂"，如重水或石墨物质围绕铀，用来减缓中子速度。

1939 年第二次世界大战爆发的前两天，波尔和美国理论物理学家约翰·惠勒（1911 年— ）发表了一篇描述整个核裂变过程的论文。同样在 1939 年，法国物理

1942 年，科学家正在芝加哥大学观察原子核反应堆中的可控裂变链反应情况。因为辐射无法拍下当时的情景照，这是一位画家描绘的当时的情景。

学家弗朗西斯·佩兰（1901—1992 年）提出，通过确保释放出足够多的中子撞击其他的铀核维持一个链式反应，就需要确定铀的"临界质量"。佩兰还认为，可以通过添加一种吸收中子（非减慢中子）的物质的方式来控制裂变的反应率。在英国工作的德裔物理学家鲁道夫·佩尔斯（1907—1995 年）进一步发展了这些观点。1942 年，恩里科·费米在芝加哥大学设计了世界上第一座原子核反应堆，12月开始运作。1951 年，美国在爱达荷州瀑布附近的国家工程实验室建立了一座实验性增殖反应堆，并成为首座发电的核反应堆。

科学家已经意识到持续的核裂变反应可用于制造拥有巨大能量的炸弹。研制这种原子弹的工作已经在英国和美国悄然进行。1942 年 8 月，这两个计划合并成著名的曼哈顿计划。1945 年，美国研制的第一颗原子弹在新墨西哥州试爆成功。

在前苏联，这项研究在独立地推进，到 1940 年前苏联科学家也已认识了核裂变原理并认识到链式反应的可能性。直到 1942 年，斯大林才被说服苏联可以发展原子弹，一项由核物理学家伊格尔·库恰托夫（1903—1960 年）领导的原子弹制造计划正式启动。1948 年，前苏联第一座核反应堆开始运行，1949 年 8 月，前苏联第一颗原子弹爆炸。

新化学元素

直到 1937 年，在 92 号元素，即铀元素之前，在元素周期表中只有四个空缺的元素位置。这四个空缺的元素原子序数为 43、61、85 和 87。于是化学家和物理学家开始利用粒子加速器——如美国科学家欧内斯特·劳伦斯（1901—1958 年）在 1932 年发明的粒子回旋加速器——进行新元素的探测。

起初，科学家利用粒子加速器作为"原子对撞机"将元素分成更小的组成部分。例如，在 1937 年，美国科学家在加利福尼亚利用粒子回旋加速器用氘核轰击金属钼原子，氘核是氘（重氢）原子的原子核，质量是中子的 2 倍，是质量最大的亚

原子粒子。他们把轰击后的钼原子样品交给意大利巴勒莫大学的两位意裔美国物理科学家艾米利奥·塞格雷（1905—1989年）和卡尔·皮埃尔（1886—1948年）进行分析。两位科学家发现，样品中包含有一种新的放射性元素，也就是空缺的43号元素。起初，他们将之命名为钨，后来将之更名为锝（源自希腊词technetos，意为"人工制造"）。

两年以后，也就是1939年，法国化学家玛格丽特·波里（1909—1975年）分析了锕同位素——锕-227的放射衰变产物，结果发现了另一种新的放射性元素，也就是空缺的第87号元素。起初她将其命名为锕-K，但为了纪念她的祖国，后来又更名为钫。

在1940年，塞格雷和他的同事在用α粒子（氦核）轰击铋原子时有了再一次的新发现——1947年，他们将新发现的非放射性元素称为砹，该名称源自希腊语，意为"不稳定"。后来其他科学家发现了天然产生的质量更大的砹同位素，但是砹的同位素仍是地球上最少的天然产生的元素。直到1945年，化学元素周期表中最后一个空缺的元素，即61号元素，才被美国化学家雅各布·马里奥（1918—2005年）及其同事在用中子轰击钕原子时发现。1949年，他们将之命名为钷，该名称源自希腊神话中的盗火者普罗米修斯的名字。粒子轰击原子不仅能够"击碎"原子，而且能够将轰击产生的碎片重组成新的原子。这个现象在1940年发生了两次。第一次是由美国物理化学科学家埃德温·麦克米伦（1907—1991年）和菲利浦·艾贝尔森（1913—2004年）利用慢中子轰击铀-238得到了镎元素（名称源自海王星），在元素周期表中，镎元素紧随铀元素之后。在加利福尼亚大学伯克利工厂实验室格伦·西博格（1912—1999年）和麦克米伦领导的一个研究小组用用氘核轰击铀-238得到了钚元素，该名称源自冥王星，在周期表中紧随镎元素之后。

镎和钚元素属于最先发现的超铀元素（比铀元素的原子序数大），在接下来的几年中，其他的超铀元素也很快相继产生：镅元素（1944年）、锔元素（1944年）、锫元素（1949年）、锎元素（1950年）等。1974年得到的第106号元素以西博格名字命名为𬭳。1982年，德国物理学家安布斯特（1931年—）和他的研究小组在达姆施塔特重离子研究所用铁-58原子核轰击铋-209发现了第109号元素。1997年，他们将之命名为𬭔，以纪念奥地利裔瑞典物理学家莉泽·迈特纳（1878—1968年）——最早将原子分裂开的科学家之一。1984年，该研究小组用铁-58原子核轰击铅-208又得到了第108号元素——𬭶。科学家在莫斯科市郊外的杜布纳利用同样的方法也得到了𬭶元素。一年后，即1985年，一个俄-美联合研究小组在杜布纳用硫-34轰击铀-238时得到了𬭶的一种不同的同位素。𬭶元素是以德国达姆施塔特所在的黑森州命名的。

到现在为止元素周期表中总共有116种化学元素，至少在目前元素周期表元素没有继续增加。科学家只是制得了最重元素的少量原子，即使更重元素在理论上可能存在，但120号元素后面的任何元素都极不稳定而且存在的时间十分短暂。

天　文

中国古代的天文观测工具——浑天仪

　　早在远古的时候，人类就对于包容和孕育生命的天空和大地充满了敬畏和好奇，并以丰富的想象力推测着它们的形状、成因。直到东汉时期，科学家张衡发明了一种观测天文的仪器——浑天仪，人类才第一次比较形象直观地了解天空与大地。从此，天和地的样子在人们的眼中变得真实清晰起来。

　　78年，张衡出生于南阳西鄂（今河南南阳县石桥镇）的一个名门望族，祖父张堪曾任蜀都太守。张衡自幼聪明伶俐，乖巧好学。17岁时，张衡离家到西汉的故都长安附近游历，考察历史古迹和民风民俗，后来又去了都城洛阳寻师访友并参观了太学。5年后，张衡重返家乡，担任南阳太守鲍德的主簿。鲍德调任之后，而立之年的张衡开始在家中潜心钻研哲学、天文、数学。经过3年的刻苦研读，张衡在天文、历算、阴阳等学科上取得了很大的成绩。

　　在张衡生活的那个时代，关于天和地的天文现象有两种不同的说法。一种说法认为：天圆地方，天覆盖着地。天上阴阳两气互相转换就形成日出、日落。但这种说法难以自圆其说之处是：天如果是圆的，那它又怎么能将四四方方的地覆盖严实呢？

张衡像

张衡，我国东汉著名科学家，他多才多艺，在天文、文学、绘画等方面都有较高造诣。

　　后来，支持盖天说的人们为了能自圆其说，将过去的论调做了修改，说天是圆的，地也是圆的，天和地就像是两个倒扣在一起的盆子。此外，这种新盖天说还认为天和地都是中间高四周低，它们之间的高度永远都是一样的。可这么一说，这种观点还存在着许多解释不清的地方。

　　另一种说法则认为：天是呈圆球状的，地在天的中央，四周充满了水，地就浮在其间；天则包在地的最外面，就像蛋壳和蛋黄那样。天无时无刻不在运动，既没有起点，也没有终点，混混沌沌无法分清，所以称作"浑天"。在当时看来，浑天说似乎比盖天说的观点更令人信服，虽然也有诸如"大地若浮在水上，那么太阳、月亮、星星的起落为什么没有从水中穿过"这样的存疑，但总地说来这种观点比前面的观点先进了许多，所以这种说法成为中国汉代以后古代天文学的主要指导理论。

　　在浑天说的研究、传播过程中，张衡起到了举足轻重的作用。

　　111年，张衡被汉安帝任命为郎中和尚书侍郎。4年之后，又被任命为太史令。在此期间，张衡致力于研究天体运行规律，并根据浑天说的理论以及太阳、星星的运动规律，发明了观察天文的仪器——浑天仪。"浑"在古代有圆球的意思，所以浑天仪的外观就是圆球形的，其间由许多同心圆环组成。这个仪器是铜质的，直径为1.3米，中心部位有轴贯穿。球上分别刻着二十八宿、中外星官以及二十四节气、南北极、黄赤道、恒星圈、视显圈等。铜球可以旋转，其旋转速度是通过漏壶滴水所产生的动力来控制的。铜球的运转情况同天象相一致，因此，人们想要观察天象不再是件难事，只要观看浑天仪就可以将茫茫天地了然心中了。

浑天仪
浑天仪是世界上最早用来演示星空运动的天文仪器。通过它可以知道日月星辰和节气的变化。

继浑天仪之后，张衡又研制出了地动仪和候风仪。后人在其漏水转浑天仪的基础上，又设计出了天象表演仪和天文钟。由此可知，浑天仪在天文学研究中的地位是非常重要的。

伽利略与天文望远镜

1609年，意大利人伽利略第一次把望远镜指向星空前，人类一直是用肉眼来直接观测星空的。17世纪的一天，荷兰的眼镜商利珀希像往常一样在他的工作室里制作眼镜，这时他的3个孩子从外面跑了进来，拿起父亲磨制好的眼镜片玩了起来。利珀希担心孩子们打破镜片，忙放下手里的活，想要制止淘气的孩子们。没等利珀希开口，孩子们便兴奋地对他说："爸爸，2块眼镜片能把远处的房子搬到眼前来。"利珀希拿过孩子手中的镜片一看，孩子们的话果真没错。他感到这是一个新奇的发现，于是又用各种镜片反复做实验，发现：只有远视镜片在前近视镜片在后才能将远处的景物搬到眼前。

利珀希的新发现引起了伽利略的极大兴趣。1609年5月，在意大利大学任教授的伽利略凭借自己扎实的光学知识和勤于动脑思考的习惯，在推导出其中的原理之后，就亲自动手研制探索太空的天文望远镜了。

1609年，世界上第一架天文望远镜在伽利略的手中诞生了。伽利略的望远镜是一种有效直径只

伽利略最初设计使用的望远镜——世界上第一架折射式望远镜
这是当时最为精确的望远镜，它开阔了人们在太空中的眼界。

伽利略

伽利略(1564—1642年)，欧洲中世纪的科学巨匠，文艺复兴运动的真正精神代表。他在天文观测、实验科学等诸多领域都取得了骄人的成绩。他提出的关于物质运动的基本原理至今仍在很多科学领域被应用。

有4.4厘米的折射望远镜。当来自天体的光线射到镜筒前的玻璃透镜上时，被折射的光线都集中于一个点上，即焦点。该天体的像则形成于此焦点上，这个像在镜筒的另一端被称为"目镜"的透镜放大，物镜和焦点之间的距离称为"焦距"。望远镜的放大倍数是望远镜物镜的焦距与目镜的焦距之比。

伽利略用望远镜观测到月球是一个崎岖多山的星球，不是我们肉眼所见的洁白无瑕的外形。在月球分别处于白昼和黑夜的两个半球之间的边界伽利略看到了灰斑。他认为这些灰斑是受阳光照射的山顶，由于光照，产生明暗两面，于是明暗界限成为凹凸不平的形状。通过望远镜，伽利略看到了处于低洼区域的灰色平原，伽利略不相信那里有水，但这些灰色平原还是被称为"海"。

伽利略注意到，与行星相比，恒星在望远镜里只是一个光点，而不呈现出明显的圆面，不管怎样放大，这些恒星在望远镜中仍然是一个微小的光点。出现这种现象的原因是恒星都距离我们非常遥远。

伽利略于1610年的一天夜里在观测木星时，发现有3颗小星在其淡黄色的圆面附近，其中1颗在木星右边，2颗在左边。接连观察了多日，伽利略发现木星旁边的小星星数目不定，时而3颗，时而2颗，有时4颗。经过几个星期的观测，他断定木星有4颗卫星。到目前为止，人们共发现了16颗木星卫星。人们把伽利略发现的那4颗木星卫星称为"伽利略卫星"。

用望远镜观测太空，使哥白尼的日心说成为"眼见为实"，于是伽利略公开支持哥白尼的日心说，出版了《星际使者》这本被欧洲理论界称为"火山爆发"的书来宣传自己的见解。

当时许多人对伽利略的言论持怀疑态度，更有甚者指控他是一个会施魔法的巫师。1615年，哥白尼日心说被天主教会说成是"错误和荒谬的异端邪说，是公然违背圣经的"。教会局正式警告伽利略，要他端正自己的科学观点。

伽利略正在向欧洲贵族展示他的望远镜。

面对种种压力，伽利略依然坚持自己的主张，于 1632 年又出版了《关于托勒密和哥白尼两大世界体系的对话》的伟大著作。第二年，伽利略被罗马教堂判处终身监禁。9 年之后，伽利略不幸病逝。这一冤案直到 1979 年梵蒂冈教皇保罗二世上任后才予以平反。

伽利略的伟大发明不仅让人类具有了观测宇宙星空的"千里眼"，而且他坚持真理的科学精神更值得后人学习和推崇。

赫歇尔发现银河系的结构

在月明星稀的夜晚，人们会注意到在深蓝色天幕上有一条白茫茫的大河。关于这条河的起源也有很多美丽的传说，古代中国人把它称为隔开牛郎和织女的"天河"。直到 1784 年，英国天文学家威廉·赫歇尔才真正把这条"天河"的结构展现在世人面前。

威廉·赫歇尔是英国一位以业余天文学爱好者的身份成长起来的杰出天文学家。据天文史书记载，赫歇尔一生自磨自制的望远镜镜面（反射镜面）竟有 400 多块，他一生最大的愿望就是要弄清楚"宇宙的结构"。

你也许不会相信，赫歇尔是通过数星星数出这个伟大发现的。

1784 年，赫歇尔下决心要弄清楚天上到底有多少颗星星，并且要弄明白它们在天空中是如何排列的。想数清天上星星的个数谈何容易，那可是一项异常繁重艰难的工作。

为了实现自己的愿望，赫歇尔满怀信心地投入到观测工作中去。

赫歇尔把星空分区进行研究，在分出的 683 个区域中，每个天区的大小为 15′×15′，与他那架能放大 175 倍的望远镜的视场大小相符合。为了保证观测资料的准确性，赫歇尔对每个选定的天区至少要观测 3 次以上，并选择不同的时日进行观测。

在进行完第 1083 次观测后，赫歇尔总共数出的恒星达到了 11.76 万颗之多。从数星星的过程中，他注意到一种现象：恒星从这一方向望去特别多，从另一方向望时又显得很少；愈接近天上那条乳白色的光带——银河，恒星排列就愈密集，恒星的数目在银河平面方向上拥有最大值，而在与银河平面垂直的方向上最少。赫歇尔依据观察结果推断：

赫歇尔（1738—1822 年）提出银河系是庞大的天体系统，由恒星连同银河一起构成。

银河系的自转原理示意图

银河系并不是匀速自转的，其速度受各方面引力的影响也各不相同，位于猎户臂中的太阳就是一个高速运行着的天体。

银河系是由恒星构成的"透镜"状或"铁饼"状的庞大天体系统。

他认为，太阳应该居于银河的中心。如果你从银河的平面方向望去，会发现一些亮星，也会看见许多更远更暗的星星，再往外则是数目更多、更远、更暗淡的星星；大量十分遥远的用肉眼不可能一一分辨出来的星星由于亮度太低，只能看到白茫茫的光带，像是天上的河流；若地球上的人从与银河平面垂直的方向看，恒星看上去就会很少，只能看到比较近的、相当亮的恒星。

依据恒星观测结果，赫歇尔自制了一幅银河系结构图，他将太阳置于银河的中心。他的贡献还不仅这一项，他在聚星、双星、星团、星云观测研究方面也做出了许多划时代的贡献，编成了包括 2500 个星云、星团的大型星表。

美国天文学家哈洛·沙普利等人，于 1920 年依据赫歇尔的研究计算出了银河系的较为确切的大小，即宽约 10 万光年，恒星达 2000 亿颗以上。

沙普利的研究不仅修正了赫歇尔的理论，而且在银河系的轮廓、结构、运行等方面也有新的发现，被称为"第二次哥白尼革命"，是人类对宇宙认识的又一次飞跃。

现在，科学家们已经证实银河系是一个像运动员投掷的铁饼那样是扁圆球形，被称为"银盘"。盘中心较凸出的部分称为"银核"，核的中心叫"银心"。分布在盘状空间范围内的星星，在银核附近排列得最密集，绕着"银核"旋转着的众多恒星，构成了银盘，银盘的中央平原叫作"银盘面"，两侧是由许多颗恒星组成的小集团，叫"球状星团"。这部分天区叫作"银晕"。

银河系的所有恒星都围绕其中心——人马座做圆周运动，而旋转速度因距银心的远近而不同，银心附近和银盘边缘转得比较慢，太阳附近旋转速度最快。

宇宙的形状和结构

茫茫宇宙，地球犹如沧海一粟。千百年来，科学家一直试图描述宇宙的形状和结构，但是直到现在也没有人能够确切地说出来。哈勃望远镜的发射为我们深入了解宇宙提供了可能。

迄今为止，天文观测史上最为宏大壮观的观测项目就是哈勃空间望远镜，它是天文观测项目中最受公众瞩目的科研项目，其规模和投资都是别的科研项目所无法比拟的。

宇宙在可见光谱范围内，有无数个星系，哈勃探测到了宇宙早期的"原始星系"，天文学家根据这些资料开始了跟踪研究宇宙发展的历史。

天文学家研究了宇宙早期恒星诞生形成过程中重元素的组成，行星和生命存在是离不开这些元素的。通过哈勃，天文学家看到了两个星系相撞的情形，也看到了黑洞如何吞食星球与气体的情形。我们已经知道有些星系是没有类星体存在的，有的天文学家将原因归结为该星系的中央存在着黑洞，这些可怕的黑洞还在不断地扩大。至今尚未发现有类星体存在于银河系中。

2位天文学家在1987年1月全美天文学年会上，报告在他们发现的两个彼此独立的星系团中出现了"巨型空中光弧"。他们将这2个星团分别编号为Ab11370和C12244-02。这两段光弧经测量后，其长度都在30光年以上。

此后不久，又有人在星系团Ab11963中发现了两段与前两段光弧特征相似的光弧。这种现象引起了学者们的关注。这时，美国海斯塔克天文台工作的休伊特博士以及她的同事们发表了一个射电源的观测结果，这使1988年7月他们对狮子座的一个射电源MG1131+0456观测所得到的椭圆环状光弧的轮廓非常清晰。休伊特博士称这是"爱因斯坦环"。

编号为Ab11 2218星系团距离我们有10亿光年。通过哈勃发回的照片，能清晰地看到照片中那些暗蓝色的弧瓣实际上是一些星系，其距离比Ab112218星系远上5～10倍。在引力透镜效应的作用下，这些弧瓣被放大后变形并且在Ab112218星系团周围旋转。由于Ab112218比较庞大，且具有强大的引力，因此，使更遥远的天体的光发生了偏折，并且使被透物放大地呈现在Ab112218星系团周围。

由此可见，引力透镜可将遥远的天体放大。上述的Ab112218星系团就充当了这个放大的作用，使那些非常微弱的远在宇宙边缘的星系浮现出来，早期的宇宙的形成模式就清楚地呈现在天文学家的眼前。

天文学家得到一张哈勃空间望远镜传回来的冥王星及其卫星照片。这张照片推翻了原先通过地面望远镜看到的一条拉长的光线，实际上这条光线是由两颗星组成的。8年中，几千名科学家进行了数万次的天文观测，发表了1300多篇关于

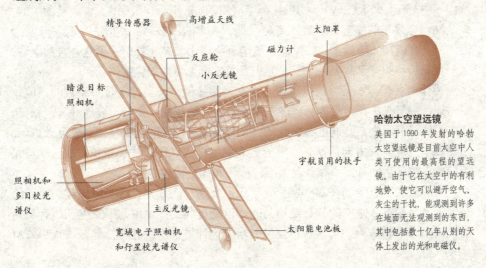

精导传感器　高增益天线　太阳罩　反应轮　磁力计　小反光镜　暗淡目标照相机　宇航员用的扶手　照相机和多目校光谱仪　主反光镜　宽域电子照相机和行星校光谱仪　太阳能电池板

哈勃太空望远镜

美国于1990年发射的哈勃太空望远镜是目前太空中人类可使用的最高程的望远镜。由于它在太空中的有利地势，使它可以避开空气、灰尘的干扰，能观测到许多在地面无法观测到的东西，其中包括数十亿年从别的天体上发出的光和电磁仪。

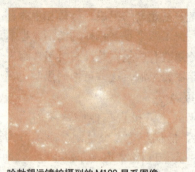

哈勃望远镜拍摄到的 M100 星系图像

从地球上用望远镜观察宇宙，要穿过有气流的大气层，气流会扭曲星光，星光看上去很模糊，而漂浮于大气层之上的哈勃望远镜则可以看清楚从行星到几十亿光年以外的类星体。

天文方面的论文。

哈勃空间望远镜在 1995 年 12 月把焦距对准了北斗七星附近的一个天区。连续工作 10 天，实际曝光次数 325 次，获得了珍贵的遥远星系团照片，这些星系团距我们约 110 多亿光年。天文学家们揭示出了数千颗微暗的遥远星系，这是史无前例的发现！

对金星、火星等太阳系行星上的气候情况进行了观测研究后，天文学家发现有氧气存在于木卫二和木卫三的大气层中，并且发现木星新的云带及其生成、消失现象。从而，他们得到了第一批木星北极区的高分辨图像和木星云带以及光环的细微结构。

在太阳系，天文学家们对猎户座大星云进行观测，发现那是一个孕育恒星的"襁褓"。哈勃提供了许多展示它的弧状、丝状和板状结构的彩色图像，甚至还有发亮的结节，科学家们认为这很可能是某些恒星脱胎后所留下的证据。

利用哈勃望远镜，天文学家们得到了 1994 年 7 月"苏梅克—利维 9 号"彗星撞击木星时的高质量图像以及百武彗星分裂的图像。

虽然哈勃空间望远镜获得的每一项新的观测成果都引起了科学界的关注，但是这些观测成果对于浩瀚的宇宙来说也只是"冰山之一角"，并不能诠释其全貌。因此天文学家仍然在探索着，希望能早日揭示出一个真实的宇宙。

宇宙大爆炸理论与宇宙起源

"呜……"火车进站了，司机拉响了汽笛。汽笛声对司机来说，音调是固定的。但是站台上候车的旅客却听到了 2 种音调：火车的汽笛声先是升高，火车从身边驶过时，音调却又降低了。1842 年，奥地利物理学家多普勒解开了这一自然之谜。这一现象被称为"多普勒效应"。它引发了宇宙大爆炸理论的研究。

为什么会有"多普勒效应"呢？多普勒解释说声音实际上是一系列的声波，它是通过空气来进行传播的。声波在声源趋近时被压缩，音调相应地升高；相反，随着声波舒展远去，音调也随之降低。多普勒证实，光波也存在"多普勒效应"。当光源与观测者反方向运动，光源的光波发生谱线红移，波长变长；相反，当光源向着观测者运动时，谱线就向紫端位移，光波也随之变短。

美国天文学家哈勃在 20 世纪 20 年代末观测时注意到，除了距离我们最近的星系外，星系在天空中的分布是均匀的，但是谱线红移现象几乎发生在所有星系的光谱中。哈勃认为如果多普勒效应引起了这种星系谱线红移，那么就意味着星

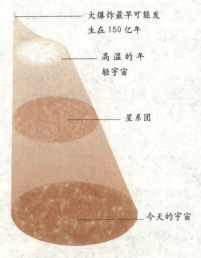

大爆炸最早可能发生在150亿年

高温的年轻宇宙

星系团

今天的宇宙

科学家推测的宇宙诞生理论示意图

系在远离地球。

几乎同时，另一位科学家哈马逊也在进行相同的研究。他想得到那些更遥远的河外星系的光谱。这些星系更加暗弱，哈马逊表现了极大的耐心和非凡的才能。他先从成千颗闪烁的恒星中选出所要考察的暗弱星系，使其像刚好落在光谱仪的狭缝上。他的工作时间是从深夜到凌晨，在这期间，他要不停地调整望远镜，几乎每几分钟一次，有的时候还需要接连几夜对准同一星系观察，这样辛勤的观测工作，哈马逊进行了28年之久。终于，哈勃和哈马逊在1931年联名发表文章，用扩充的观测资料进一步肯定了"哈勃定律"。

哈勃定律揭示了宇宙在不断地膨胀。但是，1929年刚公布哈勃定律时，哈勃和哈马逊非常谨慎，他们采用星系视退行这一名称。

其实，早在1917年，荷兰天文学家德西特就证明，由1915年发表的爱因斯坦广义相对论可以得出这样一项推论：宇宙的某种基本结构可能在膨胀，而且这种膨胀速度是恒定的。但是，那时还没有充分证据证明这一说法，对德西特的这种宇宙膨胀理论，科学家们大都持不屑一顾的态度，认为是无稽之谈。

后来，比利时天体物理学家勒梅特根据弗里德曼宇宙模型，把哈勃观测到的现象解释为宇宙爆炸的结果，宇宙膨胀的概念才又一次被提出来。勒梅特还从一个特殊的端点开始考虑膨胀，他进一步提出宇宙的起源是一个"原初原子"，也就是我们现在所熟知的"宇宙蛋"。这一说法引起了英国著名的科学家爱丁顿的注意，他提醒科学家们注意勒梅特的文章，这时，人们才注意到宇宙膨胀论。

美籍俄国学者伽莫夫继承并大大地发展了勒梅特"宇宙蛋"的思想。1948年4月，他联合天体物理学家阿尔弗和贝特共同署名发表了一篇关于宇宙起源的重要文章。

他们在文章中谈到，河外星系既然一直在彼此远离，那么，它们过去就必然比现在靠得近，全部星系在更久远的时候靠得更近；可以推测，极早期宇宙应当是非常致密的，那时，宇宙极其地热，而且物

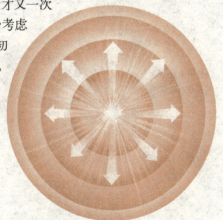

创世大爆炸示意图

约150亿年前，宇宙经过一次巨大的爆炸，即"创世大爆炸"，开始了它膨胀和变化的过程，而这种膨胀和变化至今仍在继续进行着。经过千百万年之久逐渐形成了星系、恒星以及我们今天所知道的宇宙。

质的密度非常大；文章甚至说宇宙最初是一团"原始火球"，它发出的辐射在发生爆炸后随着宇宙的膨胀而冷却下来。文章描述了原初宇宙"浑汤"中的基本粒子是如何从氢经过质子和中子的核聚变，又是如何演化成为氦原子的等。

伽莫夫认为当时大爆炸产生的尘埃就是今天人们在地球上和宇宙中发现的原子。通过精确的分析和理论计算表明，在150亿～200亿年以前，大爆炸发生了。根据有关计算还得出，宇宙大爆炸之后，一般有5～10开的残余辐射温度。

现在，"宇宙大爆炸"学说已被科学界普遍接受。

宇宙中的神秘星体——黑洞

"黑洞"犹如宇宙中的"牧场"，它的引力非常大，能把周围的一切物质吸进去。然而，人类对黑洞的认识还只是沧海一粟。"黑洞"就是一个引人注目的科学之谜。

为什么称之为黑洞呢？首先，人们根本看不见它，它不向外界发射或反射任何光线；其次，任何东西一旦进入其中，就无法出来。黑洞就像一个处于饥饿状态的无底洞，永远也填不饱。因此它也被称为"星坟"。

黑洞为什么有如此奇特的禀性呢？让我们先从万有引力谈起。

地表的物质在地球引力的作用下，不能任意飞向空中；人造卫星要想被送上围绕地球运行的轨道，至少要用每秒钟8千米的速度发射火箭，否则，在地球引力的作用下，人造卫星还是会被拉回地面，这就是第一宇宙速度；同样飞船只有完全摆脱了地球的引力控制，才能飞到别的星球上去，此时的火箭速度就要达到每秒11千米，这就是天体的表面脱离速度，也就是第二宇宙速度。

根据万有引力定律，包括太阳、月亮、地球在内的宇宙间的一切天体都具有非常强大的吸引力，附近的一切物体都能被它们紧紧地"抱"在怀里。

天体的表面脱离速度并不都是一样的，任何存在于宇宙中的天体，都有其不同的质量，因此也有不同的表面脱离速度，任何天体只有达到这个速度，才能从它那里飞出来。

法国天文学家拉普拉斯早在1798年就根据牛顿力学，预言宇宙

一个粒子落进黑洞，而它的同伴则逃逸了。逃逸的粒子在黑洞周围形成耀眼的光环

霍金的微型黑洞有着山一样的质量，而体积却只有原子核大小

黑洞最终在伽马射线的爆炸中消失了

黑洞萎缩时释放出更多的粒子。它的光环变得更亮更热

小黑洞

一些天文学家认为小黑洞是由于宇宙大爆炸产生的无限力形成的。它的体积虽然只有几个原子那么大，但质量却有几十亿吨。史蒂芬·霍金的计算结果表明小黑洞周围强大的引力使它最终会爆炸，越大的黑洞寿命越长。他还提出，产生于创世大爆炸的微型黑洞应该会立即爆炸。

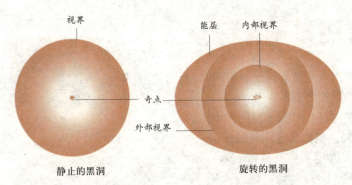

视界

能层　内部视界

奇点

外部视界

静止的黑洞　　　　　旋转的黑洞

黑洞的构造

所有的黑洞基本结构相同，中心的奇点部分被一个不可见的边界围着，我们称它为"视界"，没有东西可以从里面逃出来。视界的尺码叫史瓦西半径，它的名字得自于一个认识到它重要性的物理学家。旋转的黑洞构造更加复杂，它有一个能层（一个像宇宙旋涡的区域），里面还有一个内部视界，它奇点的形状像个戒指。

中存在着质量很大的天体。虽然拉普拉斯当时没有用黑洞来描述自己的理论，但是谁也无法否认它和"黑洞"理论有异曲同工之处。

现在，黑洞有了更加确切的定义：黑洞是一种特殊天体，其基本特征是具有一个视界，这个视界是封闭的，一切在视界内的物质和辐射都不能跑到外面去，外界的则可以进入视界。事实上，黑洞曾被爱因斯坦的广义相对论预言过。

黑洞在理论上也得到了充分的证明。万有引力理论认为，质量是太阳质量的3倍的球形天体，很可能收缩成为一个质点，这个质点的质量无限大，体积则很小，这就是"引力崩溃"现象。

由于黑洞的引力场非常强大，在其作用下，黑洞内部的一切物体都会被摧垮，故我们现在所知的所有类型的物质结构可能都对黑洞不适用——这就是著名的"黑洞无毛定理"。

黑洞的形成引起了众多科学家们的关注，一时之间，众说纷纭，莫衷一是。有人认为是由于恒星一直在消耗其核燃料并释放出光，当核燃料全部被耗尽时，由于自身引力过大而开始坍缩。黑洞是坍缩物质的质量3倍于太阳的质量而形成的。但是，科学家们认为这样形成的黑洞的质量并不是特别大，其质量至多是太阳的50倍。也有人认为是宇宙大爆炸时产生了异乎寻常的力量，在这种力量的作用下，一些物质变得非常紧密，这些是原生黑洞。还有人认为，恒星密集地分布在星系或球状星团的中心部分，而且经常有大规模的碰撞发生在这些密集的恒星之间，由此产生了超大质量的黑洞，这种黑洞的质量甚至超过了太阳的1亿倍。

理论研究表明，宇宙间有各种大小和质量不同的黑洞。以太阳为例，太阳半径为70万千米，从太阳表面发射的宇宙飞船，要想彻底摆脱太阳引力的束缚，其发射初速度至少要达到每秒618千米，这就是太阳的逃逸速度。如果太阳的物质密度随着其收缩而不断增大，半径就会不断缩小。这时，其逃逸速度就会随着太阳引力的增大而不断增大。倘若太阳的半径缩为3千米，在强大的引力作用下，其表面逃逸速度甚至超过了光速。这样，太阳就变成了一个黑洞。

直到今天，还有许多关于黑洞的假说。人们没有足够的证据表明它是否真的存在，但同时也无法否认它的存在，因为作为一种理论模型，它解释了许多天文现象。

恒星的运动和特点

在很长的一段时间内人们认为恒星是不动的。所以，千百年来，我们仍能辨认出它们的星座图形。

但是，据现代学者考证，早在 8 世纪初中国的张遂就对天文学很有研究，他把自己测量的恒星位置与汉代星图比较，发现恒星有位移。著名英国天文学家哈雷在 1000 年后，比较古代记载的恒星位置时，发现恒星的位置有明显的变化。哈雷在 1717 年用自己观测到的南天星表，对比 1000 多年前的托勒密星表，得出结论：恒星是在移动的。

地球绕太阳运动时，一颗恒星看上去就会在遥远的恒星背景上发生微小的移动，这产生了视差角，视角差可用以测算恒星与地球之间的距离。

以上观测表明，恒星是运动的。科学家们进一步证实所有的恒星都在运动。它们有的向东，有的向西，有的远离太阳，有的接近太阳。恒星的空间运动速度分 2 个分量：视向速度 Vr 和切向速度 Vt。前者在人们视线方向，后者在与视线方向垂直的方向。恒星在切面方向的运动表现为在天球上位移，就是所谓的自转。

奥地利物理学家多普勒在 1842 年提出了"多普勒效应"。主要内容是，当声源和听者间发生相对运动时，声音会随着运动方向的不同发生变化，声源接近时声音的频率会变高，声音就变尖了；远离时声音的频率减小，声音就变钝。

天文学家根据物理学中的多普勒效应来判定恒星的运动。1848 年，法国物理学家菲佐根据多普勒效应提出了移动光源的光谱特性：光谱线向红端移动，简称"红移"，代表光源在远离；而光谱线向紫端移动简称"紫移"，代表光源在靠近。20 年后，天文学家运用先进的测量仪器发现，许多恒星的同一条谱线的位置并不相同，是因为它们在运动。

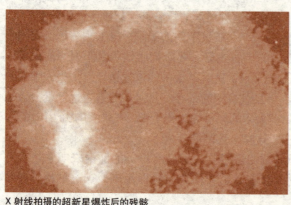

X 射线拍摄的超新星爆炸后的残骸

英国天文学家哈金斯 1868 年首先测出天狼星在远离我们。美国天文学家基勒在 1890 年测出大角星在接近我们时的速度是 6 千米／秒，现在更正为 5 千米／秒。通过观测恒星的自转可以求得恒星的切向速度。

太阳是颗普通的恒星，体积中等大小，愈靠近中心温度愈高。表面温度约 6000 开，到了日核处，温度则在

1500万～2000万开以上！我们能观测到的90%的恒星都和太阳差不多，我们将这类恒星称为"主序星"。

英国天文学家威廉·赫歇尔在1783年对当时几颗有自转的恒星运动进行测定时，发现它们有一致的倾向。他认为这是太阳在空间运动的表现，并指出太阳的运动有目标性，目标是武仙座。天文学家进行大量的观测后，指出太阳运动的目标是在天琴座，天琴座在武仙座旁边，在赫歇尔当年确定的位置的附近，太阳运动速度约为20千米／秒。

我们所说的恒星的温度是指恒星的表面温度。恒星的温度各不相同，尽管大部分的恒星和太阳差不多。有的高达几万度，有的表面温度只有2500开左右。质量比太阳小的恒星表面温度要比太阳小，质量比太阳大的恒星表面温度要比太阳高，可达10000～20000开。最高的恒星的表面温度可以达到80000开。

在恒星的世界中，恒星一般是成双成对出现的，很少有像太阳这样单个的恒星。把天文望远镜对准星空，可看到许多彼此靠得很近的恒星，这就是双星。有的恒星之间还存在吸引力，经过仔细观察，在双星中，可看出有的恒星在围绕另一颗恒星运行，故称为"物理双星"。还有一种光学双星，看上去很靠近，其实相距遥远。

双星的质量通过观测和研究，可以很容易推算出来，单个恒星的质量却很不容易求出。根据双星的运动情况，利用牛顿万有引力定律、开普勒定律可以求出双星的质量。然后通过对比的方法估算出单个恒星的质量。

通常把三四颗以上直到一二十颗星聚集在一起的叫作聚星。原来我们一直认为半人马座a星离我们很近，后来发现它是三合星，比邻星是其中距离地球最近的一颗恒星。

恒星在太空的分布除了单个恒星、各种双星和聚星外，恒星还有一种奇特的现象，就是它们喜欢"群居"。星团就是许多聚集在一起的恒星集团。

太阳的结构

太阳是地球上一切生物的能量源泉。它是一颗炽热的发光的恒星，由于太耀眼了，根本无法用肉眼观测其庐山真面目。随着先进的观测仪器的问世，人们才开始慢慢地认识太阳。

太阳被分为几个层次来研究。从太阳中心向外依次为日核、辐射层、对流层和太阳大气。太阳大气包括光球、色球和日冕3部分，太阳半径的15%是由日核构成的，是热核反应区。热核反应发生时，释放出巨大能量的主要形式是氢聚变成氦。日核部分的物质密度是$1.6×105$千克／米^3，中心压力达3300亿大气压，温度也很高，达1500万～2000万开。

日核外面就是辐射层，从0.15个太阳半径到0.86个太阳半径都是辐射层。

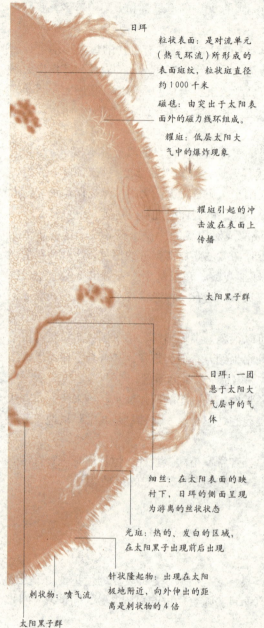

日珥

粒状表面：是对流单元
（热气环流）所形成的
表面斑纹，粒状斑直径
约1000千米

磁毯：由突出于太阳表
面外的磁力线组成。

耀斑：低层太阳大
气中的爆炸现象

耀斑引起的冲
击波在表面上
传播

太阳黑子群

日珥：一团
悬于太阳大
气层中的气
体

细丝：在太阳表面的映
衬下，日珥的侧面呈现
为游离的丝状状态

光斑：热的、发白的区域，
在太阳黑子出现前后出现

针状隆起物：出现在太阳
极地附近，向外伸出的距
离是刺状物的4倍

刺状物：喷气流

太阳黑子群

太阳的表面是厚达500千米的热气
沸腾的"海洋"，而不像地球那样
坚固。太阳中心核反应释放出的能
量，经过几千年缓慢而费力的旅途，
最后突破光球层，发出耀眼的光芒。
在光球层上，气体开始变得透明，
使光线可以射向宇宙空间。

这里的温度和密度已急剧下降。密度为18千克／米^3，温度为70万开。辐射层最先接收到日核传来的能量，通过吸收和再辐射来自日核的能量极高的光子而实现能量传递，每进行一次吸收和再辐射，高能光子的波长会变长，频率降低，这种再吸收、再辐射的过程反复地进行多次，逐渐将高能光子变为可见光和其他形式的辐射，经过对流层后，再向太阳的表面传播。

对流层厚度约14万千米，其起点在距离太阳中心0.86个太阳半径处。这里的物质内部的温度、压力和密度的梯度特别大，处于对流状态。对流运动的特性是非均匀性，这样会产生噪声，机械能就是这样通过对流层上面的光球层传输到太阳的外层大气的。

光球是人们平时看到的光彩夺目的太阳表面，厚度约500千米。光球层温度约6 000℃，光球面上有黑暗斑点，这是太阳黑子，它的温度约4 500℃，是日面上温度较低的区域，由于温度相对较低，看上去会比较暗。通过观察日面上的黑子的位置变化，可知太阳平均自转周期是27天。

了解太阳的自转运动可以通过太阳黑子。英国天文爱好者卡林顿在从1853年起的8年间通过观察记录日面黑子数目的变化发现，太阳各不同日面纬度旋转周期各不相同，并不是像人们想象中那样整块地运动。观测表明，太阳平均自转周期是27天，自转速度最快的是太阳赤道附近。

通过对太阳黑子数的长期观测和计数，我们可以知道，太阳黑子有一定的周期规律性，其平均周期约

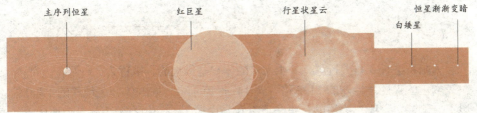

主序列恒星　　　　　红巨星　　　　　　行星状星云　　　　　　恒星渐渐变暗

白矮星

1. 稳定燃烧

大多数恒星因为质量太轻而不能变成超新星。像太阳这样的恒星，在悄无声息地、并不壮观地结束生命之前，会在主序列恒星带用几十亿年的时间燃烧其氢气。

2. 膨胀的恒星

当所有的氢气耗尽时，太阳将膨胀成一个红巨星，用燃烧氦气代替氢气。当氦气耗尽时，太阳会喷出其外层物质来形成一团行星状星云。

太阳的演变过程

为 11 年。德国业余天文学家、药剂师施瓦贝是最早发现太阳黑子周期的人，他连续 15 年对太阳黑子进行观察和记录，获得了这一重要的科学发现。现在，人们把黑子出现少的期间称为"太阳活动谷年"，把黑子大量出现的期间称为"太阳活动峰年"。

从 1755 年开始的那个 11 年黑子周被现代国际天文界看作是第一个太阳黑子周，人们还规定往后依次排列序号。现在已经排到了第 23 周，最后一个黑子周是从 1996 年开始的，估计达到极大值的时间在 2000 ～ 2001 年。

除了光球以外，太阳表层还有色球层和月亮。通过专门的仪器，可以清晰地看到太阳的色球层，这是一圈环绕太阳光球的厚为 2000 千米的红色大气。观测表明，常有巨大的太阳火舌在日轮边缘升起，这就是日珥。在太空，宇宙飞船拍摄到巨大的高达 40 多万千米的日珥！

我们经常看到一些暗黑的长条出现在太阳单色光照片上，这是日珥在日面上的投影，称为"暗条"。此外，色球上更多、更普遍的被称为"针状物"的许多细小的"火舌"，其高度在 6 000 ～ 17 000 千米之间，宽度约几百千米，景色非常壮观，被喻为"燃烧的草原"。

色球层中有时会出现"太阳耀斑"，这是一种突然增亮的太阳爆发现象。耀斑是迄今为止我们发现的太阳上最剧烈的爆发现象，强烈影响到日地空间环境。

日冕是在日全食月球遮掩日轮时，日轮周围的青白色光区，它是太阳大气的最外层。日冕的温度非常高，甚至高达 100 万～ 200 万摄氏度，因此有许多不断地向外膨胀的日冕气体，它们会产生连续微粒辐射。这种沿太阳磁力线的粒子流被称为"太阳风"。

半影：中央黑暗区周围较亮、较热的区域

中央黑暗区：太阳黑子又黑又冷的中心

延伸到光球层下面的低温区域

太阳黑子的结构

太阳黑子是光球层中的洼地，在那里强大的磁力场阻挡热气流到达太阳表面。太阳黑子处的温度要比光球层中的其余部分低大约 1500℃，而看起来黑暗，则是因为它们的周围太亮。

太阳系中最大的行星——木星

太阳系里有 8 颗大行星，其中木星的体积是最大的，被称为"行星巨人"。

木星的直径是地球的 11.2 倍，达 14.38 万千米，它的体积是地球的 1300 倍以上！此外，它所含物质的量也是所有行星中最大的，相当于 300 多个地球。其余 7 大行星质量的总和，还不到木星质量的一半。正因为如此，木星在欧美等国中被称为"Jupiter"，传说 Jupiter 是罗马神话中最大的神。

木星上的大气绝大部分是氢，然后是氦、氮和甲烷，而地球主要的大气成分是氮和氧。

美国在 20 世纪 70 年代先后发射了 4 艘宇宙飞船探测木星、土星等大行星，成绩斐然。飞船的探测结果告诉我们，木星的大气层下是一片沸腾着的海洋，海洋里充斥着液态氢。氢在高温和高压下成为液体，像水一样地流动，而且具有金属的某些特征。

像地球一样，木星也在不停地自转，它的自转周期在赤道上是 9 小时 50 分 30 秒。它的表面呈液体状，而不是像地球那样是固态的，故星体在快速自转时，呈扁圆形。木星的公转周期为 12 年。意大利天文学家卡西尼早在 1665 年就发现木星上有一块椭圆状大红斑，而且非常惹人注意。到现在为止大红斑一直存在了 300 多年，只是大小、形状和颜色等略有变化。用望远镜看木星，只见其表面呈现为一条条平行于赤道的明暗相间的云带。

意大利科学家伽利略早在 1610 年初就惊奇地发现，有 4 颗卫星在长达十几天的时间里徘徊在木星附近。现在，这 4 颗卫星被称为"伽利略卫星"。后来对木星的卫星、大红斑照片进行观察发现，木星上还有一些小红斑。现在科学家们已证实大红斑实际上是木星上空的一个大气旋，长约 2 万多千米，宽约 1 万多千米。

后来，"旅行者号"飞船又发现了 3 颗小卫星。现在我们已经知道木星有 16 颗小卫星，它们与木星好像构成了一个小小的"太阳系"。其中，太阳系中最大的卫星是木卫 3，其直径达 5150 千米。许多木卫上有环形山，但是地势非常凹凸不平。有的卫星表面还有一层冰冻层。

飞船还探测到木星存在一个比较小而且暗的光环，不太壮观。科学家研究后认为，它主要由反射阳光能力很差的黑色石块组成，其直径从数十米到数百米不等。探测表明，木卫 1 上有数百个火山口。飞船还拍到了一张木卫 1 上火山在喷发的照片。

木卫图
木星有 16 颗小卫星，
其中最大的为木卫 3。

木卫 3
直径为
5150 千米

木卫 4
直径为
4800 千米

木卫 1
直径为
3630 千米

木卫 2
直径为
3140 千米

太阳系八大行星比较图

从这幅图中我们可以看出木星的个头明显要比其他7大行星大得多。

注：各行星下面的数字分别表示行星的直径（假设地球直径＝1）及它包括的卫星个数。

"伽利略号"宇宙飞船自1995年以来，一直绕木星飞行。它发现，木卫1和木卫3具有磁场。据推断，可能有金属内核存在于木卫1和木卫3上。

27年前，"旅行者2号"在木卫1上发现了一座火山，现在"伽利略号"发现其周围4万平方千米范围内，都覆盖了新的火山堆积物，还有蓝色的喷烟在它的上空。新发现表明，存在于木卫1上的二氧化硫气体伴随着喷烟上升，气体冷却、凝聚，形成雪。但是，1979年"旅行者号"观测到的那些非常活跃的火山，现在已停止了活动。在木星系中，距离木星最远的是木卫9，其直径仅6.4千米，距木星中心有2370万千米；木卫16是距木星最近的卫星，其直径约40千米，距木星中心12.7万千米。

观测和研究表明，木星具有很强的内部热源，因为它向太空发出的热量是它从太阳接收到的热量的2.5倍。据估计其中心温度可能达30000度。

◎**小问答**：木星上的气候是什么样的？

木星是由以氢为主的氢氦混合气体组成的巨大的气体状球体，这些气体在内部被压缩成液体，其压力非常大。温度在−125℃～17℃之间，气候很不稳定，自1644年第一次在木星上发现风暴以来，350多年来一直有一团飓风在其表面上狂吹。这就是大红斑，它逆时针转动，周期为6天。大红斑主要由氨气和冰云组成，屹立于邻近约8000米高的云上。

天空中最明亮的星星——金星

在晴朗的早晨，东方的天空会出现一颗明亮的星星，被称为"启明星"；有时，它会出现在晚上西方的天空，被叫作"长庚星"。这颗星星就是金星，它是天空中最明亮的星星。

金星东半球的彩色雷达地图，图中的颜色用来显示土地的高度。

金星的大小、质量和密度与地球相近，像地球的孪生姐妹一样。它离地球最近的距离是 4000 多万千米。金星有浓密的大气层，大气反射了照在它上面的 75% 的太阳光，所以显得非常明亮。金星的公转周期为 225 天。天文学家在 20 世纪 60 年代初时用雷达反复测量后，得知其自转周期比它的公转周期要长，为 243 天！而金星的自转方向与地球的相反，确切地说，站在金星的上面，能看到太阳西升东落。它的一昼夜的时间超过了地球上的 24 小时。

金星平均距太阳 1.08 亿千米。在距离大时，金星同太阳的角距离为 47°～48°，其大部分时间与太阳有较大的角距离，因此人们才能时常看到它。除了夜空中的月亮以外，它是所有行星中最亮的。由于它的光是银白色的，像金刚石的闪光，因此一向有"太白金星"之称。

人们现在所掌握的关于金星的知识，大多是来自空间飞行探测。前苏联和美国从 1961 年开始向金星发射了 30 多个探测器，获得了大量的研究资料。1962 年 8 月美国发射了"水手 2 号"，1967 年 6 月又发射了"水手 5 号"来对金星考察；前苏联的"金星 7 号"在 1970 年 8 月实现了在金星表面上着陆探测，这种无人探测器测得金星表面的温度高达 480℃，气压高达 100×105 千帕；此后还有多个前苏联探测器都在金星表面软着陆。美国在 1989 年 5 月发射了"麦哲伦号"探测器对金星进行空间探测，在 5 年的时间内，取得了显著成果。

天文学家很早就知道金星的大气层非常厚。金星在望远镜里只是一个淡黄色圆面，非常模糊，而且笼罩着金星大气，其细节根本无法看清。

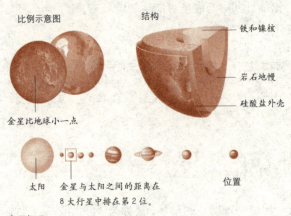

比例示意图　　　　结构

铁和镍核

岩石地幔

硅酸盐外壳

金星比地球小一点

太阳　　　金星与太阳之间的距离在　　位置
　　　　　8 大行星中排在第 2 位。

金星概况
金星是一个岩石行星，其结构和大小都与地球相近。它在所有行星中是最热的一个。它旋转很慢，与大多数行星的旋转方向相反。

与木星表面完全不同，金星上面的环形山少得多，这是由于其浓厚的大气起了保护作用。金星上有悬崖、高山、火山口和陨石坑，但其表面看上去比较平坦。金星上最高的麦克斯韦山位于北半球，高 12 千米，比地球上的珠穆朗玛峰高得多。阿芙洛德高原在南半球赤道附近，并与赤道平行。金星上有一处大高原横跨赤道，竟有 3200 多千米宽，近 10000

千米长。通过探测器的自动钻探、取样分析，人们知道玄武岩是上面最多的石头。

金星表面上笼罩着厚厚的浓云，分布在 30 ～ 70 千米左右的高空。云中有许多硫酸雾滴，非常浓而且具有很强的腐蚀作用。金星给人总的印象是笼罩在一个巨大的温室里。

我们从金星的探测中可以发现，它具有巨大的温室效应，几乎全部是由二氧化碳组成的厚厚的大气笼罩在它的外面。其低层处的二氧化碳可达到 99%，而高层大气中则可达到 97%。从许多金星的照片来看，金星的大气中存在激烈的湍流，天空中还有橙色，伴随强烈的雷电现象，金星上的风速估计达 100 米／秒。

大约有 3/4 的入射太阳光都被金星表面大气反射掉了，只有 1/4 的阳光到达金星表面并进行加热。大气中富含二氧化碳、水汽和臭氧，起到了温室玻璃作用，阻止了红外辐射，因此，太阳能聚集在金星，使其温度高达 465 ～ 485℃。

土星及其美丽的光环

1997 年 10 月，美国的"大力神 4B"火箭载着"卡西尼号"宇宙飞船，从肯尼迪宇航中心升空，开始了奔向土星的航行，期限为 7 年。"卡西尼号"飞船抵达目标后，主要对土星和土星的卫星——土卫 6 进行探测。这次航行的目的是探寻土卫 6 是否有生命及获取地球生命进化的线索。

土星

从地球上看，土星恰似一颗明亮的恒星，它是太阳系中的一颗光彩夺目的明珠。按距离太阳的远近排序，土星排行第六。它到太阳的距离是相邻的木星的两倍。土星是一颗气体巨星，并以它那令人惊奇的彩色星球而闻名。

从 2004 年到 2008 年，"卡西尼号"飞船绕土星运行了 74 圈，45 次扫过土星最大的卫星土卫 6。2005 年 11 月 6 日，它在轨道上分离释放出"惠更斯号"子探测器，奔向土卫 6，成为在另一个星球的卫星表面着陆的第一个外空探测器，其反馈的信息可以帮助人类更好地了解土星。

现在科学家们已大致了解了土星的一些基本情况。土星直径约 12 万千米，是地球的 9.5 倍，它的体积是地球的 730 倍，质量是地球的 95.2 倍。然而，它的物质密度却很低，相当于水的 70%。由于其自转速度高（周期为 10 小时 14 分），加上密度较低，所以土星本体呈椭圆形。远远看去，其本体和光环就像是一顶乳黄色的宽檐草帽。

人类对土星的探索从很早就开始了。在 1675 年，巴黎天文台台长卡西尼发现有一条暗缝位于土星环中间，这条暗缝后来被称为"卡西尼环缝"。1979 年以来，"旅行者" 1 号和 2 号先后探测了土星。飞船拍摄的照片显示土星本体呈淡黄色，赤道部有彩色的带状云环绕着，北极区呈浅蓝色。探测发现，土星的光环有成千上万个，在土星表面上空伸展 137000 千米远，其厚度仅有 1.6 ～ 3.2 千米。让人眼花缭乱的是，有的光环呈不对称的锯齿状、辐射状；有的光环像发辫般一股套一股地扭合在一起。事实上，土星环是由无数大小不等的物质颗粒组成的，所有的物质颗粒都是直径约几米的石块、冰块。这些物质以很高的速度围绕土星运动，在太阳光的映射下，五彩缤纷的土星因此被装扮得美丽异常。

"旅行者" 1 号飞船在飞越土星时，发现在土星的卫星运动方向的半个球面上，有很多的环形山，而另半个球面上环形山很少。直径约 600 千米的土卫 2 是个例外，它有十分"光滑"的表面，即"星疤"

"卡西尼号"探测器曾于 2004 年到达土星。

很少。土星卫星的密度都在每立方厘米 1.1 ~ 1.4 克之间，它们很可能是由一半水冰一半岩石构成的，岩石核的周围有厚厚的冰层覆盖。

在历次探测中太空船发现了 13 颗土星的卫星，土星卫星的数目达到了 23 颗。土星卫星体积都很小，直径超过 100 千米的卫星只有 5 颗，有的卫星直径仅二三十千米。其中最大的卫星是土卫 6，半径为 2414 千米，仅次于太阳系最大的卫星——木卫 3(2575 千米)。土卫 6 上有浓密的大气层，氮（约占 98% ~ 99%）为其主要成分，其余是甲烷及丙烷、乙烷和其他碳氢化合物。由于它和太阳相距较远，低层大气温度约 -180℃，高层大气的温度在 -100℃ 左右。一些科学家认为，土卫 6 上可能有原始生命存在。这也是"卡西尼号"探测土星的主要目的之一。

揭开火星的奥秘

在太阳系中，火星是一颗围绕着地球轨道外侧运行的行星，它呈现出不寻常的红色光芒，荧荧如火，充满了神秘的色彩。为什么火星的颜色是红色的？火星上有山吗？火星上有生命吗？人们一直希望拨开层层迷雾，揭开火星的真面目。这颗美丽的星球是距离地球最近的行星，而且还有着许多与地球相似的地方。如果有一天，人类能够破解它的奥秘，也许火星将会成为人类的第二个家园。为了使梦想早日成真，各国的科学家一直在努力探索着。

20 世纪 60 年代以来，美国和前苏联一直在不断地向火星发射探测器。然而当"水手 4 号"火星探测器于 1965 年 7 月首次飞越火星上空，把拍摄到的火星照片传送回地球时，人们在喜悦之余又掺杂了些许失望。照片中的火星是一种怎样的状态呢？原来，火星上有许多环形山，密密麻麻地布满了整个星球，其中有些山峰竟高达 2 万多米，地球上最高的珠穆朗玛峰都难望其项背。此外，火星上还有被陨石撞得坑坑洼洼的地表及深不可测的沟壑。根据火星探测器的各项探测数据可知，火星上的大气层十分稀薄，其密度相当于地球大气层30～40千米高处的密度，大气中约有95%是二氧化碳，此外还有2%～3%的氮，1%～2%的氩，氧的含量极为稀少。火星表面白天最高气温为−13℃，夜间最低气温为−73℃，气温和气压变化都很快。让人不可思议的

摄影机能测出仅1.5米宽的表面地貌

天线把信号传递回地球

太阳能电池板提供能量

飞越火星表面的"火星探测者"

是，在最冷的地方连二氧化碳都会结冰，火星上的冰冠至少有一部分是冻结的二氧化碳，所以液态水存在的可能性极小。

经过火星探测器的探测，人们还看到火星并不如想象的那般美好。火星上并没有红色植物，它之所以呈现红色光芒，是因为火星地表的风化浮土层富含氧化铁，这种浮土层厚达20米，并有2米厚的氧化硫尘埃。当火星反射太阳光的时候，富含铁的铁锈红便反射了出来。

此外，科学家们还有一个新的发现，火星在很久之前曾经有过水，和火星现在干涸的状况大不相同。这么说来火星就具备了丰沛的水、充足的阳光和比较多的氧气这三个产生生命的必备条件，这使人们禁不住要追问：火星上有过生命吗？如果有过，这些生命是以什么形式存在于火星的呢？

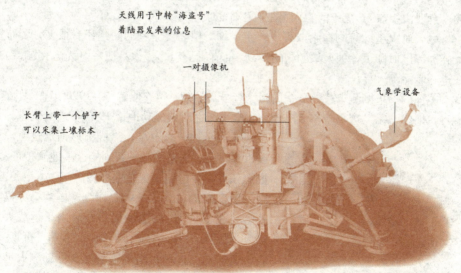

天线用于中转"海盗号"着陆器发来的信息

一对摄像机

气象学设备

长臂上带一个铲子可以采集土壤标本

"海盗号"着陆器
"海盗"系列着陆器是人类探测火星的主要工具之一。通过"海盗"系列探测器发回的资料证实：目前，火星上并无生命存在，但在数十亿年前可能有生命。这使人们思考：地球会不会成为下一个火星呢？

1996年8月，人们在地球南极的冰层下发现了一块陨石后，"火星生命热"被炒得更热了。一块看起来并不起眼的约1.9千克重的陨石，一下子备受世人瞩目，成了难能一见的珍宝。美国航天局和一些著名科学家宣称，这块陨石来自火星，它在南极的冰层下一直被深深地埋藏了1.3万年。他们还说，这块陨石的内部存在着微生物的化石和一些化石的残留物。

专家推测这块陨石是在大约1000万年前，随着一场也许是卫星撞火星的意外事故而摆脱了火星的引力被抛出火星大气层的。在星际空间经历了几百万年的流浪后，在约1.3万年前落在了地球洁白的南极冰原上。专家们将这块陨石命名为"ALH84001"，开始了对它的深入研究。

科学家们对ALH84001这个天外来客研究了整整3年。通过扫描电子显微技术，人们对它的内部成分、构造进行分析，在它的内部发现了一些碳酸盐的小球、分节段的管状物和一种圆形的与地球上古代细菌化石类似的物质等。研究人员认为，有理由相信36亿年前的火星是有生命的。

尽管对火星地貌的探索取得了一定成绩，但需要解释的问题还有很多，各航天强国都已拟订了各种火星勘测的计划。目前，已有8位"火星使者"（无人探测器）在进一步探测火星。

美国的火星勘测者"火星全球观测者号"是第1位"使者"。1996年11月，它飞离地球，在经历了差不多1年的太空飞行之后，成功地于1997年进入轨道。

火星有2颗卫星，分别为火卫1(左)、火卫2(右)，它们绕火星运行的周期分别为7.66小时和30.3小时。

它作为火星的一颗卫星，沿椭圆形预定轨道，绕火星飞行。它完成了一系列的火星地质特征、勘测任务，并绘制了火星地形图。

俄罗斯的"火星－96"探测器作为第2位使者，在1996年11月发射升空时由于运载火箭发生故障，坠毁在南太平洋中，不幸夭折了。

美国的"火星探路者"是第3位勘测火星的使者，它成功完成了第一次登陆火星的任务。它于1997年在经历了7个月的飞行之后在火星软着陆成功。它携带着一辆长约56厘米，宽约48厘米，高约30厘米的太阳能驱动的6轮火星车。探测器着陆后，就把这辆6轮火星车放出来，通过遥控让它在火星表面"漫游"。火星车以每分钟40厘米的速度行进，上面携带了3台摄像机，在行进过程中进行了大量拍摄，并把获取的图片信息发回了地球。

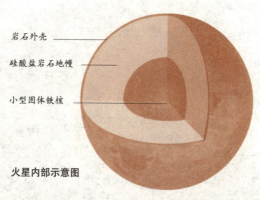

岩石外壳

硅酸盐岩石地幔

小型固体铁核

火星内部示意图

1998年美国又发射了"火星气候轨道器"，1999年"火星极地着陆者"无人探测器也成功发射了，这2个探测器的任务重点是探测火星上曾经出现过的远古时期的滔滔大水迹象。但"火星气候轨道器"于1999年9月烧毁在火星大气层，1999年12月"火星极地登陆者"在火星着陆失败。

人们对火星的考察虽然时有失败，但这反而更激发了人们对于火星的兴趣，更多的火星探测计划被拟订出来，更多的技术、更高级的火星探测器正在研究当中，相信随着对火星的探测越来越深入，揭开火星的奥秘指日可待！

揭开月球的秘密

自古以来，关于月球的神话传说有很多很多，人们幻想着有朝一日能登上月球。但那时人们对月球是一无所知的，人类对月球的探索始于伽利略第一次把望远镜对准月球。自此，人类为揭开月球的神秘面纱而不懈努力着。

起初，人们受技术条件限制，只能用天文望远镜在地面上观测月球，但也收集了不少关于月球的资料。直到20世纪，由于航天技术飞速发展，人类才实现了近距离研究月球的梦想。在这方面，美苏两国走在世界前列。

前苏联是最早对月球进行探测的国家。1959年1月2日，苏联发射了第一个月球探测器，直径约1米、重约1.5吨的"月球1号"，拍下了世界上第一批月球背面的照片。通过这些照片，人类首次见到月球背面的情况。同年9月，"月球1号"进入日心轨道，世界上第一个人造行星就此诞生了。

1969年7月20日，美国"阿波罗11号"登月飞船的指令长阿姆斯特朗第一次踏上月球，这是人类与月球的第一次亲密接触。

在考虑探索宇宙奥秘的时候，世界各航天强国的航天专家和有识之士们总是想着荒凉而美丽的月球。当然，月球的珍稀矿产、能源物质以及月球能作为人类飞往火星中继站的有利地位等优势也在深深地吸引着人类。因此，一轮新的"月球热"的趋势在20世纪晚期逐渐形成。

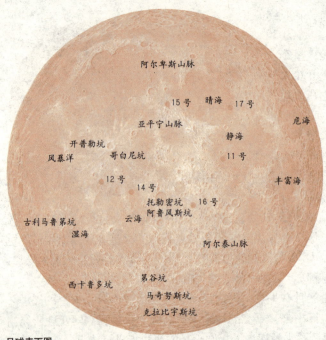

阿尔卑斯山脉

15号　晴海　17号

亚平宁山脉　　　　　　危海

静海

开普勒坑　　　　　　11号

凤暴洋　　哥白尼坑

丰富海

12号　14号

托勒密坑　16号
阿鲁风斯坑

古利马鲁第坑　　云海

湿海

阿尔泰山脉

第谷坑

西卡鲁多坑

马奇努斯坑

克拉比宇斯坑

月球表面图
这是一幅较为详细的月球表面图，它能使人们清晰地看到月球表面的样子。

美国仍然走在新一轮"月球热"前头。"阿波罗"登月计划胜利结束后的第25年，美国向月球发射了一个探测器"克莱门丁号"。本来它的主要任务是试验美国在执行"星球大战"计划中研制的新仪器，但这些仪器都用在探月方面。同年2月，"克莱门丁号"进入了环绕月球的轨道。"克莱门丁号"重425千克，携带着8千克重的科学仪器。专家们通过对探测器所拍的照片和探测的数据进行分析，居然发现在月球南极的低洼地区，以冰的形式存在着水，估计有1.1亿吨～11亿吨的存贮量。专家们认为是36亿年前一颗彗星的撞击产生了这些水。人类开发和利用月球的效益和前景的关键是看月球上是否有水，所以，科学家和航天专家都很关注月球的水源问题。

　　因此，1998年1月，美国发射了肩负着揭示月球水冰之谜重任的"月球勘探者"探测器。它所带的仪器中有一个用于探测氢的中子光谱仪，通过确认氢的存在，证明月球表面有水。在宇宙射线的轰击下，月球表面不断从岩石和土壤成分中逸出中子。这些中子如果具有特定的能级，那么它们一定与氢（水的主要成分）相互作用过。所以，如果测到月球上存在这类中子，那也就相当于

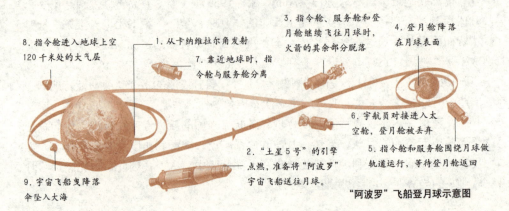

8. 指令舱进入地球上空120千米处的大气层

7. 靠近地球时，指令舱与服务舱分离

1. 从卡纳维拉尔角发射

3. 指令舱、服务舱和登月舱继续飞往月球时，火箭的其余部分脱落

4. 登月舱降落在月球表面

6. 宇航员对接进入太空舱，登月舱被丢弃

5. 指令舱和服务舱围绕月球做轨道运行，等待登月舱返回

2. "土星5号"的引擎点燃，准备将"阿波罗"宇宙飞船送往月球。

9. 宇宙飞船曳降落伞坠入大海

"阿波罗"飞船登月示意图

探测到了氢，就证明月球存在水。

1998 年 3 月，美国公布了初步探测结果：月球上除南极地区有水冰外，在北极地区也存在着数量为南极两倍的水冰。另外，除两极地区，对大量环形山的谷地也进行了进一步勘测，因为它们也反映出了较弱的水的信号。按照目前可达到月面

深度为 0.5 米的中子光谱仪测量估算，月球上大约有 1100 万吨到 3.3 亿吨的水存贮量。与"克莱门丁号"的探测结果所做的估计数相比较，这个估计数要小得多，但因为这是 2 种仪器采用 2 种机理探测的结果，现在还很难说哪一种探测结果更准确。

但月球上有水这是确定无疑的，这一重大发现必将激发人们再次探测月球的热情。

目前，长期的月球开发计划已在各航天大国轰轰烈烈地展开了。由于此项技术复杂，投入资金非常多，所以单个国家靠自己的力量难以完成。鉴于此，各国开展了合作，希望能联合开发月球，并且人们也从"阿尔法"国际空间站的成功中看到了这种希望。

哈雷与哈雷彗星

彗星是太阳系内质量很小的一种天体，只有地球质量的几千亿分之一，其轨道为扁圆形，绕行太阳一周的时间从几年到几百年各不相同。彗星的外观呈云雾状，由彗核、彗发、彗尾 3 部分构成。彗核是其主要部分，由冰物质组成。彗核的冰物质在彗星接近太阳时升华成为气体，这层云雾状的气体即彗发。太阳风推斥彗发中的气体和微尘，在背向太阳的一面形成彗尾。彗尾有单条或多条，一般长约几千万千米，有时甚至可达 9 亿千米。当彗星远离太阳时，彗尾就变得越来越短，直至消失。构成彗星的尘埃、冰冻团块在彗星绕太阳转动时都要损失一部分物质，原因是从彗核蒸发出来的气体及尘埃等被吹离彗核，进入行星际空间了。彗核中所有的气体、尘埃一次次地被蒸发，使得彗核变得越来越松散，最后整体瓦解，彗星的生命至此也就结束了。彗核瓦解崩溃后，有的可能成为很小的小行星，有的在太阳系中形成流星群。观测表明：地球上常见的流星雨现象和彗星的关系十分密切。

埃德蒙·哈雷像
英国著名科学家，第一个计算出了哈雷彗星的轨道，并提出有些彗星会沿着固定轨道反复绕太阳旋转。

据史料记载，最早看到并记录哈雷彗星的是中国人。但最早计算出彗星运行轨道的却是英国人，他就是天文学家哈雷。

哈雷从小就热爱天文学，他不仅勤于观测，还善于思考，这些进行科学研究所需的良好品质为哈雷研究彗星奠定了很好的基础。在父亲的帮助下，17岁的哈雷带着自费购置的望远镜进了牛津大学王后学院。入学第2年，哈雷就给格林尼治天文台台长、皇家天文学家弗兰提斯德写信，指出他绘制的木星图和土星图中的计算错误。哈雷20岁的时候，放弃了获得学位的机会，依靠印度公司的资助，奔赴圣勒拿岛，在那里建立了南半球第一座天文台。他的第一个包含341颗南天恒星黄道坐标的南天星表，就是由他在那里亲自观测编制出来的。

1682年，欧洲很多人发现一颗明亮的大彗星出现在夜空里，因为彗星历来被视为不祥的预兆，人们很惊恐。为了打消人们的疑虑，哈雷决心研究彗星。他想方设法搜集有关彗星的历史记载，编制了一张表，把彗星出现的时间、在天空中的位置和运行路线在表上详细地列了出来。哈雷经过反复计算和分析，发现这颗彗星的轨道很像1607年、1531年出现的彗星轨道，而且前后出现的时间间隔也相近，大约都是76年。1704年，哈雷被聘为牛津大学教授。第2年，他的《彗星天文学论说》发表了，其中对1337—1698年间天文学家观测的24颗彗星的轨道分别予以记述。他指出1531年、1607年、1682年出现的3颗大彗星的轨道十分相似，并断定它们是每隔75—76年回归一次的同一颗卫星。他预言：这颗彗星于1758年底或1759年初将再度回归近日点。遗憾的是，哈雷没有亲眼看到这个景象。1742年，86岁的哈雷在格林尼治病逝。

后人为了纪念哈雷在彗星轨道计算方面的伟大贡献，就把这颗彗星命名为"哈雷彗星"。

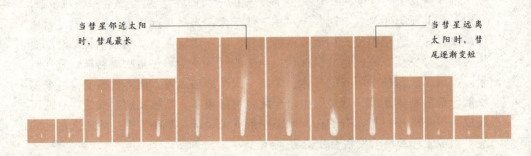

当彗星邻近太阳时，彗尾最长

当彗星远离太阳时，彗尾逐渐变短

小行星会不会撞击地球

1908年，一个来自太空的火球拖着长达800千米的尾巴在通古斯河谷上空爆炸。这一事件被称为"通古斯事件"，它被认为是行星撞击地球引起的。

事实上地球从诞生伊始，便在漫长的年代里不断受到撞击。正是由于这些撞击，地球才会有水和其他生命出现所需的有机物质，从而使地球生命的产生和进化成为可能。然而，这些不速之客的光临也造成了像恐龙这种庞然大物的灭绝。

偌大的宇宙太空，天体运行中的"交通事故"经常发生。经研究，彗星和小行星对地球的威胁最大。太阳系的外部边缘是彗星的活动范围，这种活动范围急剧地倾向地球的轨道。不过与彗星相比，太阳系小行星对地球人类的威胁要大得多，毕竟彗星的物质构成还很稀薄。

小行星的构成成分通常是：石头、碳、金属、石头与金属的结合物。按所在的空间区域分，主要有以下3类：(1)位于火星与木星之间的小行星带。在该区域中，小行星围绕太阳运行，轨迹近似圆形。多数小行星，尤其是最大的小行星都位于这一区域。(2)特洛伊小行星群，包括2个小行星群。它们在与木星同一轨道上运行，其中一个小行星群在木星之前60度，另一个小行星群在木星之后60度。这些小行星以特洛伊战争中的英雄而命名。(3)绕太阳运行时穿过地球轨道且自身轨道明显伸长的一群小行星，它们的轨道不规则。这类小行星以古希腊与古罗马神话中的阿波罗太阳神命名。

在上述小行星中，只有阿波罗型的小行星对地球有危险。这些小行星通常每隔若干年穿越地球轨道一次，它们穿过地球运行轨道时，虽说距离地球相对比较远，但少数的近地小行星仍有可能与地球碰撞。迄今已发现近200颗阿波罗型小行星，而且这个数字还在继续增长。它们主要是平均直径略超过0.8千米的石质小行星，直径从6米到约39千米不等。

天文学家认为，可以排除直径小于数十米的近地小行星对地球构成威胁，因为它们往往在与大气摩擦时产生巨大热量，在到达地面之前就已经燃烧殆尽。直

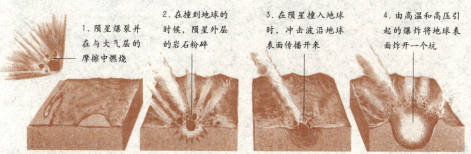

1. 陨星爆裂并在与大气层的摩擦中燃烧

2. 在撞到地球的时候，陨星外层的若石粉碎

3. 在陨星撞入地球时，冲击波沿地球表面传播开来

4. 由高温和高压引起的爆炸将地球表面炸开一个坑

陨星撞击地球示意图
小行星撞击地球会产生巨大的能量。如果这种撞击发生在人口稠密区，则产生的破坏力甚至比一颗小型原子弹爆炸产生的威力还要大。人们正加紧科学研究，力争想办法避开体积较大的小行星撞击地球的可能。

径大约 100 米及 1000 米以上的小行星对地球构成了较大的威胁。直径 1 千米以上的中等小行星对地球的威胁最大。情况如果发生，会释放出极其巨大的能量。假定一颗小行星撞上地球，它的密度为 3 克／立方厘米、平均速度为 20 千米／秒、直径为 1 千米，那么它所造成的冲击相当于数十亿吨黄色炸药的爆炸力。

流星撞击地球示意图

在星际中，像流星撞击地球这样的"交通事故"经常发生。只有较大星体撞击地球才能形成大的破坏力。

100 年间，天文学家发现过许多次近地小行星与地球近距离"照面"的情形，真是"险象环生"。1932 年首次发现阿波罗型小行星离地球最近时只有 2200 万千米。1989 年，在"1989FC"小行星远离地球半年之后，曾引起一场轰动世界的风波。人人都认为小行星可能撞击地球，后来证实这只不过是新闻报道的失误，让人虚惊一场。1991 年，人们发现"1991BA"小行星离地球的距离只是月球到地球距离的一半，仅 17 万千米，堪称"近地之冠"。"1997BR"是中国天文学家发现的一颗距地球距离小于 7.5 万千米的近地小行星，其运行轨道与地球轨道相切。

像这样与地球轨道相切的近地小行星，是已知的对地球潜在威胁最大的小行星。据科学家预测，在 21 世纪里小行星与地球"照面"的机会将有 7 次，这 7 次都发生在距离小于 300 万千米的情况下。

我们只有提前探测到潜在的有巨大杀伤力的小行星并对之进行拦截，或使其偏离原来的轨道从而远离地球，才能避免悲剧的发生。各种各样的方案随之被提了出来。如何利用太阳能让小行星"光荣妥协"：安置一面巨大的由超薄片制成的凹面镜在小行星活动区域附近来搜集太阳能，然后利用第二面镜子将能量聚集到小行星上的某个区域，使其发热，在受热不均匀的情况下，小行星会自动转向。甚至有人提出，干脆利用地球上发射的超高能激光，直接推动小行星偏离其轨道。

美国亚利桑那陨石坑

这是小行星撞击地球的最好例子。从理论上说，会有许多小行星可能撞击地球，但能对地球造成灾难性影响的并不多。

陨石的来历

关于陨石的话题，一直为人们所津津乐道，因为它们是从地球外的空间坠落到地面的，所以是名副其实的"天外来客"。

陨石的构成成分有的是铁、镍等金属元素，有的是硅酸盐，有的甚至是金刚石。它们到底来自哪呢？

有人认为，陨石来自彗星。日本东京大学的古在山秀博士就认为，最早发现的小行星伊卡鲁斯，很可能就

图中的美国宇航员正在测量月球上的陨石。陨石不仅地球上有，还广泛存在于月球等其他星球上，它是宇宙中最常见的"星际旅客"。

是由彗星转变来的。但是有些彗星没有彗发和彗尾，只有彗核，这就与小行星难以区分了。

大多数人还是认为，陨石来自太阳系中的小行星。太阳系中有数不清的小行星，它们像地球一样也是围绕太阳做周期性转动，但有一些质量较小的小行星运行到距地球较近的位置上时会被地球引力吸引到地球上来，穿过大气层坠到地面，成为人们常说的陨石。有人分析了陨石和小行星的物质构成，发现它们的构成成分相同。

1947年，在符拉迪沃斯托克北面的锡霍特·阿林山脉，降落了一块巨大的陨石。根据陨石坠落的方向和角度，考察队员推测这颗陨石进入地球大气层时的轨道是细长的椭圆形，远日点在地球内侧，近日点在火星和木星的轨道之间。这说明这颗陨石与小行星具有一致的轨道。由此推测，这颗陨石的前身是小行星。1959年，落在捷克斯洛伐克布拉格市附近菲拉布拉姆镇的陨石和1970年降落在美国俄克拉马州北部的罗斯特西底的陨石，也被证明是小行星。

科学家在对陨石的不断研究中发现，陨石是坠落地面的流星体残余。对其物质成分进行分析后，科学家认为可以把它们分为3大类：

陨铁，或称铁陨石，其主要组成成分为铁和镍等金属元素。已知世界上最大的陨铁质量约为60吨，现仍位于非洲纳米比亚南部的原降落地。中国的"新疆大陨铁"质量约为30吨，在世界上名列第三。

陨石是各类陨石的统称。有时为了加以区别，将其称为石陨石。多数石陨石直径一般为零点几毫米到几毫米的很小的球状颗粒，在地球上的岩石内还没有见到过这种球状颗粒结构。含球状颗粒结构的石陨石中，球粒陨石均占84%。1976年，世界上最大的石陨石降落在中国吉林省。

陨铁石，或称石铁陨石，一般比较少见，基本上是由铁、镍等金属和硅酸盐各半组成，是介于陨石和陨铁之间的一种陨石。

UFO 之谜

UFO 是英文 "Unidentified Flying Object"（不明飞行物）的缩写。据称它们是由包括地球上可能存在的非人类在内的非地球人类生命体制造出来的一种宇航乘具，我们通常称之为"飞碟"。

1878 年 1 月，人们在美国首次发现不明飞行物。当时美国 150 家报纸同时登载了一条新闻：得克萨斯州农民 J·马丁声称看到空中有一个圆形物体。

此后关于不明飞行物的记载一直不断。

1947 年 6 月，美国几乎所有的报纸都报道美国爱达荷州的一名企业家肯尼斯·阿诺德发现 9 个圆形物体以一种奇特的跳跃方式在空中高速前进。阿诺德告诉记者："它们像是碟盘一类的器具，速度高达每小时 1200 英里（约为 1920 千米），转眼消逝在白云悠悠的晴空中……"这一事件引发了一次世界性的飞碟热。阿诺德贴切的比喻使"飞碟"一词很快流传开来。

1956 年 10 月，一个 UFO 突然出现在日本冲绳岛附近。这时在附近恰好有一架进行实弹打靶的西方盟国的战斗机，炮手反应迅速，立即向它开炮。然而，战斗机碎成残片，机毁人亡，而 UFO 未见丝毫损伤。

1966 年 8 月的一天，在美国西部某导弹基地附近滞留了一艘 UFO。这回，在对它拍完录像之后，该基地几乎所有的导弹发射装置都对准了 UFO。然而，奇怪的事发生了：基地所有的装置都同时瘫痪，其中一套最先进的装置顷刻间"熔为一堆废铁"！科学家们认为，击中装置的射线可能是一种类似于高脉冲的东西，否则，先进的导弹发射装置不可能变成废铁。

20 世纪七八十年代以后，有关发现飞碟的报道纷至沓来，整个世界为之疯狂。由于每次飞碟均从北方飞来，因此美国和西欧一度认为飞碟和前苏联研制的"秘密武器"有关。

现代科学技术还无法解释飞碟的这些异常特征。当代地球人的科学技术还达不到这种令人惊叹的水平。是谁制造和控制它们的呢？答案似乎只有一个：有比地球人具有更高智能的生物存在，它们制造并控制着飞碟。

越来越多的目击报告涌向军方、天文台和传媒，政府也不得不正视飞碟问题。

1967 年到 1972 年间"闯入"英国境内的 UFO 事件高达 1631 起，英国国防部对此进行调查研究，得出的结论是：绝大部分 UFO 是飞行器碎片、高空气球、陨石、大气现象和飞机，真正的不明飞行物只有极少数。

与此同时，在美国空军的协助下，美国政府授权的哥诺兰大学，组成了一个以爱德华·U·康顿博士为首的调查委员会，对 1948 年以来美国空军搜集到的 12618 起 UFO 报告进行调查。他们用了 18 个月进行分析鉴别，发表了长达 2400 页、重达 9 磅的《不明飞行物的科学研究》。这份报告宣称："UFO 问题对国家安全并无妨碍，不应予以重视。"

很多科学家否认 UFO 的存在，他们认为大多数目击报告中的不明飞行物只不过是人们对极光、幻日、幻月、海市蜃楼、流云、地震光等已知现象的误认。有人认为UFO产生于个人或一群人的大脑之中，也许与人类大脑中某个未知领域之间存在某种联系，属于一种心理现象。

持肯定态度的科学家则认为不明飞行物正在被越来越多的事例所证实，属于一种真实现象。他们还一针见血地指出，我们不能轻易否认UFO现象的存在，UFO现象在许多方面的确与已知的基本科学规律不符，现代科学家如果不能正视它的存在就会引起理论上的困难。然而，也并非所有持肯定态度的专家都支持"外星说"，有许多UFO专家表示不应该认为相信UFO存在就意味着相信它来自外星球，因为这只是根据其飞行性能、电磁性质以及目击者的印象推断出来的假设，不能确定其可靠性。

科幻世界中的飞碟所依据的形象，与发现于世界各地的不明飞行物相类似。

1978年11月27日，第33届联大特别政治委员会第47次会议一致通过了"各有关成员国采取必要的立场，以便协助有关国家进行对包括不明飞行物在内的外星生命的科学研究和调查，并把目击案例、研究情况和这些活动的成果报告秘书长"等内容的会议纲要。自此，UFO研究不再局限于各国政府和民间机构。但是由于UFO并无一个检验的标准，也不是每个人都能看到的，所以迄今为止尚未形成一种绝对权威的看法。

出现在美国得克萨斯州某农场上空的不明飞行物，这是人类首次发现UFO，引发了世界性的飞碟热。

行星际旅行

> **知识窗→深邃的太空**
>
> 火星是所有大行星中被宇宙探测器造访最多的星球——尽管其中有些探测计划最后失败了。火星可能是除地球以外人类所能登上的第一个大行星。
>
> 第一个进入宇宙空间的生物是一条名为"莱卡"的狗，它于 1957 年搭乘前苏联发射的"人造地球卫星 2 号"进入太空。但不幸的是莱卡没能最终活着返回地球。
>

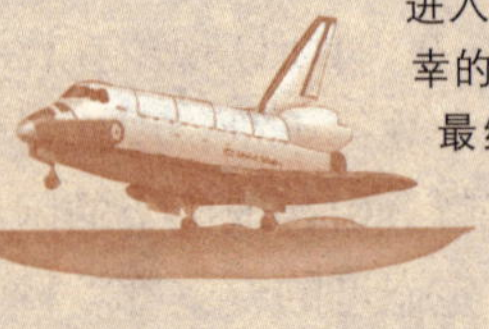

人类的太空探索之旅始于半个世纪之前。自从 1957 年前苏联发射了第一颗人造地球卫星"人造地球卫星 1 号"之后，人类已经将几百颗航天器送入了太空。随着宇宙飞船相继造访太阳系的几大天体，人类所能探测的宇宙空间越来越大，范围也越来越广。1969 年，美国的"阿波罗 11 号"在月球上成功登陆。1976 年"海盗 1 号"探测器登陆火星。1973 年"先驱者 10 号"探测器抵达木星。于 1977 发射的"旅行者 1 号"和"旅行者 2 号"探测器已经飞越冥王星的轨道，但总地说来还没有飞出太阳系的范围。

航天飞机

早期的载人宇宙飞船只能被使用一次，在返回地球时只是用一个小小的飞行舱装载宇航员。现在，宇航员乘坐航天飞机进入太空轨道。航天飞机能像普通飞机一样多次重复地起飞和降落。前苏联的航天飞机是一艘名为"暴风雪"的一次性飞行器，而美国的航天飞机则是人们熟知的"轨道穿梭机"。

磁力计
磁力计支架
碟形天线
核电池
射电天文天线
航天辅助系统单元
助推器
科学仪器架
带电粒子探测器
红外仪
宇宙线探测器
等离子体
探测器
扫描台
电视摄影机

"航天者"探测器

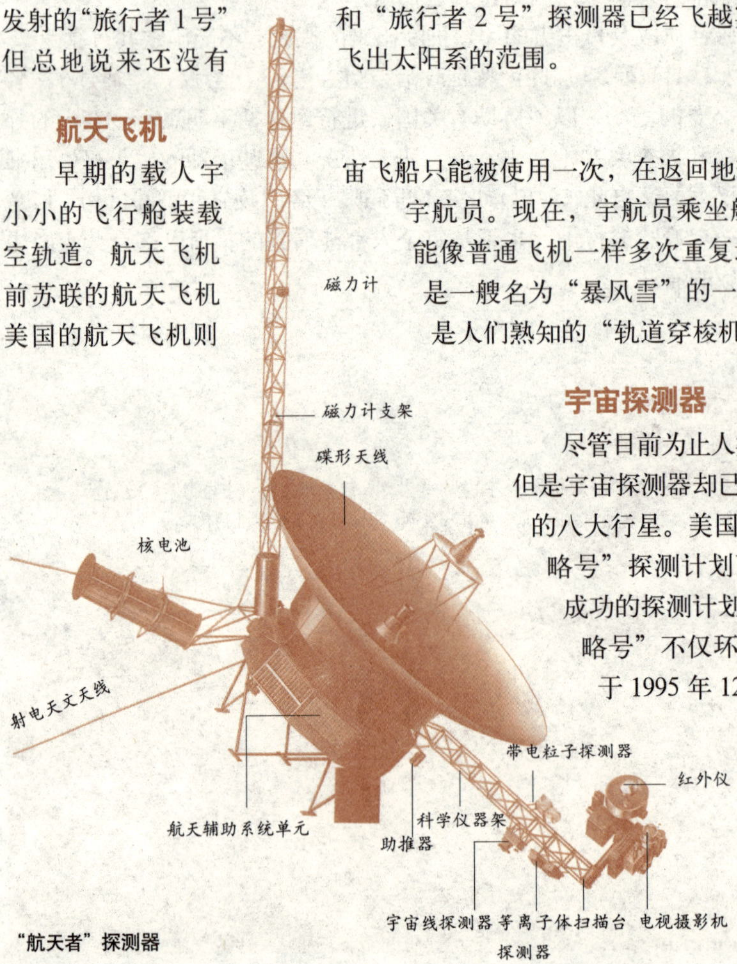

宇宙探测器

尽管目前为止人类仅登上过月球，但是宇宙探测器却已经造访了太阳系的八大行星。美国宇航局的"伽利略号"探测计划可算是其中最为成功的探测计划之一了。"伽利略号"不仅环绕木星飞行，还于 1995 年 12 月成功下降进入木星大气层，拍摄并传回有关木星及其卫星的许多令人震惊的图片资料。

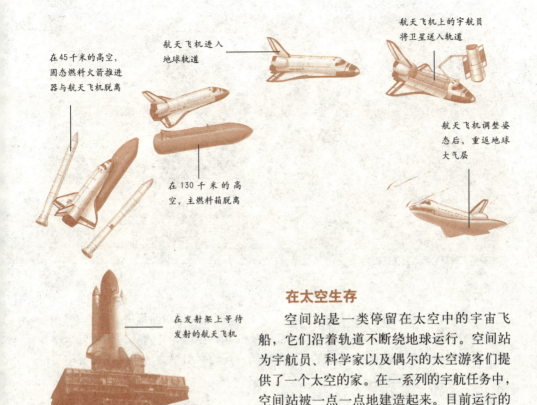

在45千米的高空，固态燃料火箭推进器与航天飞机脱离

航天飞机进入地球轨道

航天飞机上的宇航员将卫星送入轨道

在130千米的高空，主燃料箱脱离

航天飞机调整姿态后，重返地球大气层

在发射架上等待发射的航天飞机

在太空生存

空间站是一类停留在太空中的宇宙飞船，它们沿着轨道不断绕地球运行。空间站为宇航员、科学家以及偶尔的太空游客们提供了一个太空的家。在一系列的宇航任务中，空间站被一点一点地建造起来。目前运行的空间站——国际空间站是有史以来最大的空间站，它长达108米，所提供的生存空间足以容纳2架巨大的喷气式飞机。

未来的恒星际飞船

在太阳系以外，地球最近的邻居是半人马座的阿尔法星系。该星系距离地球40万亿千米，如果利用现在人类所能达到的最高速度，飞船需要1万年才能抵达，并且还要为飞船装载足够的推进剂。光速是宇宙中目前所知的最快速度，只要4年多便可抵达半人马阿尔法星系。如果想同电视剧《星际旅行》中的"美国精神号"一样，在恒星系之间往来自如，飞船的速度就必须突破光速，为此，科学家们做了许多大胆的设想。

负质量

扭曲推进需要负质量来使太空船后方的宇宙膨胀，与此同时，以等量的正质量使宇宙飞船前方的宇宙收缩，量子物理学提出负质量可能存在，但目前人们还没能证实。如果该理论得到证实，那么人类的交通运输将会发生翻天覆地的变化。

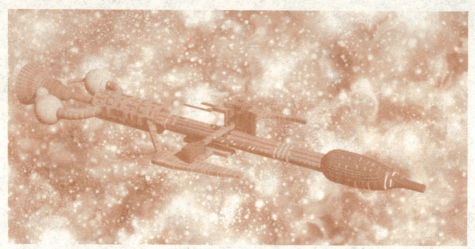
艺术家笔下的反物质太空飞行器

反物质引擎

电视剧《星际旅行》使得反物质引擎变得知名，剧中人用扭曲推进器来推进"企业号"宇宙飞船，以使其超光速飞行。反物质的确存在，并且当其与物质发生碰撞时，会释放出巨大的能量，也许有一天物质－反物质引擎会被用来推进太空飞船，但它不会以超光速飞行。

行星探测器

几个世纪以来，伴随着地球围绕太阳旋转的行星一直蒙着一层神秘的面纱，最多也只能从天文望远镜中看到这些行星模糊的轮廓。进入太空时代，天文学家终于迎来了新的契机：人类可以发射各种仪器到其他行星上，并向地球反馈相关数据。

20世纪60年代，前苏联和美国都向火星和金星发射了无人驾驶探测器，这也是登陆其他行星的第一次尝试。美国太空总署（NASA）在1962年发射了"水手2号"探测卫星飞过金星，首先取得成功。接着，1967年，前苏联"金星4号"空间探测器飞抵金星，在坠毁前向地球发回了一些关于金星大气层的数据。尽管发回的数据比较混乱，但是"金星4号"表明空间探测器摄影技术已经开始走向成熟。"金星7号"探测器于1970年安全着陆于金星，并且成为第一个从其他行星表面向地球传送数据的空间探测器。5年后，"金星9号"探测器进入环绕金星的轨道，然后向金星发射了一台登陆车，向地球发回了金星岩石质表面的照片。"金星15号"和"金星16号"绘制了金星表面的雷达探测地图。1985年，前苏联双子太空船"维加1号"和"维加2号"向金星投放了装在气球上的探测仪，探测仪缓缓穿过金星大气层降落到金星表面。

就在前苏联关注金星的探测同时，美国太空总署则更关注火星以及更外层的行星的探测。"水手4号"于1964年、"水手6号"和"水手7号"于1969年分别拍下了火星表面的照片。1971年，"水手9号"探测器环绕火星轨道运行，利用电视摄像机拍摄了关于火星表面景观的细节照片并拍摄了火星的两颗卫星——火卫一和火卫二。火星表面类似贫瘠的红石岩沙漠。1974年，前苏联的"火星5号"进入火星轨道运行了几天，并在电视摄像机损坏之前向地球发回了图像。美国太空总署的"海盗任务"雄心勃勃，"海盗1号"和"海盗2号"在1976年飞抵火星。这两艘探测器均由绕火星运行的轨道飞行器和能够软着陆于火星表面并分析其土壤的登陆车组成。

这是一幅艺术家想象的画面："伽利略号"轨道探测器正在接近土星，它距土星的卫星——艾奥表面只有965千米。艾奥绕木星的运动受到木星火山活动的影响。

1972年，美国太空总署发射的"先锋10号"探测器是首个飞出太阳系的探测器，1973年，它掠过木星。1973年发射的"先锋11号"探测器在1979年实现了绕土星环的运行。两个探测器都发回了关于木星和土星奇观的照片。1977年，美国发射的"旅行者1号"和"旅行者2号"也把木星和土星作为探测对象，1979年，它们到达木星。"旅行者1号"在1980年到达土星；1年后，"旅行者2号"掠

知识窗→"海盗号"登陆车

登陆车专为太空船设计，使其在所探测行星表面能实现软着陆并传回数据。美国太空总署（NASA）探测火星的"海盗任务"用火箭成功发射了两个由轨道飞行器和登陆车组成的空间探测器。"海盗1号"于1975年8月发射升空并在1976年7月到达火星，它围绕火星轨道飞行了一个月为登陆车寻找合适着陆地点。1975年，"海盗2号"发射出的登陆车也在1976年安全着陆于火星。轨道飞行器绘制了火星表面的细节情况。两辆登陆车总共向地球发回了5.5万张火星表面照片。每一辆登陆车上都安装了挖掘臂，能提取火星土壤标本来研究火星是否存在生命，但是尚未发现上面有生命的迹象。气象分析仪监控火星表面的天气和季节变化状况。

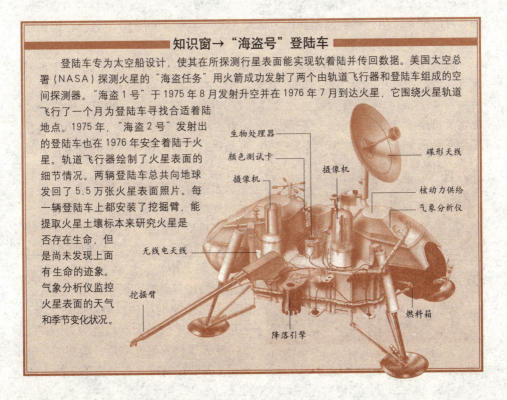

生物处理器
颜色测试卡
摄像机
摄像机
碟形天线
核动力供给
气象分析仪
无线电天线
挖掘臂
降落引擎
燃料箱

过土星并于1986年"访问"了天王星，接着在1989年飞抵海王星，发现了围绕海王星的一个环状系统和6颗卫星。

不久，美国太空总署在1989年利用"亚特兰蒂斯号"宇宙飞船发射了包括"麦哲伦号"在内的多个行星探测器。"麦哲伦号"探测器于1990年进入绕金星轨道，"伽利略号"则在1995年拍摄了关于木星的照片。来自"麦哲伦号"探测器的数据表明，金星表面遍布陨石坑和山脉火山喷发后的熔岩流平原。但"麦哲伦号"在1994年与美国太空总署失去了无线电联系。"伽利略号"是第一个绕木星运行的空间探测器，并探测了木星的多个卫星。1992年，美国发射的"火星观察者号"在即将抵达火星时没能进入轨道，并在1993年与地球失去了联系。但在1997年，"火星探路者号"成功登陆了火星，并放出一台小型的火星漫游车，拍摄了1.65万张照片，并向地球发回了火星的地质数据。

航天飞机

航天飞机的发展过程是一段喜与悲共存的历史。在这段历史中，既包括美国太空总署（NASA）取得的举世瞩目的成就，也包括了两次最惨痛的灾难事故。

1972年1月，美国正式把包含研制航天飞机的空间运输系统列入计划。美国太空总署想建造一种运载火箭，利用它既可以完成航天任务，并且还可以自己返回地球上的发射基地。火箭只能使用一次，代价昂贵，而具备上述特点的航天飞机却可以重复使用。科学家起初认为航天飞机一年可以执行50次任务，但实际上每年只能重复使用8次。

航天飞机主要由三部分组成：外形像飞机的轨道飞行器机身长37.2米，装有3台以液氧和液氢为燃料的主引擎。巨大的外挂燃料箱内装有补给燃料。两台长45米的固体燃料火箭推进器连接在外挂燃料箱两侧。航天飞机的前段是航天员座舱，分上、中、下三层。上层为主舱，可容纳7人；中层为中舱，也是供航天员工作和休息的地方，有卧室、洗浴室、厨房、健身房兼贮物室；下层为底舱，是设置冷气管道、风扇、水泵、油泵和存放废弃物等的地方。航天飞机的货舱长18米，最大有效载荷可达27.6吨，是放置人造地球卫星、探测器和大型实验设备的地方。与货舱相连的还有遥控机械臂，用于施放、回收人造地球卫星和探测器等航天器，还可以作为宇航员太空行走的"阶梯"。

航天飞机进入地球轨道后，以28160千米／小时的速度历时90分钟环绕地球一周。

航天飞机发射升空后，所有的5枚火箭（安装在轨道飞行器上的3枚火箭以及两枚固体燃料火箭推进器）全部点燃。两分钟后，外置的两枚火箭推进器脱离机身并借助降落伞落入大海，回收修复后还可以重复利用20次。当轨道飞行器进入地球轨道6分钟后，机组航天员将外挂的燃料箱抛离机身，燃料箱重新进入地球大气层后烧毁。在任务完成返航阶段，机组航天员将机动火箭点燃使航天飞机减速，然后航天飞机在海拔高度120千米处重新进入地球大气层，距离发射基地8000千米远——发射基地通常是肯尼迪航天中心。轨道飞行器减速阶段的初始速度为25马赫，然后经历滑翔减速，与大气摩擦产生的热量使机翼上的耐热片以及机身迅速达到红热状态。航天飞机经历整个降落减速过程后，在其着陆阶段，减速降落伞使航天飞机进一步减速，速度约为320千米／小时。

美国太空总署已经建造了六架航天飞机。他们利用第一架航天飞机，即1977年的"企业号"，做大气层滑翔测试，但从来没发射入太空。1981年，"哥伦比亚号"成为第一架进入地球轨道飞行的航天飞机，接下来就是1983年的"挑战者号"、1984年的"发现号"和1985年的"亚特兰蒂斯号"航天飞机。1986年美国"挑战者号"航天飞机在第10次发射升空后，因助推火箭发生事故而爆炸，舱内7名宇航员（包括一名女教师）全部遇难，使全世界对征服太空的艰巨性有了一个明确的认识。美国太空总署建造了"奋进号"取代了"挑战者号"航天飞机，并在1992年成功发射。2003年，载有7名宇航员的美国"哥伦比亚号"航天飞机返回地球时，在着陆前16分钟时发生了意外，航天飞机解体坠毁。事故调查委员会指出"哥伦比亚号"航天飞机升空80秒后，一块从外挂油箱脱落的泡沫损伤了左翼，并最终酿成大祸。经过缜密的修理之后，"发现号"航天飞机于2005年又发射升空。14天后，它返回地球基地，由于天气的原因没能降落到肯尼迪航天中心，而是降落在了爱德华空军基地。

哈勃太空望远镜

自从1610年伽利略第一次用自制的望远镜观测月球以来，天文学家就发现地球的大气层限制了观测的范围和清晰度。于是，他们选择在空气稀薄又纯净的高山顶建造天文观测台。1990年，美国太空总署向太空发射了天文望远镜，天文观测因此不会受大气的干扰。

哈勃太空望远镜以美国天文学家埃德温·哈勃（1889—1953年）的名字命名，以纪念哈勃在50多年的天文学研究中的重要地位。哈勃太空望远镜由美国国会于1977年提出建造，1985年建造完成，并于1990年由"发现号"航天飞机运载升空。该项目耗资30亿美元。哈勃太空望远镜沿着一个距地面607千米近乎圆形的轨道在地球上空飞行。在望远镜工作期间，可以通过航天飞机上的航天员进行维修或更换部件，必要时也可以用航天飞机将望远镜载回地面大修，然后再送回轨道。

哈勃太空望远镜为铝制圆柱形，长 13 米，直径为 4.3 米，两块长 12 米的太阳能板为望远镜提供电能。两支高增益的天线将信号发送给位于美国戈达德太空飞行中心的地面控制中心。望远镜的光学部分是整个仪器的心脏，它采用卡塞格伦式反射系统，由两个双曲面反射镜组成，一个是口径 2.4 米的主镜，另一个是装在主镜前约 4.5 米处的副镜，口径 0.3 米。投射到主镜上的光线首先反射到副镜上，然后再由副镜射向主镜的中心孔，穿过中心孔到达主镜的焦面上形成高质量的图像，供各种科学仪器进行精密处理，得出来的数据通过中继卫星系统发回地面。这些经"智能折叠"的光通路尽管只有 6.4 米，但所观测到的效果和具有 57.6 米长光通路的望远镜观测到的效果是相等的。另外，望远镜上安装了 5 台不同种类的检测器。

由于在制造过程中人为原因造成的主镜光学系统的球差，哈勃望远镜所拍摄的第一张照片效果很差，所以不得不在 1993 年进行了规模浩大的修复工作。"奋进号"航天飞机上的宇航员用空间望远镜轴向光学修正辅助设备取代了哈勃望远镜上的高速光度计。另外还用新的广视域行星摄影机 -2 拍摄替代了原来的行星摄影机，成功的修复使哈勃太空望远镜性能达到甚至超过了原先设计的目标，观测结果显示，它的分辨率比地面的大型望远镜高出 50 倍。

1994 年 7 月，苏梅克 - 列维 9 号彗星碎片与木星相撞，这被哈勃太空望远镜拍摄下来并发回了十分壮观的照片。望远镜上装配的光谱仪收集了有关木星大气组成的新数据。到 1995 年底，哈勃太空望远镜已经可以拍摄（10 天可曝光）到宇宙空间中距离地球十分遥远的天体，比如距离 120 亿光年的昏暗星系。

1997 年，"发现号"航天飞机宇航员为哈勃太空望远镜修复了一些"心脏"部位的绝热系统，并安装了一些新设备。1999 年 12 月为哈勃望远镜更换了陀螺仪和新的计算机——安装了 6 个陀螺仪和一台比原来处理速度快 20 倍的计算机，还安装了第三代仪器——高级普查摄像仪，提高哈勃望远镜在紫外 - 光学 - 近红外的灵敏度和成像的性能。1998 年，哈勃天文望远镜在金牛座星系中直接地拍摄到了一颗太阳系外行星沿一颗恒星轨道运行。2000 年，它所携带的仪器在另外一个与木星大小相仿的太阳系外行星的大气层里检测到了钠元素。

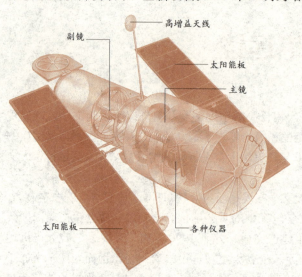

光从图中左边的位置进入哈勃望远镜，在主镜与副镜间被反射后，进入位于右侧的各种仪器中，包括用于拍摄行星和恒星的照相机、测量光的亮度的光度计。

高增益天线
副镜
太阳能板
主镜
太阳能板
各种仪器

地　理

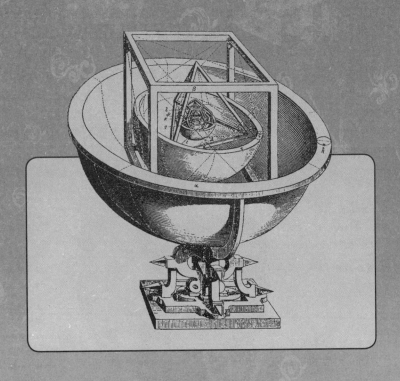

认识地球的结构

　　大家都知道，地球是个球体，上面遍布着高山、陆地和各种动植物。目前，人们对地球外部的状况已经有了相当程度的了解，但地球内部又是什么样子呢？

　　早在 18 世纪，人们就知道了地球的平均密度为 5.52 克／厘米^3，而地球表面岩石的平均密度是 2.67 克／厘米^3，两者相差 1 倍多。这说明地球内部一定存在着某种重物质，但究竟是什么样的物质，人们还没有办法测量出来。

　　19 世纪中期以后，地震仪的发明成为人类探测地球内部奥秘所迈出的重要一步。

　　所谓地震仪就是预测地震的仪器。地球物理学家使用地震仪后，经过测量发现，每当发生强烈的地震时，受到巨大冲击的地下岩石会产生弹性震动，并以波的形式向四周传播，这种弹性波就是地震波。地震波分为纵波（P 波）和横波（S 波）。纵波可以通过固体、液体和气体传播，传播速度较快；横波只能通过固体传播，传播速度较慢。随着所通过物质的性质变化，纵波和横波的传播速度都会发生变化。

　　利用地震仪探测地球内部奥秘并取得巨大成就的人是前南斯拉夫的地震学家莫霍洛维奇和美国地震学家古登堡。莫霍洛维奇在对萨格勒布地区于 1909 年 10 月 8 日发生的一次强烈地震的研究中发现，地震波在传到地面下 33 千米处发生了折射现象。而这一地区正是地壳和地壳下面物质的分界面，后人称这一分界面为"莫霍面"。1914 年，古登堡发现在地表下面 2900 千米处，纵波的传播速度突然急剧变慢，横波完全消失，这说明存在着另一个不同物质的分界面，后人称其为"古登堡面"。这样，地球内部以莫霍面和古登堡面为界，由外而内分为地壳、地幔和地核三个圈层。

外地核厚度为 2000 千米，由铁、镍组成，但可能还含硫等其他物质

地幔的厚度为 2900 千米

地球的外圈层包括地壳和上地幔的顶部，它们一起构成岩石圈

固态的内地核半径为 1370 千米，由铁、镍组成，它处于高温状态，但因受有压力而不致熔化

地球最厚的部分是下地幔，它由含硅酸盐矿物的石类物质组成

上地幔呈固态，其顶部较软的层面是岩石圈的组成部分。上地幔与下地幔的差别在于所含矿物不一样。

地球结构剖面图
地球从内到外依次分为地核、地幔和地壳三层。

从地面到莫霍面之间的很薄的一层固体外壳就是地壳层。整个地壳布满了高低不平的岩石，平均厚度为17千米，大陆部分平均厚度33千米，高山地区甚至厚达60～70千米，海洋地壳平均厚度仅有6千米。地壳最薄的地方是距圭亚那海岸1520千米的大西洋底部，只有800多米厚。人们很有可能首先钻穿这里而到达地幔。

地幔是指地壳和地核之间的中间层，是从莫霍面以下到古登堡面以上的一层固体物质。该层可传递横波，其深度从5～70千米以下到2900千米，主要成分为铁镁的硅酸盐类，铁镁含量由上而下逐渐增加。地幔分为上地幔和下地幔，从莫霍面到1000千米深处是上地幔。地下50～250千米是上地幔顶部，这里存在一个软流层，岩浆可能就是发源于此。地下1000～2900千米深处是下地幔。下地幔的温度、压力和密度都比上地幔大，物质状态可能是可塑性固体。地壳和上地幔顶部合起来叫作"岩石圈"，主要由岩石组成。

地球的中心部分是地核，其温度、压力和密度就更高了，物质成分近似于铁镍陨石，又叫"铁镍核心"。按照地震波的传播速度又可分为外核和内核。外核在2900～5000千米深处，物质接近液体；内核在5000千米以下深处。美国科学家做了大量的模拟试验后发现，地核温度从内向外逐渐降低，地球中心的温度大约是6880℃，内外核相交面的温度为6590℃，外核与地幔的相交面的温度是4780℃。此外，地球内核的压力极大，每6.5平方厘米为2200万千克，是地球

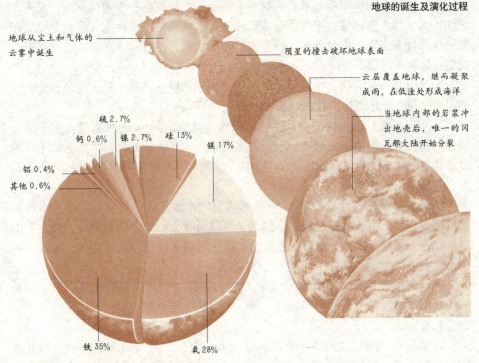

地球的诞生及演化过程

地球从尘土和气体的云雾中诞生

陨星的撞击破坏地球表面

云层覆盖地球，继而凝聚成雨，在低洼处形成海洋

当地球内部的岩浆冲出地壳后，唯一的冈瓦那大陆开始分裂

硫2.7%　钙0.6%　镍2.7%　硅13%　镁17%

铝0.4%

其他0.6%

铁35%　氧28%

地球的主要成分是铁、氧、镁和硅。此示意图显示了构成地球的各种化学成分的百分比。

上海平面大气压的 330 万倍。

近年来，计算机技术的飞速发展为人们认识地球内部提供了很大的帮助。借助大型计算机，研究人员从地面上 3 000 个监测站收集到大量的地震观察情报并对之进行了综合分析，绘制成一张总图，结果发现地核结构与海洋相似，充满了低密度流体，地核表面还布满"山头"和凹凸不平的地带，甚至还发现有一阵铁微粒洒到地核上，仿佛铁雨。

看来，地核并非平淡无奇，而是非常神奇的，有待于我们进一步去认识。

地球上的生物圈

生物圈与人类关系密切。人类生存在生物圈内，其生存与发展和生物圈状况的好坏有着直接的联系。那么到底什么是生物圈呢？生物圈是地球表面的大气圈、岩石土壤圈和水圈的接触地带，它们之间相互作用，相互渗透，形成了生命孕育、发生和发展的环境，在三圈相邻的区域内集中生活了地球上绝大多数的生物。可以这么说，在地球环境内，凡是有生命存在的大环境就可以叫作"生物圈"。

大气圈

大气圈是生物圈中至关重要的第一大圈层，它覆盖在整个地球表面，无色、无味，由多种气体组成，主要成分是氮和氧。大气层可以保护地球生物免受太阳紫外线的过多伤害，也可避免一些宇宙射线的危害，还有一项重要的功能在于可以防止地表温度剧烈变化并且防止水分过多损失。

大气圈分为对流层、平流层、中间层、热层和散逸层等 5 层。这是根据大气的温度、密度等物理性质在圈层垂直方向上的不同所划分的。

对流层是最贴近地面的一层，它的范围是从地面到 10 千米高空，由于这一层大气的热量来源主要是地面，因此，高度越高，气温越低，空气内上低下高的温度状况使这里的空气对流运动显著。这一层对天气变化影响显著，易成云致雨，夏季的暴雨天气就是在这一层形成的。

平流层分布在从对流层顶到 50 千米高空的范围，这一层空气稀薄，尘埃和水汽很少。由于平流层的上部是臭氧层，可以吸收太阳光中的紫外线，使这层的空气温度上部高下部低，这样的温度结构造成气流多以水平运动为主，故这一层宜于高空飞行。

中间层指从平流层顶到 85 千米高空的范围，由于这一层的热量来源主要是平流层顶部臭氧层吸收的太阳热量，所以这里的气温与高度成反比，这造成了强烈的对流运动。

热层是从中间层顶到 800 千米高空的大片范围，大气稀薄是这一层的显著特点。由于是大气圈的外层，接受太阳辐射比较直接，大气温度迅速升高到达 1000℃ 以上。这一层又叫电离层，因为这一层大气中的氧和氮的分子受太阳紫外线和宇宙射线的作用，发生电离分裂，变成大量的自由电子和离子。

散逸层指暖层顶以上的大气，这一层也叫外层。这里的大气密度与海平面大气密度相比相差巨大，只有它的几百亿分之一，变得更加稀薄。地球大气向星际空间过渡的层次就是这一层。

随着科技的发展，当人类把人造卫星送上天后发现：在320～1000千米的大气层，由于其主要由氦组成而应叫氦层。而且人们在它上面还发现一个氢层，其实就是一个质子层，它可向外延伸到64000千米的高空。

岩石土壤圈

岩石土壤圈是与人类生活关系最密切的圈层，是它支撑起了地球。人类就生活在地球的表层——地壳上。地壳主要由各种岩石组成，是地球的外套。各种化学元素化合形成矿物，矿物组成岩石。

据地质学家的研究，有90多种化学元素自然存在于地壳中，其中氧、硅、铝、铁、钾、钙、钠、镁8种元素分布最广，在整个地壳重量中占97.1%，其中的氧和硅更是地壳组成的基本元素。

根据地震波传播的速度和地壳化学组成的差异不同，将地壳分成2层。上层含硅、铝较多，叫硅铝层，主要由花岗岩类组成，比重较小；下层硅、铝成分相对减少，镁、铁成分增多，叫硅镁层，主要由玄武岩类组成，由于组成元素不同，这一层的比重较大。在大洋地壳中，硅铝层很薄，甚至缺失，硅镁层却普遍存在。海洋地壳主要由玄武岩构成，而大陆地壳除了有些地区地表有由于地质作用造成的很薄的变质岩、沉积岩外，主要是由上层的花岗岩和下层的玄武岩构成。

地壳除了各种组成它的岩石外，还附着土壤。

土壤与植物的关系是最直接的，它是陆生

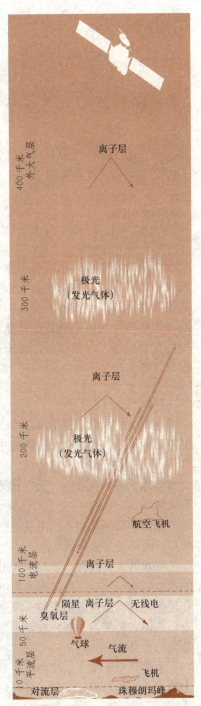

大气层结构示意图

大气圈从内到外分为对流层、平流层、中间层、热层和散逸层。这主要是根据大气的密度、温度等物理性质划分的。

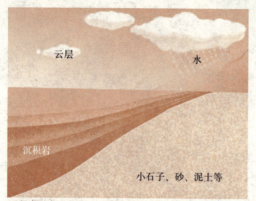

沉积岩形成示意图

沉积岩是地壳上的主要岩石之一，是坚硬的地壳外表的组成成分之一。

植物生存的基础。有了它，粮食作物、草原、森林和多种其他植物才能获得它们需要的矿物元素、有机肥料和水分等。而植物又是整个地球生态系统中食物链上的最基层，这个环节如果出了问题后果可想而知，由此我们可以看出土壤的重要作用。

那么，土壤是怎样形成的呢？首先，暴露于地表的岩石受太阳光热的作用，与空气、水等长期接触就被风化，成为疏松的成土母质。这种母质由于从岩石脱胎而来，因而含有矿物质养分，也具有蓄水性，这都是土壤形成的基础。这种成土母质中慢慢开始寄存了一些微生物和低等生物，有机物质在成土母质中逐渐积累，这是高等植物可以生长的前提。高等植物死后，被埋在土下形成腐殖质，这些都是微生物的作用。腐殖质胶体能够吸收钙离子使土粒团聚，这是腐殖质胶体在发挥聚合作用。年深日久，成土母质就发育成具有一定肥力的土壤层，这个过程与气候条件密不可分。

水圈

地球上的水圈，包括海洋水、江河水、湖泊水、冰川固体水、陆地岩层和土壤下的地下水，还包括大气中的水汽等。总之，地球上不管以何种形态存在的水都属于水圈的范围。

地球上的水在陆地、天空和海洋间不停息地循环着。水的循环又分为小循环和大循环。

水的小循环是指：水汽从海洋蒸发之后，大部分又回到海洋；水汽从陆地蒸发后，大部分又落回到陆地。

那水的大循环呢？我们都知道大气水的主要来源是江洋大海。海洋水蒸发成的水汽，有一部分在气流的作用下被带到大陆上空，陆地上的降水就是这些水汽在适当的天气条件下形成的。降落在陆地上的水，一部分下渗变成地下水，一部分形成地表径流，一部分重新蒸发变为水汽回到大气中，水又回到了海洋。这就是水的大循环。

水循环对于整个生物圈有很重要的作用，它使大气降水、地下水、地表水、土壤水之间能够相互转化，同时对天气和气候的变化也有影响。这一过程，通过降水、地表径流、入渗、地下径流、蒸发和植物蒸腾等各个环节，紧密联系了水圈、大气层、岩石土壤圈和生物圈，使它们之间能够进行能量交换。同时，物质迁移也是水循环的一个结果，因为水在运动中会夹带泥沙和溶解物质，每到一处它都会沉积物质、侵蚀岩石，使地球的面貌有所改变。

在大气、岩石土壤和水圈之间，能量交换和物质循环无时无刻不在进行着，这使生物圈保持了稳定和平衡。人类活动必须遵循自然规律，如果擅自破坏了生物圈的平衡，就会受到大自然的惩罚，酿成恶果。

青藏高原的变迁

青藏高原被誉为"世界屋脊"，然而，若干年前，青藏高原并不是现在这个样子，而是一片汪洋大海。

青藏高原不仅是世界上最高的高原，同时也是最年轻的高原，它的面积约为250万平方千米，平均高度超过4000米。青藏高原的走向是由南向北。西南部是巍峨的喜马拉雅山，中间是喀喇昆仑山—唐古拉山、冈底斯山—念青唐古拉山，北面是广阔的昆仑山、阿尔金山和祁连山。

这些高山大都覆盖着厚厚的冰雪，银练似的冰川点缀在群山之间，顺着山坡缓慢地移动。这些冰川正是大江、大河的"母亲"，著名的长江、黄河、印度河和恒河等，都发源于此。柴达木盆地是青藏高原地势较低的地方，但海拔也有二三千米。雅鲁藏布江谷地位于高原最低处，但谷地里的拉萨城比五岳之首的泰山还高1倍多。高原上景色优美，广阔的草原上点缀着无数蔚蓝色的湖泊，雪峰倒映在湖中，美丽迷人。岩石缝里喷出许多热气腾腾的喷泉，附近的雪峰、湖泊在喷泉的映衬下显得格外耀眼。

地质学家在青藏高原层层叠叠的砂岩和石灰岩层中发掘出大量恐龙化石、植物化石、三趾马化石，以及许多古海洋动植物的化石，如三叶虫、鹦鹉螺、笔石、珊瑚、菊石、海百合、百孔虫、苔藓虫、海藻和海胆等。这些古代生物化石的出现，标志着早在2.3亿年前，青藏高原曾经是一片汪洋大海，它呈长条状，与太平洋、大西洋相通。后来，由于强烈的地壳运动，形成了古生代的褶皱山系。海洋随之消失了，产生了古祁连山、古昆仑山，而原来的柴达木古陆地相对下陷，成为大型的内陆湖盆地。经过1.5亿年漫长的中生代，长期风化剥蚀使这些高山逐渐变矮，而被侵蚀下来的大量泥沙，全部都沉积到湖盆内。

地壳运动在新生代以后再次活跃起来，那些古老山脉因此而重新变成高峻的大山。现今最高的山脉喜马拉雅山就是这样形成的。

难以想象，如今世界上最高的地方曾经被埋在深深的海底。科学家还发现，喜马拉雅山始终没有停止过上升。现在，喜马拉雅山的许多地方以平均每年18.2毫米的速度在上升。如果喜马拉雅山始终按照这个速度上升，那么1万年以后，它将比现在还要高182米。

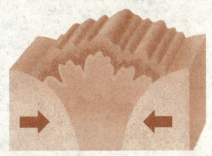

褶皱山形成示意图
喜马拉雅山就是地壳上升形成的褶皱山。

南极冰盖下的秘密

地球上最冷的地方非南极莫属，这里的平均气温为 −79℃。地球上有记录的最低温度就是在这里产生。俄罗斯科学考察队员曾测到一个令人吃惊的低温：−89.2℃！

如此低的气温是南极终年为冰雪所覆盖的主要原因。南极大陆总面积约为1400万平方千米，裸露山岩的地方还不到整个南极大陆的7%，其余超过93%的地方全都覆盖着厚厚的冰雪。从高空俯瞰，南极大陆是一个高原，它中部隆起，向四周逐渐倾斜，巨大而深厚的冰层就像一个银铸的大锅盖，将南极罩得严严实实。因此，南极大陆上的冰层又被人们形象地称为"冰盖"。南极冰盖最厚的地方甚至达到了4800米，平均厚度也有2000米。当南极处于冬季时，海洋中的海水全部都冻成了海冰，大陆冰盖与海冰连为一体，形成一个巨大的白色水源，面积超过了非洲大陆，达3300平方千米。

由于南极大陆的真面目被严严实实地掩藏在冰盖之下，人类想要了解它就更加困难了。但人类的探索欲望是非常强烈的，许多国家都投入了大量的人力和物力组织实施南极科考活动，并取得了一些具有重要意义的科学成果。

南极大陆蕴藏着很多宝贵的资源。1973年，美国在罗斯海大陆架上发现了石油和天然气。据说南极石油储量十分惊人，仅南极大陆西半部分所蕴藏的石油就可能是目前世界年产量的2～3倍。此外，还陆续在这里发现了200余种矿物，包括金、铜、铂、铅、镍、钼、锰等金属和钴、铀等放射性矿物。

科学家们认为，既然南极有如此丰富的资源，那么南极大陆在地球早期肯定不会是如此寒冷，那时的气候肯定非常温暖。对于此种推测，科学家们是这样解释的：在1亿年前，地球上存在着一块更大的陆地——冈瓦纳大陆，这块大陆包括现在的南极洲等许多地方。这里气候温暖，成片茂密的热带雨林随处可见。后来，海底扩张，大陆漂移，一部分大陆变成了今日的非洲、南美洲、澳洲、塔斯马尼亚岛、印度次大陆和马达加斯加岛；而另一部分则继续向南漂移，成为现在的冰

南极洲温度

南极洲在夏季时，温度也只有3℃，海水结满了冰。

−25℃时，钢结晶，变得脆而易碎。

当处于−40℃的温度时，南极洲的人们都不得不穿上裘皮大衣来御寒，因为这样的温度下，合成橡胶变得很脆，裸露的身体会很快被冻僵。

−89.2℃是1983年7月21日俄罗斯在南极的沃斯托克科学考察站记录到的最低温度。

雪世界——南极大陆。

在南极冰层中还隐藏着无数的秘密。各国的科学家们每次到南极考察都有不少的收获。他们曾在冰层里发现了来自宇宙的类似于宇宙尘埃的宇宙空间物质、实验原子弹时的人工反射性降落物、陨石以及各个时期人类留下的垃圾等。为了弄清楚这些物质的分布状态，人们对冰层的各部分进行垂直取样。通过分析，发现了许多

南极考察中最便利的交通工具——电动雪橇

极具研究价值的信息，为人类研究地球和宇宙的关系，以及近年来地球的污染程度提供了科学依据。此外，科学家们还可以通过分析冰层中所含的气体成分，了解地球古代和现代空气的成分及其变化等情况。

我们常常可以看到媒体对科学家赴南极考察的报道会用到这么一个词——"钻取冰核"。为什么要在南极冰原上钻取冰核呢？原来，各个"冰期"以及火山喷发、风雨变化都会在冰原中留下痕迹。科学家认为，如果能充分地了解这些信息，那么人类就可以预测以后的命运了。南极冰盖是在低温环境下经过千百万年的日积月累形成的。因此，在这里可以发现大量的地球演变信息，这里就像是一个珍贵的地球档案馆，成为各国科学家向往的"天然研究室"。他们通过对从南极冰盖2083米深处取出的冰芯进行分析，得出了其中的氧同位素、二氧化碳、尘埃以及微量元素等信息，揭示了最近16万年中地球气候变化的情况。

更为神奇的是，科学家在冰层中居然找到了细菌的影踪。美国科学家宣布，他们在南极腹地很深的冰层下找到了细菌生存和繁衍的证据。这种类似于放线菌的菌种是在南极孚斯多克湖上面的冰层里被发现的，这里也是俄罗斯科考人员测量到地球上最低气温的地方。科学家认为，这种细菌通常生活在土壤里，可能是随着小块土壤被风刮到湖泊里并被埋在了那里，或者它们原本就长在湖里，后来被冰冻结在那里，永远也出不来了。据介绍，这些细菌可能已在湖里待了50万年以上了。

冰雪的覆盖给人类了解南极造成了很大的困难，那么，如果冰减少或消失是否就会改变这种情况呢？如果真的发生了这种情况，那对人类来说将是一场巨大的灾难。根据科学家的计算，如果南极冰盖完全融化，那么海平面将平均升高50～60米。如此一来，地球上许多沿海的低海拔地区将会成为一片泽国。

近年来，地球变暖的问题引起了广泛的关注。科学家们对此进行了各方面的探讨，南极——地球的冰库也在考虑范围之内，他们担心南极冰层是否会因大气变暖而融化消失。科学研究表明，现在南极大陆与2万年前的冰川活动极大期相比，西部的冰层减少了约2/3，全球海平面因此升高了11米；而在南极大陆的东部冰层厚度则没有多大变化，既没增多，也没减少。

尽管导致冰层减少的因素很多，但有一个重要因素几乎已经为全世界所公认，那就是全球变暖。在整个 20 世纪，地球的平均气温上升了 0.6 ～ 1.2℃。南极大部分地区的温度升高得更快，变暖情况更为严重。其中，温度升高最快的是与南美洲毗邻的南极半岛，这片向南美洲方向延伸、长度超过 1 500 千米的狭长陆地，气温竟然上升了约 10℃ ，是地球平均水平的 10 倍。南极变暖的情况在过去的 50 年里尤为严重，南极半岛上至少有 7 个大冰架已消失了，其中包括一个存在了 2 000 多年的冰架。对此，一些科学家发出了严重警告：南极洲一些地区的冰层正在飞快地消失，人类从事的过度工业活动违背了自然规律，导致地球气候变暖的情况越来越严重，这样下去后果将不堪设想。

　　目前，全世界的海平面每年都以 2 毫米的速度上升，各国科学家纷纷对此进行了研究。美国哥伦比亚大学拉蒙特多然蒂地球观测站的斯坦·雅各布认为，导致海平面上升的一个重要原因就是南极冰层的融化。如果真像这些科学家所推断的那样，气候变暖造成了海平面的大幅度上升，那么，南极西部冰原终将受此影响而坍塌。

　　美国地球物理学家罗伯特·宾德斯查德勒多年来一直在研究冰川。据他猜测，南极西部冰原数千年来一直处于坍塌的过程中。同时他还承认，南极西部冰原的坍塌并非杂乱无章，而是呈有序性；并且他还预测，西部冰原会在一千年后完全坍塌。

　　冰原坍塌的过程早已开始的观点，得到很多研究人员的认同。美国科罗拉多州博尔德国家冰雪研究中心的研究人员泰勒·斯坎姆分析了卫星图像后说："我看到一个冰原正在坍塌。"不过，他认为造成冰原坍塌的还有许多未知因素，各种变化只有经历数千年的时间才会显现出来。以上各种论断孰是孰非，目前

南极冰山形成示意图

南极大陆的冰原，大体呈一盾形，中部高四周低。在重力作用下，每年有大量的冰滑入海中，在周围的海面上集结成广阔的陆缘冰。这些冰山随风和洋流向北漂移，在寒冷的季节甚至可漂到南纬 40°。

冰川流入
冰架

早期冰架

冰川到达海洋，缝隙增多、增大

冰块脱开，形成冰山

科学界尚无权威定论。

在研究了过去 150 年的气候之后，科学家说："气候是头愤怒的野兽，我们正在惹它发火。"这绝对不是危言耸听。虽然探索冰层下的秘密很重要，但是，假如南极冰层真的因大气变暖而完全融化，那么全球海平面至少要上升 50 米，世界将会变成一片汪洋，从而淹没地球上的绝大部分耕地，后果真是不堪设想。因此，人类不仅要开发南极，更要致力于保护南极。

煤是怎样形成的

煤看起来像一种黑黑亮亮的石头，但它却可以燃烧，而且燃烧效果也很好。因此长久以来，煤一直被人们用作主要的燃料。较之人类一开始使用的燃料比如木头、柴草，煤的耐久性要好得多。那么，煤真的是石头吗？煤又是怎样形成的呢？

煤在全球分布图
煤是由植物或其残骸埋在地下经历千百万年高温高压后形成的。图中黑色部分是煤的分布区域，其中俄罗斯和北美洲等地区煤的分布最集中。

其实煤并非石头，煤是由远古时代的植物转化形成的。人们曾发现过保存相当完好的植物化石，竟埋藏在煤层附近的岩石中，也曾在煤层中发现过保存完好、已经煤炭化的大树干。如果在显微镜下观察切成薄片的煤，就能清楚地看到某些植物组织就在煤的薄片中。有人对于煤炭燃烧放热的原因进行化学分析得到这样的结果：煤之所以可以燃烧放热，是因为它含有氢、碳等化学元素，而这些都是易燃物质。而且化学分析也证实了煤是由植物演变而来的这一事实。

可以这么说，今天我们烧的煤，是很久很久以前的太阳能生产出来，并积蓄起来的。换句话说，煤燃烧时放出的能量，是亿万年前积蓄起来的植物所固定的太阳能。

煤的形成时间大约在 3 亿年前，那时候在炎热和多沼泽的潮湿地带生长着大片茂密的羊齿类植物。在大约 1 亿多年的时间里，这种蕨类植物繁茂生长的状况一直持续着。当然，植物到一定年龄就会死亡，而死亡的原因也是多种多样的，有由于风暴和雷电造成的树木死亡；也有由于野兽的袭击造成的树木死亡；也可能成片的森林在火灾中毁于一旦；更多的是因为衰老而死。日积月累，死去的植物被埋藏在土壤之下，经过细菌和微生物的分解作用，形成有机物质，成为一层厚厚的黑色或褐色的泥炭或腐泥。随后新生成的泥炭或其他沉积物又覆盖了先前

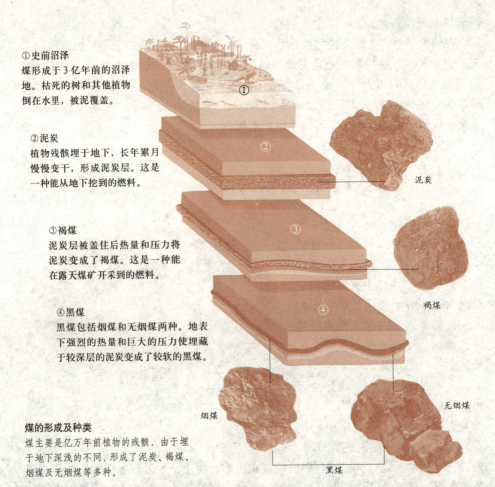

①史前沼泽
煤形成于3亿年前的沼泽地。枯死的树和其他植物倒在水里，被泥覆盖。

②泥炭
植物残骸埋于地下，长年累月慢慢变干，形成泥炭层。这是一种能从地下挖到的燃料。

泥炭

③褐煤
泥炭层被盖住后热量和压力将泥炭变成了褐煤。这是一种能在露天煤矿开采到的燃料。

褐煤

④黑煤
黑煤包括烟煤和无烟煤两种。地表下强烈的热量和巨大的压力使埋藏于较深层的泥炭变成了较软的黑煤。

无烟煤

烟煤

煤的形成及种类
煤主要是亿万年前植物的残骸，由于埋于地下深浅的不同，形成了泥炭、褐煤、烟煤及无烟煤等多种。

黑煤

生成的腐泥，随着频繁的地质运动，这些泥炭被深深地埋在地下，空气和这些泥炭完全隔绝开来。在缺氧的情况下，微生物是无法生存的，于是分解作用停止了。经过漫长的年代，在高温高压的环境下，泥炭便慢慢变成又硬又黑，看起来像石块的固体。此时，它已经和原来的木头形状完全不同了，虽然它变得面目全非了，但它的燃烧性没有改变。人们重新给它命名叫煤。

这就是煤的形成过程。远古时代的绿色植物，进行光合作用聚积了大量的太阳能。沧桑巨变，经过了亿万年，这些植物在地质作用下变成了煤。煤炭燃烧的时候，亿万年前储存的巨大能量就又被释放出来了。

石油来源于动物遗体吗

石油是当今世界最主要的能源和化工原料。人类使用石油的历史可追溯到2300多年前。据史料记载，早在公元前3世纪，中国四川省就已经有人使用石油和天然气做燃料来烧烤食物、取暖和照明了。但是当时人们对石油的认识十分有限，大规模地开采石油并用于工业生产始于19世纪。现在，人类的衣食住行都离不开石油。人类已进入了"石油时代"。自美国开凿了世界上第一口油井至今，开采出来的石油已经有数千亿吨。然而，就在石油已

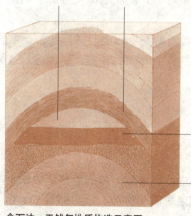

天然气聚集在石油的上方

非渗透岩阻止石油运移，石油被圈闭在非渗透岩之下

积聚石油的多孔岩石称为储集岩，石油在这里被圈闭。石油通常由非渗透岩圈闭，它能阻止石油运移。

石油能运移的多孔岩石

含石油、天然气地质构造示意图

成为我们日常生活中不可缺少的一部分时，人们对它的成因至今还没有弄清楚。

长期以来，在有关石油成因的问题上形成了2大派别：无机起源说和有机起源说。无机起源说的代表人物是德国地理学家洪堡和俄国化学家罗蒙诺索夫，他们都认为石油源于无机物。然而，由于化学家无法用无机起源说解释石油的复杂化学成分以及油田的复杂化学成分和油田的实际地质分布，所以现在支持这一观点的科学家越来越少。

有机起源说形成于19世纪中叶。该理论认为，在远古时期，海洋中主要是低等生物，这些单细胞生物的主要成分是碳、氢、氧。这些海洋生物死后，其遗体沉入海底，被泥沙覆盖，空气被隔绝，在细菌的作用下发生着各种化学变化。经过漫长的演变，这些低等生物变成了石油。随着油田地质和石油化学研究的深入，这种观点为越来越多的证据所证实。例如，石油具有成因于生物的有机物质才具有的旋光性；石油中含有的"卟啉"与植物的叶绿素和动物的血红素相似；植物的光合作用可以解释石油中碳12的含量高于碳13的原因……尤其有力的证据是，世界上99%以上的油田都产在与生物作用关系密切的沉积岩中。因此，从20世纪50年代起，有机起源说已被学术界公认。当然，在有机起源说内部仍存在着许多分歧，有待科学家的进一步探索。

需要特别指出的是，由于宇航事业的发展，近年来在无生命存在的星体上确实发现了类似石油和可

石油在全球的分布图

和煤一样，石油也是亿万年前葬身海底的植物及小动物的遗体腐烂以后被深埋地下，经过千万年的高温高压才形成的。图中黑色部分是石油的分布区域，其中亚洲和非洲地区石油的分布最集中。

燃气的物质，石油地质勘探水平的提高也使人们认识到地壳深处存在油气补给源，所以"无机成因说"又对"有机成因说"提出了严重的挑战，受到越来越多的科学家的重视。

两大派别两种学说对峙至今，而且愈演愈烈。我们期待着科学家能早日解开石油成因之谜，给人们一个准确的答案，在能源日益紧张的今天，这无疑将会是一个好消息。

闪电是怎样形成的

雷电在古人的眼中是超自然力量的象征，他们不明白其中的原因，因此对电闪雷鸣十分恐惧，甚至是顶礼膜拜，认为那是"上帝""天神"对人类不满、发怒而形成的。到了近代，人们才真正开始了解雷电产生的原因，许多人孜孜不倦地探索试验，有的甚至为此丢掉了性命。

19世纪美国科学家富兰克林所做的那个著名的风筝试验，证实天上的电与地上的电实质相同，从而使人类在对雷电的认识上迈出了关键性的一步。携带正电荷与负电荷的两种高电压云团在空中相撞，产生电火花，这就是闪电。这种碰撞可以释放出很大的能量，声光具备，撼人心魄。如果碰巧的话，闪电会导向地面，对人、畜、树木以及建筑物构成危害。可是云层本来是中性的，怎么会产生大量的正、负电荷呢？

弄清楚正、负电荷分离的原因是了解闪电成因的第一步。科学家们发现，在一般情况下，只有在达到0.6米以上的厚度时，雷电云层才会产生闪电。带负电荷的往往是温度很高的下部云层，而带正电荷的往往是温度很低的上部云层。当正、负电荷之间的电场足够强时，绝缘层就会被击穿，于是就产生了闪电。但是，是什么力量使正、负电荷分开的呢？

起初，不少科学家认为这可能与降雨有关。他们认为降雨时，以大雨滴或是以冰粒形成倾泻而下的雨水，往往带负电荷。而云层上面则会积聚带正电荷的小尘粒和冰晶

一般情况下，像空气这样的气体并不导电，因为空气中没有带电荷的原子和分子。不过，气体受热或遇到强电场时就会导电，这种情况下，中子从中性原子和分子上被剥离下来，形成等离子体。等离子体是由不带电的离子、中子和正离子组成的高温混合物，等离子体中带电荷的离子可以导电。

的微粒，形成了足以引起闪电的电场。美国一些科学家为了检验这种说法是否正确，用雷达来测试闪电之后降雨速度是否有变化。但是试验并没有朝着他们所想的那样发展，于是这一说法被彻底否定了。

也有人提出，充电过程最初是在冰雹与冰晶或极冷水滴撞击时产生的。冰雹块被撞裂开后，便在云层的上部集中了带正电的轻冰粒，而较重的带负电的冰粒下降，在云层下方形成负电荷。这种说法不全面。因为，如果单用降雨来解释闪电，那么，闪电为什么经常发生于降雨之前，而不是在降雨之后或降雨过程中呢？另外，火山爆发时也会产生闪电，这又是为什么呢？

有人认为电荷产生在雷电云层之外。大气中过量的正电荷被吸附到上面的云层中，在这个过程中云层本身又吸附了自身上方大气中的负电荷，但由于气流的作用，负电荷又被裹挟而下。正是由于这种上下的剧烈运动，使得正电荷在上，负电荷在下，正、负电荷分开，最终形成闪电。然而，这一假说只是猜测而已，并未得到证实。

闪电这种自然现象虽然很平常，但要真正解释清楚它还真不容易。一些科学家指出，要解释闪电现象，必须更多地了解雷电云的内部作用过程。但是，即使这一问题解决了，也只是揭开了冰山一角，还有更多的闪电之谜在等待着我们。

彩虹中隐藏的秘密

炎热的夏季，一场大雨过后，天空中常常会出现一条瑰丽多彩的长虹，勾起人们无穷的遐想。那么你知道这美丽的彩虹是怎么形成的吗？

最早尝试以科学的方法解释虹的形成原因的是意大利学者多明尼斯主教。1624 年，他用自然科学的知识解释虹形成的原因。然而当时社会十分落后，多明尼斯主教因此也被赶出了教会，被判处了死刑。后来，法国科学家笛卡尔也做过这个尝试。他在水池旁边，看到水池上面含有大量水滴悬浮在空中形成人造虹，他受到启发后便用装有水的玻璃球进行了实验，并在 1637 年发表了《关于虹的形成原因》的文章。他的结论已经较为科学，即虹是由于太阳光射入空中的水滴内发生反射和折射的结果。但是，他依然没有弄清虹的颜色是怎样形成的。直到 17 世纪 60 年代，牛顿发现太阳光通过三棱镜的色散现象后，虹的秘密才被彻底揭开了。

知识窗→光的反射和折射定律

光的反射定律：(1)反射光线和入射光线、界面的法线在同一个平面内，反射光线和入射光线分别位于法线的两侧；(2)反射角等于入射角。

光的折射定律：(1)折射光线跟入射光线和界面的法线在同一个平面内，折射光线和入射光线分别位于法线的两侧；(2)入射角的正弦跟折射角的正弦之比是一个常量，即

$$\frac{\sin i}{\sin r} = 常数（i 为入射角，r 为折射角）$$

300 多年前，捷克斯洛伐克的一位科学家将 3 块大小、形状相同的玻璃组合成三角柱形，放在一扇窗户的对面，当透过关闭的百叶窗上的缝让太阳光从中间射向三棱镜时，一条红、橙、黄、绿、蓝、靛、紫的彩色光带出现在对面墙上，这条光带同自然界产生的虹的光带一模一样。这一现象引起了英国科学家牛顿的兴趣，为了弄清这个问题，牛顿曾多次做过光的实验。他发现阳光透过三棱镜时，由于发生了折射，光的方向便发生了改变。同时，由于各色光的折射程度不一样，紫光最大，红光最小，所以白光就在三棱镜的折射作用下分解成 7 种颜色的光带了。

有些时候，天空中会出现一些很奇特的虹。如 1948 年 9 月的一天下午，在列宁格勒涅瓦河上空出现了一个奇特的现象：4 条美丽的彩虹同时挂在空中。刚开始的时候，天空中突然出现了一条长虹，与此同时，在它上方不远处又有一条色彩排列相反的虹。几分钟后，一条细窄的虹在主虹内侧出现，接着第 4 条虹又出现了。它们的宽度约为主虹的 1/4，除深红色带较鲜艳外，其余的色彩都较淡。15 ~ 20 分钟后，4 条虹便先后消失了。

这种奇异的景象引起了气象学家的关注，因为它很难用普通的原理加以解释。科学家们在考察之后，终于明白了其中的缘由。原来列宁格勒涅瓦河上的 4 条虹同时出现，是因为最初形成的虹在河湖的反光作用下，经过层层的反射和折射，形成了反光虹。

除此之外，还有一种绚丽的彩虹也很奇特，它飞架在峭壁之间，经久不散，十分美丽壮观。这种彩虹通常只出现在飞流直泻的瀑布边，瀑布隆隆作响，水沫飞溅，烟雾蒙蒙，每到日出或日落时分，在太阳光照射下，一条彩虹便会挂在半空中，这种虹也是由于太阳光

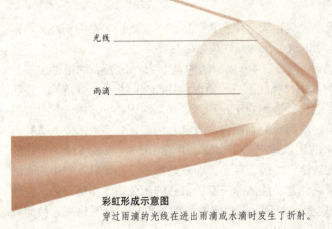

光线 _____

雨滴 _____

彩虹形成示意图
穿过雨滴的光线在进出雨滴或水滴时发生了折射。

照射到瀑布飞溅出的水滴上，经过反射而形成的。

不仅太阳光能形成虹，月光也会形成虹。要想看到月虹，最好是在海边，选择一个满月的夜晚。在月光照射下，海风吹来的大量水汽，会反射和折射月光，形成夜空中的彩虹。这也是一种美丽的自然现象。

◎小问答：**为什么太阳光看起来是白色的？**

看上去近似白色的太阳光，实际上是由许多颜色的光混合在一起形成的。当光通过水滴时就会被分解成各种颜色的光，我们称它为光的分离。彩虹就是光分离的一种结果。

极光形成之谜

在地球的南极和北极区域，虽然十分寒冷，却经常会出现神奇而绚丽的极光现象。1950年的一个夜晚，北极夜空上方出现淡红和淡绿色的光弧，时而像在空中舞动的彩带，时而像在空中燃烧的火焰，时而像悬在天边的巨伞。它轻盈地飘荡，不断变化着自己的形状，持续了几个小时。它多彩多姿，一会儿红，一会儿蓝，一会儿绿，一会儿紫，变幻莫测。这就是美丽的极光。

极光在很多地方出现过，但"极光之源"到底在哪里呢？极光是如何形成的呢？科学家们一直试图回答这些问题，但至今也没有一个令人信服的答案。

科学家研究认为，太阳活动是极光之源。太阳是一颗恒星，不断放出光和热。其表面和内部进行各种化学元素的核反应，产生出强大的、内含大量带电粒子的带电微粒流。这些带电微粒射向空间，和地球外80～1200千米高空的稀薄气体的分子碰撞时，由于速度快而产生发光现象。太阳活动是周期性的，大约为11年一次。在太阳活动处于高潮期，太阳黑子犹如巨大的旋涡应生而动。有人发现当一个"大黑子"经过太阳中心的子午线20～40小时后，地球上一定会发生极光。也就是说，极光出现的频率与太阳活动有很大关系，极光就像太阳发出的电。

那为什么极光现象多出现在南北两极呢？原来地球本身是个近似以南北极为地磁两极的大磁石。太阳送来的粒子流接近地球时，以螺旋形的运动方式分别飞向两个磁极。事实上，磁极不能完全控制所有的带电粒子流，在太阳喷发的带电粒子流非常强烈的年份，也能在两极地区以外的一些地方观察到极光。因为空气成分非常混杂，不同气体成分如氧、氮、氦、氖等在带电微粒流作用下，

出现在北极地区的极光
极光是由太阳活动引起的。它是太阳风将带电离子吹到地球两极上空被地磁俘获而产生的一种特殊光学现象。

发出不同的光，所以极光看上去多彩绚丽。有人从地球磁层的角度考虑问题认为，地球磁层包裹着地球，就像地球的"保护网"，它保护着地球，使之避免遭受太阳风辐射粒子的侵袭。但在南北极的上空，这张"网"并不结实，有较大的"间隙"。通过"间隙"，部分太阳风便会侵入地球磁层。由于南北极上空有"间隙"，因此极光现象多被控制在两极地区的上空。但是，上述观点虽较好地解释了极地地区的极光现象，却无法解释地面附近出现的极光现象。一些人认为这些极光是由于地面附近的静电放电所致。据史料记载，离地面 1.2 ~ 3.0 米都出现过极光，有时人们在出现近地极光的地方，还能闻到臭氧的味道。

因为许多极光现象与彗星明亮的尾巴有相似之处，使得有人把极光现象与彗星联系起来，这对认识极光是有一定好处的。尽管极光之谜还没有完全揭开，但人类对它已经有了较科学的认识，也许很快科学家们就能告诉我们"极光"真正的奥秘。

飓风的成因与危害

飓风的意思是"风暴之神"，是根据印第安人的"雷神"来命名的。每当人们提起飓风，脑海中定会浮现出这样的画面：来势汹汹的飓风所到之处屋倒房塌，它就像一个脾气暴躁的魔王顷刻间给人类带来巨大的灾害。那么，飓风除了具有危害性的一面外，对人类就一点益处也没有了吗？飓风的实质是什么？它又是怎样形成的呢？

飓风潮湿而沉闷，含带盐分，吹拂到唇上，你会感觉到似乎有点苦味。飓风开始的时候，有白色薄雾在天空出现，然后雾越来越浓，并由白变黄，在日落的余晖映照下呈现出一片橙色和红色，天空绚丽异常。海上空气振荡起来，大块乌云飞驰而至，大雨倾盆，狂风呼啸，风雨斜飞，雷声震耳。当风眼过后，风雨停住了，一切似乎又恢复了平静，太阳也露出了光芒。但这不过是又一场风暴前的短暂平静，用不了多久，乌云再次布满天空，狂风暴雨又开始了新一轮的袭击。

1780 年 9 月，巴巴多斯岛遭到飓风的袭击，飓风把一艘停泊在圣卢西亚岛的大船掀刮到一所市立医院里。在这次飓风事件中，葬身海底的船有 40 多艘，

当风暴云遇到干冷的气流时，就停止上升和伸展

强大的引力将外层的云吸入气流中

云层中含有大量的冰水混合物

超级蜂窝式云
大多数风暴开始时像上升的蜂窝，当空气流动加快时，就会产生巨大的引力将水卷入云层，飓风和龙卷风就是由这些"蜂巢"构成的。

共有 400 艘以上的船只受损，很短的时间内乡村、城市化为乌有。

1935 年 9 月，飓风在袭击美国佛罗里达时，从路轨上把一列火车抛出很远，一艘轮船也被抛到了岸上。这是 20 世纪以来发生的最强烈的一次飓风。

1980 年 8 月，"艾伦"飓风——被称为 20 世纪第 2 强的飓风——在巴巴多斯登陆，以大约 270 千米的时速席卷而过，所达宽度约 600 千米。"艾伦"直抵大安的列斯群岛，沿途经过了向风群岛和背风群岛，它在一周内将 10 多个岛屿横扫了一遍。然后，穿过尤卡坦海峡，进入墨西哥湾，又在南部登陆。"艾伦"掀起了比平时高 5 米的汹涌海浪，大水夷平了沿海城镇，居民也有不少伤亡。狂风暴雨，凄声怒吼，毁坏了很多香蕉园，棕榈树也被连根拔起。飓风使电台广播、电讯联系和电力供应完全中断了。

龙卷风过境
当龙卷风将旋转的气柱伸向地面，它中心的气压比正常大气压低几百百帕，当气旋靠近建筑物时，建筑物内的空气向低气压区突然冲出，会引起猛烈的爆炸。此图反映了美国佛罗里达州的一小城镇在龙卷风过后的狼藉景象。

飓风，最早发生在北大西洋上，当时是在西经 25° 以西，北纬 8°～30° 之间的范围上。这是由于在大西洋上，在百慕大群岛和亚速尔群岛之间，分布着一个椭圆形的高压脊，它像一座山似的阻挡着，使飓风不得不向西行进。在向西行进的途中遭遇东北信风，这又起了推波助澜的作用。

飓风多发生在热带海洋上，常常会形成一种旋转速度快、影响范围大的强大的热带气旋。飓风开始时只是一股游移在热带海洋上空的低气压带。在这里，暖空气不断汇流聚集，盘旋上升，形成巨大的气柱，并在这个上升过程中不断冷凝成云雨，大量的热能被释放出来了，这又加速了气流的上升。当空气由于受热而上升得越来越快时，风暴中心又有许多新的空气不断聚集，这样，飓风的能量不断增强，就变成速度、强度更猛烈的风了。

北半球风暴中心的移动偏右，做逆时针方向旋转，这是由地转偏向力和地球的自转造成的。飓风一般有 800 千米的直径，有的甚至超过 1 000 千米。飓风中心被称作"风眼"，半径在 5～30 千米，在"风眼"内一般比较平静。"风眼"的四周，风势最猛，常被一环浓密的云包围着，这一云环就是飓风带来滂沱大雨的成因。

飓风给人类造成了严重的自然灾害，但是通过气象卫星的观测发现，热带风暴的作用是驱散热量，如果没有它，热带将变得更热，两极会变得更加寒冷，而温带郁郁葱葱的景色因雨量减少也将不复存在。有这样一组数据，一股热带风暴在全速前进时，一天之内就有相当于 400 颗 2 000 万吨级氢弹爆炸所释放出来的能量被放出。飓风的作用就在于它能够在地球上进行热平衡。

飓风这种热带气旋，在亚洲东部的中国、日本和朝鲜，被人们称作台风；在菲律宾被称作碧瑶风；吹向北美洲东南部沿海时，叫作飓风。

尽管飓风名称各异，但我们要认识的始终是飓风的实质和规律，这样就可以采取相应的措施，将飓风对人类的危害降至最低。

揭开海市蜃楼的奥秘

1988年，位于山东半岛上的蓬莱出现了一种奇景：宽阔的海面上，横着一条乳白色的雾带，一朵橙黄色的彩云先从大小竹山两个岛屿涌起，不断地升腾变幻，一会儿似仙女游春，一会儿像金凤摆尾。不久，南长山列岛在雾中渐渐隐去，露出一个时隐时现的新岛。新岛之上，云崖天岭、幽谷曲径都若即若离，而仙山之中，玉阙珠宫、浮屠宝鼎若隐若现，灵气袭人。矗立在悬崖峭壁之上的蓬莱仙阁被仙雾所笼罩，亭台楼榭在烟雾迷蒙中如琼楼玉宇。蓬莱阁下的登州古城，此时也神秘得宛如仙境神迹。这就是如梦似幻的"海市蜃楼"现象。

当然，这种奇景也不是蓬莱独有的，在其他地方也常常可以看到。如20世纪30年代出现的海上"荷兰飞船"，曾使全世界为之轰动。那年，有一艘从欧洲驶往美国的轮船，在大西洋上突然遇上一条怪船，那是一艘建于16世纪的帆船，只见它扬着巨帆，载着许多乘客迎面驶来。看到它越来越近，船长当即命令水手改变航向。但是，在两艘船即将碰上时，这艘船却从船舷旁擦了过去。这时候，几百名乘客清楚地看到这艘古代荷兰帆船上站着一些身着古装的人。

那么，这种美丽神奇的海市蜃楼究竟是怎么形成的呢？

其实，海市蜃楼只是一种自然现象，它可分为上观蜃景、下观蜃景、侧观蜃景和多变蜃景等多种。其中，上观蜃景大都发生在海面上、江面上。夏天，海上的上层空气在阳光的强烈照射下，空气密度变小，而贴近海面的空气受较冷的海水影响密度较大，出现下层空气凉而密、上层空气暖而稀的差异。从短距离内密度悬殊的两层空气穿越而过的

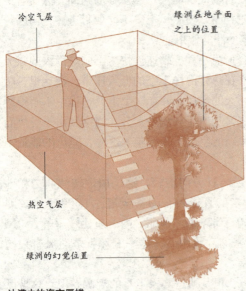

冷空气层

绿洲在地平面之上的位置

热空气层

绿洲的幻觉位置

沙漠中的海市蜃楼

当走在炎热的沙漠中饥渴难耐时，你可能会为眼前出现的绿洲所震惊。可当你匆匆赶去时绿洲却消失了。其实，你看到的是海市蜃楼的幻象。绿洲可能存在着，但远在视野之外。因为从绿洲来的光线被地面的热空气层折射，使绿洲看起来比实际上近。

海市蜃楼示意图

直射线

折射线

远景

幻觉图像

海市蜃楼景象

这是一个出现在南极的海市蜃楼，它下边的山是真山，上边的一切则是幻像。由寒冷空气形成的海市蜃楼都是正像，出现在物体上方，沙漠里的海市蜃楼，都是倒像，出现在物体下方。

光线，在平直的海岸或海面上，就会出现风景、岛屿、人群和帆船等平时难得一见的奇景。出现这种现象的原因是，虽然岛屿等奇景位于地平线下，但它们反射出来的光线会在从密度大的气层射向密度小的气层时发生全反射，又折回到下层密度大的空气层中。上层密度小的空气层会使远处的物体形象经过折射后投到人们的眼中，而人的视觉总是感到物象是来自直线方向的，从而出现海市蜃楼的奇景。

弄清了这些道理，那些曾经让人困惑不已的奇景也就不足为奇了，都可以为它们找到科学的解释。如出现于山东半岛的"蓬莱仙岛"其实就是离蓬莱市十几千米外的庙宇列岛的幻影；而"荷兰飞船"则是一家电影公司在海边拍摄有关荷兰飞船的影片时，突然被暴风吹到辽阔的海洋上而出现的幻影。

变动的海岸线

谈起海岸线，我们常常会想起"沧海桑田"这样的词，由此便可以看出，海岸线并不是静止的，而是变动的。

布鲁日港建立于8世纪的比利时布鲁河域，在15世纪时已成为世界闻名的海港。奇怪的事在1469年发生了，巨浪在北海上掀起，150艘各国的船只在退潮后搁浅在沙滩上。而且，海水从此一去不复返。向西北后退了好多里的大海，使布鲁日港再也无法停泊海轮了。人们为了挽救没落城市的命运，曾经修建了一条从布鲁日港通向大海的运河，可是，大海还是无情地抛弃了它。

马尔萨拉是位于意大利西西里岛的一个港口小城，港口和附近一座叫圣班塔利沃的小岛联系密切。奇怪的是，它们之间没有堤坝，似乎也没有海峡，但交通却并不受阻，络绎不绝的骑马者、马车涉水而行。造成这种情况的原因在于，这里有眼睛看不见的公元前5世纪腓尼基人修筑的水中路。

到了近代，人们发现西欧的一些地方，陆地出现了下降现象，英国部分海岸，直到今天还继续缓慢地下沉。据统计，荷兰北部沿海土地在1888—1930年间有近5厘米的下沉，现在每年的下沉幅度还保持在1～2毫米。

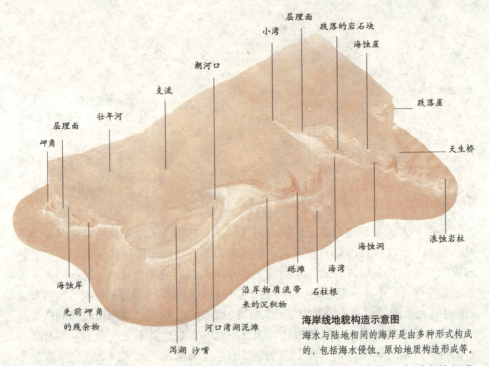

海岸线地貌构造示意图

海水与陆地相间的海岸是由多种形式构成的，包括海水侵蚀、原始地质构造形成等。

图中标注：层理面、小湾、跌落的岩石块、海蚀崖、潮河口、支流、壮年河、岬角、层理面、跌落崖、天生桥、海蚀岸、先前岬角的残余物、沿岸物质流带来的沉积物、砾滩、海湾、海蚀洞、浪蚀岩柱、石柱根、河口湾潟湖泥滩、潟湖、沙嘴

　　而芬兰的波罗的海海湾的尼亚湾沿岸，却有很显著的上升现象。水手和渔民们曾经于100多年前在岩壁上刻画了标记海平面高度的横线，而这些记号现在已经高于海平面2米多了，而这里一些最古老的海岸线现今已高出海面450米了。更有甚者，俄国沙皇时代在白海边修建的村落，从16世纪至今竟然距海有6000米远。

　　这是由什么引起的呢？是海水在涨落，还是由于地壳升降了？

　　冰川曾覆盖了北欧的广大地区，冰川消退后，陆地1个世纪以来上升了1米左右，并且持续着一种上升的态势。科学研究证明，由于冰川在冰河期和间冰期的覆盖或消融，世界范围内海水将会上升或下降。但是我们知道，世界上的许多海和洋在同一时期里是相通的，北欧、西欧一些地方的海面升降却不一样，这就说明海水升降不是主要的原因。问题出在地壳的身上，原因是北欧的地壳在上升，西欧一些地区的地壳在下沉，才造成了这种现象。这一切也证明了地壳是处于不断的运动中的。

　　海岸的这种沧桑变化，在地质史上是惊人的。大不列颠岛同欧洲大陆在8000年前是连在一起的，而当时北海多格浅滩是一个低洼平原，北海的渔民在捕鱼时，常有旧石器时代的猛犸象的骨骼和石斧被人从海底打捞出来。这就证明曾经有过人类的祖先居住在北海地区，而且猛犸象也常在这里出没。冰川时期，大陆冰川覆盖了这一地区，以后由于冰川消融，陆地下沉，今天的北海和多佛尔海峡就这样形成了。

　　波罗的海的历史不长。前苏联东欧部分和斯堪的纳维亚半岛这两块古陆之间，在百万年前发生了沉陷，波罗的海海盆的雏形就是因为这样才形成的。欧洲北部一直都被冰川覆盖着，直到冰川前缘消退，一万多年前才在这里形成了一个冰湖。

此后，冰湖西部陆地继续下沉，就使海洋和这个冰湖连接起来，发现有刀蚌的化石被埋藏在海底沉积物中。北欧陆地显著抬升是在9000多年前冰川全部退出海盆之后，这时候刀蚌海就分隔成了大湖，天长日久，硝水变淡，盐分逐渐高起来，新的动物群滨螺等出现了。后来，这个地区又经过了一个逐渐抬升的过程，海的范围不断缩小，今天的波罗的海是在2000年前才形成的。波罗的海北部现在还在持续的抬升中，平均每年升高约1厘米。

综上所述，我们可以看出，地壳的运动造就了海陆的变迁，而这对于人类的生活影响是巨大的，希望将来有一天随着对地壳运动和地质构造的深入研究，人类可以对海陆变迁这种自然现象善加利用。

火山制造的美丽群岛——夏威夷群岛

位于美国西部的夏威夷群岛是著名的旅游胜地，那里有金色的沙滩、碧蓝的海水，吸引着世界各地的观光者。然而，这美丽的群岛却是海底火山的产儿。

夏威夷群岛共有100多个小岛，其中最大的岛是夏威夷岛，它由5个小火山岛组成。冒纳罗亚火山海拔4170米，是世界上最高的海岛活火山。这座火山的山顶就像裹在一层云雾中，若隐若现。这座火山多年来一直处于睡眠状态，直到1950年，它才醒来，喷吐出一条巨大的"火龙"。1984年，冒纳罗亚火山再次爆发，但规模比1950年要小些。

基拉韦厄火山则是一座经常喷发的活火山，其火山口直径达4024米，深130多米。在基拉韦厄火山坑底西南角有一个直径100米、深100米的圆坑，是一个巨大的岩浆湖。岩浆湖里充满了忽起忽落的熔岩，这些熔岩在火山爆发时会很快涌出，形成异常壮观的熔岩流和熔岩瀑布。熔岩瀑布的流速很快，最快每小时可达到30千米。1960年，基拉韦厄火山大爆发，炽热的熔岩直泻大海，并在海边形成了一片约2平方千米的新大陆，即美丽的凯姆海滩。

岛北的冒纳凯阿山是全岛最高的火山，海拔4205米，是一座死火山。夏威夷群岛隐藏于海底的深度是4600米，如果算上这一高度，那么冒纳凯阿山和冒纳罗亚火山的高度相当于珠穆朗玛峰。

夏威夷群岛的火山为它增添了不少独特的景致，如岛上有一些悬崖峭壁，有的呈红色，有的呈

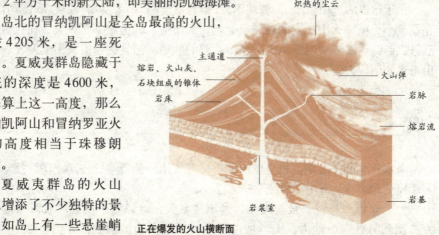

正在爆发的火山横断面

除了从主火山通道喷出来，在附近被称为岩脉的通道，熔岩也能流出来。

夏威夷雁，夏威夷群岛特有的动物。大雁通常都是南北迁徙的，而夏威夷雁则定居在夏威夷。由于被捕食，其数量大量减少，现在只能通过人工繁殖维持其种群数量。

哈雷亚卡拉国家公园较高海拔区的特有植物——银剑。

瓦胡岛
考爱岛
拉奈岛　毛伊岛
夏威夷群岛
主要岛屿
夏威夷岛

法拉拉伊山
(2521 米)

冒纳基亚火山海拔 4205 米，是夏威夷群岛的最高峰，世界一些国家的高性能天文望远镜设置于此。

夏威夷州花——美丽的天堂鸟花

冒纳罗亚火山
(4170 米)

基拉韦厄火山口

现在火山活动最活跃的地区

夏威夷群岛及世界第一的活火山和特有的动植物
夏威夷群岛中面积最大的是夏威夷岛。岛上有基拉韦厄火山和冒纳罗亚火山。基拉韦厄火山尤其活跃，反复喷发。在这些火山周围，繁衍生息着夏威夷特有的罕见动植物。

基拉韦厄火山、冒纳罗亚火山喷出的是黏性非常小的玄武岩质熔岩。照片所示是流淌的熔岩受到压力形成波纹状后凝固的样子。

黑色，都是由火山岩构成的，是火山喷发的产物。但另一方面，这些火山，尤其是活火山也给夏威夷群岛带来了不少麻烦。如由于火山喷发，许多土地被烧焦，岩石裸露出来。但由于火山灰覆盖在大半个岛上，使岛上土地肥沃，适合植物生长。这里的各种花朵艳丽纷呈，大片的草莓、芳香迷人的热带兰花遍布全岛，像一个美丽迷人的人间仙境。

由于这里的火山呈盾形，坡度不大，熔岩富含镁、铁等物质，温度高，流动性大，黏稠度小，所以火山喷发的通道很通畅，火山喷发的力度不是很大，往往富含水蒸气。因此，夏威夷群岛不仅是旅游度假的胜地，而且是考察火山喷发及观赏火山奇景的绝佳去处。

造福人类的洋流

海水有涨潮、落潮，也会像河流一样有规律地朝着同一方向流动，推动海水大规模流动的就是海中"河流"——洋流。

如果你将一只瓶子放入大海，过不了多久，这只瓶子就会顺着海水流动的方向漂到另外一个地方。人类做过许多类似的实验。例如，人们于 1820 年 10 月在大西洋南部海域投放一只瓶子，经过几个月的漂流，人们于 1821 年 8 月在英吉利海峡沿岸发现了同一个瓶子。这些实验对于人类认识洋流具有十分重要的作用。

其实，海洋里的这种"洋流"早就被航海家发现了，他们还利用这些"洋流"进行航行。如哥伦布等乘帆船随着大西洋的北赤道暖流西行至西印度群岛；麦哲伦等在船只越过麦哲伦海峡后，就先在秘鲁寒流的影响下向北漂行，然后又在太平洋的南赤道暖流的吹送下，顺利到达南洋群岛。

那么洋流到底是怎么形成的呢？科学家们根据海上漂泊者的经历、海水颜色的变化、船骸的踪迹、海水的温度以及人造卫星的帮助，终于揭开了洋流之谜。

原来，洋流形成的原因复杂多样，而主要原因是由于信风和西风等定向风的吹送。在定向风的吹拂下，海水随风飘动，上层海水带动下层海水流动便形成洋流。这种洋流的规模很大，也叫风海流，最为典型的风海流是北半球盛行的西风和信风所形成的洋流。

洋流的流动会使当地海区的海水减少，为了补充海水，相邻海区的海水会源源不断地流过来，从而形成补偿流。补偿流分为水平流和垂直流，此外，补偿流又分下降流和上升流，最为典型的上升流是秘鲁附近海区的补偿流。

海水的流动还会因海洋中的各个海域的海水的温度、盐度的不同，引起海水密度的差异而发生，这种洋流又叫密度流。例如，因蒸发旺盛，海水盐度高、密度大的地中海的水面，远低于海水盐度比地中海低的大西洋海面，于是地中海的海水会由直布罗陀海峡底层流入大西洋，大西洋表层海水也经由直布罗陀海峡流入地中海。

当然，洋流的形成往往是由于多种因素的综合影响，现实中的洋流是极其复杂的。正确地认识洋流，对航海、气象等事业具有重大的意义。

墨西哥湾暖流
海水温度高于所流经海区水温的洋流称为暖流。它对所流经地区有明显的增温增湿作用，墨西哥湾流是沿着北大西洋周围运动的一种顺时针式的表层流，它从佛罗里达海峡流到拉布拉多外海大砂堤海域。

墨西哥湾流是在北大西洋西侧美国东海岸之东 16 千米～800 千米处向北流的一股强大洋流。此名称来自 16 世纪并且反映了该洋流系源自墨西哥湾。

墨西哥湾流是一条窄而高速的水流，它分隔左手边冷冽而密的水域与右手边的温暖水域。此名一般用于指从佛罗里达海峡到挪威海的海流，但是更适当的说法应是从佛罗里达海峡延伸到北纬 40°、西经 50° 附近的海域。在这区域东侧，此洋流变得较不明显，且另命名为北大西洋洋流。

对湾流概略位置的了解及其与北大西洋洋流的相关性对人们极为重要。当航海者要从北美洲航行到欧洲，他们利用墨西哥湾流，顺着此洋流走，可以节省时间和油料。

在气候上的影响：墨西哥湾流直接改变了欧洲的气候，然而，一个重要的事实是科学家已确定直接影响气候的并非受湾流本身，而是受所围绕的温暖水域所处位置影响。因此，这个湾流决定的此温暖、中心的水体的北界，正是这个北大西洋的中心水体本身对欧洲气候有影响的主要力量。事实上，当被湾流搬运的海水量增加时，在欧洲所表现出来的影响是冷却效果而非增温效果。

厄尔尼诺现象对人类的危害

20 世纪 80 年代以后，人们经常会听到一个与气候有关的新名词，即"厄尔尼诺现象"。到底什么是"厄尔尼诺现象"呢？各国科学家在长期的分析研究后一致认为：如果赤道中段和东段一带太平洋大范围的海水温度异常升高，月平均海表温度上升 0.5℃，且持续时间超过 3 个月，就叫作一次"厄尔尼诺现象"。

厄尔尼诺现象会给人类带来巨大的灾害。如 1982—1983 年，厄尔尼诺现象横行全球。夏威夷群岛遭遇特大飓风，房倒屋塌；北美洲大陆热浪与暴雨交替出现，当地居民处于"水深火热"之中；中国一向四季温暖如春的华南、西南地区冬天奇冷，而以严寒著称的东北地区冬季气候温暖，全国北旱南涝。20 世纪 80 年代末期，再次发生了全球性的厄尔尼诺现象。进入 20 世纪 90 年代，厄尔尼诺现象越来越频繁，越来越嚣张，严重威胁着人类的生产和生活。

直到目前为止，科学家们依然没能彻底弄清厄尔尼诺现象发生的原因。在学术界，以下三种观点是较为盛行的。

一、地球内部因子论。这种观点认为，地球内部的变化

1987 年，当厄尔尼诺再次横行全球时，孟加拉国暴雨成灾。20 世纪 90 年代以后，厄尔尼诺现象越来越频繁，严重地威胁着人类的生产、生活。

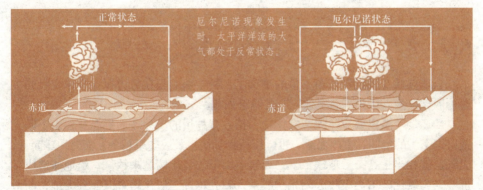

厄尔尼诺形成原因示意图

是引发厄尔尼诺现象的原因。另外，海底火山爆发、海底地震等都可能引发厄尔尼诺现象。

二、天文因子论。这种观点认为，海水和大气附在地球表面，并且随地球快速地向东旋转，在赤道上，线速度可达 465 米／秒。地球自转速度有时会突然减慢，此时便会出现"刹车效应"，海水和大气因此获得一个向东的惯性力，赤道地区自东向西的海水和气流在惯性力的作用下减弱，厄尔尼诺现象因此便会发生。

三、大气因子论。这种观点认为，赤道太平洋受信风影响，形成了海温和水位西高东低的形势。与此同时，信风又因受到赤道太平洋西侧的上升气流和东侧的下沉气流的影响而加强。一旦信风因某种原因减弱，太平洋西侧的海水就会回流到东方，赤道东段和中段太平洋的海温因此会异常升高，厄尔尼诺现象也就发生了。目前大多数人持这种观点。

随着科技的发展和科学家经验的积累，在过去的几十年中，对厄尔尼诺的研究工作已取得较大进展。

科学家们依靠装有仪器的卫星和浮标，不仅可以十分容易地观测到海洋的"风吹草动"，而且可以预测厄尔尼诺的发生。如 1997 年 9 月，科学家们利用气象监测卫星收集到了大量数据，并据此绘制成一幅图，他们发现了一块相当于大型湖泊面积 30 倍的水域，其水面要高出正常情况 33 厘米。之所以出现这种情况，是因为肆虐的飓风推动了温暖的热带海水。它表明，一次剧烈的厄尔尼诺现象正在进行中。果然，在随后的几个月中，该水域对气候的影响像预测的那样，逐渐显露出来，全球所有地区几乎无一幸免。

今天，科技进展使得天文学观测技术和计算机技术越来越先进，太平洋中出现的厄尔尼诺现象也已越来越被人们所了解。虽然以目前的技术水平，我们还无法回答许多问题，但是随着科技的发展以及对厄尔尼诺研究的加深，我们相信总有一天，厄尔尼诺之谜会被解开。当那一天到来时，说不定可怕的厄尔尼诺不仅会失去威力，而且还会造福于人类呢。

温室效应与全球气候变暖

全球气候变暖已经是个不争的事实了，科学家们正在努力探寻全球变暖的主要原因。许多人认为"温室效应"是罪魁祸首。

什么是"温室效应"呢？农作物和花卉育种用的大片玻璃棚温室，由于阳光透射进密闭的空间，室内保温，可以使植物加快生长或安全越冬。而对地球而言，大气层就相当于这个"玻璃罩"。大气中由于二氧化碳越来越多，给地球造成了屏障，二氧化碳不会吸收太阳光的能量，阳光透过二氧化碳可以照到大地，而地球辐射出的热量却被二氧化碳挡住，不易散逸到太空中。就好像"玻璃罩"那样，地球成了一个巨大的"温室"。这种现象就被科学家称作"温室效应"。

有研究表明，大气中二氧化碳含量的增加是全球变暖的主要原因。过去 100 年里，全球气温已上升了 0.56℃，这就是因为大气中二氧化碳的增加造成的。科学家估计，如果人类社会仍以目前的速度向大气排放二氧化碳，那么到 2050 年，全球气温就要升高 3 ~ 5℃，南北两极和高山地区的部分冰川将融化成水，使全球洋面升高 30 ~ 50 厘米。

气候变暖导致的最直接后果就是海平面上升。如果到 21 世纪中期，温度按估算的程度升高，海面将上升 9 ~ 88 厘米。而海平面升高 1 米，埃及国土的 1%，荷兰国土的 6%，孟加拉国国土的 17.5%，太平洋中马绍尔群岛的 80% 都会被淹没。海面上升将导致洪水泛滥更加频繁，热带风暴也将更加肆虐。2000 年，热带风暴使孟加拉湾地区上百万人无家可归，而据联合国统计，世界上目前有 40 亿以上的人口生活在靠近海洋 30 千米的地带上。

海平面上升还将带来空前的淡水危机。现在，全球大约有 20 亿人面临缺水问题，到 2050 年，世界一半以上的人口将受到水荒的威胁。持续的炎热还会使各种病原体微生物滋生繁衍，疟疾、登革热等疾病可能大面积流行。全球生态系统也会因温度作用向极地移动，移动过程中，都市、公路等大量人造设施的阻碍将不可避免地破坏原有的生态平衡。气温的上升对各类生物的影响远比对无生命的自然景观的影响明显：1997 年至 1998 年间，太平洋水温上升了

湿地是野生生物，特别是昆虫、鱼类、鸟类最佳的生存环境，但是全球气候变暖已经严重威胁着湿地的生态环境。

3.3℃，使得大马哈鱼种群数量大幅度下降；北美洲的一种蝴蝶100年内已向北迁移了100千米；加拿大哈得逊湾的海水，在春季融化的日期逐渐提前，使北极熊产崽减少。过去50年中，由于异常高温不停地袭击南极附近海域，一种身高可达90厘米、体重超过29千克的大企鹅的数量已不足50年前的一半。

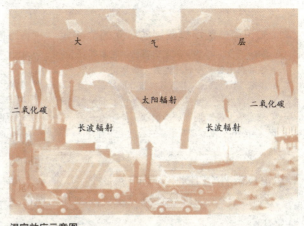

温室效应示意图
二氧化碳是产生温室效应的罪魁祸首，全球应该联合起来，控制二氧化碳的排放。

对气候变暖感受最深的恐怕还是人类。1998年5月，印度出现的50年不遇的高温夺去了2500人的生命；同年夏天，美国达拉斯的气温高达37.7℃，并持续了将近1个月；2000年，中国西藏大部分地区气温偏高2～4℃，雪域高原的人们春节期间可以不穿棉衣；被誉为"避暑胜地"的中国哈尔滨市在2001年6月的最高气温达到39.2℃，为该市有气象记录以来的气温最高值。

当然，"温室效应"在对生物界构成灾难的同时，也给人类带来了有利的一面。据地理学家研究发现，6000～8000年前的北半球的气温比今天要高2～3℃，非洲和印度的降水量比今天多5%～100%，那时的撒哈拉沙漠还是一片稀树草原，而并非今日的一片沙海。如果今后气温升高，俄罗斯和加拿大北部解冻的冻土将给人类增加大量耕地。大气中的二氧化碳大量增加，将会促进植物光合作用，刺激农作物产量增加。北冰洋沿岸港口将成为不冻港，常年通航。

不管怎么样，就目前的形势来看，"温室效应"和地球变暖给地球带来了巨大的灾难，弊大于利。科学家们正在努力寻求地球变暖的真正原因，并探寻行之有效的解决之道。虽然现在已经取得了重大的进步，但"路漫漫其修远兮"，仍需要科学家们"上下求索"。也许在不久的将来，人类可以化弊为利，利用"温室效应"、地球变暖，为人类造福。

臭氧层——地球的保护伞

臭氧是氧气的同素异形体，由3个氧原子结合而成，它的化学符号是O_3。臭氧是分布在距地表10～50千米之间的一层薄纱，其浓度最大处位于离地表20—25千米的地方。它的作用就像是地球的保护伞，吸收了大量太阳辐射的紫外线，使地球上的生命体免受紫外线的杀伤，也可使现有大气的热量状况趋于稳定状态。

1974年，科学家就发出警告：含氯氟烃会破坏臭氧层。那时，世界上每年排入大气的氯氟烃就已超过100万吨。废弃的冰箱就是罪魁祸首之一。世界上的环境保护者们掀起了一项减少氯氟烃排放的运动，美国的一个环境组织还要求政府减少氯氟烃的生产量。

从20世纪80年代初开始，人们发现臭氧层在逐渐变薄，而且在南极、北极、澳大利亚、加拿大、新西兰、智利、阿根廷等许多国家和地区的上空出现"空洞"。这些"空洞"的出现，使得地球少了一道天然屏障，大量紫外线直接照射到地球表面，增加了人类得皮肤癌、呼吸道传染病和白内障疾病的可能性，并会导致人体免疫力的下降。

到底是什么原因导致臭氧层变薄，并出现许多空洞呢？科学家们对此进行了孜孜不倦的探索。

科学家罗兰德博士于1974年提出了氟里昂破坏臭氧层的观点。他认为氟利昂在使用过程中会散逸到空中。这些游离在空气中的氟利昂，在太阳的辐射下，就会将分子中的氯原子分离出来，在这些氯原子的作用下，臭氧分子转变为氧分子。这样就造成了臭氧层中臭氧减少，甚至出现空洞。也有人认为，臭氧层出现空洞的原因除氟利昂外，还与核爆炸、飞机的频繁飞行、化肥、喷雾杀虫剂的大量使用有关。当然也有科学家对此持不同意见。如俄罗斯地理学家卢基亚什科就认为：造成南极上空臭氧层出现空洞的罪魁祸首并不是人类活动，而是大自然。他说，如果臭氧空洞是人类活动所致，那么空洞应当首先出现在人口密集、工业发达的北半球，而不是罕无人迹的南极地区。

不管原因如何，地球的臭氧层空洞已经形成一定的规模，即使从现在起全球停止生产和使用破坏臭氧的物质，臭氧层要恢复本来的面目，完全弥合臭氧空洞，也需要至少1个世纪的时间。

即使是这样，我们还是应该极力保护臭氧层，不能让臭氧层空洞继续扩大，从而使这把万物赖以生存的地球保护伞不受损害。

◎小问答：为什么极地上空有臭氧空洞？

臭氧层是指离地球表面10～50千米的同温层中的一层气体。臭氧分子O_3由3个氧原子组成，能吸住99%以上的太阳紫外线，可以充当地球上人类和其他生物的"保护伞"。但是近几年，科学家们在南极上空的臭氧层中发现了一个"大洞"，又在北极上空发现了一个19～24千米深的小"臭氧洞"。这些发现都表明，地球的这把"保护伞"已被严重破坏。

天上为何会出现"臭氧洞"？科学家们对此意见不一。

多数科学家的观点是：极地上空的"臭氧洞"是人"戳"的。确切地讲，是氟利昂。随着现代工业的发展，特别是冷冻厂和家用电冰箱的不断增多，大量氟利昂冷冻剂被使用，大量的氯氟烃被排放到空气中。与其他化学物质不同，这种物质不能在低空分解，反而要飘浮升入同温层，与紫外线作用产生出游移的氯原子，夺去臭氧中的1个氧原子（1个氯原子能破坏近10万个臭氧分子），氯原子使臭氧变成纯氧O_2，于是"臭氧洞"就在空中出现了。而"无形杀手"紫外线就会趁机直射，危及地球上的人类和生物的生命安全。

生物

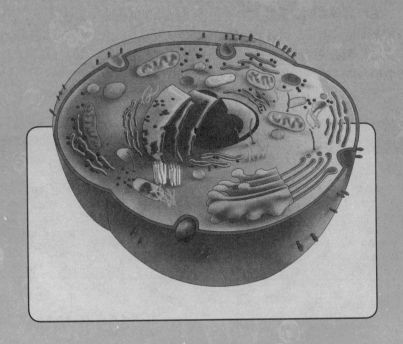

地球生命的起源

地球上的生命是如何起源的？这个问题早在数千年前，人们就曾努力探讨过。至今，众多的科学家们仍然没有停下探索的脚步，希望能解释生命是怎样开始的，因而形成了各种各样的生命起源理论。

最传统也最不可信的说法是自然发生说。公元前4世纪的亚里士多德认为生命可以从非生命的物质中自然发生。按照他的说法，昆虫可以由早晨的露水和粪土结合在一起生成。亚里士多德的这种观点一直持续到13世纪，当时比利时医生范·赫尔蒙特还开了一个能生出小老鼠的方子来：把破衬衣用人体汗水浸透，然后和小麦放在一块儿，塞进一个瓶子里，让它们发酵，小老鼠就会从发酵的破衬衣和小麦中长出来，这当然十分荒谬。

1864年，法国化学家巴斯德进行了著名的"曲颈瓶"实验：他把煮沸的肉汤放到烧瓶里，再把烧瓶拉成S形，这样就能让新鲜空气进入到瓶子里，而S形的长颈瓶壁能够减少细菌或微生物随空气飘入瓶子里的概率。实验结果证明，即使在这样的长颈瓶子里，微生物这样简单而微小的生命都不会自然发生，更何况是复杂的生命。这个实验有力地否定了自然发生论。

支持者较多的说法是宇宙发生说。这种学说认为宇宙是生命的来源地，陨石是运载生命种子的"飞船"，陨石通过撞击地球的方式，把它们带进了地球。在地球的适宜条

8. 造山运动出现

7. 恐龙在地球上开始灭绝

5. 无脊椎动物甲壳类（如潮虫等）开始出现　　6. 多细胞软体动物出现（如水母和海葵等）

4. 海洋植物繁盛起来

37. 奥陶纪　38. 寒武纪　39. 前寒武纪

3. 陆地植物（如蕨类植物）开始出现

36. 志留纪

2. 单细胞生物出现（约35亿年前），这是生命的早期形式

35. 泥盆纪　34. 石炭纪

29. 第三纪

28. 第四纪

23. 早期的两栖动物（如鱼石原）约3.5亿年前出现

21. 脊椎动物出现（如鱼类）　22. 复杂藻类出现

24. 科罗拉多河开始切割大峡谷

20. 珊瑚礁的出现

1. 地球形成时的状态

地球的演化示意图

件下，来自宇宙的生命就生存发展起来了。

　　早在19世纪70年代，维克拉玛辛、霍伊尔等一些科学家，就在遥远的恒星周围的尘粒中发现了一些奇怪的东西，他们估计这些东西是生命的痕迹。由此，他们做出以下推断：有一颗与太阳相仿的不知名的恒星，在它的轨道中，运行着一颗相当微小的彗星。在这颗彗星的内部存在一种孢子，这种孢子处于安眠状态，而且十分微小，只有在显微镜下才能看到。正是这个孢子蕴含了生命的元素。后来由于恒星的引力突然发生了变化，导致这颗彗星脱离了原轨道，这就使它有机会闯进了太阳系，撞击到了地球上。巨大的撞击力使彗星破碎开来，休眠了几亿年的孢子就从彗星体内被抛进了地球表面温暖的海洋中。受到了某些催化剂的作用，在经过了一些化学反应和生物反应后，孢子中的元素就形成了地球上最原始的生命。经过33亿年的进化，地球也就变成了有生命的行星。

　　比较新的学说是化学进化说。这个学说认为，早期地球的大气里存在丰富的

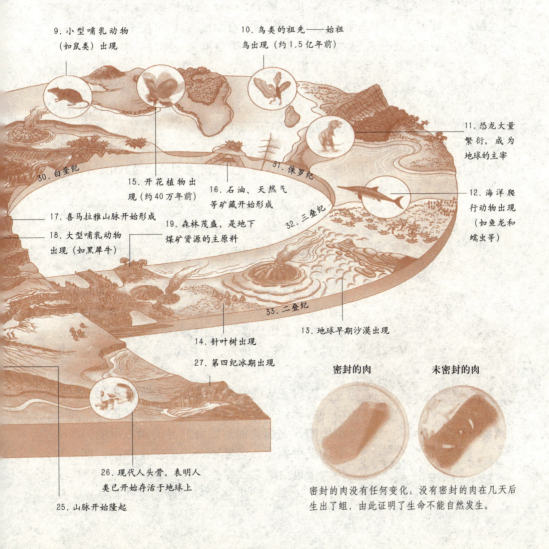

9. 小型哺乳动物（如鼠类）出现

10. 鸟类的祖先——始祖鸟出现（约1.5亿年前）

11. 恐龙大量繁衍，成为地球的主宰

30. 白垩纪

31. 侏罗纪

15. 开花植物出现（约40万年前）

16. 石油、天然气等矿藏开始形成

12. 海洋爬行动物出现（如鱼龙和蠕虫等）

17. 喜马拉雅山脉开始形成

19. 森林茂盛，是地下煤矿资源的主原料

32. 三叠纪

18. 大型哺乳动物出现（如黑犀牛）

33. 二叠纪

14. 针叶树出现

13. 地球早期沙漠出现

27. 第四纪冰期出现

密封的肉　　未密封的肉

26. 现代人头骨，表明人类已开始存活于地球上

25. 山脉开始隆起

密封的肉没有任何变化；没有密封的肉在几天后生出了蛆，由此证明了生命不能自然发生。

有机分子，在漫长的岁月里，这些有机分子产生了一种能临时组合在一起的相互关联的结构，时间一长，这种分子周围就产生了一层黏稠状的东西。随着外界环境的变化，它能排放出一部分有机分子，也能接受另一类有机分子。它具备了最简单的代谢和繁殖功能，而这些功能就是生命属性的基本特征，因此，可以把这种复合分子看作最初的生命。这种形式很简单的生命，在自然选择之下，进化成为各种各样的高级生物体。虽然关于生命起源的说法众多，但由于缺乏证据，始终无法彻底揭开生命起源的秘密。

达尔文创立生物进化论

　　长久以来，人们一直对地球上的各种生物从何而来感到奇妙和不可思议，并提出了各种假设试图解开这个秘密。但直到 1859 年，英国生物学家达尔文的《物种起源》一书问世，这个关于人类起源的问题才有了较为科学的解释。

　　达尔文的祖父是个名医，因此父亲希望他能像祖父一样，从事医学工作。可是达尔文一心向往成为自然科学家，进入大学后，他结交了一些爱好自然科学尤其是热衷于生物学的青年朋友，他们经常一起去野外搜集动植物标本，一起打猎、旅行，跋涉于丛林蔓草中。达尔文通过这些活动熟悉了自然界的各种动植物，更进一步熟悉了观察和搜集动植物标本的方法。

　　在汉斯罗教授的推荐下，从 1831 年开始，达尔文以"博物学家"的身份随"贝格尔号"海军勘测舰开始了历时 5 年的环球考察。在非常艰苦的考察中，达尔文的主要任务是考察各地的动植物和地质矿物。

　　在 5 年的旅行中，达尔文眼界大开，他沿途收集了很多资料，并仔细研究了动物、植物与大自然的关系。通过这些关系，他开始研究物种起源的深奥问题。

　　达尔文观察到这样一件有趣的事情：在野外捕食田鼠的猫越多，田鼠就越少。田鼠经常捣毁野外的土蜂窝，田鼠多了，土蜂就会减少，而土蜂又能帮助三叶红花草传粉，土蜂多，三叶红花草长得也格外茂盛。

　　达尔文从这件事中得出了这样的结论：植物、动物与它们生存的自然条件，是相互依存、相互制约的，它们共同形成自然界的动态平衡。在这个动态平衡中，若某一个因素发生改变，那么其他因素也会随之改变。

　　1836 年，"贝格尔号"勘测舰胜利返航，风

达尔文
英国著名生物学家，他研究动物及其化石，于 1859 年出版了他的理论专著《物种起源》一书，认为人类社会是自然界优胜劣汰的结果，他提出的生物进化理论为 19 世纪三大发现之一。

19 世纪自然科学的三大发现

学说	细胞学说	生物进化论	能量转化与守恒定律
	1838 年和 1839 年	19 世纪	19 世纪 30 年代至 50 年代
作者	德国生物学家 M.J. 施莱登和 T. 施旺	英国生物学家达尔文	德国的赫尔姆霍茨，英国的焦耳
	（1）细胞是有机体。一切动植物都是由细胞发育而来，并由细胞和细胞产物所构成，动植物的结构有显著的一致性。（2）每个细胞作为一个相对独立的基本单位，既有它们"自己的"生命，又与其他细胞协调地集合，构成生命的整体，按共同的规律发育，有共同的生命过程。（3）新的细胞可以由老的细胞产生。	达尔文出版了《物种起源》，提出了进化论。他认为，生物界是从简单到复杂，从低级到高级，逐渐变化而成的。达尔文的这一重大发现，结束了生物学领域中唯心主义、形而上学的统治时期，对近代生物科学产生了巨大而深远的影响。	能量转化和守恒定律揭示了机械、热、电、磁、化学等各种运动形式之间的统一性，不仅是继牛顿力学之后完成的物理学的第二次大综合，而且为马克思主义哲学的辩证唯物主义自然观的创立奠定了坚实的自然科学基础。

尘仆仆的达尔文满载而归。他一回到英国，便投入到研究中，整日潜心研究 5 年中搜集到的大量资料、标本，并开始动手整理"航行日记"。在这期间，达尔文又仔细钻研了上千种有关生物的书籍。

经过 20 年艰辛的科学实验，达尔文不断地从动植物的选种、育种的实践中搜集第一手资料，终于在 1859 年，写出了具有划时代意义的生物进化论巨著《物种起源》。

他在书中指出"生存竞争"在生物界到处都存在着。在生存竞争中，能更好地适应生存环境的有利的变异将保存下来，并繁衍特质相同的后代，而那些不利的变异将被消灭，这种现象就是适者生存、不适者淘汰，即"自然选择"。在生存竞争中，物种经过自然选择的历史作用，逐渐产生新生类型或物种，从而实现生物体的进化。达尔文认为自然界无数事实证明生物的物种不是不变，而是不断地由低级向高级发展的。生物的进化是在自然选择的作用下，适者生存，不适者淘汰，而逐渐产生新的物种。

《物种起源》的出版在整个欧洲激起了轩然大波。

达尔文的进化论受到了进步学者的支持和拥护，曾任英国皇家学会会长的英国博物学者赫胥黎对达尔文表示了支持。他说，对于生物进化理论，即使受到火刑，他也要支持。英国植物分类学家虎克也全力支持达尔文。达尔文的老师塞治威克却指责他的生物进化论是完全错误的，是令人难堪的恶作剧。牛津大主教威尔福伯斯则认为达尔文的进化论与上帝的教义是格格不入的。达尔文的挚友、生物学权威欧文，因反对进化论，而成了达尔文的对头。但对于这些反对者的攻击，达尔文表现得坚定而坦然，因为他知道，进化论取代神创论将是长期而艰苦的斗争。

达尔文于 1882 年时病故。但人们永远都不会忘记他的那句名言："对于科学，坚持者，必可成功！"而他在自然科学史上做出的伟大成就也将永远被人们铭记于心。

列文虎克发现微观世界

　　显微镜具有强大的放大功能，能把微小的东西放大数千倍，把人类带进肉眼看不到的微观世界。这种仪器是荷兰的列文虎克在300多年前发明的。

　　安东尼·列文虎克于1632年出生在荷兰的德尔夫特市，他很小的时候父亲就去世了。16岁时，他开始在一家布店当学徒，忙碌了一天的列文虎克最快乐的时刻就是在空闲时间磨玻璃透镜。他用砂轮把玻璃磨成厚薄不同的透镜，还用金银或铜制成的漂亮镜框镶装它们，然后用它们观察物体。许多年之后，他的技术已经到了一种炉火纯青的地步。用他磨制的凸透镜观察物体比用眼睛看要大得多。他观察各种微小的东西，比如纤细的羊毛、植物的种子、跳蚤的腿、蜜蜂的刺等，这给他带来了无比的快乐。

　　有一天，列文虎克突发奇想，将一滴水放在他制作的透镜下，他惊讶地看到：在镜下的水滴中，有许多在不停游泳的小精灵。它们那么小，仿佛只有跳蚤眼睛的千分之一大，但是它们却像陀螺一样转着圈。这些神秘的小东西其实就是细菌。

　　列文虎克的发现引起了英国皇家学会的极大兴趣，但也有不少会员对他是否真的看到了什么仍持怀疑态度。1677年，列文虎克带着他的显微镜来到学会，将他的发现做了一个演示。

——用螺线来调整标本的位置

用针固定标本

高放大率透镜

列文虎克是第一个造出高倍精密显微镜的人。这种显微镜尽管只有一个很小的透镜，但是与以往的显微镜相比，其放大率要大得多，图像也要清晰精确得多。这种仪器可以将标本放大200倍，这样他就能够画出细菌的结构图。

知识窗→突破陈规

　　1981年，一种新型的显微镜——扫描隧道显微镜（STM）诞生了，它利用电子隧道穿透效应，分析材料表面的分子和原子结构，其放大倍数达到100万倍以上，科学家希望这种新型显微镜能给研究工作带来突破。

皇家学会的会员们依次走到显微镜前观察镜下的水滴，当镜下那些游动的小东西出现在他们视野里时，他们激动不已，交口称赞列文虎克是一个神奇的魔术师。

爱吃石油的细菌

　　海洋石油污染通常是由运油船在运输石油过程中或近海石油开采过程中意外倾泻引起的，但是随着现代工业的发展，人们对石油的需求越来越多，这种石油倾泻事件也随之变得多起来。大量石油流入海洋，严重污染了海洋，破坏了海洋的生态平衡，造成海洋生物大量死亡。人们每年要付出大量人力、物力和财力来控制、防止海洋污染，净化海洋环境，但结果却并不那么令人满意。

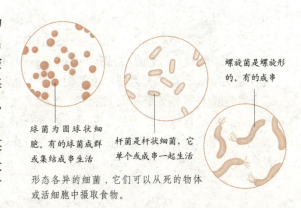

球菌为圆球状细胞，有的球菌成群或集结成串生活

杆菌是杆状细菌，它单个或成串一起生活

螺旋菌是螺旋形的，有的成串

形态各异的细菌，它们可以从死的物体或活细胞中摄取食物。

1993 年的一天清晨，英国设得兰群岛海面上狂风大作，波涛汹涌。满载 8.4 万吨原油的"布莱尔号"油轮，被海浪拍打得左右摇摆，不幸触礁，乌黑的原油源源不断地从触礁处的窟窿中泄漏，迅速在海中蔓延，造成了极为严重的石油污染。伦敦交通部海上污染控制中心主任克里斯·哈里斯得知这一情况后，马上带领手下开展了救灾清污的工作。

为了防止原油继续泄漏，他们将油轮上剩下的原油用抽吸机抽出。哈里斯从中心调来了 8 架飞机，随时准备喷洒油污清除剂，志愿者们则整装待发，他们的任务是抢救被原油围困的海洋动物。风力稍减，根据污染情况，需喷洒 400 吨清除剂才能消除污染，飞机在海面上喷洒了 100 吨清除剂，耗时 7 个小时，恰在此时，增大的风力使得飞机的喷洒行动被迫停止，风暴肆虐了几天才停息下来，可是人们发现，污油却已经烟消云散，海水清洁如初。是什么让污油消失了呢？人们疑惑不解。经过查证，发现海面上的油污是被微生物吃掉了。这些微生物为什么会有如此神奇的本领呢？

由于人类在不断地污染着海洋，破坏自身和其他生物的生存环境，而生活在海洋中的生物最先遭受其害，它们为了自己的生存，不得不练就一身"清洁"的本领。海洋细菌的体内能产生一种酶，它是分解石油的特殊催化剂。这种酶是由细菌体内的遗传物质脱氧核糖核酸产生的，脱氧核糖核酸存在于细胞质内的质体上，在一定条件下，质体可以在相互接触的细菌间转移。

根据海洋细菌的这种遗传原理，科学家们在这种微生物的启发下，开始利用微生物来制造石油。他们建造了一个人工湖，并有意把一种微生物"放养"到水里，而且还在水里溶解了足够的二氧化碳以供细菌食用。没过多久，这种微生物便成千上万倍地疯狂繁殖。科学家用过滤器将这些人工培养出来的微生物收集起来，送到专门的工厂去，从这些微生物里就可以炼出石油来。

以石油为食的细菌

一些细菌以石油为食，是因为这些细菌以碳氢化合物作为营养源，而石油就是由不同碳氢化合物组成的混合物，因此，石油就成了这些细菌的"美味佳肴"。这些以石油为食的细菌通常生活在整个地球的海洋水域中。

用这种办法来炼油，十分方便简单，只要人们能给微生物提供充足的二氧化碳，两三天就能制造出石油来。而且这种供细菌造油的炼油厂和人工湖在哪儿都可以建造，也不管什么气候条件这些微生物都能持续不断地生产石油。

美国通用电气公司的查克拉巴蒂就用几种细菌培养出具有超级吃油能力的细菌。这几种细菌具有能分解不同石油成分的醇。这种高效细菌能快速分解和破坏各种石油烃，并消耗掉原油中的烃基。它们的分解力之大，速度之快，是已知的任何微生物都不可比拟的，它们在几个小时内完成的任务相当于其他菌种 1 年的工作量。

病毒是如何危害健康的

"SARS"病毒过后，人们一提到病毒就为之色变，可见病毒给人们心理上造成了多大的恐惧感。其实每种病毒只要我们真正了解了它，就会战胜它，病毒也就不像我们想象的那么可怕了。那么病毒究竟是什么？它的存在又是怎样影响着人们的健康呢？

病毒是一个小颗粒，这个小颗粒共有 2 层：外边一层是蛋白层，蛋白层里边裹着一层核酸分子，像把守大门的 2 个士兵，而且每个士兵的职责各有分工。蛋白层不但要保护病毒，还要选择病毒寄生的细胞，核酸分子则像一台计算机，把病毒繁殖后代的全部信息储存记录下来。

那么，病毒这个小颗粒究竟是怎样生存的呢？

原来，通过自然选择，病毒形成了一套自己独特的新陈代谢方式。它先找一个其他的生物细胞，我们称之为"寄主"，进入寄主身体后它开始借用寄主的酶系统，为自己服务：先命令酶系统合成病毒需要的蛋白质和核酸；再命令寄主把合成的蛋白质和核酸改造成新的病毒颗粒；这一系列工作完成之后，病毒把寄主分解消灭并一脚踢开，同时把数以千计的新造病毒放出来，这些病毒又按同样的方式不断扩大自己的队伍。

为什么病毒一定要找一个寄主才能生活，它不能独立生存吗？答案是不能。因为生物存活于新陈代谢的基础上，当新陈代谢终止的时候，生命也就结束了。

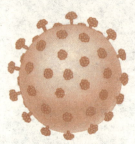

艾滋病病毒（HIV）示意图

新陈代谢是生物靠自身体内一系列酶的工作来完成的，一切能够独立生活的生物都有自己的一套酶系统，可是病毒没有，它只有去寻找一个新的生物细胞，再去依靠这个细胞的酶来进行新陈代谢。

既然病毒不能独立生活，那么科学家又是怎样培养大量的病毒用来研究抗病毒的疫苗的呢？他们先把受过精的鸡蛋孵化 5～10 天，然后，在无菌条件下把这个鸡蛋敲掉一小块蛋壳，再把需要的病毒从这个小孔送进鸡蛋里，用石蜡封好开口，继续孵化。这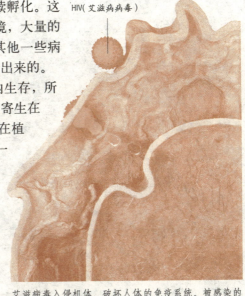
样就为病毒生长提供了一个良好的环境，大量的
病毒就繁殖出来。预防天花、流感和其他一些病
毒的疫苗就是通过这种鸡胚培养法生产出来的。

因为病毒能够在许多生物的细胞内生存，所
以我们可以按细胞的种类给病毒分类。寄生在
动物细胞内的病毒叫动物病毒；寄生在植
物细胞内的病毒叫植物病毒；在细菌（一
个细菌为一个细胞）内的病毒，即吃
细菌的病毒，叫噬菌体。

经过统计，人类传染病有80%
是由病毒引起的，像肝炎、流行性乙
型脑炎、脊髓灰质炎、艾滋病等甚至
流感，这些人类常见病都是因为病毒
张狂肆虐所造成的。

由植物病毒引起的水稻黄矮病、

艾滋病毒入侵机体，破坏人体的免疫系统。被感染的
人将失去对病原菌的抵抗力。

马铃薯退化病等，对农作物生产的危害也极大，间接地影响着人类的身体健康。

在彻底地分析了病毒之后，我们知道避免病毒侵害首当其冲的是斩除病毒寄
生的环境根源，让病毒真正地远离我们人类。

施旺创立细胞学说

进入20世纪以来，科学家们对于细胞的研究取得了令人激动的成果。他
们利用细胞融合、细胞培养等方法将细胞变成符合人类需要的品种以更好地服
务于人类。

1590年，世界上第一架显微镜问世，它的发明者是荷兰的物理学家詹森。显
微镜的诞生促使人类更加关注奥秘无穷的微观世界。到了17世纪，科学家开始
通过显微镜观察了解生物体的内部结构，并逐步探索生物的奥秘。

1665年，英国人虎克自制了一架小型显微镜。一天，他在观察一块软木的时
候，发现有许多像蜂窝一样的"小房子"。这些小房子的样子大致相同，而且密
密麻麻地很有规律地排列着。于是，虎克给这些小房子取名为"细胞"。实际上，
虎克所看到的只是死细胞留下的细胞壁，而不是真正意义上的活生生的细胞。

许多科学家在此后的100多年时间里，一直致力于细胞的研究工作。他们通
过对细胞深入研究后发现，微小的细菌虽然结构单一，但其整个机体就是一个细
胞。换言之，肉眼看不见的细菌是由细胞这个最小最基本的单位构成的。研究还
发现，树皮、树身、树根、树枝、树叶以及植物所有的部位都是由细胞组成的，

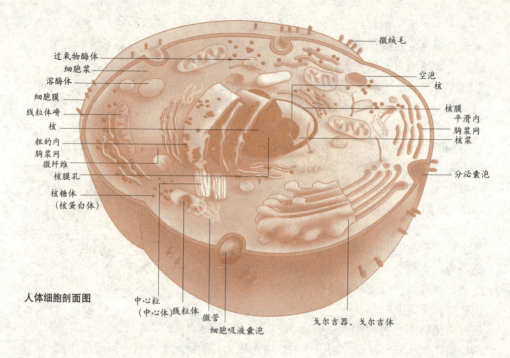

过氧物酶体
细胞浆
溶酶体
细胞膜
线粒体嵴
核
粗的内
胞浆网
微纤维
核膜孔
核糖体
（核蛋白体）

微绒毛
空泡
核
核膜
平滑内
胞浆网
核浆
分泌囊泡

人体细胞剖面图

中心粒
（中心体）线粒体
微管
细胞吸液囊泡

戈尔吉器，戈尔吉体

不仅如此，所有动物也都是由细胞组成的。

科学家还发现，一个完整的动物细胞分为细胞膜、细胞质和细胞核三大部分，而作为一个完整的植物细胞，较之动物细胞还多了一个外壳，即上文提到过的细胞壁。

生物体细胞大小各不相同。鸵鸟蛋是自然界中最大的细胞，这个细胞的直径有10多厘米，比人的拳头还大。一种叫作支原体的单细胞微生物是自然界中最小的细胞，它们的直径只有1微米，也就是1米的百万分之一。自然界中最长的细胞是鲸的神经细胞，竟长达2～3米。

生物体的细胞除了大小各不相同以外，其形态也是不一样的。比如，植物根部的表皮细胞的外壁向外突出，所以才形成了植物的根须。洋葱的表皮细胞是扁平状的，细胞与细胞之间排列得非常紧密，不留一点空隙。果肉细胞的细胞壁则较薄，而且体积较大。

到了19世纪中叶，德国动物学家施旺经过多年的研究探索，终于创立了完整的细胞学说。这个学说认为：世界上所有的动物和植物都是细胞的集合体，生命体的基本单位就是细胞，动物和植物都是在细胞的繁殖和分化中发育起来的。这一学说使我们认识到细胞是生物的基本单位，所有的动植物（包括我们人类），都是由于细胞的分裂和分化发育成的。施旺细胞学说的创立，为后来生物学的发展奠定了坚实的基础，所以人们将其誉为19世纪自然科学的三大发现之一。

到了20世纪，在细胞学说的基础上，人们对细胞的研究也越来越深入，并开始进行细胞分子的研究，细胞的基本生命活动越来越清晰地呈现在人们面前，这其中包括它们的生长、发育、分化、分裂及其规律。尤其发现细胞核内的染色体上装载着控制生命现象的遗传密码，是遗传物质的载体。换言之，控制生命活动的最重要部位是细胞核的染色体部分。

利用这些研究，科学家们发展了细胞融合技术。就是让两个不同物种的细胞质紧紧地接触在一起，并且使接触部位的细胞膜发生融化。这样，两个细胞就能渐渐地合并成一个细胞，而且也许会发育成完整的新的生物个体，它就是原来两个细胞所属物种的杂种后代了，这些杂种后代就可能兼有两个物种的品质。比如，若将西红柿与马铃薯进行细胞融合，结出的番茄型马铃薯除具有西红柿的形状、色泽以及口感之外，还具备了马铃薯耐寒的特性。

随着科技的不断发展，科学家对细胞的研究会越来越深入，人们从中获益也会越来越多，所以，施旺提出的"细胞学说"实在是功不可没。

孟德尔与生物遗传规律

今天，当基因工程的研究成果被广泛地应用在农业、医疗等领域的时候，我们不应该忘记第一个从事基因研究的人——孟德尔，正是他发现了生物的基因和遗传规律。

孟德尔是19世纪奥匈帝国的一位修道士，他醉心于自然科学，从1856年开始，他在花园的菜地上栽种了一些不同品种的豌豆，进行关于生物遗传规律的研究。他选择了7种不同性状的豌豆进行观察，这些性状包括茎的高矮、花色、果实籽粒的饱满程度，等等。

孟德尔选择豌豆作为观察对象是有原因的。因为豌豆是严格自花授粉的作物，它的授粉过程是在花开之前就完成了，这就防止了蝴蝶和蜜蜂等虫蝶引起的异花授粉。而且，豌豆有稳定的遗传特性，不同性状的豌豆，其子孙后代也严格地继承了这些性状。如开红花的豌豆的后代也开红花，开白花的豌豆后代也开白花。

在实验中，孟德尔每次只观察一种性状的变化。比如，只观察红花与白花这一对性状的遗传，弄清楚后，再去研究其他两对或三对的遗传规律。

孟德尔发现，开白花的豌豆与开红花的豌豆之间互相杂交而产生的第一子代开的全部是红花，没有一株开白花。然后，孟德尔又将杂交后第一子代进行自交，在其产生的第二子代中，有3/4开红花，1/4开白花。这说明开白花的性状并没有消失，而是在第一代中被隐藏起来，没有表现出来，而在第二代豌豆中又表现了出来。从实验结果来看，孟德尔认为开红花

在孟德尔死后很长一段时间里，没有人知道关于DNA和遗传的化学基础。然而他发现的遗传规律却被20世纪的科学家所证明。

红花

白花

生殖细胞基因型

生殖细胞基因型

母基因型

母基因型

生殖细胞基因型

这个框架中含有红色母花和白色母花的 4 种不同颜色的后代

母花中含有 1 个显性基因和 1 个隐性基因

生殖细胞基因型

生殖细胞基因型

母基因型

母基因型

生殖细胞基因型

生殖细胞基因型

由 2 个隐性基因产生的白花

孟德尔发现的遗传规律示例

的性状是"显性性状"，开白花的性状是"隐性性状"。他将这种品种不同的豌豆杂交后表现出不同性状特征的现象称作"性状分离"。

孟德尔除了对花色这一性状进行研究之外，他还研究了如矮茎与高茎、皱粒与圆粒等 7 种不同的性状，都发现了同样的性状分离结果，而且第二子代间不同性状的比例相同，都为 3 : 1。

经过 8 年对豌豆的坚持不懈的研究，孟德尔认为，"遗传因子"（现在称为"基因"）决定了生物的性状，豌豆开红花和开白花与其他性状一样都是由其相对的"遗传因子"决定的。除了分离规律外，孟德尔还发现了如自由组合规律等其他一些在遗传中作用重大的规律。

1864 年，孟德尔的论文《植物杂交实验》发表了，但是它没能引起人们足够的关注，而实际上他的研究远远超过那个时代科学发展的水平。

孟德尔于 1884 年去世。直到他去世 15 年后，另外一些遗传学家才分别得出一些遗传规律，这些规律都与孟德尔早先提出的观点相似。人们这才想起了孟德尔的名字，他的学说也成为生物学的基本原理之一。

DNA 双螺旋结构的发现

早有人预言：21 世纪是生命科学的时代。20 世纪 50 年代，在大量动物和植物的遗传研究中，人们认识到生物的基因控制着遗传。染色体是细胞核中的一种特殊结构，基因就排列在染色体上。脱氧核糖核酸，简称 DNA，是基因的本质。但是，科学家一直不清楚 DNA 究竟是什么样的结构。当时，国际上的一些著名科学家们已经从不同角度开始了对 DNA 的研究，但沃森和克里克的钻研走在了前列。

沃森是一位美国生物学家，在学校读书时，就对基因产生了浓厚的兴趣。他认为，了解DNA的结构是理解基因的关键。1951年，他在丹麦的哥本哈根大学进修生物化学。在意大利的一次生物学研讨会上，他非常高兴地见到了英国科学家威尔金斯利用X射线衍射技术发现的DNA结晶照片。于是他毅然决定去英国牛津大学的卡文迪许实验室。在那里，他遇到了和他有着共同理想的英国人克里克。克里克是一位年轻的物理学家，他比沃森大12岁。虽然两人专业不同，性格也迥异，沃森性格沉默、安静，而克里克则外向、开朗，但是，共同从事基因结构的研究，让他们成了一对"黄金搭档"。

沃森（左）在描述他们发现DNA双螺旋结构情景时说："当我们发现这个答案（DNA双螺旋）时，我们不得不掐了一下自己。我们意识到这个结构可能是正确的，因为它太美了。"

1952年，沃森测出了烟草花叶病毒蛋白质外壳的结构，但是对DNA的研究仍然没有进展。1953年的春天，沃森突然意识到，DNA的主要成分——4种有机碱之间，必然要结成稳定的"搭档"。但是，它们是怎样排列起来的呢？威尔金斯最先用X射线得到的DNA的图像给了他们启发。他们想象，DNA就像由两条栏杆组成的旋转梯子，栏杆是2条由糖和磷酸组成的长链，4种碱基对形成梯子上的横档。这个大胆的构想巧妙、奇特，它完全解释了已知DNA作为遗传物质所应有的特征，并且清晰地表明了DNA是如何复制的。于是，一个DNA的双螺旋模型被这两个名不见经传的小伙子勾画出来了。这个模型后来在电子显微镜拍摄到直观图像后得到证实。

1953年4月，沃森和克里克在英国著名的《自然》杂志上，发表了他们共同完成的论文。在这篇划时代的论文中，他们提出了DNA（即"脱氧核糖核酸"）结构的双螺旋模型。他们的贡献是巨大的，人类从此找到解读生命奥秘的"金钥匙"。

发现DNA的双螺旋结构模型是20世纪生命科学发展的里程碑，这引发了一切生命科学研究的革命性变革。从此，进入了一个分子生物学的时代。

纽约美国自然博物馆内的DNA双螺旋结构分子模型，由威斯康星大学麦卡德尔记忆实验室的工作人员范·R.波特制作。

病毒克星干扰素

干扰素是一种新药。刚开始还只是治治流感、肝炎、水痘之类的小毛病，现在对付许多肿瘤、癌症还有白血病都用上了干扰素，不但如此，由于它的越来越现代的生产方式，基因工程干扰素也已上市了。

说起干扰素的发现，还要追溯到 60 多年前。1935 年，美国科学家用黄热病毒在猴子身上做试验。黄热病是一种由病毒引起的恶性病，这种人和猴子都会得的病有几种类型，他们先用一种致病性弱的病毒感染猴子，猴子安然无恙，可是再用致病性很强的黄热病毒感染同一只猴子，猴子竟然没有反应。这一现象使美国科学家得到启发：前一种病毒可能产生了某种物质，使细胞受新病毒的进攻时能自我防御。1937 年，有人重复类似的实验，证实给经裂谷热病毒感染的猴子注射黄热病毒，猴子也没事。反复的实验证据让科学家们想到，生物界的病毒也存在着奇妙的互相干扰现象。

1957 年，美国细菌学家萨克斯决心搞清"以毒攻毒"的物质基础。经过大量的实验，他发现，在病毒的刺激下，细胞中会产生一种蛋白质，能抑制后来病毒的侵染。萨克斯认为这种特殊的蛋白质能起到干扰作用，就将其命名为"干扰素"。

病毒之间的干扰作用和干扰素的发现，让科学家们很兴奋，也给了他们无穷的想象和启示。因为人类的许多疾病都是由病毒引起的，再好的抗生素也拿它们没辙，可是干扰素却是对付病毒的克星。要是能把干扰素制成药品就好了，那么人类的许多疾病不就有了迎刃而解的治疗办法了吗？

但是，要使干扰素成为药品，进入实际应用当中，必须有足够的量。那么，如何获得大量的干扰素呢？人们首先想到，用病毒刺激老鼠，让它们产生干扰素，再提取出来供人使用，但是这种方法失败了。原因是干扰素的活动场所很专一，老鼠体内产生的干扰素对人不管用。所以最理想的办法是用人自身产生的干扰素。

其实，我们生活的环境是被微生物包围着的，时时刻刻都要接触到许多微生物，其中病毒的侵染刺激也不少。科学家猜测，人的血液细胞里本身就存在干扰素。后来研究证明，这种猜测是有道理的，通过精密的血液分析，在人和许多动物的细胞中都找到了干扰素。

人们最初想到的是，通过血液制取干扰素。可是，干扰素在

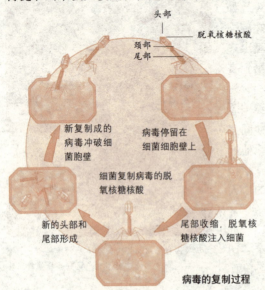

头部
脱氧核糖核酸
颈部
尾部

新复制成的病毒冲破细菌胞壁

病毒停留在细菌细胞壁上

细菌复制病毒的脱氧核糖核酸

新的头部和尾部形成

尾部收缩，脱氧核糖核酸注入细菌

病毒的复制过程

血液中的含量太少了，用大量的血液才能制得微量的干扰素，产量低，自然价格也就十分昂贵。治疗一个病人的费用高达几万美元，一般百姓只能望"药"兴叹，是名副其实的"贵族药"，干扰素无法得到普及、推广。

既然蛋白质是干扰素的本质，那么把制造这种蛋白质的遗传基因找出来，转入大肠杆菌体内，让它们代劳进行大量生产，也许能行。经过科学家的试验，1980年，终于实现了干扰素的批量生产，这是美国科学家的杰作，他们利用DNA重组技术构建了生产干扰素的基因工程。

如今，运用基因工程技术的国家有：美国、日本、法国、比利时、德国、英国以及中国等。通过DNA重组、大肠杆菌发酵等方法，大量获取各种干扰素。经过试验证明，这样制得的干扰素对乙型肝炎、狂犬病、呼吸道发炎、脑炎等多种传染病的病毒都有一定疗效，还能减缓癌细胞的生长。

蛋白质的研究成果大大促进了干扰素的发展，图为手持蛋白质三维螺旋结构模型的美国化学家鲍林。

能消灭害虫的微生物

据统计，共有6000多种害虫生活在地球上。它们咬噬树木、农作物，给人类带来了无穷的危害。人们为了消灭害虫，进行了各种各样的努力与斗争，但是害虫们仍没有丝毫的绝迹迹象。那么有没有什么更好的杀虫方法呢？

科学家们发现了一种有效的方法，就是利用微生物攻入害虫体内，以达到杀虫的目的。人们首先找出能使害虫毙命的微生物，然后用人工的方法创造条件让它们大量繁殖，再把它们投放到农田里使它们在害虫中间散布传染病。结果，害虫染病就会死去，从一只到一群，最后达到消灭害虫的目的。而且往往一种微生物还可以使多种害虫致病，如苏云金杆菌便是其中运用最广的一类。

苏云金杆菌能够对棉铃虫、菜青虫、毒蛾等150多种害虫起到不同程度的毒杀作用。它骁勇善战，称得上是一支十分出色的杀虫"特种部队"。人们用发酵罐大规模地生产苏云金杆菌，然后喷洒在农作物上，这样一来，当害虫咬庄稼的时候，这些"小生命"也钻进了它们的肚子，苏云金杆菌在害虫肚子里可是大显威风，这些细菌战士发射的伴孢晶体溶解在害虫的胃液里，能使之变成毒素，最后使害虫中毒身亡。

另外，白僵菌的应用也十分广泛。白僵菌是在僵死的蚕体中找到的一种真菌，它进入虫体有2种方式：一种是用菌丝穿过害虫的皮肤进入虫体；一种是以孢子

现代农业中基因技术的应用

用转基因技术培育出的抗虫棉，不怕虫咬，咬后伤口也会很快愈合，同时品质也不错。

土壤农杆菌从基因库中取出DNA片断

土壤农杆菌

带有抗虫基因的棉花小苗，在试管中长出来了

土壤农杆菌漫染植物

的形式通过害虫的嘴钻进害虫的肚子。它们进去以后，便从虫体获取营养，在那里繁殖生长。没多久，害虫的体腔就被堵塞了，并且造成血液循环不畅，最终因新陈代谢功能紊乱而死。对于松林的大敌——被称为"不冒烟的森林火灾"的松毛虫，就可以用白僵菌来消灭。将白僵菌制成菌剂喷洒在松树上，不仅不会杀死松毛虫的天敌，而且能跟它们并肩战斗，一起堵杀松毛虫。这样一来，松毛虫就被消灭了。

迄今为止，人们已发现2000多种能使害虫致病的微生物，对这些微生物善加利用一定可以造福人类。

克隆动物

1996年，一只名叫多利的羊羔诞生了。一夜间，它成了世界上最著名的克隆动物。但是，多利并不是第一种克隆动物。事实上，动物克隆已有很长一段历史了。

1892年德国胚胎学家汉斯·杜里舒（1867—1941年），在显微镜下观察到一颗海胆受精卵分裂成两个细胞，然后他不断地摇晃盛满海水的烧杯直至这两个细胞分开。每一个细胞继续发育成一个正常的海胆幼体。由此，杜里舒已经制造出了一致的双胞胎或克隆体。

1902年，另外一位德国科学家汉斯·施佩曼（1869—1941年）更进一步：他把含两个细胞的蝾螈胚胎细胞分离，结果每个细胞均发育成蝾螈成体。在接下来的40多年中，施佩曼继续研究克隆的可能性，并预言：将一个分化的成体细胞的细胞核植入原先的细胞核已移除的一个卵细胞中以制造克隆体在未来将成为可能。这就意味着新创造出来的胚胎将是细胞核供体的精确复制体，而不是亲代双方基因的混合体。

施佩曼的预言成为现实经历了两个阶段。1952年，美国胚胎学家罗伯特·布里格斯（1911—1983年）和托马斯·J·金（1921—2000年），把取自北方豹蛙的胚胎的细胞移植到一个去核的蛙的未受精卵细胞中，结果克隆体正常发育。1958年，英国科学家约翰·戈登（1933年—），领导一个研究小组在牛津大学进行了相似的克隆实验，用紫外线破坏了非洲爪蛙的卵细胞核，将蝌蚪小肠细胞的细胞核植入该无核卵细胞中，结果，这个"重组卵细胞"发育成了一个正常的爪蛙。戈登的

研究证明了已经高度分化的动物体细胞核在卵细胞的环境中，仍然可以保护细胞核全能性，回复到它在分化上的原始细胞状态，并再分化发育成一个完整的个体。

"克隆"一词由苏格兰遗传学家约翰·霍尔丹（1892—1964年）在1963年的最后一次公众演讲中提出来，这个词来源于希腊语"嫩枝"。

1977年，在日内瓦大学工作的德国科学家卡尔·伊尔曼西称已经克隆出三只老鼠，引发了科学界的震动。伊尔曼西称他采用了与之前创造出两栖动物克隆体相同的细胞核转移技术。很快，其他的科学家对其提出质疑，因为哺乳动物细胞要小得多，没有人知道他是如何控制这些细胞完成克隆过程的。伊尔曼西从来没有拿出让人信服的证据，他的声明因此被科学家认为是一个科学谎言。

1984年，丹麦著名的生殖学家斯滕·威拉得森（1944年—）在剑桥大学表示：他以胚胎细胞克隆出第一只绵羊，被认为是采用细胞核移植技术复制哺乳动物的第一个成功案例。1986年，苏格兰生物学家伊恩·维尔莫特（1944年—）在生物技术研究中心——爱丁堡罗斯林研究所开始研究克隆技术，并且因成功克隆出绵羊"多利"而一举成为世界知名的科学家。在同事的协助下，他成功地从几只母羊的卵巢中提取出未受精的卵细胞，还从一只单体成年母羊乳房提取了一小块组织样本。细胞核从卵细胞中移出，然后融进单个乳腺。这是一个技巧性的过程，因为这种融合必须在这两个细胞处于同一分裂阶段才能发生。一个融合的细胞继续生长，成为早期胚胎，叫作胚泡，然后植入一只成熟雌性绵羊的子宫。这只母羊继而会产下代孕的羊羔，新出生的羊羔即为闻名世界的多利。多利通过正常途径繁育6只小羊羔，但它的健康状况却不佳。2001年，多利患上了关节炎。

自多利以后，越来越多的哺乳动物被克隆出来。1997年，绵羊波利的诞生是基因技术的进一步突破，维尔莫特研究小组先将用于克隆的胚胎纤维母细胞细胞核在体外经人类 IX 因子基因转导改造，然后再进行克隆后继步骤。其他的克隆动物包括猪、牛、鼠，另外还有2005年克隆的一匹赛马。

人类基因组计划

绘制基因图谱始于美国遗传学学家艾尔弗雷德·斯特蒂文特（1891—1970年）的研究工作。当斯特蒂文特还是一位年轻的毕业生时他就知道，在一条染色体上的两组基因越相近，生物体在繁育时这两组基因一起传递给下一代的概率就越大。于是他利用这种基因连锁性原理开始绘制果蝇上的基因图谱。

制造一个有机体的全部基因或遗传指令称作基因组。因为所有生物体都是继承前代的基因，所以基因组就提供了有关其祖先的重要信息。对于人类来说，与其他生物体一样，基因代码中的错误或变异将会导致通常医学上所指的遗传病。

基因是染色体上携带的指令。染色体由脱氧核糖核酸（DNA）组成，DNA结构由美国生物物理学家詹姆斯·沃特森（1928年—）和英国生物物理学家弗朗西斯·克里克（1918—2004年）在1953年破译。人类基因组是由四个字母：A、T、

C 和 G 拼出的代码，这四个大写字母分别代表四种化学碱基：腺嘌呤、胸腺嘧啶、胞嘧啶和鸟嘌呤。这些碱基相互配对，用氢键连接起来，形成 DNA 双螺旋梯形结构中的"梯级"。

微生物学家悉尼·布雷内 (1927 年—) 出生在南非，父母是英国人，他的大部分工作都是研究微小的蛔虫——秀丽杆线虫。利用蛔虫这种结构简单的生物作为实验对象，他可以跟踪其细胞分裂过程，还可以诱发其基因突变。布雷内的工作为人类基因研究技术打下了基础。布雷内加入了英国剑桥大学的分子生物实验室，和英国人约翰·萨尔斯顿 (1947 年—)、美国人罗伯特·霍维茨 (1942 年—) 一道进行基因方面的研究。萨尔斯顿接手绘制了蛔虫每一个体细胞图谱并追溯到其胚胎时期的状态。

到 20 世纪 80 年代末，科学家利用当时已有的技术开始缓慢地将组成所有生物有机体基因组的 DNA 序列片段拼接在一起。

萨尔斯顿开始测定蛔虫的基因组序列，他的这项工作走在了 1990 年启动的人类基因组计划的前面。人类基因组计划 (HGP) 由美国和英国领导，并由多个国家的研究所共同参与完成，旨在为由 30 多亿个碱基对构成的人类基因组精确测序，发现所有人类基因，搞清其在染色体上的位置，破译人类全部遗传信息，并为生物学研究提供依据。这项计划预计要用 15 年完成，但事实上提前两年实现了全部的任务。在英国剑桥大学的桑格中心，由萨尔斯顿领导的测序小组完成了约 1/3 的测序任务，而大部分测序任务由美国完成。人类基因组计划得以提前完成，得益于美国塞来拉基因组公司的总裁兼首席科学家 J．克雷格·文特 (1946 年—) 在基因组研究所对基因组测序技术的改进。

知识窗→ DNA 指纹分析

人类基因代码中的 30 亿个单元大约有 99.9% 是相同的，另外的 0.1% 因个体的差异而不同，正是这细微的差别，或"多态"，使我们每个人都各不相同。1984 年，英国的遗传学家阿莱克·杰弗里斯 (1950 年—) 发明了一种精确鉴定这个微小差别的方法，也就是 DNA 指纹分析技术，这个方法包括许多复杂的技术，如将 DNA 小型样本叠加产生聚合酶链式反应，按照序列，利用酶将 DNA 切成短片段的限制性片段长度多态性技术、将不同长度的 DNA 片段分开的凝胶电泳技术和可以标出所测样本的特殊序列以与其他样本区分开的印迹技术。DNA 指纹分析技术已经广泛应用到法医鉴定及亲子鉴定中，以确定样本是否来自同一个人或找出与样本相关的人。

在 2001 年 2 月，两套测序结果分别在英国《自然》和美国《科学》两份权威杂志上发表。两份杂志都印刷了第一份人类全部基因组的细节性图谱草图——包含了占总数 90% 的 30 亿个碱基对的列表。全部的测序任务在 2003 年完成。

对于普通民众来说，人类基因组长且难懂，但是参加测序的科学家却发现它所包含的基因数目出乎意料地少——2.5 万个，这个结果比早先估计的 5 万～12 万个小得多。事实上，人类基因组的数目只是果蝇基因组的 2 倍。

人体生命

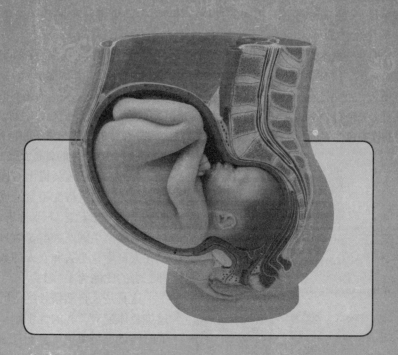

生男生女由什么决定

十月怀胎，一朝分娩，婴儿呱呱坠地，真是一个奇妙的过程。这其中最令人疑惑不解的是，为什么孩子一出生性别就已经决定了？生男生女到底是由什么决定的呢？这个问题已经困扰了人们上千年的时间。早在很久之前，对妇女怀孕后是生男还是生女，人们就提出过各种猜想。我国古代有这样一种说法："山气多男，水气多女。"人们认为人生活在山地，就会受山气的影响，容易生男孩；人生活在水边，就会受水气的影响，容易生女孩。古希腊人则认为，母亲怀孕时的睡姿与生男生女有关——如果睡觉时转向右侧，则生男；如果睡觉时转向左侧，则生女。

但这无非都是些猜想，性别到底由什么决定这个谜团却一直没有解开。真正找到生男生女的原因是在1901年，美国学者麦尔开隆，在昆虫中首次发现性染色体。原来，性染色体才是决定人类的男、女性别的关键。

男女成年之后，要产生配子。在配子过程中，男性与女性的一对性染色体会自行分开，分别进入不同的配子。在这个过程中，就性染色体而言，女性（XX）只产生一种雌配子（X）；男性（XY）产生两种雄配子X和Y，它们的数目各占一半。换一种角度说就是，这是因为男性有一对形态不同的性染色体（XY），女性有一对形态相同的性染色体（XX）。更进一步说，X染色体的体积是Y染色体的体积的5倍。

而性染色体的作用主要发挥在配子结合，即卵子受精的过程中。具体的情况如下：雌配子（X）和雄配子（Y）结合产生男孩（XY）；雌配子（X）和雄配子（X）结合产生女孩（XX）。可明显看出，在一对夫妻是生男还是生女的问题上，丈夫有绝对的决定权。只要丈夫带有（Y）染色体的精子与妻子带有（X）染色体的卵子结合，生的就是男孩，它的性染色体表现为（XY）；只要丈夫带有（X）染色体的精子与妻子的带有（X）染色体的卵子结合，生的就是女孩（XX）。

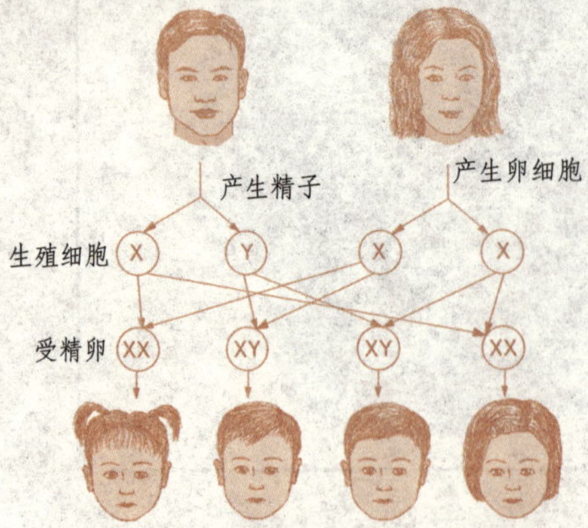

另外，我们还会提出这样的问题，性染色体的随机搭配不会造成男女比例的失调吗？答案是，对于性染色体来说，由于男性产生的两种配子数目相等，所以在人群中，男人和女人的数目相等，即二者的比例为1∶1。

这真是大自然精妙绝伦的设计！通过染色体配对，人的性别刚形成受精卵的时候就已经决定了。而且通过这种途径，在自然界中的两性比例轻易地达到了完美的平衡。我们也可以从染色体配对中明显地看出，父亲决定孩子的性别。

由图中可见，新生儿是男孩还是女孩，主要取决于其父亲的哪一种精子与母亲的卵细胞相结合。那种认为孩子的性别完全是由母亲决定的想法是不正确的。

胎儿在母腹中的生活

胎儿生活在母亲的子宫里，始终离不开胎盘、脐带和羊水。

胎盘，是一座专为胎儿生活准备的供应站。

胎儿虽有肺，但还不会呼吸。不但氧气要靠胎盘来供应，就是其体内产生的废物，也得依赖胎盘才能往外送。平时，胎儿所需的营养物质，都要通过胎盘方能从母亲的血液里获得，比如葡萄糖、氨基酸、维生素、无机盐和水分。

胎盘，还是胎儿的一道天然的防线，也称"胎盘屏障"。它像铜墙铁壁似的，使各种病菌都无法越过胎盘去损害胎儿。同时，母体在消灭病菌时所产生的抗体，却能经胎盘输送给胎儿，这就是威力无穷的"母传抗体"。而且在胎儿出生的半年里，仍能发挥它那奇特的免疫力。只有麻疹、水痘和流感的病毒，才能越过胎盘屏障。为此，孕妇不可接触传染病人，也不要滥用药物，以免破坏胎盘的屏障作用。对从事冶炼、油漆和橡胶工作的孕妇，应在医生的指导下，暂时调换工作，以免毒物会通过胎盘而影响胎儿。

脐带，是胎儿的生命线。它的一端连接在胎儿的脐部，另一端附着于胎盘上。直径只不过 1.5～2 厘米的脐带，却有 3 条血管——中间是脐静脉，两边又各有 1 条脐动脉。胎儿全靠这条脐带做桥梁，才能与母体进行营养和代谢物质的交换，才会不断地发育和成长。

正常的脐带长为 30～70 厘米，也有不足 30 厘米的，那就是"脐带过短"，不但会影响胎儿的下降和娩出，而且胎儿还会因缺氧而窒息，万一拉断了脐带，就会有母婴出血的危险。

脐带过长的现象也会存在。这样，胎儿在羊水里会如鱼得水一样地自由活动。由于频繁的转动，脐带若缠在颈部，会像上吊似的胎死腹中；如果脐带绕在肢体上，如五花大绑般的，反而造成脐带过短，会影响母子的安全。为此，医生可根据胎动的情况，查看羊水中有无胎粪的污染，做出判断，及时进行安全措施。

羊水，是母体血清通过胎膜，进入羊膜腔的透

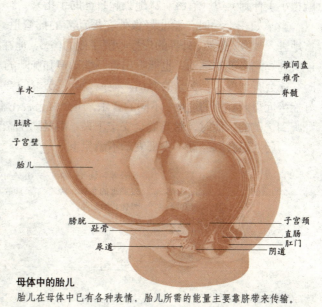

母体中的胎儿
胎儿在母体中已有各种表情，胎儿所需的能量主要靠脐带来传输。

析液，该水分也能透过胎儿的皮肤，所以羊水也来自胎儿的血浆。

随着妊娠的进展，羊膜的面积会扩大，羊水量也会增加。怀孕 15 周时，羊水有 137 毫升，到 30 周时可达 1100 毫升；以后会逐渐下降，到足月时为 500 ~ 800 毫升。怀孕 4 个月后，羊水中就杂有胎尿，还有胎儿体表、呼吸道和泌尿道脱落下来的细胞。据分析，在羊水的有机物中，一半是蛋白质和它的衍生物，其中由胎儿卵黄囊及肝脏所合成的甲胎蛋白会逐渐下降，但无脑儿反会明显地升高。为此，产前检查羊水，通过对蛋白质、氨基酸、酶、激素和代谢物的分析，能查明胎儿发育的情况，可以减少先天性畸形儿的出生，有利于优生工作的开展。

过去，胎儿被人们认为是个又聋又瞎、整天在母体中睡大觉的人。

现在，人们通过一种小而柔软的望远镜，伸到子宫里去观察他们的行为，或用超声波扫描子宫中的胎儿，通过屏幕，人们可以观看胎儿的一举一动。有时，他在那里打哈欠、吮吸、抓东西、伸懒腰、眨眼睛和做鬼脸等，有时还能表现出其喜怒哀乐呢！

怀孕 6 个月的胎儿，就一直浮在子宫的海洋——羊水之中。早晨，胎儿睡醒了，一睁开小眼，就爱伸伸懒腰，打个哈欠，并顺手抓起身边的脐带来玩。等玩够了，就把小手伸到嘴边，有滋有味地吸起自己的手指来。

当孕妇在走动时，胎儿好像处在摇动着的摇篮里。于是，他会甜蜜地进入梦乡。忽然，外界的广播吵醒了他的美梦。他在妈妈的子宫里，能听到妈妈心脏的跳动，也能听出胃肠蠕动声和肺叶的扇动呢！有时，还会听到母亲和父亲的对话。他最爱听慢节奏的音乐，节奏最好能接近母亲心跳的速度。不同的音乐，还会引起胎儿不同的反应。如听到优美的乐曲时，胎儿就会安宁下来；要是遇上杂乱无章的摇滚乐，胎儿还会以躁动不安来表示不满呢！

⑤ 即将分娩的母亲

① 2 个月后，胎儿才有点成形。

② 胎儿的手指、脚趾和脸，已经形成了。

③ 营养和氧气，通过胎盘的血管，从母体传给胎儿。

④ 胎儿在温暖的子宫里发育生长。

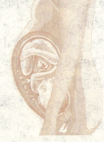

胎儿的发育过程

据试验，在一所产科医院里，医务人员把录有母亲心律的磁带放给婴儿听，他不但奶吃得多，也睡得甜，哭得少，连体重都增加得快。当吃奶的婴儿，听护士在说话时，吮吸的动作就慢；听母亲说话时，又会快速地吸奶。这是什么缘故呢？胎儿在听母亲读唐诗，等他出生后，也特别爱听胎儿时听过的那首唐诗。

胎儿能通过子宫壁和羊水，看到微弱的亮光。当一束强光照到母亲肚皮上时，他会睁大眼睛，将脸扭到那个亮亮的地方去，看到像手电穿过指缝时淡淡的亮光；要是发现不停地闪光，他的小眼还会眯起来，像在研究似的；如轻轻地摸一下腹部的左侧和右侧，经过反复几次，他会主动来顶你的手指；要是碰碰他的小脚丫，他会把脚张成一面小扇似的；再碰碰他的小手，他就会握起拳来。当母亲与人相争时，他在腹中也会拳打脚踢起来，似乎想帮妈妈一把呢！

人在思考时，心跳频率会快些。胎动前的6～10秒钟，胎儿心率也会快起来，像正在用思考来做出运动的决定似的。这说明6个月后的胎儿，也会动脑筋了。

胎儿既能听，又能看，做母亲的就可对胎儿进行教育了。胎教，我国古代就很重视。如《史记》中有"大伍有娠，目不视恶色，耳不听淫声，口不出傲言"。这些主张都是十分科学的。现代生理学家和心理学家，也主张给孕妇安排丰富的营养，定出合理的作息时间，还让她们多听些优美的乐曲，读些抒情的文学作品，欣赏些能使人心情开朗的名画，这样才有益于胎儿身心的发育，才能生出聪明健康的宝宝来。

婴儿刚生下来时为什么要哭

婴儿出生时哇哇的哭声宣告了新生命的诞生。那么婴儿刚生下来时到底为什么要哭呢？

我们都知道胎儿在母体里时呼吸微弱。出生的时候，胎儿会受到新环境的刺激，空气、衣物、接生的手等都对婴儿的机体有所影响，更重要的是脐带的断离，使血液中二氧化碳的积聚和酸碱度有所改变，种种因素促使婴儿如果不在极短时间内进行呼吸，就无法在新环境里生存。而啼哭能使口腔和咽喉放开，使呼吸道通畅，而且进入体内的空气还使原先缩紧的两肺可以迅速地膨胀起来。啼哭正是大口吸气、呼气的表现。肺功能就是在哭声中开始发挥作用并逐渐

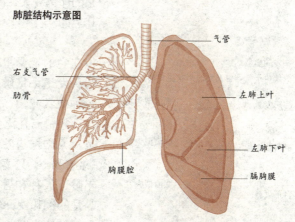

肺脏结构示意图

气管
右支气管
肋骨
左肺上叶
左肺下叶
胸膜腔
膈胸膜

完善的。科学告诉我们，落地一声哭的意义就在于：婴儿通过这一声哭喊已经能够自由呼吸了。从此，呼吸将一直伴随他们走到生命的最后一息。可以说，哭是一种始动力，是它促成了新生儿的第一次呼吸。

1667 年一个名叫斯维麦丹的科学家发现，呼吸过的肺脏能够浮在水面上。一般情况下，吸入体内的空气只有大约 20% 留在口、鼻、咽、喉、气管和支气管中，而其中的大部分都进入肺泡中。就是最用力地呼气，也还有不少剩余气体留在肺内，死亡后也是这样。就如新生儿在没有进行第一次呼吸之前的肺脏约重 58 克，呼吸后由于里面充入了空气和更多的血液，重量可增至 90 克。科学家的这一发现在法医学上也有很大的价值。1681 年，一位年轻的女士因被怀疑杀害了刚生下来的活婴而遭到了控告，但她坚决不承认。一位负责此案的法官就让人将死婴的肺脏取出，沉于水中，结果发现婴儿出世时并未呼吸过，案情至此便真相大白。

头发中的学问

据计算，一个人的头发约有 10 万 ~ 12 万根。它每天能长 0.4 毫米，寿命有 2 ~ 6 年，可以长到 1.06 米，平均每天脱落 30 ~ 120 根。

头发对人来说，不仅可以增添我们的风采，而且是头部的"保护伞"，既可挡风，又能保暖，还能散热呢！你看运动场上的小伙子，跑得头上直冒热气。因为体内的余热，也能通过头发散发。由于头发富有弹性，遇到外力的撞击，还可起一定的缓冲作用。

发干

发根
发囊

头发的类型
头发的形状是由发囊的形状决定的。

圆形发囊　　　　　直立型头发

椭圆形发囊　　　　波浪型头发

肾形发囊　　　　　弯曲型头发

头发的颜色

在旅游区，我们看看国外游客的头发，便可判断金发女郎是白种人；红发青年是美洲来的印第安人；而我们炎黄子孙的头发，总是乌黑的。

一根头发的直径只有 0.05 ~ 0.125 毫米，但在它的毛囊里也有毛细血管，以便让血液为头发送去足够的营养素。因此，人体中的各种微量元素，就与毛囊里的角质蛋白结合在一起，而且比血液里的含量要高 10 倍。于是，人们把头发看成是与微量元素相接触的"录音带"。只要查查头发，就能鉴别出性别、年龄、人种和居住的环境。如黑发之中含有等量的铜和铁；金发里面含有较多的钛元素；含钼多的头发，往往又是红褐色的；要是铜、铁、钴的含量都多的话，头发就成红棕色。据报载，美洲有 2 位姑娘，因常用流经铜矿区的水，毛囊里的铜元素比常人高出 10 倍，于是她们的头发都变成绿颜色了。

平时，看到老人的白发，你也许会说，那是一种"自然现象"。可是有人问："有些少年，为啥头上也会有白发呢？"

据研究，少年的白发，有的是受遗传影响的结果；有的是忧虑过度，或是精神过于紧张的缘故。当供应头发的血管产生痉挛时，因血流不畅，头发得不到足够的营养，就会影响色素的合成，黑发就会变成白发。相传春秋战国时，有个名叫伍子胥的楚国人，在逃奔吴国，刚到昭关时，得知官府正要捉他，他万分焦急，只一夜时间，就急成一头白发。

一发窥全身

头发，不仅能反映出人体内微量元素的多少，而且也是健康的"晴雨表"。如头发中钴的含量过少，就容易患白内障；要是含钙太少，还会出现心血管系统的疾病。为此，医生通过查看头发中铬的含量来诊断糖尿病；查硒的含量，又可查出克山病来。

头发是一种不透明的角质结构，能长久保存其中的微量元素。如 1821 年，死于流放地的拿破仑，后人化验他的头发，发现砷的含量超过常人的 40 倍，那是砒霜中毒而死的证据。经过一番调查，才知暗害他的凶手是个被人收买的厨师。

现在，通过对头发的化验，还能预测出少年学习成材的趋向。据美国马里兰大学的研究，认为头发中含铬量高的学生，其"心领神会"的能力较弱，学文科的成绩就不够理想。如果头发中铜、锌含量较高，智力也会高一些，这是因为铜和锌是多种酶的组成物质；若是含量不足，对蛋白质和酶，都会失去催化的活性，不但会阻碍人体的生长和发育，也会影响智力的发展。

现在，对于医学、犯罪学和考古学来说，对头发的分析，是一种非常重要的手段。如化验马王堆西汉女尸的头发，还可以知道她是 A 型血呢！

一发千钧

别小看头发纤细、柔软，其实它很有力度。经测试，一根头发，经得起 0.01 牛以上的拉力，比同样粗细的铅、锌、铝要坚韧些。如果将一个人的 10 万根头发，编成一根大辫子，还能吊起一辆 20 吨重的汽车，所以有"一发千钧"的说法。

我们炎黄子孙的黑发，它的拉力就更强。据说要拉断富有弹性的一根头发之前，还能将其拉长 20%。如果想拉断一位新疆男子的一根头发，至少得用 0.16 牛的力。

面孔中包含的信息

人的面孔长得各不相同，我们才能毫不费力地从人群中找出张三或李四来。就是双胞胎的父母，也能很容易地区别出谁是老大，谁是老二。

一个人的面貌，是由双亲的精卵细胞内染色体上的遗传物质——基因所决定的。据研究，每个染色体上的基因有 1250 个，对同一对父母来说，照精卵细胞的排列，若要使基因完全相同的话，也只有 70 万亿分之一的可能性。而世界人口只有 57 亿，所以就很难出现面孔完全长得一模一样的人。

面孔的识别

出生两周的婴儿，就会看人的面孔。等长到 3 ~ 4 个月时，还会朝着别人的面孔笑呢！ 孩子最爱看他熟悉的面孔。他在吃奶时，就爱看母亲的脸。母亲的脸，也是婴儿记住的第一张面孔。

在人类社会里，面孔好像一张活的名片，会不自觉地流露出隐藏在各自内心的秘密。如人在得意时，往往显出满面春风的样子；在失意时，又会现出一副满面愁容的样子。若有人跟一位少女讲话，她还会羞得满面通红呢。

人的美和丑，多表现在脸上。如果五官长得端正而且匀称，就会给人以一种和谐的美感。平时，人们都喜欢笑脸相迎。而怀春的少女，大都希望找一个浓眉大眼、面阔口方的少年郎；对小伙子来说，又爱寻一个瓜子脸、樱桃口和丹凤眼的美貌女子。当然也会有情人眼里出西施，一见而钟情的特殊情况。

观面能知病

唐代诗人白居易在《长恨歌》中，描写杨贵妃是"芙蓉如面，柳如眉"的美女。中国人通常认为面孔应该是黄中略显红润，而且又有光泽的。人在发烧时，往往会现出潮红来；如果营养不良，面色就会变得苍白无华；一氧化碳中毒时，还会显出一脸的樱桃红来。

婴儿的面部表情反映了他们的内心世界，喜、哭、好奇、惊奇等不同的表情是其内心世界外在的直接体现。

农民刚完成"双抢"时，面孔会被太阳晒黑；一到冬天，面色又能恢复正常。在吃抗癌药的人中，面孔也会变黑；只要停药，黑色就会很快褪去。如果患肾上腺皮质技能减退症的人，由于肾功能不全，出现面色变黑，那他们就得去求医服药了。

医生在长期的临床实践中发现，患有先天性心脏病和肺源性心脏病的人，不仅面色发青发紫，甚至连嘴唇也会发紫呢！要是患了黄疸性肝炎，由于肝细胞受到了损害，或因胆道的阻塞，使血液里的胆红素浓度超出正常范围，就会渗到组织和黏膜中去，面色就会被染黄。所以医生能通过观察病人的面色，帮他找到病因。

鼻子——精巧的呼吸器

人人都希望有一个挺拔的鼻子，它成为我们面部漂亮的重要标志。

鼻子是呼吸器官，又是嗅觉器官，还能平衡我们的身体，并能增加吃东西的滋味。

人类在进化的历史中，从湿润的森林走向干冷的平原后，鼻子的呼吸功能就显得更为重要。鼻腔的前端有鼻毛，能阻挡空气里的小虫和灰尘。鼻腔表面又有一层黏膜，黏膜内有丰富的毛细血管，能加热吸入的冷空气。据试验，鼻腔能将 $-7℃$ 的冷空气加温到 $29℃$，不让冷空气刺激肺和气管；黏膜分泌出来的黏液——鼻液，既可保暖又可保持鼻腔的湿润，而且还能清洁鼻腔。

鼻涕中的溶菌酶，有抑制和溶解细菌的作用；鼻黏膜内有丰富的感觉神经，当接触到异物或嗅到刺激性的气体时，能引起末梢神经的兴奋，使鼻神经和鼻肌肉发生连锁反应，人就会打喷嚏，将这些不受欢迎的物质喷到鼻腔外。由于鼻子是人体的第一道防线，我们应当养成用鼻子来呼吸的习惯。

人在无病时打喷嚏，会感到轻松和愉快，但喷嚏也是感冒的预兆。一个喷嚏能喷射出 2 万个唾沫星子，还能飞散到 40 米外，并带有成百上千的病菌。因此，

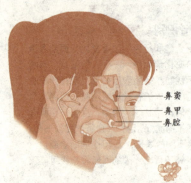

鼻腔顶部和黏膜分布有500万个嗅细胞。这是嗅觉感受区。当嗅细胞受到某种刺激时，就将刺激通过嗅神经传至大脑，大脑将这种刺激"表达"为气味。

我们打喷嚏时须用手帕来捂鼻，免得传播疾病。

一个成年人，每分钟呼吸 16 次；一天就得呼吸 2.3 万次，足见鼻子的任务是不轻的。

奇妙的嗅觉

人是怎样区别香和臭的呢？

嗅觉，是由化学气体的刺激而引起的一种感觉。嗅觉感受器的嗅细胞，位于鼻腔的最上端，在淡黄色的嗅上皮内，被隆起的鼻甲所掩护。因此，带有气味的空气，只能以回旋式的气流来接触嗅觉感受器。而嗅细胞是一种双极细胞，它向外突出成为"嗅树突"，末端有细小的嗅纤毛。依靠嗅纤毛的运动，嗅觉感受器的兴奋才会产生动作电位。将它输入嗅觉小球时，人就能闻到桂花的芬芳，也能知道鱼的腥味。若再经嗅觉皮层，传送到丘脑和大脑皮层，还能将眼前的景象与气味进行一番比较；另一路会传给扁桃体和海马区，那是处理情绪和记忆的地方。这样，当我们再闻到一个特定的气味时，就能回想起多年前一个有关气味的经历。

人的嗅觉细胞有 500 万个，但还不如狗的嗅觉灵敏。常人只能嗅出 4000 种不同的气味，但能通过训练提高。据说纽约有一位号称"香料大王"的钱特，他经过艰苦的训练，3 000 多种香料，依靠他那"伟大的鼻子"就能辨认出来。他不但创制出 1 万多种气味来，还应面包商人的请求，把装面包的塑料袋，做成带有酵母的气息，使人感到面包带着浓郁的香甜，像刚出炉似的，会引起顾客的食欲。他还对人说："凡是人们需要的气味，我都可以制造得出来。"

一般说来，女性的嗅觉比男性要好。人在 20 ～ 50 岁时，嗅觉是最灵敏的；50 岁后，嗅觉会逐渐衰退；80 岁以上的老人，有半数闻不到气味。因此，老人会常常抱怨食物无味，原因就是鼻子不灵，闻不到菜肴香味的缘故。嗅觉的适应性强，若在桂花树下多坐一会儿，就闻不出花香来。所以有"入芝兰之室，久而不闻其香；入鲍鱼之肆，久而不闻其臭"的说法。

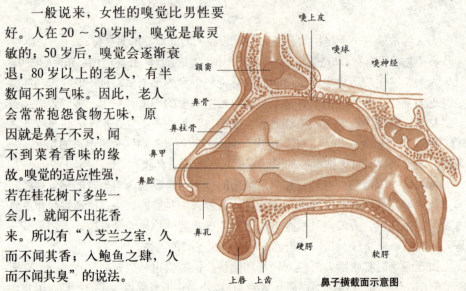

鼻子横截面示意图

鼻子的协同作用

患感冒时，为啥不想吃东西呢？原因是鼻甲暂时肥厚，造成气流不畅，降低了嗅觉的功能，是闻不出菜香的缘故。可见味觉也得靠嗅觉来帮忙才行。

嗅觉是与生俱来的。一个 6 周大的婴儿，就是依靠嗅觉来识别母亲的，由于内分泌的差异，男性的汗液中含有雄酮气味，女性却含雌性激素。因此，到青春期，身体产生的气味，对异性有很大的诱惑力，使彼此产生爱意。为增强这种诱惑力，不同香味的化妆品便被研制出来了。

鼻子和耳朵都有平衡人体的作用。在鼻子里有 3 对鼻窦组成的空气平衡器。人若患鼻炎会使平衡失调，容易晕车和晕船，还会引发"美尼尔氏综合征"。老年性气管炎的人，有 90% 是有慢性鼻炎的。所以鼻子也是医生诊断病情的地方。鼻子发肿的人，可能患了心脏扩大病；鼻尖发硬是动脉硬化的象征；鼻翼的扇动，是高烧病人发生呼吸困难的标志。

有时鼻子的嗅觉比耳目还重要。人能及时逃避中毒和窒息等意外事故，就全靠鼻子的帮忙。歌唱家最怕患感冒，那是鼻腔不能起共鸣的缘故。平时，我们在讲话时，也要依靠鼻子的适当加工，才会显得娓娓动听呢！

耳朵的功能与保护

耳朵，不仅是我们的听觉器，而且是人体的平衡器官。

声音是怎样听到的

要想知道听觉的产生，就得从耳朵的构造谈起。人类的耳朵分 3 部分。外耳的耳廓，起着收集声波的作用，它包括一个 2 ~ 3 厘米长的外耳道与中耳道相通。中耳包括鼓膜、鼓室和听小骨，还有一条通向咽部的咽鼓管。当声波槌打只有西瓜子那么大、厚仅 0.1 毫米的鼓膜时，声波就被传到蚕豆般大的鼓室，使声波放大 10 多倍，然后再传导给内耳。

听觉的功能，主要在内耳。它由耳蜗、前庭和半规管所构成，而且管道弯曲盘旋，所以称它为"迷路"。耳蜗是主管听觉的，内有约 1 万个像毛发似的听觉细胞，都浸入淋巴液中，好像水草在水中摆动起来就会产生电流，用来刺激听神经，再传向大脑。于是，我们就听到声音了。

耳朵，仿佛一副立体声的耳塞机，它能听到每秒振动 16 ~ 20000 次之间的声波。低于 16 次的次声波，高于 20 万次的超声波，都不能使鼓膜跟着振动起来，所以不会被人听到。耳朵不仅能区别音调，而且还能分辨出音响和声色来。悦耳的丝竹合奏，就是一种很好听的轻音乐，不但能排解寂寞，还可用作"音乐疗法"；能治疗神经衰弱，又可延年益寿。平时收听广播和看电视，如果音量开得太高，就会变成有害耳朵健康的噪声。

保护耳朵的方法

你知道耳朵挖不得的原因吗？

耳朵里面的耳屎，也叫"耵聍"，它能粘住想要闯入耳内的灰尘和小虫，还能抗潮湿和真菌，对耳朵起到很好的保护作用。当你在张口吃东西的时候，多余的耳屎会自动从耳内滑出来，又何必去挖它呢！而且，如果不小心还会刺破耳膜呢。

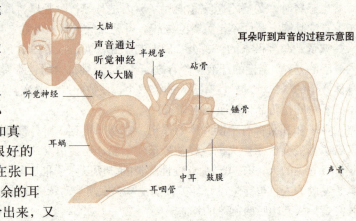

耳朵听到声音的过程示意图

大脑
声音通过听觉神经传入大脑
半规管
砧骨
听觉神经
锤骨
耳蜗
声音
中耳　鼓膜
耳咽管

人在感冒时，往往感觉耳朵有些"背"。这是什么缘故呢？那是由于咽鼓管的黏膜有些水肿，中耳里的空气被血液所吸收，使鼓膜内外的压力失去了平衡，声波的传导减弱，耳朵就会不灵敏。

平时，咽鼓管总是闭合着的，只有在张嘴、吞咽、唱歌和打呵欠的时候，才会充气而张开，使气体通向鼓室，调节鼓室的气压，好与外界的气压保持平衡，确保鼓膜和听小骨不会受冲击。因此，在碰到强声的时候，除了捂耳外，也可用张嘴来做保护。乘飞机时，空中小姐会给乘客分糖果，让大家在吃糖时，好好咀嚼和吞咽，使空气进入中耳，这样，耳朵就不会发生航空性的中耳炎。

平时擤鼻涕时，千万不可用力过猛，以免不洁的分泌物通过咽鼓管，倒灌到中耳里去而引起中耳炎。如果患了鼻炎和口腔炎，应及时进行治疗；否则，会引发中耳炎。

耳聋怎么办

当传导声音的鼓膜和听小骨受到损伤时，就会引起传导性的耳聋；如果耳蜗和听觉中枢受到损伤的话，又会产生神经性的耳聋。据调查，世界上2%的人有听力障碍，其中大多数患者是老年人，但可通过佩戴助听器来恢复听觉。助听器的选择，最好是到医院里去测听检查，也可通过试戴的效果来决定。配用助听器后，在老年性耳聋的患者中，有85%的人能恢复听觉；而病变性的耳聋者，有效率只

知识窗→耳朵有助于保持身体平衡

耳朵是天然的陀螺仪，它能判断身体的方向，保持身体的平衡。当人体的运动状态发生变化时，纤毛受到淋巴液和骨状颗粒的不同压力，就会改变方向，并立即向大脑传递信息。于是，大脑会迅速发出调节指令，保持身体的平衡。

你去乘船或坐车时，由于身体摇晃，就会引起内耳平衡功能的失调。这时，最好的办法是闭目养神，尤其不可去看近处的景物，也可预先吃些防晕的药片。经常晕车的人，平时须注意身体的锻炼。如经常坐坐安乐椅，通过不断的摇晃训练，也能提高平衡器官的适应性。

有 60%；药物中毒和损伤性的耳聋患者的有效率只有 30%；先天性的耳聋者中仅 1%的人有希望恢复听觉。近来，美国研制出高传真的新颖助听器，使 75%的失聪者能恢复听觉，而且还能享受高传真音乐功能。

牙齿的盛衰

    一个出生才 6 个月的婴儿，就开始长出乳牙了。到 3 岁时，就能长齐 20 颗乳牙。到了 6 岁，乳牙会松动，原因是恒牙要长出来了。总之，自 6 ～ 13 岁，口腔里既有新长出来的恒齿，也有迟迟不肯让位的乳牙。

    恒牙分中切牙、侧切牙、尖牙、第一前磨牙、第二前磨牙、第一磨牙和第二磨牙各 4 个，还有称为"智齿"的 4 个第三磨牙，共 32 个。但智齿通常要到 25 岁才会长齐，也有只长 2 个或全不长的。

牙齿的功能

    牙齿，主要是用来咀嚼食物，但也能协助我们发音，而且还有美容的作用。

    当大块食物送进嘴里时，前面的切牙（门齿）就会将食物切成小块；接着，便让尖牙来刺穿和撕裂成纤维；再由双尖牙（前磨牙）来捣碎这些食物；最后，方让磨牙来磨烂。当牙在咀嚼时，食物又经唾液的搅拌成为糊状，才好吞咽到胃里去。

    如果牙齿有了缺失，不但会影响咀嚼，还会增加肠胃的负担，甚至连唱歌和说话，都会因"漏风"而发不好门齿音、唇齿音和舌前音了。为此，教师、播音员、演员和歌唱家，都要有一副健美的牙齿，才能使语音圆润，歌声婉转悦耳。如果你有一副整齐又洁白的牙齿，脸面就会丰满。怪不得有人爱用"明眸皓齿"来描绘少女的娟秀。

牙是大力士

    牙，是人体中最硬的骨组织。牙冠表面的珐琅质，有相当于水晶一样的硬度，可咬碎坚硬的食物。如成年人一对最小的门牙，它的垂直咀嚼力有 15 千克，白齿可达 72 千克。男子牙齿的总咬合力高达 1 408 千克，连女子也有 936 千克。所以，杂技团的女演员能用牙咬住一个支撑物，表演凌空倒竖的绝技。因此，人们称赞牙齿是人体中的"大力士"。

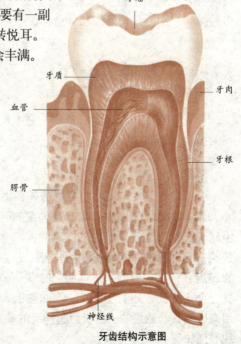

牙冠

牙质

牙肉

血管

牙根

腭骨

神经线

牙齿结构示意图

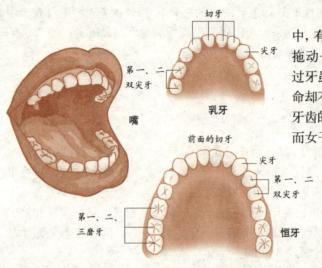

切牙

尖牙

第一、二
双尖牙

乳牙

嘴

前面的切牙

尖牙

第一、二
双尖牙

第一、二、
三磨牙

恒牙

《吉尼斯世界纪录大全》中，有一位男子，曾用他的牙齿拖动一个笨重的火车头呢！不过牙虽坚硬而有力，可是它的寿命却不长据世界医学界的调查，牙齿的平均寿命，男子为61.1年，而女子只有57.9年。

怎样保护牙齿

牙齿寿命不长，多半是不注意口腔卫生的缘故。据世界卫生组织的调查，龋齿是仅次于心血管病和癌症的第3号疾病。而我国又是个患牙病的大国，全国有6～7亿患龋齿和牙周炎的病人，平均每人有2.5颗龋齿。

龋齿，是一种常见的口腔疾病，它的主要元凶是变形链球菌。变形链球菌往往会在齿表形成一个无色的黏性斑块。当我们吃了含糖的甜食之后，菌斑上的细菌就会把糖分解成酸性的物质，只要20分钟，就会侵蚀和溶解牙釉质。经化验，在每毫克的菌斑里，就含有8亿个细菌，它们所分泌的酸性物质，就是腐蚀牙齿的罪魁祸首。

保护牙齿的最好办法是早晚刷牙，饭后漱口。如能选择含氟的牙膏，便可以及时补充牙釉质中的氟元素。当早晨刷牙后，轻轻叩齿25下，既可促进齿部的血液循环，又能强壮牙龈和骨槽骨，还可以预防牙齿的早衰。

一专多能的舌头

舌头，是个一专多能的器官。它不但是我们的味觉器官，而且还具有辅助食物的搅拌、吞咽和发音的作用。

辨味的能力

一切美食佳肴，或是难咽的苦药，都逃不出舌头的审查。

舌头是怎样识别甜、酸、苦、咸的呢？让我们先从舌的构造说起吧！舌头是由横纹肌和舌黏膜所组成的。它的前部是舌体，后部为舌根。舌体主要受三叉神经的支配，舌根又为咽神经所支配。在舌面和两侧，有许多突起的小乳头。乳头的四周，有像花蕾似的小体叫"味蕾"，它是味觉的感受器。在每个味蕾上，都有一个小味孔，还有10～12个味细胞，各有一个突起的味毛伸到味孔口，专门用来辨别食物的滋味，进而引起神经的冲动，等传入大脑，人就能知道甜、酸、苦、咸等滋味了。

由于味蕾蛋白成分的差异，使结合的化合物也有所不同，便会出现味蕾感受上的差别。如舌两侧中部的味蕾，喜欢与氢离子亲和，所以对酸味就最敏感；舌缘的味蕾与氯离子的亲和力最强，就对咸味最敏感；舌尖虽能感受甜、咸和酸味，但它格外爱甜味；舌根对苦味最敏感。它们各司其职，又共同协作，才使我们吃到了各自喜爱的美味。在人的一生中，儿童的味蕾最旺盛，约有1万个；45岁后，因舌上的细胞已逐渐老化，到老年期，味蕾只有20%，所以常有茶饭不香的感觉。

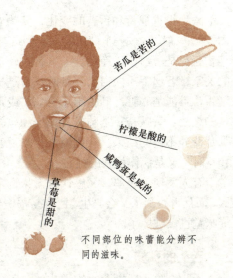

苦瓜是苦的

柠檬是酸的

咸鸭蛋是咸的

草莓是甜的

不同部位的味蕾能分辨不同的滋味。

平时，学习或工作过于紧张的人，因太疲劳了，味觉就会减退，往往就不想吃东西。发烧的病人，虽能区别酸、苦、咸，却尝不出菜肴的鲜味来。人在愤怒或感到恐怖的时候，由于交感神经受到了抑制，又因胃液减少，味觉也会变差。当体内缺乏糖质、脂肪和维生素时，人的味觉就要受到影响。在人群中，约有8%的人不知道苦味，这叫"味盲"，患者多为男性和老人。

舌苔能知病

舌苔人人都有，那是舌面小乳头新陈代谢脱落下来的角化上皮，加上一些食物的残渣、唾液和细菌的混合物，成为舌面上一层白而薄的"舌苔"。平时，随着人的说话和吞咽，舌苔就会不断地脱落和更新。

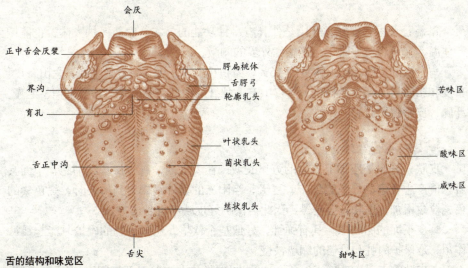

会厌

正中舌会厌襞

界沟

盲孔

舌正中沟

腭扁桃体

舌腭弓

轮廓乳头

叶状乳头

菌状乳头

丝状乳头

舌尖

苦味区

酸味区

咸味区

甜味区

舌的结构和味觉区
我们平时所食用的任何一种东西，首先要用舌体验其味道。

医生很重视舌和舌苔的变化，认为它是"胃病的镜子"，也是一个"外露的内脏"。一般说来，一个健康的人，舌质是淡红色的，不但柔软润泽，又能灵活转动，连舌苔也是薄白、洁净的。一旦舌头转动不灵活，往往与脑溢血和脑肿瘤有密切的关系；若遇舌质淡白又浮肿时，常是贫血、肾炎和内分泌失调的征兆；出现青紫舌，可能是心脏、肝脏出了毛病，或是一种癌症的反映；舌苔厚腻，是消化不良的缘故；黄腻苔，是肺炎、痢疾和胆囊炎的先兆；要是舌头光滑似镜又无苔，那是营养不良的结果。一般说来，当舌苔由白转黄又变黑色，预示病情的转重；相反时，又是病体好转的征兆。

有人发现舌苔厚，又感饮食无味，常爱刮舌苔。其实，这样做既不能除去病因，而且舌苔刮了又会再生，还容易损伤乳头，一旦刺破了味蕾，不但舌背要发麻，连味觉也被破坏了。

舌头的多能

舌头，除了区别食物的滋味外，还负责判断食物，测试食物的冷暖，甚至能觉察出猪肉中的一根猪毛来呢！

当牙齿在咀嚼食物的时候，舌会自动地帮着食物翻动，掺和能够消化淀粉的唾液，并检查其中是否有硬物，判断能否吞咽。就是咀嚼已经停止的时候，它仍不停地探来探去，设法清除粘在牙缝里的残渣。也只有依靠舌头后部的拱起，才能将浸泡着唾液的食物，送到喉咙里去。

人在说话时，也得依靠舌头的上下移动，才能发出清晰的声音来。当与恋人相吻时，舌头又是沟通爱的功臣。

皮肤的多种作用

覆盖着人体的皮肤，好像是件具有多种功能的外衣。它能保护人体，也能调节体温，又可辅助呼吸，还能感知外界的刺激。

一个人的皮肤，约占体重的 16%，面积在 1.4 ~ 1.6 平方米之间。它由表皮、真皮和脂肪层 3 部分所构成。真皮中有多种纤维组织、淋巴管、神经末梢、毛囊、汗腺、皮脂腺和血管。

捍卫人体的长城

皮肤，好像是座捍卫人体的万里长城。在表皮内，有一层基底细胞，中间夹着些能产生色素的黑色素细胞。夏天，当阳光的紫外线辐射到体表时，黑色素的色素粒会增加，皮肤就会变黑，因此要保护好皮肤不再受伤害。

真皮下面的脂肪层，具有弹性，好像是个软垫，遇到外物的碰撞时能起缓冲作用，是保护内脏和骨骼的铜墙铁壁。

在皮肤的表层，寄居着 20 多种细菌，它们"合作共事"，又互相制约，形成一道"生物屏障"，是皮肤上的一个"微生态平衡"网，对皮肤能起免疫作用。若一旦碰破这层网，或搓擦过度时，便会打破平衡，人就容易患皮肤病。

在每平方厘米的皮肤上，平均有300万个细胞、95条汗腺、14个皮脂腺、10根汗毛、90厘米长的血管、2900个感官细胞，还附有300多万个微生物，又几乎布满着寄生螨。即使天天洗澡，也难以完全洗清。好在大家都有一道保险的生物屏障，也就不必"除垢务尽"了。而且皮脂腺分泌的酸性物质，也能杀灭落到体表的病菌。

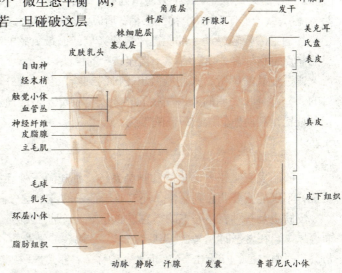

皮肤纵切面图
从显微镜下看：皮肤的构造极为复杂，主要由表皮、皮下组织和真皮组成。

调节体温

皮肤能帮人体感知温度的变化，并通过腺体、血管和脂肪，迅速做出相应的调节反应。如遇寒冷时，靠近皮肤表面的血管会立即收缩，使血流减少，让皮肤降低温度，叫毛孔闭合起来，使热量不会很快散失。当气温升高的时候，血管就会因扩张而充血，使血液的热量能通过皮肤散发到体外去。同时，汗腺也会大量分泌出汗液，通过排汗带走体内多余的热量。

皮肤就像是个自动的调节器，通过保温和散热，能使体温始终处在恒定的状态。

皮肤会呼吸

唐代名医孙思邈，路见抬过的棺材有鲜血往外滴，便要求开棺给"死者"诊治。后来发觉人虽停止了呼吸，但仍有微弱的脉搏在跳动。通过扎针，"死者"居然被救活了。这是什么缘故？

当肺刚停止呼吸时，皮肤血管里的血红蛋白，仍能透过皮肤来吸收氧气，排出二氧化碳。经实验证实，整个人体的皮肤都能起呼吸作用，而且比肺泡能多吸入28%的氧气，多排出54%的二氧化碳。不过皮肤的表面积不大，而肺泡展开的面积有70～100平方米，平时就显得不重要。但在特殊情况下，依靠皮肤的呼吸，可以为病人赢得抢救的时间，因此成为使人起死回生的功臣。

敏感的皮肤

皮肤有丰富和灵敏的神经末梢，又与脑有密切的联系，能接受外界的各种刺激。如在手背的皮肤上，每平方厘米内有120个感痛点、18个感冷点、2个感热点、25个感压点，还有1800个神经末梢，所以人能感知冷、热、痛、痒和压等感觉，连一片羽毛的轻轻触动，都能迅速传给大脑。而最敏感的部位是嘴唇和手指，那里的痛点也格外多，所以有"十指连心"的说法。

通过皮肤的感觉，人们能做出正确的判断，及时避开危险，达到保护自己的目的。如耳聋和失明的人，皮肤的感觉就特别灵，常能通过触摸来感知物体的形态和位置，帮助他们认识周围的事物。

能表达心态

从胚胎发育上来看，皮肤和神经系统，都起源于外胚层。因此，通过拥抱和爱抚，不仅能使婴儿感到愉快，还有益于孩子的身心发育。

皮肤也是一种表达心态的器官。如人在高兴时，就会"喜形于色"，显得"满面春风"；在发怒时，又会"满脸怒容"，还会"怒发冲冠"呢！若遇到了惊恐，常会"面如土色"，现出"不寒而栗"的样子；在焦虑时，往往是"愁眉苦脸"的，甚至会不自觉地"抓耳挠腮"起来；姑娘怕羞时，还会"面红耳赤"，甚至是"汗流满面"呢！其实，这全是皮肤下面的血管在收缩、扩张，以及竖毛肌的收缩和汗腺大量分泌的结果。

任重道远的脚

由于气候干燥，古猿生活地区的森林逐渐稀疏起来，为下地来找吃的，古猿才开始直立，由脚担起负重和行走的任务。这一来，不但手被解放出来，连大脑也发达起来了。怪不得人类学家克拉克会说："用脚直立行走，是人类进化的关键。"

劳苦功高的脚

脚的负担可不轻，它要承受50千克左右的体重，一生还得走42万千米的路，足可绕地球10圈呢！

脚的面积不大，却有52块骨头、33个关节、107条韧带和19条错综复杂的肌肉在互相作用着，还有无数的神经和血管。这样，人才能站得稳，走得步履轻盈，又能跑和跳，而且还能爬到树上去。

俗话说：路是人走出来的。其实，脚力也是靠走路而练出来的。人的脚与猿类不同，我们的脚上都有一个富有弹性的"足弓"。有了足弓，体重可以均匀地传到脚的各个部位，不会使某一处过于疲劳，走起路来也不会引起脑震荡。为保护足弓，婴儿不宜早早学站，刚会走时，也不可让他多走，以免形成"平脚板"。女孩最好不穿高跟鞋，以免影响脚的正常发育。

鞋，是用来保护脚的。穿鞋也是人类文明的一个标志，既可防止脚受损伤和污染，又有保暖的作用。但鞋头不可过尖，鞋跟不宜超过3厘米高，大小合适，能有利于行走的才是好鞋。

祸从脚下起

血液里的胆固醇和脂肪酸，本是古人狩猎所必需的能量。而现代人不但不必上山去打猎，还可用车来代步，胆固醇和脂肪酸这些物质不能充分利用，于是就沉积在血管里，成为心血管病的一大诱因。据铁路系统的调查，步行较少的工作人员，患冠心病的最多；而步行较多的养路工人，却很少生这种病。

安步当车，是锻炼脚劲的好办法。歌德曾说过："最宝贵的思维及最好的表达方式，是在散步时出现的。"经常步行，通过和谐有节奏的运动，来激发人的情绪，协调血管的收缩

在做跳跃等动作时，好的鞋不但能保护脚，而且能提高运动成绩。

和舒张力，能使心肌获得更多的休息时间，有助于改善心肌的缺氧现象，也可缓解冠心病病情的发展。

人到老年，首先表现出步履的蹒跚和双腿的乏力，所以有"人从脚底老"的说法，这是因为人有 6 条经脉和 66 个穴位是分布在脚上的。于是，日本在小学里开展"赤脚教育"，让学生赤脚活动，使脚常受到刺激，既可调整全身的血液循环，又可促进新陈代谢，增加植物神经和内分泌的功能，并能健脾益智、镇静安神、强骨明目，还可延年益寿。

步态的异常

人的步态，往往是一种复杂的神经活动，人能保持正常的步态和姿势，得依靠健全的骨骼、肌肉和身体平衡器官的密切配合。如果某些功能受到损伤，步态就会出现异常。如鸭行步态、剪刀步态、慌张步态和小脑步态，就是某些疾病的一种反映。

鸭行步态的人，是臀中肌无力，引起髋关节不能固定，走起路来，就会像鸭子那样左右摇摆不定。走路出现剪刀步态的人，是脊髓有病变，步行时每步需交叉到对侧。慌张步态的人，多系脑动脉硬化、颅脑损伤的缘故，走起路来身体会向前冲，前臂微屈而不能自由摆动，髋、膝关节微弯，步伐会越来越快。当小脑出现肿瘤时，

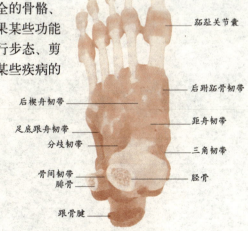

趾节间关节囊

跖趾关节囊

后楔舟韧带

足底跟舟韧带

分歧韧带

骨间韧带
腓骨

跟骨腱

后跟跖骨韧带

距舟韧带

三角韧带

胫骨

足部骨骼结构示意图
脚由表皮、皮下组织及骨头组成。脚是人体的重要组成部分，它负担着人的体重及行走、跑步等基本功能。

往往双脚分开，走路左右摇摆，步态不稳，在停步或快速转身时就更为明显，这叫"小脑步态"。这些步态的异常，往往是医生判断病情的依据。

大脑的结构与功能

大脑是人体的司令部，它与双手相结合，才使人成为万物之灵。我们脑的平均重量为 1.2 千克，体积只有 0.015 立方米，而神经元的数量却有 140 亿个，几乎与银河系中的恒星一样多。

人的全部智慧，都寓于大脑之中。脑的重量虽然只占体重的 2%，却要消耗人体 20% 的能量和氧气。若中断供氧超过 10 秒，人就极有可能丧失意识。据研究，在 1 秒内，大脑能发生 10 万种不同的化学反应，能贮存 100 亿个信息单位，所以才能形成丰富的思想、感情和行动。

大脑的奥秘

大脑像左右分开的两半球，依靠底面的胼胝体相连。而大脑对人体的管理，是一种交叉倒置的关系，也就是左半球支配着右半身的运动，而右半球却控制着左半身的行动。因此，两半球的功能就出现了不同：左脑被称为"语言脑"，它具有语言、逻辑、写作和数学计算的功能；右脑又称"音乐脑"，具有音乐、美术、识别容貌与图像和快速阅读的功能。

人的左右手是由对侧大脑所支配的。据观察，当两手的手指在自然交叉相握时，常以优势半脑支配的手指居上方。若左拇指在上的人，就是右脑功能占了优势，多倾向"艺术型"，往往喜欢音乐、美术和装饰，平时就讲究仪表，又富有想象力，并善于模仿，不但观察力强，性格外向，连情绪的变化也较大；要是右手拇指在

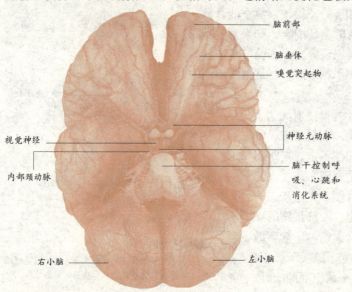

脑前部
脑垂体
嗅觉突起物
视觉神经
神经元动脉
内部颈动脉
脑干控制呼吸、心跳和消化系统
右小脑
左小脑

大脑仰视图

人脑分成3大主要区域，脑干和小脑调节人的基本生命活动，如呼吸、心跳、消化系统及各种姿势等，大脑处理信息，人的思维活动就是在大脑中进行的。人出生时，大脑里有1万亿个神经细胞，随着年龄的增长，大脑中的神经细胞数量逐渐减少，因为神经细胞死亡后就不能再生。

上的话，常属左脑优势，属"思维型"，长于数学计算和逻辑思维，做事有耐心，性格内向，而情绪却比较稳定。

据研究，女性大脑中联系两半球的神经纤维束的比重大于男性。因此，相互间的信息交换量也大。当男性在使用左半球或右半球时，女性能左右两半球同时并用。一般说来，男性的空间想象力比女性要出色，空间抽象概念及数学问题，往往会胜过女性；而女孩开口说话，不但比男孩要早，连说的句子也比男孩要长而复杂。

总之，各人的大脑优势，早在婴儿时受激素及遗传的影响就开始形成，往往是终身不会改变的。

智商可靠吗

过去，人们总以为脑的重量越重，人就越聪明。据研究，成年男子的平均脑重量约1450克，成年女子约1330克。但并不

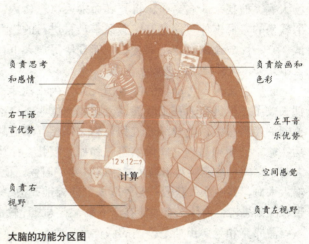

大脑的功能分区图

负责思考和感情　右耳语言优势　负责右视野　12×12=？计算　负责绘画和色彩　左耳音乐优势　空间感觉　负责左视野

是脑的重量越重就会越聪明，如俄国作家屠格涅夫的脑重为2014克，法国作家法朗士却只有1017克。而世上最重的大脑是2850克，可惜它的主人却是个白痴。

后来，巴黎市教育委员会请阿尔福雷德·比奈博士来甄别弱智儿童，他提倡"智力年龄"，把只能答出3岁以前问题的人，称为"智力年龄3岁"，并以此作为智力发达与否的标准数：即用智力年龄与实际年龄之比，再乘以100，所得的结果叫"智商"。此方法传到美国后，塔曼先生又把智商做了分类，认为智商在140以上的为"天才"，90～110的为"普通智能"，70以下的人，就算作"智力低下"者。其实，智商只不过是记忆的好坏、脑子反应的快慢和抽象思维强弱的部分表现而已。科学家们曾对中小学生的智商做过一番跟踪调查，8年之后，有1/3的人的智商数值发生了变化，原因是教育环境对智商起着很大的作用。孩子成年后，他们的实际成绩和能力，几乎和以前所测的智商无多大关系了。如10岁是"神童"、15岁是"天才"的，等过了20岁，已成为"普通人"了。如三国时的张松，他的记忆力很强，看一遍《孟德新书》，就能背诵。可惜只会贮存信息，却无创新。相反，爱迪生的记忆力就很差，不但背不出书，连考试也不及格，是学校开除的"低能儿"，可是他却成为世界上有名的大发明家。

人体血型的发现

血液是人体中最重要的液体成分，它在血管中以循环的方式快速流动，为人体提供生命所需要的氧气、养分和热量。流血过多往往会导致死亡。为了挽救失血病人的生命，现代医学上通常采用输血的方式。但是，使用输血方法成功地实现救死扶伤仅仅有100多年的历史，因为在此之前，人们还不知道血有不同的类型。

15世纪时，昏庸、年迈的罗马教皇英诺圣特生了一场大病，他找来3名男孩，将其鲜血输入自己体内，这个残暴的输血事件可能是有记载以来最早进行的输血尝试，它不仅导致供血者全部死亡，而且使得病人也在痛苦中死去，这种尝试以失败而告终。

兰斯坦纳

奥地利医生，首次发现红细胞凝集反应，为现代医学采用输血方式挽救病人生命开了先河。为此，每个接受过输血或器官移植的人都应感谢兰斯坦纳的发现。

此后，又有人将动物的鲜血输入人体内来治病，也都失败了，但仍有人在不断尝试。比如一位叫布伦道的英国妇产科医生，他曾经通过狗与狗之间相互输血的成功实验，证明狗与狗之间确实可以输血。因此，他认为人与人之间也是能够互相输血的。1824年的时候，他曾为产后大出血的8位产妇输入人血，其中5人获救，另外3人则悲惨地死去。这种截然相反的结果给人们带来深刻思考：为什么有人能存活下来，有人却比输血前更痛苦地死去呢？

潘弗克和兰多伊斯是德国的两位病理学家，他们经过20多年的合作研究，于1875年发现了溶血现象。当不同人的血液混合在一起时，有的互不相干，有的则发生溶血现象，这种溶血现象就使血液中的红细胞被溶解破坏而死亡。因此，只有在不产生溶血现象的人之间，才可以互相输血。

在血液研究中做出杰出贡献的是奥地利的医生兰斯坦纳。1900年，兰斯坦纳通过对人体的体液组织——血液的研究，发现了红细胞的凝集反应。所谓凝集反

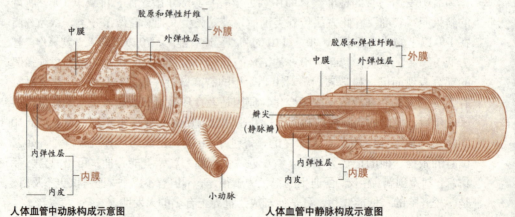

人体血管中动脉构成示意图　　　　　　　　人体血管中静脉构成示意图

应就是当一个人血液中的红细胞与另一个人的血清混合后，有时这些细胞会凝成一团，其凝集相当紧密，即使用力振荡，也不能让它们散开。这种凝集反应出现在人类的不同个体以及不同种的动物之间，这种红细胞凝集是血清免疫反应的一种表现。因为红细胞表面含有一些统称为凝集原（或称标记物）的抗原性物质，所以，红细胞在异体或异种血清作用下会发生凝集反应。而血清中则含有相应的统称为凝集素的特异性抗体，当含有某种凝集原的红细胞遇到一种与它相对抗的凝集素时，就会发生一系列的凝集反应，使红细胞凝集成团。

兰斯坦纳选择不同的人，采集他们的红细胞和血清进行交叉反应，通过广泛的实验和临床实践以及细致的比较发现，有的时候，红细胞出现或大或小的凝集状，而有的时候红细胞则不会出现凝集现象。他发现在人类的红细胞中含有2种不同的凝集原，他将其命名为A和B。兰斯坦纳进一步分析了这些成分，并按字母表的顺序，把人类血液分为4种基本类型：A，B，AB，O型。凡是红细胞中含有A凝集原者，其血型为A型；含B凝集原者，其血型为B型；含A和B两种凝集原者，其血型为AB型；两种凝集原都没有者，则其血型为O型。

"ABO型系统"的出现，在当时医学界引起了很大的轰动，解决了外科手术中大量失血的问题。无数失血过多的病人，通过输入与自身血型相吻合的他人的血液而重获生命。

知道了血型发展的历史，我们更应感谢兰斯坦纳，尤其是在我们需要输入血液的时候。

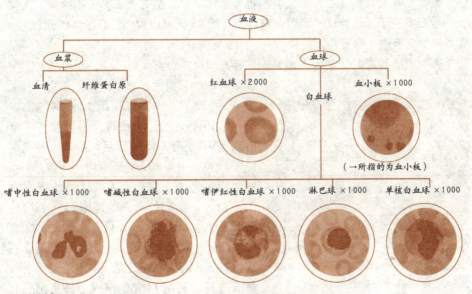

血液的构成
血液的主要成分是红血球、血小板和碳水化合物。红血球中抗原性决定了不同的血液不可以混在一起。这就为输血确立了基本的原则。

睡眠的学问

　　人的一生中有三分之一左右的时间是在睡眠中度过的。在一天紧张的学习和工作之后，如果能舒舒服服地睡上一觉，便会疲劳全消，可以以更充沛的精力投入到新的工作和学习中去。睡眠既然如此重要，那么我们就了解一下人为什么要睡觉，难道人体内真的有"瞌睡虫"吗？

　　从19世纪初开始，科学家便进行了一系列的实验研究，终于发现了"瞌睡虫"——"睡眠因子"。"睡眠因子"可以催眠，可以抵抗对人体不利的细菌，还能增强免疫功能，并在一定程度上具有替代麻醉药的作用。这么说来，"瞌睡虫"真是个有用的"多面手"。但是，"瞌睡虫"并非细小的"虫"，它只是一种结构奇特的化学物质，由四五种氨基酸组成，末端还附有一种胞壁酸糖，不同于已知的人体其他物质。

　　睡眠是人体不可缺少的一种生理现象，因此"瞌睡虫"对人来说是非常重要的。疲劳过度的士兵甚至在行军的时候也会睡着，虽然他仍在走动。曾经有人对一些健康的人做过试验：让他们连续72～90个小时不睡眠，结果这些人都出现了各种"精神异常"现象，但睡过几小时后，这些异常现象便不治而愈了。

　　出现这种"精神异常"现象的原因是，不能睡觉便不能消除脑细胞的疲劳，积累到一定程度后，"司令部"的工作就会产生"混乱"，全身的新陈代谢无法正常运行，结果必然是衰竭而亡。

　　人类十几天甚至几十天不吃食物也能生存，但要是有这么多天不睡觉，人就无法生存下去了。动物试验表明：狗可以连续25天不进食仍然存活，但强制它5天不睡觉，有些便会死亡。

　　人每天的睡眠时间是因人而异的，有人睡得多，有人睡得少，而年龄是影响睡眠时间的重要因素之一。新生儿几乎整天都在睡，2～4岁的宝宝睡12小时左右，5～6岁的宝宝睡11小时左右，7～14岁时约需10小时，15岁以后大约8小时就可以了，60岁开外的人，睡眠时间常常降到6小时以下甚至更短。有人统计，25岁左右的健康人，他们每天总的睡眠时间平均为368.3分钟，而古稀老人只有300.5分钟。

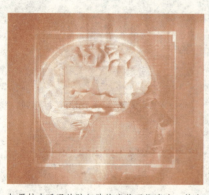

如果缺少睡眠的脑细胞的疲劳不能消除，其疲劳达到一定程度，"司令部"的工作就会发生"混乱"，全身的新陈代谢也会失去平衡，最后导致衰竭死亡。

　　睡眠不仅与年龄有关，还与长期形成的习惯有关。澳大利亚的健康专家唐戈博士对睡眠进行了长达15年的研究后证实：一个人需要的睡眠时间，是由他的身体素质、生活习惯、所从事职业以及遗传等多种因素决定的。唐戈发现，巴西赤道线附近的土著居民，数百年来一直保持每天睡4个小时的习惯，这是由于当地四季闷热，夜里难以入睡，而白天酷热，使得人们无倦意，这是"习惯成自然"的结果。唐戈还发现，北极地区的因纽特人每天却要睡足11个小时，睡不够的话，他们就

会在白天哈欠不断。唐戈认为，这是由于北极的黑夜长达半年，特殊的自然环境使因纽特人十分"贪睡"。唐戈在调查中还发现，阿根廷有个家族，其中有好几个人都可以连续三四昼夜不睡而仍精神饱满。

睡眠是给人"充电""加油"的一种方式，是补足精力的一种"最佳营养品"，所以经常熬夜不睡觉是要不得的，对身体健康非常不利。尽管有的正常幼儿每天只睡三四个小时，但那只是极其个别的现象。正在生长发育的少年儿童，更应注意保证有充足的睡眠，因为睡眠还具有帮助长高的作用。有研究表明，儿童的生长速度在熟睡时要比醒时快3倍。因为睡眠时，人体能分泌出更多的"生长素"，这样看来，少年儿童更应该睡足、睡好。

人体骨骼知多少

男女的肋骨都是12对，共计24根。不过从解剖的结果来看，大约每20个人中，就有1人多1根，而且男的又比女的多些。

据调查，我国大多数人只有204块骨头。这是什么缘故呢？原来，中国人的第5足趾骨只有2块，而欧洲和美洲人却有3块。

骨头的形状

骨头的形状各不相同，名称也就不同了。如生得又长又粗的股骨，就称它为"长骨"；最短的是腕骨和跗骨，就称它们为"短骨"；肋骨和颅顶骨是"扁骨"；椎骨又是"不规则骨"。还有样子像蝴蝶的就叫它"蝶骨"；多角形的，就称为"大多角骨"，小一些的就叫"小多角骨"。还有些骨头，是用生长的部位来命名的。如长在头顶上的叫"顶骨"。

总之，由于每块骨头的任务不同，便逐渐长成最适合自己功能的模样。如颅骨和肋骨，都是些像板块似的扁形骨，内外都是些薄而紧密的物质，中间夹着疏松的物质，只有这样才经得起外物的碰撞，更好地保护大脑和心肺等重要器官。一些承担重量的大腿骨和手臂骨，都是些空心的管状骨，既可减轻自身的重量，又不易弯曲和折断。还有些表面像沟槽的骨头，可以让血管和神经顺利通过。

骨头的构造

骨头，也是一种生长着的器官，它由骨质、骨髓和骨膜构成。骨质是构成骨头的主要成分，它分布于骨头表面，结构致密而坚硬，耐压性很强。骨膜是覆盖在骨表面的一层结缔组织膜，里面含有丰富的血管和神经，有营养骨质的作用。遇骨折时，对骨的愈合和再生起着十分重要的作用。

骨髓在长骨的骨髓腔和骨

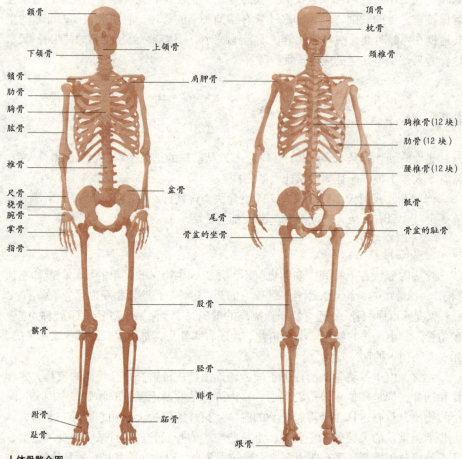

人体骨骼全图
成人的骨头206块，它起着固定人身体和形状的重要作用，任何一块骨头受到损坏，都会影响人的正常活动。

松质的空隙中，在短骨的内部，像海绵一样的疏松。年幼时有造血的功能，称为红骨髓；长大后，为脂肪细胞所替代而变成黄骨髓，失去了造血的功能。只有头盖骨、肋骨、脊椎骨和骨盆是终身造血的工厂。

骨由有机物与无机物组成。前者主要是胶原、黏蛋白等蛋白质，使骨有弹性；后者主要是磷酸钙等钙盐，使骨具有一定的硬度。若将骨头浸在盐酸里，便会脱去骨中的无机盐，会加强骨的韧性和弹性，还可卷曲起来打个结。小孩骨内的无机盐少，所以杂技演员要从小就训练。这时，应特别注意坐姿，以免脊柱变形。

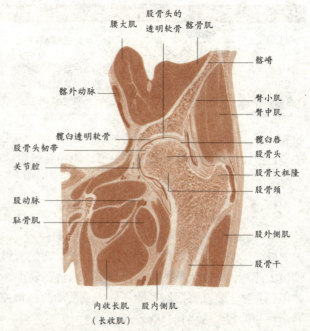

髋关节周围的韧带
骨骼与骨骼之间有多种方式连接，有的是直接连接，有的则用韧带等附着物质相连。

长骨的中央叫骨干，两端有骨骺。童骨在两者之间有软骨层，在骨干与软骨交界处能不断地增生新的骨组织，让骨逐渐变长。20～25岁时，软骨层才会消失。在骨膜与骨接触处，因骨膜中成骨细胞不断增生新的骨层，又能使骨加粗。骨内还有一种破骨细胞，能破坏骨髓周围的骨组织，使骨髓腔逐渐扩大。

骨的连接

骨的连接形成骨骼。连接的形式有两种。一种叫直接连接，如我们的颅骨是由8块扁骨组成的，它们的边缘像锯齿，相互交错嵌合连成一个整块，成为一种不动的关节。还有两块脊柱骨之间的椎间盘，垫着一块环状的软骨，靠一种有弹性的韧带把它们绑在一起，使头颈和胸腰能左右弯曲和转动，但关节间的活动范围不大，人们就称它为"少动关节"。

间接连接，是关节的主要形式。这种关节，在人的一生中要活动亿万次，却又不会磨损。这是什么原因呢？因为它有一套巧妙的结构。一个关节有关节面、关节囊和关节腔。关节面是相邻两骨的接触面，它覆盖着一层光滑的关节软骨，好减少两骨之间的摩擦。

关节囊，是结缔组织构成的囊，它附着在关节面的周围，包绕着整个关节。内层是骨膜层，会分泌出滑液来，润滑关节面和关节囊，能减少运动时的摩擦。外层是厚而坚韧的韧带，使两骨联系得更加牢固。

不同年龄段人骨中不同成分的含量变化及骨的物理特性			
时期	骨成分的含量		骨的物理特性
	有机物	无机物	
儿童少年期	超过1/3	不到2/3	硬度小，柔韧，弹性大
成年期	约为1/3	约为2/3	既坚固，又有弹性
老年期	不到1/3	超过2/3	硬脆，弹性小

关节腔是关节囊内两关节面之间密封的空隙，腔内有少量滑液，因此，能使关节牢固又灵活。在肌肉的牵引下，能产生屈和伸，既可内收和外屈，又能旋转和环转。不同部位的关节，作用不一样。如能向内运动的肘关节，可向后屈而不能前翻的膝关节，能环绕一周运动的肩关节等。

人为什么会做梦

做梦，是一种正常的生理现象。白天，我们看到的、听到的事很多，有的事情没太注意，却在大脑的皮层上留下了痕迹。晚上，人经过一天的学习或劳动，疲倦得要睡了，在熟睡时，除了管内脏活动的植物神经外，大脑的活动也逐渐由兴奋转为抑制，这样我们就会熟睡了。

一部分白天不工作的后备神经细胞，要等人睡熟时才开始活动，就是俗话所说的"日有所思，夜有所梦"了。你平时经历过的或是想到过的事，就会出现在梦中。但也有些白天没想到的事，为啥也会梦见呢？那是你不留意，而在大脑的皮层上却留下了痕迹的缘故。又因大脑的大部分区域已经休息，这些后备细胞的活动，由于没有得到其他部分的配合，往往会失去正常的判断力，会

摄影师席尔多里·斯巴尼亚拍下的一系列关于睡眠的定时照片。每帧照片隔15分钟。他拍摄它们是为艺术创作，但神经生理学家霍伯森指出这些照片对睡眠研究的价值，因为图中人的姿势变化与脑的变化吻合。有一连几帧姿势没有变化——例如从上排第5帧起，其后睡姿发生变化，这段时间表示人进入快速眼动睡眠或开始做梦。

将平时一些没有联系的事硬凑合在一起，就会做出千奇百怪、支离破碎的梦，有的梦甚至是荒唐可笑的。

做梦的好处

有人怕做梦会影响睡眠，也有人担心做梦会损害健康，其实，做梦有许多好处。

据脑神经学家的测试，睡眠有两个阶段：一种叫"慢相睡眠"，这一阶段不但没有梦，而且连眼球也不会转动；人在做梦时，眼球会快速地转动，就叫"快相睡眠"。这两种睡眠，是交替进行的，构成正常的睡眠周期。英国的生物学家克里认为，做梦能消除大脑中多余的无用信息，又能使有用的信息传导得准确又迅速，不仅能恢复脑力，而且能提高智商，使人聪明起来。

白天，大脑循规蹈矩地进行着合乎逻辑的思维，而梦中出现的人和发生的事，却不受任何逻辑的规范，潜意识在没有任何压力束缚下的一闪现中，还会出现奇迹呢！如许多科学难题，往往是在梦中迎刃而解的。美国发明家依莱涯斯·豪等想发明缝纫机，却解决不了用线穿针的问题。谁知梦中见到一个人，手持枪尖开孔的长矛，正气势汹汹地对着他。惊醒之后，他就试着把针屁股的针眼移到靠近针尖的位置，居然大功告成。

无独有偶，德国生理学家奥托·洛伊，在梦里用 2 只青蛙做实验，也奇迹般地完成了神经间的化学传导研究。醒后他立即重做，倒也梦想成真，提出了他的神经传导学说，还获得了诺贝尔奖。

梦是病的预兆

有时，用手放在胸上，往往会做"鬼压身"的噩梦；当你的脚尖露出棉被外时，也会做水湿脚的梦；如果小便急了，还会做四处找厕所的梦。其实，这都是

受了睡眠环境的刺激所致。如果没有了这些刺激，有时可能你还会做梦，此时的梦，很可能就是病变的预兆，它警告你身体已经发生了某些尚未被察觉的疾病。如做噩梦，常是肺或呼吸道有病变；与水打交道的梦，也许是肝胆系统出了毛病。出现这种情况的原因是某个器官刚有病变时，疾患的信息还是一种弱刺激，当大脑正忙于处理各种强刺激时，就把这种弱刺激给遮掩过去了，而只有在梦中，弱刺激才会变得明显起来。

病人的噩梦，常会反复出现。如梦见有人追逐你，想叫又叫不出，往往是冠状动脉供血不足的缘故；梦到与火有关的事，可能是患了高血压；若梦见耳边喇叭连声响，多系头部有病变；梦中不停地在大笑，多半是心脏有问题；梦见有人勒住你的脖子，常系呼吸道有病。

史提芬·拉伯基的眼睛在睡眠中快速抽动时，眼镜便发出柔和的红光，表明梦即将发生。柔光不会惊醒清醒梦实验者，而提醒他在梦中发挥主动角色。

总之，梦会提醒潜伏着的病症，好使人们及时去医院进行检查和治疗。

什么叫白日梦

有位瘦小的亚洲拳击手，想与高大的白人拳师进行角斗，却被主持人推出门来。一气之下，他头脑里居然出现一场与白人决斗的场景。由于采用低姿的挡和防，又灵巧地用猛烈的密集拳击打，以一个漂亮的勾拳击翻了对手。在一片喝彩声中，他兴奋得招手和疾走，当头被门框撞痛后，他方醒悟过来。谁知后来真跟白人交手时，他采取梦境中的斗法，居然获得了胜利。

这种梦幻似的情景，既不是幻想，也不是真梦，心理学家称它为"白日梦"。白日梦既可消除心理的紧张，又能使人树立自信心，但须与自己的努力结合起来才行。若不肯努力，又爱做"白日梦"的话，不但会影响神经系统的功能，甚至还会形成变态心理。

人体的信息网

神经系统的功能是将信息从身体的一部分传递给另一部分，它的最高传送速度可以达到每秒120米。神经末梢遍布于全身各处，从器官到皮肤都有神经末梢的存在。大脑操控着这个功能非凡的网络，以控制中心的身份统领着数亿个信号通路的活动。

人体的神经系统可以分为两部分。第一部分是大脑和脊髓构成的中枢神经系统，头面骨保护着极其复杂和精密的大脑。

脊髓位于脊柱椎管内，上端和大脑延髓相连，其中含有大量的神经细胞。大脑、四肢和躯干之间的数万个神经冲动都通过脊髓这个通路进行传导。

在横切面上，脊柱中央为灰质，包在灰质外面的是白质。组成白质的神经细胞将神经冲动向上传导到脑或是向下传导到脊髓，灰质则控制着神经细胞之间的信息传送。

成对的脊神经从大脑和脊髓发出，从椎间孔中穿出，这些神经的分支遍布全身，构成神经系统的第二部分，我们称之为周围神经系统。周围神经系统的神

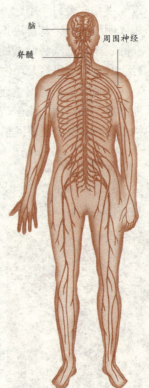

脑 —

脊髓 —

—— 周围神经

神经的结构

单独的神经细胞被称为神经元。神经元所传导的细微电冲动组成神经信息，感觉神经元会将冲动传入大脑，运动神经元则将冲动传出。神经元的大小和形态多种多样。

经末梢常常向我们提示身体内部和外部的情况。周围神经和肌肉的联系使肌肉遇到刺激时发生收缩反应，从而产生运动。

神经系统

大脑和脊髓构成中枢神经系统。周围神经系统遍布于全身各组织和器官，它包括由大脑发出的脑神经和由脊髓发出的脊神经。

每个神经元都有一个细胞体和一个细胞核，以及微小的突起。大多数神经元都有多个短的突起，叫作树突，以及一个长的突起，叫作轴突。树突以电冲动的方式接收信号，并将信号传递到神经元的中心。轴突则是将信号传出到相应的组织上。轴突的周围常常有一层髓鞘，髓鞘中含有大量的脂肪，它通过封裹来保护轴突，并加速神经冲动的传导。

神经冲动的传导

当神经元受到刺激时，在它的细胞膜表面，电量发生细微的变化，形成神经冲动的传递。神经冲动沿神经传导时，必须穿越所有轴突和树突末端的空隙（突触），神经冲动在到达轴突末端时消失，并引起轴突末端释放一种化学物质——递质。通过递质的作用，突触的细胞被激活，神经冲动得以继续传递。

动物性神经系统中的神经元遵循我们有意识的指令，例如走路、谈话和书写。植物性神经系统中的神经元完成我们无意识的活动，诸如改变心率和控制食物消化的速度。

体内物质运输的系统

循环系统包括人体内的大血管和微血管，这是一个复杂的运输系统，它的总长度约为10万千米。通过心脏的收缩作用，循环系统将血液运往全身，从而维持生命。

血液的有效运输对于维持身体健康来说是至关重要的。血液运送着氧气和食物中的营养物质，并且将细胞代谢过程中产生的二氧化碳等废物排出体外，血液还维持着人体内的水分比重和化学平衡，并保持体温恒定。

一个成年女子体内的血液总量是4~5升，一个成年男子体内的血液总量是5~6升。血液

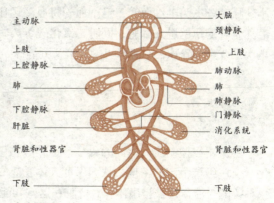

血液循环
肺动脉将血液运送到肺部，血液在肺部得到氧气，并将氧气送到全身的组织和器官，然后通过静脉流回心脏。消化系统的血液要先流经肝脏，肝脏储存营养物质后，血液才到达心脏。

中将近一半是血浆（血浆中含有水、蛋白质和盐分），其他成分是红细胞、白细胞和血小板。

血细胞

红细胞又称红血球，呈无细胞核的扁平结构。人体每立方毫米的血液中约有 500 万个红细胞。骨髓是红细胞的诞生地，每秒钟可以生成约 200 万个红细胞。血液中运送氧气的血红蛋白中含有铁，因此红细胞呈现红色。

白细胞，又称白血球，比红细胞略大一些，有细胞核。人体每立方毫米的血液中大约有 5 000 个白细胞。有些白细胞（巨噬细胞）可以包围并吞噬进入体内的异物，例如微生物，还有一些白细胞能够抵抗各种病菌的感染，产生各种抗体。

血小板这种细胞较小。当血管壁受到损伤时，血液在血小板作用下凝固成块，起到止血的作用。

血管

人体内的血管所组成的网状系统遍布全身各处，其分支可达全身各处细胞。最有力的血管是动脉，因为动脉壁必须承受从心脏流出血液所产生的高压。动脉分支为小动脉，

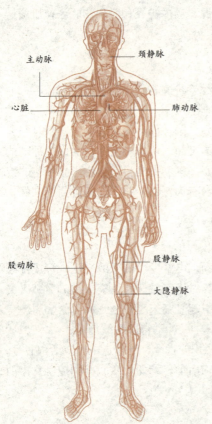

主动脉　　　　颈静脉

心脏　　　　　肺动脉

股动脉　　　　股静脉

　　　　　　　大隐静脉

循环系统
静脉将血液运到心脏，动脉将心脏内的血液运出，连接心脏和肺的肺动脉中流动的是静脉血，除此之外，所有动脉中都流动着动脉血。

小动脉又分支为毛细血管。毛细血管将血液运往全身各个组织。食物和氧气经过毛细血管的薄壁进入细胞，同时二氧化碳等废物被运出细胞。毛细血管里的血液再次汇合到小静脉，小静脉里的血液又到静脉，最后将血液运回心脏。

肾脏是怎样制造尿液的

泌尿系统控制着人体内的水分含量和液态化学组分，它确保细胞和组织内的化学反应维持恒定的密度，从而保证人体功能的正常运作，蛋白质等废物通过泌尿系统的排泄作用被排出体外。肾脏在这些功能中起最主要的作用。

肾脏位于后腹上方的脊柱两旁，左右各一。低处的肋骨覆盖了部分肾脏，起到保护作用。每个肾重约 140 克，呈红褐色，形状如菜豆。肾动脉是主动脉的分支之一，为肾脏提供所需的血液，肾脏过滤后的血液再经肾静脉回到腔静脉，流

入心脏。

肾脏的内部结构

肾脏的表层叫作皮质层。皮质层由肾小球组成，肾小球是一种毛细血管球，包围肾小球的组织叫作肾球囊，肾球囊向下延伸出一条长长的弯曲管道，这就是肾小管。肾小球、肾球囊和肾小管统称一个肾单位。每个肾脏内约有 100 万个肾单位。

肾小管从皮质层伸入到肾脏的第二层——髓质层，最终进入肾盂，肾盂形状像个漏斗，里面聚集着肾脏产生的尿液。

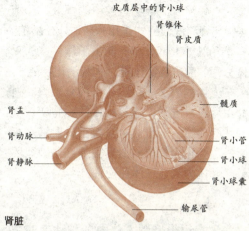

肾脏

人体有一对肾脏，每个肾脏长约 10 厘米，宽约 5 厘米。肾脏主要分为 3 部分：最外层是皮质层，中间是髓质层，肾盂位于肾脏中心。肾动脉将血液运送到肾脏，然后再经肾静脉流出。

肾脏的功能

肾脏是一个起过滤作用的器官，肾脏的主要功能是将人体内的可溶性废物通过尿液的形式排出体外。同时，肾脏协调着人体内的水分以及各种化学成分的含量，维持体内酸碱平衡。

血液经肾动脉到达肾脏，再进入肾小球内的毛细血管中。血液经肾小球过滤。在这个过程中，水分、葡萄糖、钾、钠、氨基酸、尿素（蛋白质分解消化过程中产生的废物）和尿酸被过滤出来，而血细胞和大分子蛋白质仍然留在血液中。过滤后的液体经肾小管到达输尿管，在肾小管运输的过程中，水分、葡萄糖和氨基酸会再经受一个重吸收的过程而回到血液中去。

尿的生成

进入输尿管的液体就是尿液。尿液中的水分占 95% 左右，尿素约占 2%，氯化钠约占 1%，剩余 2% 是尿酸、钙、钾和氨等。

人体每天排出约 1 升尿液。尿液流经输尿管后在膀胱中聚集，充满尿液的膀胱会伸长，然后通过尿道将尿液排出体外。人体的排尿量和出汗流失的水量也有关系。

什么是内分泌系统

内分泌腺分泌的化学物质辅助维持人体的正常功能。有的腺体直接将分泌物通过导管输送到体表，另一些腺体则分泌激素，直接进入血液。

人体内有两类腺体，我们可以根据分泌物输送路径的不同而区分这两类腺体。外分泌腺通过微小的导管释放它们的分泌物。如汗腺（分泌汗液降低体表温度）、唾液腺（分泌口腔中的唾液）和泪腺（起到清洗眼睛的作用）都是外分泌腺。胃壁和肠壁上都分布有此类腺体，这些腺体分泌的酶进入消化道，加强消化功能。

　　人体内的另一种腺体是内分泌腺。内分泌腺没有导管，这些腺体的细胞所合成的化学物质——激素，直接进入血液。有时被称为化学信使的激素会通过血液循环输送到体内其他腺体和器官。

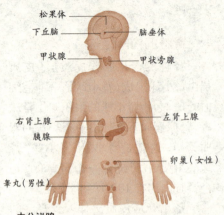

内分泌腺

内分泌腺的分泌物直接进入血液循环，合成化学物质，即激素。上图表明了人体内的主要内分泌腺。

激素的功能

　　激素用于控制人体内各种功能的活动，每种激素控制一项具体的活动或过程。比如说，松果体控制人的情绪和睡眠。

　　垂体控制着许多其他腺体的活动，因此常常被视为最重要的腺体，它的活动处于丘脑的控制之下。垂体分泌的激素控制肾脏的功能、人体的生长发育以及性腺的活动。其中性腺指的是男性的睾丸和女性的卵巢。在青春期，性腺分泌性激素，促进男女性成熟，为人类繁衍后代做好准备。垂体还控制着人体的肤色，随着阳光强度的变化，垂体激活人体内的黑素细胞，从而产生黑色素。甲状腺同样受到

知识窗→激素控制系统

　　在一种激素激发细胞做出预期反应后，这种激素就会停止作用，直到人体再次需要这种激素。这个过程是这样实现的：下丘脑分泌的激素（图1），激发脑垂体分泌某种激素（图2）。脑垂体所分泌的激素通过血液循环到达目标腺体，激发目标腺体分泌另一种激素（图3），血液循环再将这种激素运送到所需部位。此激素的一部分会到下丘脑，使原先激发脑垂体的激素停止作用（图4）。

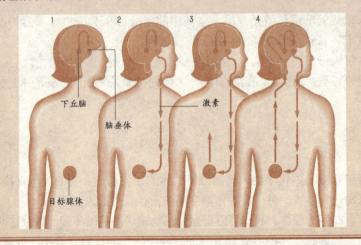

垂体的控制，它所分泌的甲状腺素控制着细胞对能量的利用，如甲状旁腺素控制着体内钙的代谢，维持骨骼的力量。

垂体还影响肾上腺的功能。肾上腺分泌两种激素：肾上腺素和去甲肾上腺素。这两种激素控制精神紧张时人体的反应，并为人体的紧急行动做好准备，肾上腺还起着协调人体生长发育和新陈代谢的作用。

人为何能记忆往事

人能够生动地回忆童年时发生的一件小事，尽管这件事已经过去了很多年。人也能回忆起某个梦境，哪怕他在现实生活中从未有过类似的经历。然而，人又往往会忘记几个小时前拨打的那个电话号码或某个人的名字。这些只不过是展示人类记忆的神奇以及记忆工作方式的几个常见的例子。

人脑能够储存过去曾经发生过的事件，在之后回忆起这些事件，并且运用这些信息完成具体的任务，这种能力称为记忆。记忆是一个极其复杂的储存系统，常常需要许多活动的参与和协作。

记忆主要分为三种类型。第一种为感官性记忆，这是我们认识世界的一种方式。例如，我们对声音的辨认便属于感官性记忆，我们通过倾听他人的发音来理解言语。由感官性记忆得来的印象被传递到记忆系统的其他两个部分，即短期记忆和长期记忆。

当我们进行数字运算这样简单的任务时，所运用的记忆便是短期记忆。要完成这个运算任务，我们必须回忆起足够长的数字。研究表明，短期记忆分为三个阶段：语音环路（储存语言信息以备计算之用）、视觉空间缓冲器（帮助我们处理视觉形象）和中央执行器（控制其他功能）。

长期记忆是对信息进行长时间甚至是永久性的储存。它包括两部分，其中语义记忆针对常识性的事实，例如"狗"一词的含义；情境记忆则用来保存你刚才所做事情的经验。

记忆的储存

脑的不同部位对不同的感官体验做出解释。例如，脑的某一部分负责辨认面容，而另一部分则负责辨认物体。脑中处理某个意象的场所很可能也是相关记忆储存的场所。也就是

◎ 记忆力测验 ◎

用1分钟观察下图中的物体，并努力记住它们。现在合上书，尽可能多地写下你能回忆起的物体名称。这个练习可以测验你的短期记忆能力。然后分别在1小时之后、1天之后和1周之后检查有多少物体储存在你的长期记忆中。

实|验|课|堂

说，脑中并没有专门储存记忆的部位。

当脑储存某些记忆时，负责处理信息的神经元发生相应变化。如果这个事件储存在短期记忆中，神经元所发生的变化是暂时性的生化变化。如果这个事件储存在长期记忆中，那么相关神经元的蛋白质组成会发生较为持久的变化。事件被储存在长期记忆中的这一过程称为巩固过程。事件要通过某种方式被强化，例如重复，或是在其他重要事件之间产生联想，才能储存在长期记忆中。

如何塑造优美体形

食物为我们提供生存所需的能量，使人体器官得以维持正常功能；食物还为人体组织提供营养物质，促进生长发育和伤口修复。但是饮食过量则会使人发胖，导致高血压和心脏病。

人体需要摄入多种食物才能维持健康。均衡的饮食应该包括适量的碳水化合物和充分的蛋白质。其中碳水化合物是人体主要的能量来源，蛋白质为细胞生长和修复提供了原料。

维生素是维持人体健康所必需的物质，其中纤维素起着强化消化系统功能的作用，但是大多数饮食都包含过量的脂肪，导致体重超标。由于每个人年龄和日常活动的不同，人们所需食物量也有显著差别。譬如说一个年轻的运动员所需食物量会超过一个活动量很少的老人。

食物摄入量的控制

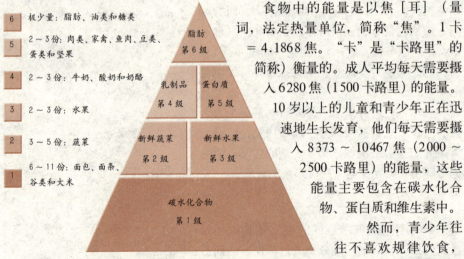

食物中的能量是以焦［耳］（量词，法定热量单位，简称"焦"。1卡 = 4.1868焦。"卡"是"卡路里"的简称）衡量的。成人平均每天需要摄入6280焦（1500卡路里）的能量。10岁以上的儿童和青少年正在迅速地生长发育，他们每天需要摄入8373～10467焦（2000～2500卡路里）的能量，这些能量主要包含在碳水化合物、蛋白质和维生素中。

然而，青少年往往不喜欢规律饮食，而喜欢快餐和速食，这些食品含有大量的糖分、添加剂和脂肪，

食物金字塔
丰富均衡的饮食是保持身体健康的必要条件。这个金字塔标明了各种食物的每日适当摄入量。蛋白质、牛奶、水果和蔬菜均有助于维持人体生理系统的正常功能。

而蛋白质含量却很低。食用这类食品很容易导致摄入能量超标，如果食用者缺乏规律的锻炼，过多的能量就会转化为脂肪。

在日常生活中健康的早餐是非常重要的，诸如果汁、谷类食品和烤面包。如果你喜欢吃零食，那么你最好以水果和坚果代替糖果等高脂肪食品。上页的食物金字塔显示了每日均衡饮食所需摄入的各种食物量。

超重

超重会对人的健康构成潜在的威胁。超重的儿童和青少年在成年后会遇到许多健康问题，而这些问题本来是可以避免的。肥胖人群患背部疾病、关节炎、心脏病、循环不畅和呼吸困难的概率较大。

人们为了减轻体重设计了上百种饮食方案，但是大部分并不奏效。最有效的方法是每天减少摄入 2093 ~ 4186 焦（500 ~ 1000 卡路里）的能量，在这个额度下你还可以偶尔享受一些零食。

营养不良

我们都在电视屏幕上看到过饥饿儿童的悲惨照片。当人体不能从食物中摄取能量时首先分解脂肪，然后从肌肉中分离出蛋白质。蛋白质缺乏会导致液体潴留，因此营养不良的儿童腹部会出现肿胀。最终心肌衰弱，无力将血液运往全身，导致死亡。

许多人因为受到流行风尚等因素的影响而节食，然而过度节食则可能导致神经性食欲缺乏。这种患者误以为自己超重，拒绝进食。这既是一种生理疾病，又是一种心理疾病，患者可能需要接受治疗才能康复。

常见的无意识反应

人们在害怕时常常会不自觉地感到胃痛、嘴唇发干、喉结突出、心跳加快，脑海中闪过各种恐怖的画面。焦虑、恐惧和紧张都是重要的本能，它们在适当的情况下能够增加我们的存活概率。

焦虑是一种常见的无意识的反应，当我们身处困境或险境时，就会感到焦虑。我们面临的问题越艰巨，焦虑的程度就越深。当焦虑非常严重时，就转变为恐惧。焦虑这种反应能够使人做好体力运动的准备，以便人

享受恐惧感

通过坐过山车，我们享受到身体被恐惧唤醒的感觉，这是因为我们明白过山车不会带来真正的危险，而且它的持续时间很短。人们在大声喊叫中释放出身体内所积累的神经紧张的能量。

紧张能够导致有益的人体生理变化，在我们身体被唤醒的状态下，我们能够更加警觉，注意力更集中。但是如果人体被唤醒的程度过高，我们的表现水平反而会下降，如下图所示。长期的紧张会使人精疲力竭。如果高度的紧张积累到某个程度（下图中的×点），将会导致神经崩溃。

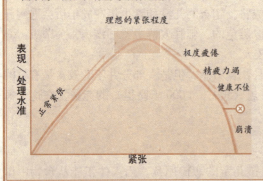

们迅速逃离险境，或者同面临的危险做斗争。例如当你穿越高速公路时，一辆轿车飞速地向你驶来，你的焦虑反应会帮助你迅速跳出车道。

所有的艰巨任务都会使我们处于紧张状态之下。在我们的日常生活中，某些紧张是有益的。最后期限、新技术的学习和考试都会使我们紧张，并且激发焦虑反应。如果我们有信心达成这些要求，焦虑反应就会唤醒我们体内的功能，使我们有足够的精力去完成这些任务。在这样的情况下，焦虑起到积极作用，使我们表现出色。

然而，在过度忧虑的情况下，问题占据了我们的全部脑海，或者我们只关注自己身体的变化，结果导致我们的表现水平降低。我们可能担心自己会出丑，或者无法掌控局面。这些消极的想法加剧了我们的焦虑情绪，在随后的事件发展过程中，焦虑又导致我们的想法更加悲观。

在上述情况下，我们把所有的精力都浪费在了担忧上面，所以我们根本没有解决问题的希望。不幸的是，这种不自信行为模式是很难打破的。当我们再次遇到同一个问题时，会记起自己以往的焦虑和无能，然后开始了又一轮失败循环。

同理，长期的紧张会提升我们的整体警觉水平，结果我们轻易就会陷入焦虑。如果这种紧张程度得不到缓解，我们甚至无法完成最简单的任务。

在非常紧张的状态下，我们常常会感到莫名的极度焦虑，这种现象叫作惊悸。惊悸持续时间并不长，但是当时会使人十分害怕。

焦虑导致的生理反应

焦虑所产生的生理反应可能会使人体感到不适。人体在遇到危险时，会迅速产生大量的能量。我们的呼吸和心跳都加快，为肌肉提供更多氧气，为行动做好准备。汗液帮助人体排出运动产生的热量，降低体表温度，人体还通过唾液分泌等各种生理活动转化能量。焦虑就是由这些反应构成：肌肉紧张、心跳加快、嘴唇发干以及胃痛。

当我们意识到这些正常的生理反应时，我们的焦虑程度会加深，情绪也变得更差。我们是否能够积极解决问题就取决于我们能否恰当地控制自己的焦虑情绪。

动　物

动物的种类

一般而言，人们一提起动物就会想到哺乳动物，其实动物还包括爬行动物、两栖动物、鱼类、鸟类。科学家按照动物的形态结构，把动物分成脊椎动物和无脊椎动物2大类，然后将动物按门、纲、目、科、属、种等单元一一区别开来。具有最基本最显著的共同特征的生物被分成若干群，每一群即一门。科学家将动

动物分类

按照动物界生态分类学的观点，把整个动物界从大到小依次分为门、纲、目、科、属、种6个阶层。其中，同种的动物为一群彼此相似，且可以相互交配生殖的动物个体的集合，而不同种的动物通常无法天然交配生殖。相似的种可合为一属，相似的属则可组成一科，科以上的分类阶层为目、纲、门及界。下表选择主要的、有代表性的8个门及其余5个分类阶层的代表性动物详细、具体地展示动物间的相互关系。

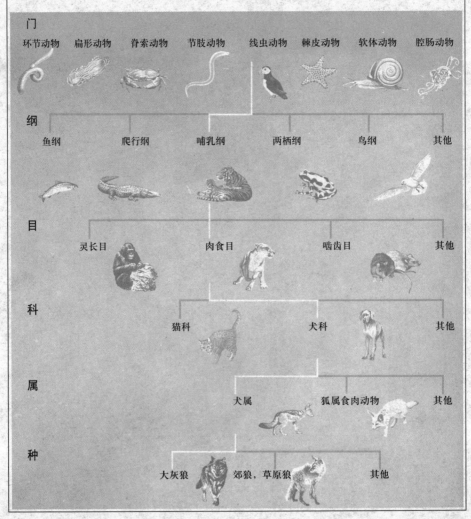

物分成原生动物门、海绵动物门、腔肠动物门、线形动物门、扁形动物门、脊椎动物门、环节动物门等20余门。门以下为纲，纲是把同一门的生物按照亲缘关系和彼此相似的特性而分成的群体。同一纲的生物按照彼此相似的特征分为几个群，叫作目。同一目的生物按照彼此相似的特性所形成的群体则为科，如鸡形目有雉科、松鸡科等。科下面是属，是同一科的生物按照彼此相似的程度结合而成的群体，如猫科有猫属、虎属等。属下面是最小的类群——种，又叫物种，是动物分类最基本的单元，如科来特猫是猫属中的一种。随着科学技术的日新月异，科学家们还运用胚胎学、数学、生物化学等方法对动物进行分类，以便更好地研究自然界。

知识窗→动物之最

最小的蛇——南美洲香蕉园里的盲蛇

刺最多的动物——豪猪

最大的龟——象龟

最高的动物——长颈鹿

最凶猛的动物——犀牛

跑得最快的动物——非洲猎豹

游速最快的鱼——旗鱼

最能跳远的动物——非洲羚羊

最小的鼠——生长在巴尔喀什湖附近的一种微型老鼠

最小的蛙——生活在非洲的一种花心蛙

最小的虾——贝加尔湖内生长的一种小体型虾类

最小的脊椎动物——生活在菲律宾群岛附近海洋中的一种微小鱼类

在动物界中，尽管脊椎动物只占一小部分，但却是最高等的类群，主要包括鱼类、圆口类、两栖类、哺乳类和爬行类。大约5亿年前生活在海底泥层中的一种像虫一样的小型动物逐渐进化成最初的脊椎动物。脊柱、四肢、感觉器官和大脑组成了典型的脊椎动物。脊椎从颈部延伸至尾部，由许多相互连接的块状椎骨组成，可以保护从脑至全身的神经组织。感觉器官集中在头部，其作用是帮助动物觉察危险，寻找食物和配偶。多数脊椎动物有四肢，有的四肢演化成鳍，有的则演化成腿、上肢或翅膀，包括蛇类在内的许多脊椎动物已经没有了外肢的痕迹。脊椎动物的大脑一般都比较发达，其中以哺乳类动物尤为突出。

脊椎动物按照不同的标准，可以分成不同的类别。如果以在胚胎发育中有无羊膜来看，圆口类、鱼类和两栖类为低等动物，其他的为高等动物；如以变温和恒温来区分，鸟类和哺乳类等恒温动物属于高等动物，爬行类以下的变温动物属于低等动物。在大多数情况下，高等动物专指哺乳动物，鸟类以下的为低等动物。

相对于上述的高等脊椎动物而言，无脊椎动物是低等的，但种类繁多、数量庞大的无脊椎动物形成了一个巨大的多样化的物种体系。从理论上分析，世界上的任何地方都生活着无脊椎动物。在全世界约1000万种生物当中，90%以上是无脊椎动物，许多科学家还提出，目前尚未发现的无脊椎动物大约为1500万种。这类动物并没有什么共同特征，仅仅靠血缘关系而互相结合。有些无脊椎动物是为人们所熟知的，如昆虫、蜗牛等；有些则是难以觉察的，生物学家甚至无法给它们命名。无脊椎动物通常集中在海洋里，它们有的具有庞大的躯体，如巨型枪

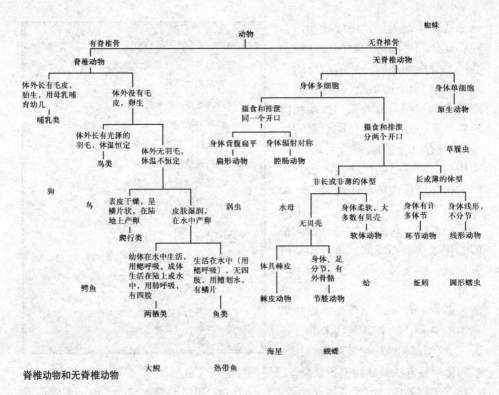

脊椎动物和无脊椎动物

乌贼有 18 米长；有的体型则十分微小，随洋流四处漂泊。除海绵外，几乎所有的无脊椎动物的躯体都具有对称性，有的呈辐射对称，有的呈双边对称。另外，许多无脊椎动物的躯体是由一些分离的环节构成的，这就使得它们能改变自己的形状，并以复杂的方式运动。如蚯蚓在每一环节里都有分离的肌肉，它可以通过协调肌肉的收缩在土壤里蠕动。

动物世界中最大的群系是节肢动物，主要包括昆虫、千足虫、蜘蛛、螨、甲壳以及造型古怪的鲎和海蜘蛛。所有的节肢动物的躯干都是由一排节环构成的，外面由一层外生骨骼或角质层覆盖着，并长有带关节的腿。

脊索动物中的海鞘、柱头虫、文昌鱼等，属于中间类型，兼有无脊椎动物和脊椎动物的特点。

一般而言，同一类群的动物具有比较近的血缘关系。而不同类群之间的动物，有的亲缘关系比较近，有的则比较远。例如海绵这种最简单的有机生物，虽然它属于多细胞生物，却有着与单细胞生物相似的行为特征。它们的躯体是由两层细胞构成的，变形细胞很多，体壁细胞具有多种功能，因此可以说多细胞生物与单细胞生物具有较近的亲缘关系。而那些形态差异比较大的生物，其亲缘关系就比较远。动物的亲缘关系，实际上就是动物的演化关系。曾有科学家根据亲缘关系的远近，将各门动物的关系排列成"系统树"，树的上方是高级的哺乳类动物，下方则是原生的单细胞生物。从这棵树上，人们可以清楚地看到物种在历史长河中的进化步伐，有助于我们了解自然界的奥秘。

动物装死的绝技

在优胜劣汰的自然法则下，与人类世界一样，动物世界里的许多动物为了求得更好的生存，慢慢形成了很多独特的生存本领。其中，"装死"就是特别有趣的一种。像乌龟、墨鱼、麻雀、狐狸等，都会采用装死的方法瞒天过海，从而达到避敌以自保的目的。

下面再讲一个装死求生的动物——负鼠。负鼠是生活在拉丁美洲的一种有袋类动物，身体很小，是有袋类中最小的一种。

因为身体弱小，所以每当遇到危险时，负鼠从不进行抵抗，而是爬到树上躲藏起来。倘若来不及逃跑，就会使出装死的伎俩，身体翻滚，四脚朝天，双眼瞪直，嘴唇后裂，活像一具僵尸。它能装死6小时之久。由于一般食肉动物对死尸不感兴趣，负鼠才得以化险为夷，死里逃生。当然，这并非万无一失，有时恰好给它做俘虏创造了条件。

负鼠有一套有趣的生养儿女的本领，还以世界上怀胎最短的哺乳动物出名。负鼠一般怀孕十二三天就能生下小仔，时间短的甚至只需8天，每胎产仔6～14个。刚产下的小仔只有2厘米左右长，一经产出便能爬到母亲腹部的育儿袋里，很快找到乳头并紧抓不放，有时一连几星期都挂在乳头上，贪婪地吸吮乳汁。一段时间后，长大一些的幼仔便会爬到母背上，以自己的小尾巴缠住母兽弯向背方的大尾巴，由"妈妈"背负着到处活动，直到能独立生活为止。负鼠也因此得名。

像这样有趣的故事还有很多很多，只要我们愿意去观察它们，了解它们，就会发现，动物世界是一个非常有趣而且充满智慧的世界。

动物间怎样进行交流

人与人的交流离不开语言，那么你知道动物之间是怎样进行交流的吗？

俗话说：人有人言，兽有兽语。动物之间进行交流的最常见形式是声音。狼是群居性动物，在狼群内部，它们用嗥叫来互相联系，表达感情。当它们遇到对

为吸引异性注意，蟋蟀会发出悦耳动听的鸣叫声。　　打斗时，雄性蟋蟀的鸣叫声非常有力。

蟋蟀的交流

面部表情是表明心情的一个重要标志。黑猩猩用不同的面部表情（还有身体姿势和声音）同它们群体中的其他成员联络，传递出丰富的信息。

手时，用嗥叫显示威力；当遇到危险时，则用嗥叫向同类求救。每只狼都有自己独特的音域或嗥叫的旋律，夜幕降临时，各种不和谐的声音混杂在一起，可以壮大狼的声势，增强恐怖气氛。斑鬣狗在一起的时候，就像一群嬉戏的孩子，吵吵嚷嚷，热闹异常。它们有时高声地咆哮，

有时爽朗地大笑，有时低声地哼哼，有时痴痴地低笑。夜深人静的时候，斑鬣狗会发出一种尖厉、阴森的叫声，比狮吼更加令人毛骨悚然。犀牛也是靠声音进行交流的，犀牛的耳朵呈管状，可以灵活移动，因此它的听觉十分灵敏。它不仅靠耳朵留意危险，还靠耳朵听出同类发出的声音。犀牛可以发出多种不同的声音，不同的声音信号各有其固定的意思。

鸟类的语言非常动听，种类也很多，据说共有两三千种。"关关雎鸠""交交黄鸟"都是鸟鸣的生动写照。啄羊鹦鹉的社群性很强，它们可以通过变化多端的鸣叫声来交流信息，如"嗁……啊呵呵"这样的声音就是用于远距离召唤的。

很多昆虫也是靠声音进行交流的。例如，不同的蝉有不同的叫声：蚱蝉的叫声像一声长长的"蚱——"，它也因此而得名；螗蛄蝉的鸣声是尖锐的"吱吱……吱吱"，连续不断，从4月到7月都可听见它的鸣叫声；夏至蟟的叫声为"伏天儿……"，声音悠扬、清脆、悦耳；寒蜇常在深秋时节鸣叫，声音凄切，在瑟瑟寒风中，就像凄婉的哀歌；红娘子从6月开始"吱吱……"鸣叫，声音单调、高尖、刺耳；黑艳蝉的幼虫无法单独觅食，但它的腿上有一个发音装置，饥饿时只要"呜号"，雌虫便会听见并给它喂食了。

有意思的是，同一种动物由于生活的区域不同，它们的"语言"也有明显的区别。如生活在太平洋的关东海豚有16种语言类型，而生活在大西洋的关东海豚有17种语言类型，它们的语言类型只有9种是相同的，另一半则是它们各自的"方言"。与此相反，不同种类的动物可能由于长时间生活在一起，却能懂得彼此的语言。如猪和羊长期关在一起，它们就会熟悉对方的叫声，一旦把它们分开，猪在一处叫起来，羊听见了也会在另一地遥相呼应。

有些动物是以气味语言进行联络的。许多哺乳类动物都通过腺体的分泌物或尿的气味来划分领域。印度猫鼬肛门的味囊能制造出一种气味，含有6种羚酸，可混合成浓淡不同的气味，散发到地面上，同类便可知道它的位置了。在求偶的季节里，雄蝎子会在夜间走出自己的洞穴或栖息地，跑到百米之外，身上散发出

一种叫作"信息素"的化学物质，来吸引雌性蝎子与其约会。在动物世界中，小小的蚂蚁称得上是运用气味语言交往的典型。蚂蚁的"化学语言"其实是一种激素，是由身体的某一器官或组织分泌到体外的一类化学物质。当蚂蚁在外觅食时，它会一面爬行，一面在路上洒下这种化学物质，所分泌激素的多少同食物的多少成正比。其他的蚂蚁根据激素的气味，就知道应该去哪里觅食了。如果许多蚂蚁一起释放这种激素，那么这条路便成了一条"气味长廊"，成群的蚂蚁就会沿着这条长廊忙碌地搬运食物。

还有些动物是以动作为联络信号的。比如说喜欢群居的大象是大自然中最稳定坚强的群体，它们共同生活，共同寻找食物，共同抵御敌人的进攻。当别离之后再次相见的时候，象群中的成员彼此之间会互相拍打耳朵，以鼻管彼此爱抚并发出鸣叫声，其情形不亚于人类亲友久别重逢时的热烈场面。当有小象出生时，象家族的成员们便会聚在一起，亲热地用鼻子嗅嗅它，仿佛在欢迎这个新成员的到来。

鳄鱼也是靠动作来警告竞争者的。一般来说，具有领导权的鳄鱼只要竖起头部和尾部，将身体夸张性地胀大，在原地静止不动，就足以把对手吓得迅速逃跑。如果这些还不能镇住对手的话，它就会狠狠地咬对手的四肢下端和尾巴后部。

小小的蜜蜂会用姿态各异的舞姿代表不同的语言，传递不同的情报。如果花蜜来源就在附近，侦察蜂就会在原地旋转，跳"圆舞"来指示同伴；如果蜜源较远，侦察蜂就会按照和太阳位置构成的某一角度跳优美的"8"字舞，工蜂则按照"8"字舞与太阳的角度关系来判断该往哪个方向飞。

海豚是用独特的超声波进行联系的。它们的颌骨中有一个纤细的"窗口"，就像一个频率极高、功能繁多的发射器，能发出多种声频和超声频的声音信号。当它们发出的声波在水中遇到障碍时，便会迅速地反射回来。这时会有一只海豚先行去侦察情况，然后回来向其他海豚报告。这些海豚再利用超声波进行"讨论"，最后形成统一意见，一致行动。此外，运用这种独特的超声波进行联系的动物还有蝙蝠。

有些鸟类、爬行类、鱼类、两栖类以及昆虫等动物是通过色彩语言进行交流的。如刺背鱼在追求雌鱼时，腹部泛红，背呈蓝色，非常好看。在它们交配前，雄鱼的腹部由青灰色变成红色，以警告其他的雄鱼不要靠近。

许多动物会同时用多种"语言"进行交流，这种特点在高等动物的身上表现得尤为明显。如过着群居生活的猴子之间就是依靠多种方式相互交流的。当它们碰上敌人时就会互相发出警告，并能避免碰上敌对群体。猴子还会利用面部表情和打手势等视觉信号来传递信息，它们的表情能传达出愤怒、兴奋、惊恐等多种丰富的信息。此外，它们也用叫喊、触摸、气味以及互相清洁等手段进行交流。

狒狒正在为幼崽清洁毛发

动物是怎样记忆的

　　科学家们都一致认为：各种动物都具有惊人的记忆力，而这种记忆力仅仅用"本能"或"条件反射"来解释似乎是过于简单了。科学家们通过实验证实：许多动物的记忆是建立在一定的"记忆基础"之上的。

　　章鱼的记忆力非常惊人。有个叫赛纳的人曾做过这样一个实验：他把一个大牡蛎扔给了养在水池中的章鱼，章鱼非常想吃到里面的肉，用了几个小时来对付那个牡蛎，也没能打开它的壳，只好放弃了。7天后，赛纳故伎重施，把一个大牡蛎扔进了水池，可是章鱼只是看了一眼，连碰都没碰它一下。看来，章鱼对于一周前的事情还"记忆犹新"，它当然不愿白费功夫了。

　　海龟也有着惊人的记忆力。幼海龟破壳而出后，就会本能地爬向大海。这个过程只有短短的几分钟，可幼龟已记住它出生后第一次接触到的海水的气味，而且一辈子都不会忘记。15到30年后，这些海龟还会千里迢迢地重返自己的出生地繁殖后代。美国学者为了揭示海龟重返故里的奥秘，做了一些很有趣的实验。他们每年从墨西哥沿海收集近2000枚海龟卵，然后，实验人员将这些卵装进灌有得克萨斯州潘德雷岛沙粒的箱子里，再将其运出潘德雷岛。幼龟出来后，给它们做上标记，再让它们爬入大海。实验人员在它们游出大约15米时，把幼龟捞起来放进得克萨斯州的加尔沃斯顿海域。虽然这些海龟卵产于墨西哥，但它们孵化后第一次嗅到的是潘德雷岛的海水气味，所以过了不久，这些幼龟全都不约而同地返回了潘德雷的海域中。

　　这些实验表明，不同动物的记忆特点和方式也各不相同。总的来说，动物的记忆力与它们的脑容量和智力有关，低等动物的记忆力明显不如高等动物。

　　通过长期研究动物的记忆现象，神经科学家目前认为，人类以及一些高级动物的记忆痕迹最初是在大脑深处一个叫"海马回"的区域形成的，相关的信息被存储于与之相连的神经细胞中。动物也是如此，因此科学家又得出结论，动物的记忆力同海马回细胞的新陈代谢关系密切。研究认为，记忆单元是整个神经元。神经细胞能够再生，只有整个神经元的参加，才能产生良好的、长达数月或数年的记忆。科学家们还发现，动物的记忆力还与存在于脑中的核糖核酸、乙酰乙酯等物质有关。动物的记忆是一种生物性的化学反应过程，具有明显的物质性。

　　既然动物的记忆与人类记忆相似，科

海龟记忆力十分惊人，幼龟破壳后便爬向大海，幼龟会记住它第一次接触到的海水的气味，一辈子都不会忘记。

学家们便想找到一些方法来改善动物的记忆，并以同样的方法增强人类的记忆。目前，美俄两国的科学家已经通过不同的实验，找到了一些改进动物记忆的方法和途径。如美国哈佛大学休斯医学研究所神经科学专家坎德尔的研究小组宣布，他们发现了一种增强记忆的基因，这种基因能增强转基因小鼠的记忆。俄罗斯科学院有机化学研究所专家、科学院院士托尔斯季科夫则宣布，他们发现西伯利亚雪松针叶中有一种酸性甲醚，这种物质能改善实验动物的记忆力。

动物肢体再生之谜

在比人类低级的动物世界中，许多动物却比人类"先进"得多，它们在失去了肢体后能迅速地长出新的肢体！

动物的这种自断和再生现象，能够使它们有效地逃避敌害的攻击，也是生存斗争中长期适应环境的结果。

生活在海洋中的章鱼就有这样非凡的本领。章鱼的腕手在平时是很结实的，当它的某只腕手被敌害擒住时，这只腕手就像被刀切一样迅速脱落，掉下来的腕手还会用吸盘吸在某种物体上蠕动，借此吸引敌人的注意。章鱼并不是整个腕手都断了，而是在整个腕手的4/5处断裂，腕手断掉后，它的血管自身闭合，极力收缩，因而损失的血液很少。6个小时后，闭合的血管再次通畅，血液被输送到受伤的组织，结实的凝血块将腕手皮肤上的伤口盖好。十几个小时后伤口就能完全愈合，同时，新的腕手也开始慢慢生长，一个半月后，就能恢复到原长的1/3。除此之外，虾、蟹也有类似的本领。它们的螯足或步足的基部有一个折点，当它遇到危险或剧烈刺激时，在这个折点部分会发生"自切"，也就是自动折断。因为在折点上长有瓣和肌肉，所以在螯、肢折断以后，能迅速止住流血，不久新的螯、肢也就长出来了。

不过，这些动物的肢体再生能力与海星、海参相比，可就是雕虫小技了。

在一个养殖厂里经常出现海星偷吃养殖的贻贝、牡蛎、杂色蛤等饲养物的情况，因而成为养殖场的大敌。养殖工人把海星捉起来，碾成肉末后再投入大海，结果每一块海星碎块都能在短时间内形成完整的新海星，让养殖工人哭笑不得。

海参在遇到敌人后，能倾肠倒肚，把内脏抛给"敌人"，既能让敌人得到"美餐"，又能干扰敌人的注意力，只需要很短的时间，它的躯壳内又能造出一副内脏，海参就又有了逃命的工具。

海星腕的尖端对光极其敏感，可以帮助海星寻找隐蔽的裂缝藏身

肛门

海星的腕具有再生性，这有助于海星逃离危险

海星

1 这条小树蜥在遭到掠食者攻击时放弃了它的尾巴。断掉的尾巴会抽动数分钟，以吸引掠食者注意，小树蜥借此逃生。

—— 刚断的尾巴

虽然新尾在外表上和前半部看起来很像，但在内部它只有一段管状软骨以替代脊椎骨

2 虽然失去得很快，但过了2个月，尾巴才较明显地长出来。小树蜥曾花费相当一段时间在尾巴里储存能量以备不时之需，比如寒冬里或干旱季节。

为了长一条能使用的新尾巴，消耗了小树蜥大量的能量

3 8个月后，尾巴长到了原来的长度，如果可能，它还会再次断掉。

其实不光是水生动物，很多爬行动物也都具备这样的本领。众所周知，蜥蜴的尾巴又细又长，在被敌人抓住时会自动脱落，而且会不停地跳动，吸引敌人的注意力。那尾巴仿佛是自然生成了能够切断的构造，断后并不流血。

在一些更高级的哺乳动物中也有具备这种能力的。兔子的皮像牛皮纸一样薄，当兔子的肋部被猛兽咬住时，它常常一挣就逃离而去，给敌人留下一块皮毛。奇怪的是伤口不会出血，掉皮的地方很快会长出新毛来。山鼠是像松鼠般的小兽，要是被猛兽抓住了尾巴，尾巴上的皮会立即脱落，山鼠会趁机带着光秃秃的尾巴逃跑。家鼠、黄鼠等也用这种本领来保护自己。

动物为什么会具有这样高超的本领？其奥秘在哪里呢？这些问题引起了科学家的关注。如果能够早日揭开这一谜团，将之运用到人类的肢体再植技术上，其意义将不可估量。

美国生物学家贝克尔在研究中发现：蝾螈的肢体被截开后，产生一种生物电势，残肢末端的细胞通过电流获得信息，开始分裂，形成新的组织。等到新的肢体长出来后，这种电势就消失了。有人切断老鼠前腿的下部，并让电流从此通过。实验的结果让人震惊，老鼠重新长出了肢体。这一惊人的发现在生物界引起了轰动，但由于这项技术还没有形成系统理论，而且也不具有普遍性，故要真正解开动物肢体再生之谜还需时日。

关于恐龙灭绝的几种说法

大约1.4亿年前，地球上生活着一种巨大的爬行动物——恐龙。它们的体型和习性相差很大：最大的可达30米左右，小的却跟一只小公鸡差不多。它们的脖子长，头小，一条长长的尾巴拖在身体后面，极不成比例。这些恐龙遍布当时的陆地和沼泽，有的以肉为食，有的则以草为食。在距今大约6500万～7000万

年前，恐龙从地球上突然神秘地消失了。

长期以来，科学家们对恐龙这种史前生物的灭绝，一直多有猜测：究竟是因为它们自身进化的失败遭到了大自然的淘汰；还是因为飞来的天外横祸将这些头脑简单、躯体庞大的家伙斩草除根的呢？

科学家们经过对恐龙化石的研究后，得出以下种种推测。

一些生物学家认为，恐龙是由于慢性食物中毒才灭绝的。当时，食草性恐龙的主要食物来源是苏铁、单齿等裸子植物，在恐龙极度繁盛后，这些曾遍布全球的植物为了保护自身的生存和繁衍，在自己体内产生了一些尼古丁、番木鳖和吗啡之类具有毒性的生物碱。最初，这些生物碱使得食草恐龙中毒。由于食物链的关系，食肉恐龙也间接中毒。就这样，毒素在恐龙体内越积越多。这些毒素最先侵入恐龙的神经系统，使其变得麻木呆滞，直到最后整个种群都在地球上消失了。

除此之外，还有便秘说、氧气过量说等。现代科学家认为这些观点纯粹是从生物学角度提出来的，并且都有一个明显的不足：根据人们目前已经掌握的资料判断，恐龙是在距今大约 6 500 万年前"很短"的一段时间内突然灭绝的，而生物学意义上的物种灭绝需要一段极为漫长的时间，因此，这种生物学假设似乎站不住脚。

一些科学家从进化论的角度研究恐龙最终灭绝的原因，认为是恐龙自身种

禽龙的身躯矮而粗壮，当它走路时，大部分时间身躯是与地面平行的

禽龙的森林栖息地里长满了巨大的树蕨及针叶树，而开花植物，比如木兰树此时还在进化中

禽龙有力的前肢能接触到地面，这种特征表示禽龙是以爬行方式前进的

尖尖的喙状嘴把食物咬下来，然后由牙齿把食物嚼碎，同时其巨大而多肉的颊囊能把多余的食物含在口里，以节约用食的时间

科学家一度认为禽龙的尾巴过长而拖在地上，但现今的研究结果表明事实并非如此，禽龙脊椎骨的结构使它的尾与地面平行且向后伸展

陆生恐龙和巨大的海洋爬行动物大约在6500万年前灭绝，地球当时可能受到巨大陨石的撞击，太阳被灰尘遮掩，导致了一个"漫长的冬季"，于是植物死掉了，大部分以植物为食的爬行动物以及以爬行动物为食的动物也相继灭绝了。

族的老化，以及在与新兴的哺乳动物的进化竞争中的失败导致了恐龙的灭绝。在几千万年前，正当恐龙称霸于地球时，大自然的力量造就了一种新兴的高等动物——哺乳动物。与体型庞大的恐龙相比，单个哺乳动物的力量是微弱的，可它们却依靠自身的优势成功地在地球环境变化中生存了下来，哺乳动物有能够隔热和保温的毛皮和脂肪层、高度发达的大脑和非常高的幼崽成活率。而貌似强大的恐龙由于种族的老化，在残酷的斗争及大自然的变迁中逐个倒下，最终退出生存的历史舞台。

现在，越来越多的科学家开始从宇宙天体发生物理变化的角度来研究恐龙灭绝的原因。

一些科学家认为，是太阳系在经过银河系中的"死亡地带"时引起了恐龙的灭绝。众所周知，由太阳和八大行星构成的太阳系围绕着银河系的中心旋转，其公转周期为2.5亿年。银河系中心释放出的强烈的放射性物质，使银河系的一部分地区形成了"死亡地带"。在距今6500万～7000万年前，太阳系刚好处于这个"死亡地带"，强烈的放射性射线袭击了所有的地球生物，恐龙就在这次灾难中惨遭灭顶之灾。

另外一些科学家提出，是人们根本无法看见的宇宙射线导致了恐龙的灭绝。前苏联科学家西科罗夫斯基认为，6500万年前的生物灾难源于太阳系附近一颗超新星的爆发。据科学家们计算，刚好在距今7000万年前，发生了一次非常罕见的超新星爆发，爆发释放出巨大的能量以及强烈的宇宙射线是非常罕见的。超新星爆发的地点距太阳系仅32光年，包括地球在内的整个太阳系都未能幸免于难。强烈的辐射摧毁了地球的臭氧层和电磁层，地球上所有的生物都遭受了这场"飞来横祸"。在宇宙射线的侵蚀下，庞大的恐龙几乎丧失了自我防御的能力，最后整个种群都消亡在这场灾难中。

1983年，"生物周期性大灭绝假说"问世了。它是由美国物理学家理查德·马勒、天文学家马克·戴维斯、古生物学家戴维·罗普和约翰·塞考斯基以及轨道动力学专家皮埃·哈特等人联合提出的。他们认为，地球上类似恐龙消失的这种"生物大灭绝"是周期性发生的，其周期大约为2600万年。这是因为，银河系中的大多数恒星都属于双星系统，太阳也不例外，只是人类从未见过这颗神秘伴星——"尼米西斯星"。大约每隔2600万～3000万年，"尼米西斯星"就会在太阳系的外围经过。受其影响，冥王星外飘荡着的近 10 亿颗彗星和小行星就会脱离原来的轨道，在太阳系内形成流星风暴，其中难免有一两颗不幸撞击或者落在地球上，给一些生物带来毁灭性的灾难，恐龙就是遭此不幸而消亡的。

但有人也提出，是地球本身的变化导致了这场灾难。科学家们发现，地球的地磁磁极约每隔 20 万年出现一次反转现象。在这个过程中，地球会暂时得不到磁场的保护，这时的地球生物就"裸露"在宇宙放射性射线之中，而这一过程又长达上万年之久，从而导致恐龙这样的地球生物纷纷灭绝。

最新的科学研究表明，恐龙是在几十万年的时间里灭绝的。在此期间，恐龙至少经历了 2 次大规模的死亡。因此，说恐龙的灭绝是一个"突然"现象，这个"突然"是从相对意义上而言的。而"飞来横祸"和地球自身的突变，都不会对地球产生长期的影响，更不可能持续几万年，甚至几十万年。看来，这些观点都有经不起推敲之处，恐龙究竟是如何灭绝的至今仍是个谜。

猴子王国的游戏规则

猴子属灵长目动物，大多栖息在热带丛林中。它们大脑发达，上肢和下肢也稍有分工，且上肢还具有与人手相近的一些功能；它们的视觉敏锐，身形灵活，善于攀爬跳跃，一条长长的尾巴可以使身体保持平衡。

猴子是群居动物，这有助于它们守住觅食的领地，有效地抵御外来侵犯，更安全地繁衍生息。猴群按性别不同及其后代分为若干组。同人类一样，它们也非常喜欢通过声音、表情、动作进行交流。例如，当有敌情出现时，猴子们就通过面部表情、手势等视觉信号警告同类。有时候，它们也利用叫喊、触摸和互相清洁以及气味进行交流，这样的交流能缓解群体之间的紧张气氛，增进彼此之间的感情。

不仅如此，猴子也像人类社会一样有着复杂的群体关系和严密的等级制度。每只猴子在群体中都有着各自的地位，并且代代相袭，这种猴子王国的世袭制度是日本的一位动物学家在 1950 年发现的。当时，他认为这种规则只存在于猕猴王国中。近年来，科学家们又有最新的发现：在野生的罗猴、狒狒当中也同样有这种森严的等级制度。

世袭制意味着统治权是代代相传的。猴子王国是一个典型的母系社会，因此在这个王国中继承母系权力的自然是雌性小猴。继承了母亲权力的母猴具有绝对的权威，无论雌雄长幼

整理清洁卫生
猴子相互整理清洁卫生，既可以赶走身上的寄生虫，又增强了个体之间的感情。

都归它统治。同人类的原始母系社会一样，一个母猴也会有几个甚至几十个"丈夫"，所以猴子后代只知道谁是自己的母亲，至于父亲是谁就无从可知了。正是如此，雄性猴子是无法享有这种世袭权力的，所以公猴成年后就会离开原来的猴群，到一个新的猴群中开始新的生活。

居主导地位的雄狒狒通常比雌狒狒大得多

成年雌狒狒

小狒狒学习如何觅食

秩序井然的狒狒王国

同样，猴子们也有地位高低、出身贵贱之分，父母的阶级、血统直接影响着子女的"身份等级"。这就意味着，有的猴子的命运生来卑贱，而有的猴子则出身高贵，处处享有特权，并且这种地位会伴随其一生。比如当猴子之间发生争斗时，不管平民猴子多么有理、多么勇敢地"捍卫自己的权利"，最终的胜利者肯定是贵族猴子。因为无论是什么阶级，任何母亲总是会偏袒自己的子女，在猴群中当然也不例外。那些级别高的母猴在这些争斗场合中，只需站在旁边为自己的子女助威，很快就可以吓退对手。由于有母亲在一旁撑腰，小猴子们自然更加横行霸道，它们经常欺负那些年龄大但地位低的猴子，向平民猴子寻衅滋事，简直像极了人类社会中的"官家恶少"，称王称霸，无法无天。

如此黑暗的社会关系似乎在动物界是很少见的，这可以说是灵长类动物有别于其他动物的独特之处。

骆驼——不怕干旱的沙漠之舟

骆驼素有"沙漠之舟"的美称，它可以在炎热和缺水的条件下，日行30千米以上，而毫无身体的不适。那么，到底是什么使骆驼有如此本领呢？

一些科学家认为，骆驼抗旱的奥秘在于它的驼峰贮存着大量的胶质脂肪。驼峰可以随着气温的变化而增大或缩小：天气炎热时，驼峰里的脂肪被消耗，驼峰就变得又低又软；到了秋天，随着天气转凉，驼峰又渐渐鼓起来。据统计，贮存在驼峰中的1克脂肪经过氧化后，可产生1.37克水。因此，假定一只骆驼的驼峰中有40千克的脂肪，也就是相当于骆驼贮存了50多千克的水。骆驼不吃不喝时就靠驼峰里的脂肪氧化分解来补充营养、能量和水分。目前，赞同此种观点的人似乎占绝大多数。

另外，科学界还有一种"水囊说"，这是由意大利自然科学家蒲林尼提出的。他认为骆驼的真胃有3个室，其中最大的一个叫瘤胃，瘤胃里有许多肌肉带将瘤胃分隔成几个部分，起到了"水囊"的作用。在水源充足时，骆驼就会利用"水囊"贮存一些水，一旦遇到干旱缺水的情况，就可以从"水囊"中取水解渴。

然而，"水囊说"很快就被美国生理学家施密特·尼尔森推翻。通过解剖，他发现"水囊"的体积其实很小，根本起不到贮水器的作用，而且瘤胃内部也并没有像蒲林尼所说的那样分隔开。他认为骆驼耐旱的秘密在于骆驼本身的抗脱水能力。人在沙漠中若失去12%的水，就会中暑死亡，而骆驼即便失去相当于体重25%的水，也只是体重略微下降而已，不会妨碍它的生存。对此尼尔森是这样解释的：人失去的水来自血液，人一旦失水，心脏的负担会随着血液浓度的急剧升高而加重。而骆驼失去的水却是来源于它的体液和组织而不是血液，因此不会有什么危险。而且骆驼即使严重脱水，一旦补充水分，身体状况就会马上恢复正常。

尼尔森对骆驼为何耐干旱的解释看起来很合理，但也有很多人不同意这种说法。日本学者太田次郎曾写过一本名为《生命的奥秘》的书，他在书中提出这样的观点：骆驼出色的保水能力才是耐旱的主要原因。因为骆驼很少出汗，体温也很稳定，只有在最热的时候才稍微出点汗。还有学者认为是骆驼的肝脏在起作用，才使得它特别能耐干旱。骆驼肝脏的作用可以使大部分尿素得到循环利用，这样，骆驼身体流失的水分会大大减少，尿中毒的情况也不会发生。

最近，科学家又有新的发现：一般动物在呼气时，由于排出的空气温度和体温相同，肺部的水分被大量带出。而骆驼呼出的空气温度比体温低，由于冷空气比热空气含水量少得多，因此，骆驼通过呼吸丧失的水分比一般动物少45%，所

野骆驼身上有2个驼峰，里面储存着大量胶质脂肪，以平衡身体中的能量及水分

眼睛边上长着2排眼睫毛，可以把沙子挡在外面，晚上还能保护眼睛，不被沙漠的严寒气候冻坏

适应沙漠环境
骆驼每足长有2趾，中间有垫子相连，使得重量均匀分布，在沙地上行走也较容易。沙漠单峰驼生活在沙漠里，有宽而平坦的足垫帮助它们在松软的沙地里行走而不会沉下去。山地单峰驼则长有窄窄的足垫，这使得它们能在较硬的顽石地面上行走。骆驼没有蹄，它们的两个足趾长到爪端处就没有了。足坚韧的底部使它们能够忍受沙漠的高温，适应沙漠环境。

耳朵布满细毛，能阻挡风沙

骆驼的2个脚趾朝外翘开，避免让身子陷进柔软的沙里

以骆驼耐干旱的原因是由其独一无二的鼻子决定的。

以上的结论究竟哪一种是正确的呢？我们暂时还无从知晓，但不管哪种结论是正确的，骆驼拥有这种神奇的本领是毋庸置疑的。

长颈鹿的长脖子为什么能运用自如

长颈鹿是动物王国中名副其实的"高个子"。它之所以那么高，主要是因为它的脖子特别长。其长颈由7节颈椎骨组成，每节将近40厘米长。据记载，世界上最高的长颈鹿身高5.75米，比世界上最高的大象高出1/3。当你在动物园里看到长颈鹿伸着脖子悠闲地吃着地上的青草或是树上的嫩叶子时，谁能想到这优雅动作后面的"隐患"呢？

长颈鹿的头高高在上，远离心脏，要想把血液输送到头部，体内的血压必须很高。长颈鹿体内的血压是正常人血压的3倍，达到350毫米汞柱。如果人类或别的动物血压这么高，而且又经常做这种忽高忽低大幅度的动作的话，脑血管肯定早就破裂了。可长脖子的长颈鹿为什么不会得脑溢血呢？

科学家们首先从"进化"的角度对长颈鹿进行了研究。研究结果认为，长颈鹿的祖先一直生活在缺乏青草的环境里，为了继续生存，它们专门以树上的嫩叶为食。所以，它们时刻努力地伸长脖子。这样经过许多年，脖子就慢慢变长了。在漫长的岁月里，长颈鹿也适应了这种高血压的状况。长期以来，这个"用进废退"和"获得性遗传"的理论主宰着生物界。然而，以上说法从根本上说也只是科学家的推测。因为这一演化过程要经历相当长的一段历史时期，我们无法靠短期的实验加以证明。

近年来，科学家通过研究长颈鹿自身的身体结构，终于找到了长颈鹿的脖子能运动自如，却不会得脑溢血的原因。

经过研究发现，长颈鹿的体内有一套自我"保护装置"。科学家对长颈鹿的大脑进行解剖时发现，在它的脑底部有一团小动脉，形状像海绵一样，这个特殊的结

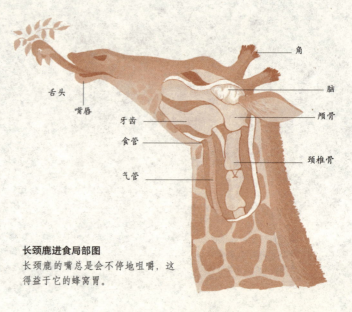

角

脑

颅骨

颈椎骨

舌头

嘴唇

牙齿

食管

气管

长颈鹿进食局部图
长颈鹿的嘴总是会不停地咀嚼，这得益于它的蜂窝胃。

构就像是一套"自我保护装置"。长颈鹿头部下降时，心脏处于比头部要高的位置，这时，心脏搏动，血压使大量血液高速涌入大脑。在这团网状的小动脉的保护下，脑部就不会产生很高的血压。科学家解释说，血液急剧流动，并不是直接进入脑部，而是先进入到小动脉中，这些小动脉血管扩张，缓冲和降低了血压对大脑的影响。这就像湍急的水流进入大水管前先通过许多小水管一样，压力也会随之降低。当长颈鹿的头高高抬起时，在重力的作用下，血液急速流下，但当血液遇到这团网状的小动脉时，速度很快减慢，因此突然性的脑贫血现象就不会发生。

长颈鹿的脖子虽长，但它能运用自如，这主要是由其特殊的结构形成的。

有了这个结构，长颈鹿无论是抬头还是低头，都可以运用自如而根本不用担心会得脑贫血或脑溢血。

既生蛋又喂奶的动物——鸭嘴兽

众所周知，哺乳类动物的一大特征是胎生，也就是说，哺乳动物不会下蛋，下蛋的就不是哺乳动物。然而在全世界已发现的 4000 多种兽类中，就有既要生蛋孵雏、又要喂奶的动物，其中之一便是鸭嘴兽。

鸭嘴兽生活在澳大利亚东部和塔斯马尼亚岛等地，是现存哺乳动物中最古老、最原始的一种珍稀动物。它的嘴巴与鸭嘴类似，前后脚五趾间长有很大的蹼，尾巴扁平，这个特征使它非常适于水上运动。其身上密布着浓褐色的短毛，4 条健壮的腿使它可以像龟那样爬行。鸭嘴兽之所以是一种哺乳动物，是因为它全身长毛，又用奶水哺育后代。但是由于它也下蛋孵雏，因此又像鸟类。它的构造具有哺乳类从爬行类进化而来的许多特征，比如它的生殖孔和排泄孔合二为一，行走时匍匐前进等。这些奇怪的特征标志着鸭嘴兽是爬行类向哺乳类过渡的类型，具有很高的研究价值。

鸭嘴兽生活在河边，用五趾末端的尖钩爪打洞为家。它们一般昼伏夜出，以水中的小动物为主要食物。每年 10 月是鸭嘴兽交配的时间，此时雌兽会生下 1～3 个不足 2 厘米长的软壳蛋，并像鸟一样把蛋孵成小兽。刚出生的小兽与成兽不完全相像，体小、无毛、嘴短、眼闭。鸭嘴兽的哺乳方式也很奇怪，母兽没有乳房，其乳

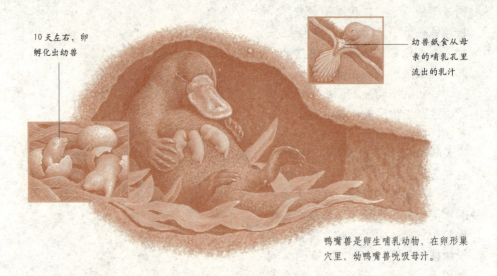

10 天左右，卵孵化出幼兽

幼兽舐食从母亲的哺乳孔里流出的乳汁

鸭嘴兽是卵生哺乳动物，在卵形巢穴里，幼鸭嘴兽吮吸母汁。

知识窗→鸭嘴兽小档案

分布：澳大利亚东岸和塔斯马尼亚岛。

体型：雄性最长可达 60 厘米，雌性则较小。

重量：最重可达 2.4 千克。

产卵数量：2 枚

孵化期：12 个星期

哺乳期：45 个月

寿命：野生的大概 10 年，笼养的可达 17 年。

脊椎动物亚门

哺乳纲

单孔目（卵生哺乳动物）

物种数量：1

腺隐藏在腹部，从一个小孔顺毛流出乳汁。哺乳时，母兽仰卧在地上，奶水会流进腹部中线上的一条没毛的沟槽内。小兽会爬到妈妈的肚子上，用短短的嘴舔吃奶水。这种哺乳方式在哺乳动物中算得上是独一无二的。

鸭嘴兽最早是由英国和德国学者于 19 世纪 70 年代发现的。他们刚见到这种动物的标本时，以为是有人搞了恶作剧，将数种动物的标本拼接在一起。后来经过仔细研究，才肯定鸭嘴兽的存在。现在鸭嘴兽的分布地区越来越窄，数量也越来越少，澳大利亚政府已将其列为濒临灭绝动物加以保护。

鸽子认路的奥秘

在通信手段极不发达的古代社会，人们往往利用鸽子进行远距离的消息传递。而鸽子也不负众望，能够准确地传递书信情报。鸽子卓越的飞翔和认路的本领，使它在很多领域，如通信、战争等方面成了人类的好帮手。如第一次世界大战期间，德军包围了法国的凡尔登城，法军的通信设备被炮火彻底摧毁了。就在这紧急时刻，鸽子不畏艰难险阻，顺利地完成了通信联络。早在 20 世纪 50 年代初，我国的军鸽就被列入军事编制，为在深山老林执行任务的边防军传送情报。不管距离多么遥远，地形多么复杂，它们总是能成功地完成通信任务。

鸽子为什么会有如此高超的认路本领呢？

众所周知，地球是一个巨大的磁体，地磁场的磁南极（S 极）位于地球的地理北极附近，而磁北极（N 极）却位于地球的地理南极附近。因此，习惯上以"磁北极"称位于地理北极附近的地磁极，但它具有 S 极的磁性；而以"磁南极"称位于地理南极附近的地磁极，但它具有 N 极的磁性。地球上所有带磁性的物体，没有一个不受到地球磁场的作用力，也就是排斥力或吸引力的影响。那么，鸽子为什么不会迷路呢？原来鸽子的眼中有一块突起的"磁骨"，它能测量地球磁场的作用力，通过地磁辨别方向。

科学家们曾做过这样的实验：将 20 只飞翔素质差不多的鸽子分成 2 组，每组 10 只，在其中一组的翅膀下装上一块磁铁，而在另一组的翅膀下装上等重的铜片，然后将它们一起放飞。结果，装有磁铁的 10 只鸽子飞了 4 天后，仅有一只精疲力竭地回来了，而装铜片的 10 只鸽子在一天之内就返回了 9 只。原来，鸽子翅膀下的磁铁干扰了地磁场对它的影响，从而使之失去了磁性导航的能力。

其实，自然界中的许多动物都有这种神奇的导航能力。绿色海龟每到春季产

地球磁场示意图

磁力线

地磁南极

S

N

人类居住的地球就是一个巨大的磁体

地磁北极

磁场

磁场

卵时，就会从巴西沿海游向位于南大西洋的阿森松岛，产卵后又渡海返回；生活在太平洋的大马哈鱼万里迢迢赶到黑龙江流域繁殖后代；北极燕鸥每年都飞越半个地球到南极过冬……

蜜蜂的建筑本领

　　小小的蜜蜂不仅勤劳，而且是一个既聪明又高明的建筑师，它的筑巢技能令人类叹为观止。大家都知道，从数学角度来看，如果用正多边形去铺满整个平面，这样的正多边形只能有正三角形、正方形以及正六边形3种。聪明的蜜蜂在建筑蜂房时，选择了角数最多的六边形，从而最大限度地利用了空间。整个蜂房由无数个正六棱柱状的蜂巢组成，蜂巢一个挨着一个，紧密地排列在一起，中间没有留下任何空隙。可以说，精巧奇妙的蜂房是一种最经济的结构，非常符合实际需要。难怪著名的生物学家达尔文说："如果一个人看到蜂房而不倍加赞扬，那他一定是个糊涂虫。"而蜂房的构造也给无数建筑师以深刻的启迪。

　　古今中外的许多科学家都注意并研究过蜜蜂筑巢的本领。早在2200年前，一位叫巴普士的古希腊数学家，就细致地观察并研究了蜂房精巧奇妙的结构。在

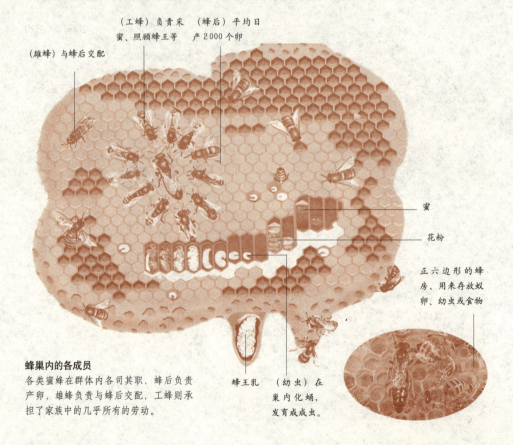

（工蜂）负责采　（蜂后）平均日
蜜、照顾蜂王等　产2000个卵

（雄蜂）与蜂后交配

蜜

花粉

正六边形的蜂房，用来存放蚁卵、幼虫或食物

蜂巢内的各成员
各类蜜蜂在群体内各司其职，蜂后负责产卵，雄蜂负责与蜂后交配，工蜂则承担了家族中的几乎所有的劳动。

蜂王乳　（幼虫）在巢内化蛹，发育成成虫。

其著作《数学汇编》中，巴普士这样写道："蜂房里到处是等边等角的正多边形图案，非常匀称规则。"著名天文学家开普勒也曾指出：这种对称蜂房的角，应该与菱形12面体的角相同。法国天文学家马拉尔第则亲自动手对许多蜂房进行测量，结果发现：每个正六边形蜂巢的底，都是由3个完全相同的菱形拼成的。更令人惊讶的是，每个菱形的锐角都是70°32′，钝角都是109°28′。

18世纪初，法国自然哲学家列奥缪拉提出这样一个设想：假如蜂房是以这样的角度建造起来的，那么肯定是相同容积中最省材料的。列奥缪拉为了证实自己的这个设想，便向巴黎科学院院士、瑞士数学家克尼格请教。克尼格用高等数学的方法对这个数学上的极值问题做了大量计算，最后的结论是：只有每个菱形的锐角为70°34′、钝角为109°26′时，才能建造出相同容积中最省材料的蜂房。这个结论与蜂房的实际数值仅差2′，可以说这种误差是小到可以忽略不计的。

就在人们对蜜蜂的这一小小误差表示谅解时，著名数学家马克劳林竟然发现了一个令人震惊的事实：要建造相同容积中最省材料的蜂房，每个菱形的锐角应该为70°31′44″，钝角应该为109°28′16″。蜂房的实际数值与这个结论正好吻合。原来，数学家克尼格在计算时所使用的对数表印刷有错误。

数学家到18世纪中叶才能证实的问题，蜜蜂却早早地运用到蜂房的建筑上去了。看来，即使是万物之灵的人类，也不该小觑动物的智慧，我们可以从动物身上学到许多知识。

秩序井然的蚂蚁世界

蚂蚁属蚁科，膜翅目，是地球上相当典型的社会性昆虫，它们有高度严密的组织制度，其成员之间所处的地位和身份虽然不同，但都自觉地各司其职，井然有序，和和睦睦地过着集体生活。

蚁群分工很细，主要有雄蚁、雌蚁和工蚁，还有兵蚁。雌蚁也称"蚁后"，是群体中体型最大的，生殖器官发达，一般有翅，交配筑巢后其翅自然脱落。蚁后主管产卵、繁殖后代，是大家庭的总管。雄蚁，俗称"蚁王"，体型较蚁后小，触角细长，外生殖器发达，主要职能是与蚁后交配，但交配后不久便死亡。工蚁，又叫"职蚁"，体型最小，数量最多，无翅，是一群无生殖能力的雌蚁，故也称中性蚁，专门负责筑巢、觅食、饲喂幼蚁、侍奉蚁后、护卵、清洁及安全等。兵蚁，头大，上额发达，无翅，也是不能生育的雌蚁，专管保卫群体安全之职。

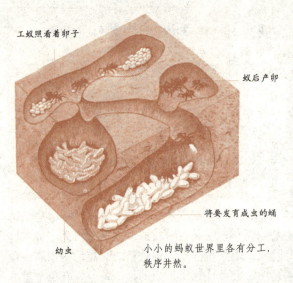

工蚁照看着卵子

蚁后产卵

将要发育成虫的蛹

幼虫

小小的蚂蚁世界里各有分工，秩序井然。

每年的繁殖季节，众多的蚂蚁开始进行婚配。"婚"后，蚁王使蚁后受孕，便撒手离世。蚁后则脱掉翅膀，在产房中准备"生儿育女"。它在生产之后还要负责抚育幼蚁长大。当工蚁在新的群体中出现并初具规模后，蚁后的"统治"地位便日益得到巩固。此时的蚁后俨然一位养尊处优的"女皇"，不仅将喂养幼蚁的责任交给工蚁，连它的饮食起居也要由工蚁照顾。蚁后寿命长，通常可以活十几年，生殖能力也较强，

所以总是可以做"新娘"，不断与"新郎"交配，繁殖后代。

蚂蚁大部分都很勤劳，如生活在南美阿根廷、巴西、巴拉圭等地的一种蚂蚁，它们有一手种蘑菇的好技艺。这种叫作切叶蚁的蚂蚁整天爬行在枝繁叶茂的大树上，相中某棵果树后，它们就用大颚切光树上的叶子，然后再把碎片运回蚁巢，接着再用大颚将碎叶反复咀嚼成碎屑后，将碎屑堆放在专门培植蘑菇的地方，然后在上面排泄粪便。一种小蘑菇很快便从碎叶堆里"破土而出"了，并茁壮成长。到了此时，一些切叶蚁就会来到"蘑菇房"，它们啃破子实体，吸食着从被咬破的蘑菇顶部流出的蚂蚁们的第一道佳肴——某种黏液，随后，其他蚂蚁也争先恐后地来到这里吸吮黏液。这时，子实体表面变得极为黏稠，许多蛋白质积聚在上面，这成了切叶蚁的第二道大餐。出去重建新家庭的雌性切叶蚁，会在自己的"嗉囊"里装上带孢子的蘑菇碎片，以便在新的家庭里种植蘑菇以生存下去。很奇怪，这种小蘑菇只有在切叶蚁的蚁穴中才能继续生存，若非切叶蚁，而是别的蚁穴的话，小蘑菇就难逃一死，更别提继续繁殖生长了。

自然界中到处都是弱肉强食的现象，蚂蚁世界中也充满着战争。蚂蚁的社会是一个母系社会，蚁巢中除蚁后外，雌蚁管理整个蚁巢的正常运作。蚁后产下的卵中，雌雄比例相当，而蚁巢内雌蚁比雄蚁多好几倍。这是为

什么呢？原来，为了保持性别比例平衡，延续种群遗传优势，雌蚁消灭了雄卵。

当然，蚂蚁世界中的战争不能简单地理解为争夺配偶或获取食物，它常常由某些掠夺成性的蚁群的侵略挑起，而被侵略的蚁群则要誓死保卫家园，因而战争也就不可避免地一次次爆发。

蚂蚁的军队同人类的军人一样具有兵种的分工，不仅有机敏的侦察兵和坚守岗位的哨兵，还有勇猛的特种兵。而它们的武器主要有两种：一种是"冷兵器"，一种是"生化武器"。前者就是头上的一对坚硬的大颚，可以当作战刀来使用；后者是一种带腐蚀性的蚁酸，敌人一沾上这种物质，便会受到伤害，这种武器往往更为重要。蚁军作战时还有不同的策略，有偷袭，有防守反击，有乘胜追击，还有围追堵截等。

蚂蚁王国中有一种最凶猛的蚂蚁，它们生活在南美洲的热带丛林中，是一种异常凶猛的食肉游蚁。一旦它们"光临"人类住宅，屋中的蟑螂、蝎子就会被消灭得

蚜虫

蚂蚁用自己的触角来按摩促使其分泌蜜滴

从蚜虫身上采集蜜滴的蚂蚁

干干净净，比最厉害的杀虫剂还要厉害。草丛中的小动物只要一碰上食肉游蚁群就没命了，这时蚁群们会群起而攻之。有时候，毒蛇遇到它们，它们会很快组成一个圆圈，团团围住毒蛇。随着包围圈越来越小，一些游蚁开始进攻毒蛇，毒蛇被狠狠地咬住了。疼痛难忍的毒蛇疯狂地摆动身躯，可食肉游蚁仍然狠命地咬住它不放。惊恐万状的毒蛇更加猛烈地向四周碰撞，企图突出重围，可是食肉游蚁压根儿不理会，与毒蛇扭成一团的同时，一边咬一边大口吞着蛇肉，不到几小时，食肉游蚁便会全胜而退，只有一条被啃食过的毒蛇的残躯留在原地，让人看了不禁毛骨悚然。

除了这种最凶猛的食肉游蚁外，还有一种非常有趣的蚂蚁，它们靠掠夺、蓄养奴隶为生，这就是生活在南美洲的极为强悍的蓄奴蚁。在蓄奴蚁群中，所有的工蚁全都是兵蚁。骁勇善战的它们非常厌恶劳动，比如抚幼、造巢、觅食之类的工作，它们根本不想做。于是它们就攻击周围的邻居，抢邻居的蛹和幼虫。这些幼虫和蛹逃脱不了长大后成为"奴隶"的命运，专门承担筑巢、觅食、保洁、抚幼之类的繁重工作。由于奴隶的寿命太短，蓄奴蚁只好不断发动战争，不停地掠夺奴隶以备奴役。

"麻雀虽小，五脏俱全"，在蚂蚁王国中，同样上演着婚配、战争等各种重大事件，实在有趣得很。

鱼类是怎样睡眠的

睡眠是消除疲劳、恢复体力的一种生理现象，如果不睡觉，人或动物都会面临死亡。但是人与动物、动物与动物之间在睡眠姿势、睡眠时间等方面存在着很大差异。人躺着睡觉，马站着睡觉，而生活在海洋中的鱼类的睡眠方式则更加千奇百怪。

通常陆生动物睡觉时是闭着眼睛的，而鱼类大多没有眼睑，所以只能睁着眼睛睡觉。除此之外，它们还缓慢而有节奏地扇动着鳃盖，偶尔也划动一下胸鳍或尾鳍，使身体保持平衡。海洋生物在睡眠时，一般会停止游动，静止在某一处，而且不同水层的生物，其睡眠姿势也不一样。比如，比目鱼清醒的时候喜欢静静地伏在水底，可睡觉时它们反而会漂浮在水面上；河豚静静地卧在水底，慢慢进入梦乡；隆头鱼睡觉时横卧在水底，身体侧面向上；白天喜欢成群结队地在水面游玩的幼鲯，到了晚上便分散开来，各自潜入海底睡觉，互不干扰；"潜水冠军"抹香鲸最深可潜入 2200 米深的海底，可它们在睡觉时喜欢浮在海面枕着波涛进入梦乡。

还有一些海洋生物的睡眠习惯也特别奇怪：海獭在吃过"晚饭"后，喜欢寻找海藻密集的地方作为舒适的卧榻。睡觉前，它先连续打几个滚，把海藻缠在身上，就像盖了一床厚厚的棉被，有时为了防止在美梦中被海浪冲走，它还用前肢抓住海藻。海豚的睡眠时间非常短，而且睡觉时它喜欢睁一只眼闭一只眼，这是因为它的脑子构造非常奇特，半边脑子入睡后，另外半边的脑子还醒着。章鱼喜欢坐着睡，身体向上抬起，8 只软足吸在海底，其中有 2 只伸向一旁并不停地转动，以防避敌害，只要海水一波动，它的身上就会出现黑点。有一种鹦嘴鱼的睡眠方式更加奇特，它的皮肤在黄昏时会分泌出许多黏液，将它的全身包裹起来，就好像穿了一件睡袋。它还会在睡袋前后端各开一个小口，通过海水来呼吸，这样它就能安心入睡了。黎明时分，鹦嘴鱼便会脱掉睡袋，出去觅食。

有些鱼类到了冬天就会冬眠，这也是一种睡眠。它们的冬眠与爬行动物或哺乳动物不一样，它们仅仅是不吃不喝，进入半无意识状态。如鲤鱼到了冬天会成群结队地潜入水深处，围成一圈，头相互依靠着冬眠。

章鱼正在贝壳里睡觉，它腕足上的吸盘可帮助它抓获猎物和固定身体。

身上带电的电鳐鱼

人类发电、供电需要建造一个巨大的系统，耗费大量的人力、物力。然而，有一种动物却能轻易地自己发电、放电，并且自己丝毫不受影响，这就是电鳐鱼。

电鳐鱼多生活在大西洋中，它身长约2米，体重足有100千克。它的身体是扁的，头部和胸部相连，很像一个大圆盘，后面还连着一根粗棒似的长尾巴，整个体态就跟一把

电鳐鱼

电鳐的软骨骨骼
鳐鱼生活在水中，软骨已足够支撑它们的身体。

胸鳍
颅骨
骨盆带
椎骨

芭蕉扇差不多。它的皮肤是暗褐色的，上面还有许多蓝色或黑色的大斑点点缀着，色彩十分鲜艳。身上没有鳞片，很光滑。这种鱼在我国东海、南海时常可见。

至于生活习性，电鳐鱼喜欢潜伏在海底的泥沙里，一般只露出一双眼睛观察周围的动静。当它从泥沙中钻出来的时候，那就表示已饿得不行了。这时，它会将过路的鱼、虾当成猎食目标，向它们放电，等这些被它看上的猎物被击昏之后，它就把它们吞掉。饱餐之后，电鳐鱼又重新沉入海底，趴在那里一动不动了。当有敌害来侵犯时，它会马上施展放电的本领用来自卫。

那么，电鳐鱼是怎样为自己充电的呢？科学家们在研究时，剥开电鳐鱼的外皮，在它体内发现了一堆六角形的肌肉。这堆肌肉的一面由神经连接起来比较光滑，另一面则没有神经，凹凸不平。当鳐鱼发电时，先是神经传来信号，这在肌肉光滑面就产生了电位。

而另一面因为没有神经，所以不受控制，仍旧保持原来的静息状态。这样一来两侧形成了电位差，电流就随之产生了。至于鳐鱼在发电时，为什么电流是从腹部流到背部，这是由于它的发电器官位于身体中部两侧。

此外，在电鳐鱼的肌肉里还有许多特殊的、紧密相连的细胞。每

知识窗→电力十足的电鳐鱼

据科学家用仪器测定，电鳐鱼的放电本领非常了得。它放电的电压最高时可达200伏，与我们日常的电源电压差不多。一般情况下也能在70～100伏之间。如果你在海边不小心踩到它，马上会感到四肢像触电一样麻木，浑身发抖，严重的甚至会使人晕倒。正因为这样，在我国海南岛一带，这种电鳐鱼被当地渔民称作"晕倒鱼"。

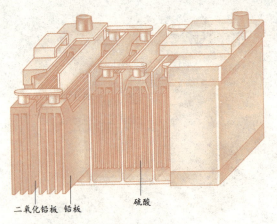

二氧化铅板 铅板　　　硫酸

模仿电鱼的发电器官制造的伏打电池

个这样的细胞，都可以产生一个电压，就像一个个小电池。尽管单个细胞产生的电压极其微弱，但是当许许多多这样微小的细胞紧密相连时，就会像许多电池串联一样，能够把这些电压叠加起来，形成很高的电压。而且这也使电鳗鱼在产生强大的电压的同时，避免了伤害自己。

电鳗鱼的发电形式与我们常用的交流电或直流电不同，它所发的是脉冲电。因此在每次放电完毕之后，它都需要稍事休息，然后再放电，再休息。它的脉冲频率比较快，一般可在 10 ~ 30 分钟内放电 1000 ~ 2000 次。不过，在捕捉它的时候并不存在危险。因为电鳗鱼在落网后，会不断地放电，等到被提上甲板时，它已经筋疲力尽没有力量放电了。

电鳗鱼还可以用来治病。这在古时候就已经被人类所发现和利用了。古罗马时期，居住在沿海地区的居民中，风湿病或癫狂病的患者很多。每当病情发作时，他们并不急于找医生，而是赶紧跑到海边抓几条电鳗鱼来。被抓的电鳗鱼受到侵犯，便放出电来，这电正好可以刺激患者的神经，从而达到治病的目的。

与电鳗鱼的发电、放电系统相比，目前人类所发明的电池使用效率很低，而且耗费了巨大的能源。希望有一天，人类能从电鳗鱼身上得到启发，使人们能像它那样快速、便捷、高效地得到电能。

招潮蟹为什么能准确预知潮汐

招潮蟹是一种生活在潮间带的海洋生物，它的一生与潮汐朝夕相伴。潮汐是海水在月亮和太阳等天体的引力作用下所形成的一种周期性的涨潮、落潮现象。通常，招潮蟹能够准确地预知潮汐的时间，它会在落潮时出来活动，四处觅食；当潮水上涨时，它用石头、土块或用大螯挡住洞口，自己则躲在洞里休息。令人惊奇的是，潮水每次都会在招潮蟹停止活动后 10 分钟内汹涌而来，在与大海的游戏中，招潮蟹准确地遵循着这个规律，总能迅速而又安全地避过潮水。招潮蟹的这种特殊本领大概在很久以前就形成了。

渔民们经过长年的观察发现招潮蟹还有一个本领：它们身体的颜色会随昼夜交替而不断发生变化，晚上变浅，天一亮又变深。小小的招潮蟹为什么会具有这样的天赋？

为了解开这个谜，科学家们做了很多实验，比如他们把招潮蟹从海边捉回来放到终日漆黑的实验室中使其既看不到潮汐的涨落，也无法看到昼夜的变化。尽管如此，它们的体色仍然能像在海洋中一样夜浅昼深。

　　科学家认为，招潮蟹之所以会出现这种状况是由于其体内有一种计时器，即生物钟。科研人员还发现，生活在不同地区的招潮蟹，其体色改变时间也各不相同。生活在科德角海滩上的招潮蟹要比大西洋沿岸马撒葡萄园岛上的招潮蟹改变体色的时间早4个小时。生物学家们认为：这绝不是偶然现象，而是招潮蟹具有的一种神奇本领，它们不但能测量时间，而且它们的海洋生物钟能和所在地的时间保持一致。

　　然而，招潮蟹的生物钟并不是一成不变的，它们的生物钟可以通过一些方法得到控制甚至加以改变。例如，生活在巴西海岸的招潮蟹的生物钟有两次潮汐的节律。如果把它们送到哥斯达黎加，它们在很短时间内会适应当地潮汐的节律。

珍珠是怎样产生的

　　华贵、高雅、美丽的珍珠是海洋里特有的精华，素有"仙女的眼泪""月亮的露滴"之称。自然界里的珍珠色泽各异，有银白色、粉红色、奶黄色，还有黑色，这是因为珍珠内含有铜、钚、钠等各种金属。判断珍珠价值的重要标准之一就是珍珠的色彩，各国人对色彩的喜恶也不尽相同。欧洲人喜欢粉红色的珍珠；南美、中美洲的人则对金黄色的珍珠比较钟爱。黑珍珠则是其中最为昂贵的，因为它非常稀少，因此价格几乎是银白色珍珠的2倍。

　　世界上最大的天然珍珠重6 350克，直径为279.6毫米，几乎与排球一样大，称为"老子珠"。关于这颗巨大的珍珠，还有一段典故呢。菲律宾以南有一个名

知识窗→由珍珠而诞生的职业

　　珍珠养殖是一种新的职业。野生珍珠的产生属于一种自然的偶发事件：当细小的刺激物进入贝类体内时，由于贝类无法驱除这一外来物，出于自卫，它就分泌珍珠质包围这个入侵者，从而产生了珍珠。现在人们利用珍珠形成的原理，通过一定的手术处理，将人工做成的珍珠核植入珠母贝中，然后将珠母贝放回水中养殖，在1～3年的时间内，贝类会不断分泌亮闪闪的珍珠质包围珠核，这样就可以得到大量的人工培育的珍珠。

人工培育珍珠

　　我国是世界上最早进行人工培育珍珠的国家，早在宋代就发明了人工养珠法。从20世纪50年代开始，人工育珠在我国得到了快速发展。广东、广西、海南等省的沿海地区建立了海水养珠场，上海、湖南、江苏和浙江等地则大力发展淡水养珠，通常利用的是三角帆蚌，不仅提高了珍珠的产量，还培育出了黑珍珠等名贵品种。

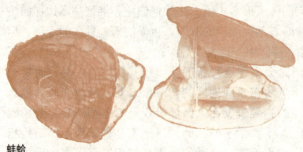

蚌蛤
珍珠是贝类动物分泌的一种叫作珍珠质的东西经长期积累而产生的。

珍珠饰品

叫尼拉望的小岛，达雅克人祖祖辈辈都居住在这个小岛上。一天，几个达雅克人到附近海中捕捞贝类，其中一位同伴下水后，好久不见踪影。于是，大家分头寻找，结果发现他被夹在了一只巨型贝里面。大家赶紧将他连人带贝一起捞出水面。打开一看，贝壳里竟然有一颗人头大小的珍珠。后来这颗珍珠成为酋长的私有财产。几年后，酋长的儿子身患疟疾，生命垂危，一位美国考古学家用自己随身带的药品救了那孩子的命。酋长为了向这位考古学家表示感谢，便把这颗硕大的珍珠送给了这位美国人。如今，这颗珍珠被存放在旧金山银行的保险库里。

宝贵而又神秘的珍珠到底是如何形成的呢？古人对此有许多美丽的传说。普里尼乌斯博物志中曾记载：珍珠是海底的贝浮到海面后，吸收从天上降下来的雨露后而育成的。古代印度教传说珍珠的产生跟牡蛎的出现有关，牡蛎打开贝壳时，雨滴落在了贝中，不久就变成了珍珠。总之，古人没有破解其中的奥秘，便只能相信这些传说，认为珍珠的诞生非常神秘。

当然，人们现在已经明白，如此昂贵的珍珠出身并不高贵，普通的贝类动物就是它的母亲。当珍珠的母亲——贝类动物张开贝壳时，有时会掉进来一些小沙粒等异物，贝类的外套膜组织中落入这些异物后，机体便产生本能反应，分泌出大量的珍珠质，将其包裹起来，一层一层地，最后这异物就有变成珍珠的可能。

植 物

植物如何进行自我保护

自我保护是自然界万物为防御敌害、更好地生存下去的一种手段。

通常，大多数人会认为动物具有很强的自我保护的本能，它们在遇到敌害或危险时会采用各种手段来保护自己，而不会动的植物受到昆虫侵害时无法进行有效的自我保护，因为它们既没有手反抗，也没有脚逃跑，它们也没办法联合起来对这些欺负人的家伙进行自卫反击战，因此，植物对昆虫们肆无忌惮的啃咬只好逆来顺受。

然而事实却恰恰相反。植物们也是具有自我保护能力的。千百年来，为了抵御各种昆虫、动物的侵袭，各种植物悄悄地进行着化学战争，通过各种化学作用来保护自己。比如，橡树的叶子能集中地分泌一种叫作单宁的化学物质，抵御舞毒蛾的侵害。舞毒蛾在吃了这种物质后就会像吃了迷魂药似的，变得反应迟钝，行动缓慢，不是被鸟儿捉去，就是跌落到不知名的地方，慢慢地死去。

土豆和西红柿在遭受昆虫侵袭时也会自动地分泌一种叫阻化剂的化学物质。昆虫一旦不小心吃下阻化剂，就会无法进行消化，再也不会去偷吃西红柿和土豆了。

有些植物的自我保护机制更令人叹为观止，它们不但会欺骗敌人，而且还会联合起来进行共同防御。比如，有一种叫赤杨树的植物，它们受到枯叶蛾的攻击时，其树叶会将营养转移到其他地方，并迅速分泌出更多的树脂和单宁酸。这些蛾子吃不到自己所需要的食物，只好飞向另一棵赤杨，寻找美味佳肴。然而那棵赤杨已经接到了敌害入侵的信号，同样把营养成分迅速转移到身体的其他部分，同时分泌出大量的有毒液体，等待着那些枯叶蛾的来临。

科学家们对植物的自我保护方式一直具有浓厚的兴趣。通过长期的观察和研究，他们发现，植物的自我保护行为不是仅限于对有害的昆虫，对于妨碍自己生存的其他植物，它

植物会采取各种方法来保护自己，如分泌毒液等，使昆虫等敌害不再袭击自己。

知识窗→含羞草的自我保护

含羞草对外界刺激十分敏感，传达刺激的速度为每分钟10厘米左右。它之所以会害羞，是因为叶子里含有一种叫叶褥的细胞组织，里面充满水分。受振动时，叶褥里的水马上向上和两边流动，而下面的水没了会瘪下去，上面却因充满了水而鼓起来，整个叶子于是就合拢折叠起来了。含羞草有如此本领，完全是出自它的本能性保护，这是因为它的老家在巴西，那里经常有狂风暴雨，有了这种本领后，它就可以保护自己不受风雨的无情摧残了。

们同样也会表现出自我保护的行为。科学家们曾做过这样一个有趣的实验：他们从种着野草的花盆里取出一些水，浇到一棵苹果树的根部，经过观察，发现苹果树吸收这些水分后，其生长速度明显地减慢了。科学家们从这个实验得出一个结论，认为野草能够分泌一种对苹果树有害的化学物质。此外，有些植物是非常"霸道"的，它们为了自己能够获得更多的营养和水分，常常会损害周围的其他植物。比如黑核桃分泌出一种化学物质，对许多植物都有害，因此在黑核桃周围，许多植物都不能正常生长。

　　植物是没有意识的，但是，植物的这种自我保护行为却又像是有意识的，这正是大自然长期选择的结果，然而其具体过程和原因，还有待于科学家的进一步研究。

金合欢树叶是长颈鹿爱吃的食物。为了保护自己，金合欢树经过长期进化，在叶子上长出许多刺来保护自己。

植物也有语言吗

　　众所周知，在诸种生物中，植物既不能运动，又是最安静而沉默的。然而出乎我们预料的是，植物的世界虽没有人类或动物界那么喧嚣，却有其独特的语言。这并不是杜撰或神话，而是科学家们的研究成果。

　　最早通过研究得出这一结论的是英国的植物学家们。他们通过一种特殊的仪器——植物探测仪，把仪器的线头与植物连接，人戴上耳机就能够听到植物说话的声音了。在正常情况下，植物发出的声音节奏轻微，曲调和谐；但遇到恶劣的天气情况或某种人为的侵害时，它们就会发出低沉、混乱的声音来表现它们的痛苦。此外，当植物缺水时也是会发"牢骚"的。因为植物缺水时，其运送水分的维管束会绷断，而维管束绷断时会发出一种"超声波"。这种声音很低很低，一般情况下是听不到的。因为它比两人说悄悄话的声音还低1万倍。目前，人们发现，渴了能发出这种"超声波"的植物有苹果树、橡胶树、松树、柏树等。专家们将植物的语言称

受到攻击的植物可以散发一种气体信息

周围的植物接到这种危险信号，会继续把信号传递给其他植物

植物之间的会话
遭受昆虫的攻击，植物可以通过根部传递信息，或是茎叶散发如乙烯之类的气体，通知其他植物有危险，某些植物也可以通过改变体汁的味道，使攻击者知难而退。

作"微热量语"。

语言除了表达感情之外，主要是用来交流的。那么人和植物之间可不可以通过某种方式进行交谈，进入植物的"内心"世界呢？答案同样是肯定的。

研究表明，各种植物在生长过程中，能量交换的过程是时刻进行的。这种交换虽然很缓慢、不易觉察，但交换过程中微弱的热量变化和声响还是可以察觉的。如果把这些"动静"用特殊的"录音机"录下来，经过分析，我们就能解开植物语言的密码，明白它们说什么了。如果你能听懂植物的话，那么它会告诉你什么样的温度、水分和养料是它最喜欢的。

知识窗→跳舞草

跳舞草又称无风自动草，是一种世界上濒临绝迹的珍稀植物，为多年生阳生植物，人工盆栽高50厘米左右，叶互生，为指状三出复叶，在同一叶柄上，长出3片叶，叶柄基部各对生2片小叶，2片小叶以叶柄为轴心绕着大叶自然舞动旋转，时左时右，时上时下，时快时慢，旋转1周后以极快的速度回到原位，再行开始转动，周而复始，日夜不停。同一植株上各小叶转动有快有慢，但却颇具韵奏，时而2片小叶向上合拢，然后又慢慢分开，平展，似蝴蝶轻舞双翅，像艺术体操中的优美舞姿，此起彼落，综观全树，百十双叶子竞相争舞，像蝶群在树丛中翩翩起舞，令人百看不厌。

20世纪80年代，前苏联的科学家通过电子计算机与植物成功地进行了一次交谈。首先，科学家们将计算机与植物进行特殊的连接后，向植物提出一些问题，植物根据它所"听到"的，将自身的形状变化、生长速度等信息通过计算机反馈给人们。当然，这些信息都是以数据的形式出现在计算机屏幕上的。然后，科学家通过另一台计算机来解读这些数据，绘出简单的图表。人们根据这些图表就能够明白植物说了些什么。人与植物的交流就是这样进行的。

这样的程序未免太烦琐复杂，有没有一种更加简单、更加顺畅的交流方式呢？最近，意大利的发明家发明了一种能与植物直接交流的对讲仪。只是在目前来看，这种先进的对讲仪也只能与植物进行很初级、很简单的交流，因为它只能辨别出诸如"热""冷""渴"等词语。

尽管到目前为止，人类对植物语言的了解仍然是非常有限的，但是能听到植物"说话"，知道植物说些什么，仍然算得上是人类科学史上的一大进步。一旦有一天，人类同植物之间的交流变得顺畅起来，我们便可以更多地了解它们的所需所求，从而满足它们的需求，而最终的获益者则是人类自身。那时的世界鲜花会开得更娇艳，果树会更加硕果累累，五谷会更加结实而饱满……人们的生活也因此会过得更加富足而快乐。

森林是怎样调节气候的

森林是大地母亲的绿衣裳，人们常将它称作气候的调节器、天然蓄水库和保持水土的卫士。森林在保护地球的生态环境方面，功不可没。

森林能够调节温度，使气温不至于太高，也不至于太低。当地面被森林覆盖着的时候，就可以抵抗太阳的暴晒，而且森林会蒸腾出大量的水分，同时吸收周围的热量，更可降低气温，因而，在夏季，森林中的气温一般要比当地城市低好几度，而相对于马路表面的温度，森林内地面的温度更是要低10多度。森林还像一把巨大的遮阳伞，荫护着下面的空地，使森林里的热量不会很快散发到空中去而迅速地降低温度，所以，森林总是比无林区要暖和。

森林是防风固沙的屏障。如果森林被大量砍伐或烧毁，那么就会形成荒漠或沙漠，极大地威胁人的生存。

森林还能够起到天然的蓄水和保持水土的作用。森林能防止地面受到强烈的风吹水冲，保持水土，使其不易流失。防护林带能够大大减弱风的力度，暴雨碰到了森林，力量也大为削弱，雨水在树干的导流作用下，慢慢地流到地上，被枯枝败叶、草根树皮所堵截，就容易往地表渗透，而不会迅速流走。在雨水较少的季节里，这些贮存在地下的水，一部分汇成清流，流出林地，灌溉农田，一部分被树根吸收、树叶蒸腾后，回到空中，又积云变雨，再落下来。有数据显示，在一昼夜间，每7500平方米森林输送到空中的水汽，约为几千至1万千克。因而，比起无林区来，林区空气的温度要更高些，雨量要更丰沛些。

森林不仅能调节温度，保持水土，它还能吸收二氧化碳和制造氧气，并且能够吸附滞留在空气中的粉尘，消除烟雾，净化空气。此外，森林还能起到消除噪声和隔音的作用。有的树种还能减轻大气的污染。

森林能够调节气候，保持水土，吸收二氧化碳，制造氧气，净化空气，消除噪声等，对环境的改善起到巨大的作用，所以，植树造林是一项很重要的任务，不仅如此，我们还要有意识地保护森林，如果肆意破坏森林，就一定会遭到大自然的惩罚。

许多国家的实践也表明，当一个国家的森林覆盖率超过30%，并且分布均匀时，就能够避免较大的风沙、旱涝等灾害。而我国1998年夏季发生在整个长江流域的特大洪水，除了特殊的气候因素以外，在长江上游乱砍滥伐森林也是很重要的原因。

为什么新种的树林无法替代原始森林

在生物学家的眼中，新种植的树林是无法取代原始森林的地位的。为什么生物学家特别看重原始森林呢？因为在原始森林中，已经形成了一条完善的生物链，这是新种植的树林在短时间之内无法形成的。

每一个生态环境都会形成自己的生物链，一条完善的生物链对于维护该生态环境具有不可低估的作用。那么原始森林中的生物链是怎样发挥作用的呢？

猫头鹰是森林巨人的好朋友。它们把家安在树干上部的空洞里，时不时地捕捉在树底下活动的松鼠、田鼠。这些松鼠和田鼠吃长在大树根旁的蘑菇。这些蘑菇对于大树的生长是很有帮助的，它们吸收了树底下的腐殖质，又给大树提供矿物质和水分，所以是森林环境生物链中一个不可或缺的环节。

猫头鹰的存在能够有效地抑制鼠类的大量繁殖，但也不能允许猫头鹰过多存在。因为适量的鼠类能够散播蘑菇菌的孢子，使它们得到广泛的传播，因而这又是一条生物链。

原始森林中的每一个成员都各就各位，发挥着自己的作用。原始森林中大树形成的空洞，给猫头鹰提供了安家之处；猫头鹰守护着原始森林，经常要消灭那些偷吃蘑菇的松鼠和田鼠；田鼠和松鼠的活动范围很广，因而又能够将蘑菇的孢子播散在新的地方；蘑菇能给大树输送土壤中的矿物质和水分；对于偷吃蘑菇的鼠类，大树也一视同仁，给它们提供位置不同的树洞，供它们栖息。它们之间环环相扣，协调有序，形成了一条良性循环的健康生物链。

这就是生物学家强烈反对唯利是图的商家砍伐太平洋西北部沿岸那一片古老而茂盛的原始森林的原因。那是一片宝贵的原始森林，森林中有 1000 年以上的冷杉树，它们能够清除空气中的污染物质，吸收掉大气中的二氧化碳，同时释放出氧气；它们保护着脚底下的土壤，使它们不受洪水的侵害，而且恰到好处地保存着土壤里的水分；它们浓荫如盖，成为小溪里的鱼和周围昆虫的保护伞。更重要的是，在那片原始森林中，存在着一条运作良好的生物链。这些对于保护我们的地球和我们人类自己，都是很重要的。

所以我们万万不可像那些不法商家一样目光短浅，去破坏古老的原始森林。

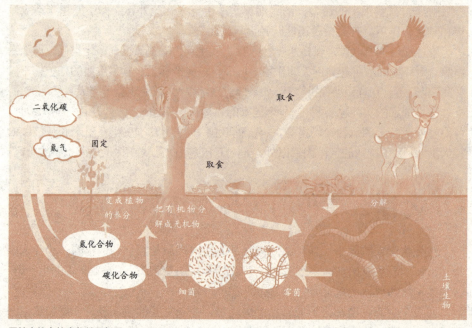

原始森林中的生物链局部图

根据年轮可判断树木的年龄

在深山古刹，我们常常能够看到参天古木，它们的寿命少说也得有几百上千岁。树木一般都很长寿。要想知道它们的年龄，乍看不是一件容易的事。不过，只要人们掌握了树木的生长习性、生长规律，那么，判断一棵树的年龄就有据可循了。人们通常用数马齿来断定马的年龄，用"数年轮"的方法来判断树木的年龄。

所谓年轮，就是树木茎干每年形成的圆圈。我们可以从大树树干上锯下来一段木头进行观察，你会发现，原来树干是由一圈圈质地和颜色不同的圆圈构成的。

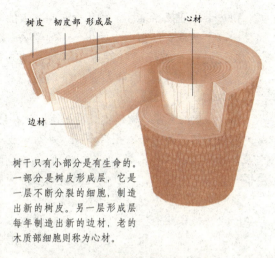

树皮 韧皮部 形成层 心材 边材

树干只有小部分是有生命的。一部分是树皮形成层，它是一层不断分裂的细胞，制造出新的树皮。另一层形成层每年制造出新的边材，老的木质部细胞则称为心材。

科学研究发现，在树木茎干的韧皮部内侧，生活着一圈特别活跃的细胞，被称为形成层，因为它们生长分裂得极快，能够快速形成新的木材和韧皮组织，可以说，它们是增粗树干的主导力量。这些细胞在不同的生长季节，生长情况有明显的差异。春夏最适于树木生长，因此，在这两个季节，形成层的细胞分裂较快，生长迅速，所产生的细胞体积大，细胞壁薄，纤维较少，输送水分的导管数目多，称为春材或早材；而在秋天，形成层细胞的活动较于春夏两季明显减弱，产生的细胞当然也比较小，而且细胞壁厚，纤维较多，导管数目较少，叫作秋材或晚材。

由以上的说明我们就可以知道，早材的质地比较疏松，颜色相对浅淡；晚材的质地比较紧密，颜色相对浓深。树干上的一个圆圈就是由早材和晚材合起来形成的，这就是树木一年所形成的木材，称为年轮。顾名思义，年轮一年只有一圈，这样一来，我们就可以根据树木年轮的圈数，轻松地数出一株树的年龄了。但是，也有例外的，一些植物如柑橘的年轮就不符合这条规律，它们每一年能够有节奏地生长3次，形成3轮。当然，我们不能把它当成3年来计算。这样的年轮，我们称其为"假年轮"。

凡事都不是绝对的，年轮虽然能够清楚地记下树木的寿命，但不是所有的树木都能够用"数年轮"的方法来确定年龄的。为什么呢？主要是气候的因素。热带地区由于气候季节性的变化不明显，形成层所产生的细胞也就不存在太大的差异，年轮往往不明显，只有温带地区的树木，年轮才较显著。因此，要想推算热带地区树木的年龄，当然也就比较困难了。

能独树成林的榕树

在热带和亚热带地区，经常会看到高大的榕树，每棵榕树都有宽大的树冠，而且树冠上悬垂着一根根支柱根，远远望去，每一棵树都像是一片小小的森林。

榕树是一种常绿阔叶乔木，喜欢高温多雨、空气湿度很大的气候，所以在低海拔的热带林、热带和亚热带沿海海岸及三角洲等低湿地区，它们生长得十分茂盛。

由于湿热的气候，榕树生长得很迅速，并且每棵树都生有很多的侧枝和侧根。榕树的主干和枝条上长着很多皮孔，从每个皮孔处都生出枝条来，一根根向下悬垂着，好像老爷爷的长胡子一样，我们称这些倒生的枝条为"气生根"。这些气生根一直向下生长着，直到它长得碰到了地面后又入土生根，并渐渐长粗，长成一个真的树根，只不过这些根不生枝，不长叶，人们把这些根叫作"支柱根"。榕树的支柱根和其他根一样，帮助榕树吸收水分，汲取养料，同时还支撑着不断往外扩展的树枝，使树冠不断扩大。榕树的寿命很长，据统计，一棵古老的榕树能够长出 1000 多条支柱根。

其实，在植物界中，不仅榕树生长支柱根，除了榕树以外，棕榈科的伊利亚棕、露兜树科的露兜树、桑科的刚果桑、木麻黄科的苏门答腊木麻黄和第伦桃科的第伦桃等树木，它们也长出支柱根，只不过榕树的支柱根生长得更为壮观。

榕树的果实味道甜美，是小鸟最爱吃的食物，它们把果实连同坚硬的种子一起吞到肚子里，然后到处飞翔。如果你在热带和亚热带地区的古塔顶上、古老屋顶上和古城墙上，看到了郁郁葱葱的小榕树，那一定是小鸟的杰作，是它们把榕树的种子随粪便到处撒播，甚至小鸟还把含有种子的粪便拉在大树顶上，种子生根发芽长成小榕树，形成树上有树的奇观，成为热带林的一大风景。

园林工作者们根据榕树生长的特性，别出心裁地对榕树的气生根和树冠加以

成都黄龙溪渡口大榕树

整形和打理，竟把榕树做成一种庭院绿化中具有奇特景色和富有岭南特色的盆景，真是不简单。

假如有一天你有机会走进热带和亚热带丛林，你一定一眼就会看见那些高大的生了胡须一样的榕树，把它们称为小森林毫不夸张。

没有根的大花草怎样长成花中之王

在我们印象中，植物都应该有根，否则它们以什么为依托呢？然而，有些植物偏偏没有根，大花草就是其中的一种。大花草不仅没有根，连茎、叶都没有，甚至不能进行光合作用。可就是这种"一无所有"的植物，却是当之无愧的"花中之王"。

大花草是大花草科植物中的一种，又被称为"阿尔诺利基大花草"，这个名称来自于大花草的发现者——著名博物学家阿尔诺利基。19世纪初，阿尔诺利基与英联邦爪哇省总督拉夫尔兹爵士去苏门答腊旅行，发现了这种奇特的植物，阿尔诺利基用自己的名字给它取了名。拉夫尔兹爵士曾在一封信中写了一段大体意思是这样的话：这次行程中我们发现了大花草，我觉得，它的美丽是任何语言都无法形容的。

不能进行光合作用，没有根、茎、叶的大花草却是当之无愧的"花中之王"。

它的重量超过7千克，直径90多厘米，世界上没有别的花比它大，比它美丽。这是我们最大的收获。

大花草在印度尼西亚被称作"本加·帕特马"，意即荷花。实际上它长得一点儿也不像荷花，它有5个暗红色的花瓣，而且肥厚多肉，花瓣上布满白斑，鼓鼓囊囊的。花瓣中央有一个长着很多小刺的"圆盘"，保护着花蕊，给人一种神圣不可侵犯的感觉。阿尔诺利基大花草的每一部分都异常大，"圆盘"大，花瓣大，花蕊也大。每片花瓣长30～40厘米，厚数厘米；中央的大圆盘其实是一个密槽，这个槽高30厘米，直径达33厘米，里面可容纳5000～6000克水。根据对标本的测量，阿尔诺利基大花草直径为70～90厘米，最大能够达106.7厘米，无愧于"花中之王"的称号。

原来，大花草是寄生类的植物，它靠别的植物活着。大花草有一种类似蘑菇菌丝体的纤维，利用这种纤维深深扎进葡萄科植物白粉藤的木质部，通过吸取白粉藤的大量养料，来供给自己生长。

大花草的种子异常小，它挤进白粉藤的擦破处，接着开始膨胀，萌发成像幼芽似的东西。用不了多长时间，"幼芽"慢慢长成扭曲的花蕾，有小孩的拳头那么大。

此后，花蕾舒展开来，就会露出 5 片花瓣来，呈砖红色。刚开始时，大花草散发出一种清香。三四天后，气味变得极其难闻，这种气味和肉色的花瓣会招来大批厕蝇，通过它们完成授粉工作。就这样，大花草借助其他植物的力量，最终长成了花中之王。

植物中的"活化石"——银杏

距今 2 亿多年前，地球处于中生代三叠纪至侏罗纪时期，那时银杏树遍及全球，种类繁多。而第四纪冰川期来临之后，除了中国外，各地的银杏树均遭遇冻灾，从此银杏成了中国特有的树种，也成了植物中见证历史的活化石。

银杏是一种落叶大乔木，单种属树种，在裸子植物银杏科属中独一无二，其高度可达 40 米，直径 4 米。它出现于古生代二叠纪，受第四纪冰期影响在世界大部分地区绝迹。之所以在我国存活下来，得益于我国独特而又复杂多样的地理环境。

目前，野生银杏仅仅生存在浙江省天目山海拔 500～1000 米的天然混交林中。银杏的别名很多，大家都熟悉的是白果，而鲜为人知的名字有鸭掌树、公孙树、佛指甲等。银杏树形十分优美，高大的树冠像宽宽的绿色华盖，每片叶子则像一把把小扇子在风中摇摆。到了秋天，树叶转黄，银杏树更像是穿了黄艳艳衣服的少女，婀娜多姿，令人忍不住驻足观看。

银杏果实呈椭圆形，果核也是圆形。成熟的果实像一枚杏子，外面包着橙黄色肉质的种皮，而果实的内壳却是白色的，所以把它取名为银杏，俗名叫作"白果"。在自然状态下，银杏树的生长比较缓慢，一般 20 年后开始结籽，到了 30—40 年后才进入盛期，盛期之后，结子能力就百年不衰了。俗话说"公公种树，孙子收实"，就是说银杏的这种生长特点，这也是银杏的别名"公孙树"的来历。

银杏虽然生长缓慢，但它繁殖能力很强，有着一套高超的"求偶"本领。因为银杏树雌雄异株，在雌花与雄花授粉时，距离给它们带来了困难。可是在风的帮助下，雄树仍然可以将它异常细小的花粉，送到数千米之遥的雌树那里，让雌花和雄花完成"生儿育女"的使命。科学家们还发现，银杏的"精子"依然像 2 亿年前它的祖先那样，具有鞭毛，会游动，这使它成为了植物学家研究原始裸子植物的"活标本"。

银杏树的寿命也很长，树龄千年以上的古银杏树在全国各地随处可见。而寿命最长的一株古银杏，生长在山东省莒县定林寺前，树龄达3100多岁，树高24米，直径1.57米，至今还能开花结果，成了树木中的"老寿星"。

"公孙树"银杏

谈及银杏树的用处，真是数不胜数。可以说，它浑身是宝，比如，银杏材质细密，纹理直，有光泽，在建筑、家具、雕刻中用材时不翘、不裂，又很容易加工，是木材中的上品。就更不用提银杏的果实了，它富含淀粉、脂肪、蛋白质和维生素，既可食用，又可入药。连《本草纲目》中都记载着这样的句子："熟食可温肺盈气，定咳嗽，缩小便，止白浊，生食降痰，消毒杀虫。"银杏叶也是一宝，可提制冠心酮，用来治疗心血管系统疾病，把银杏叶放在书柜，或夹在书中，它清香的味道还可以驱除书内蠹虫。

银杏树的这些特点，使它备受人们喜爱，人们也经常把它栽种在庭院、庙宇内外，来点缀风光。银杏在我国已有了悠久的栽培历史，全国20多个省、市、自治区均有栽培，尤其是四川、广西更为广泛。不久，这种古老的植物将作为观赏树种来美化首都主要街道，银杏树也会再次像远古时候一样随处可见了。

胡杨为什么不怕干旱和盐碱地

凡是有一些生物常识的人都知道，植物是很难在盐碱地生长的。因为，如果植物的根细胞里含有太多的渗透压很高的盐水，就会阻碍根进一步吸收水分，时间一长，植物会因得不到水分而枯死。另一方面，如果土壤中积累过多的可溶性盐类，根细胞就会"中毒"，从而受到伤害。事实证明，大部分植物在含盐量超过0.05%的土壤里都不能成活。

但是，胡杨却能在含盐1%～3%的盐碱地里生长，这是为什么呢？

20世纪60年代，两位澳大利亚科学家和美国科学家伯恩斯坦在经过多年的研究之后，提出了"渗透学说"，向人们揭示出胡杨的这种特异功能。他们认为，胡杨之所以能在盐碱地生存，是由于其叶面的蒸腾作用比普通植物低，这样就保证了自身生存所需的水分，因此它的抗旱和抗盐碱能力才如此强大。胡杨的茎叶上布满了可以把从盐碱地中吸收的过多盐分排出

胡杨，属于杨柳科，是温带落叶树种，河旁湖畔是它的家。其幼树的枝条、叶子跟柳树相似，长高几米后，叶子的形状就变成了椭圆状，很像杨叶。

体外的泌盐腺。

　　除了胡杨之外，黄须的抗盐能力也是很突出的。黄须是一年生草本植物，叶多汁肥厚，像长满了茸毛的小棍棒。黄须的根系极为发达，从而将土壤变得疏松，加强渗透力。人们常叫黄须为"吸盐器"。因有人曾做过这样一个实验，在盐碱地上种了一片黄须，1年后，通过取土化验，结果发现75厘米深的土壤内含盐量只剩0.1%。

　　除了胡杨、黄须之外，世界上还有许多抗盐碱、抗旱能力强的植物，像碱蓬、盐角草、胡颓子、田菁、艾蒿等。碱蓬和盐角草都有肉质叶和茎，它们之所以具有高度的抗盐能力，是因为它们茎、叶内的细胞质与盐并不排斥而是能够相结合，以至于它们细胞含水量高达95%。胡颓子、田菁和艾蒿的根细胞对盐的排斥力很强，同时，它们的细胞内还含有较多的有机酸和糖类，从而使细胞吸水的能力加强了。瓣鳞花能将吸收的盐分与水充分溶解，然后通过叶面分泌出去，水分干了之后，叶面上的盐的结晶颗粒被风一吹就散落了。

　　由于具有了抗旱耐盐碱的"特异功能"，所以盐碱地也就成为像胡杨这样的植物生长的乐园。

草木也有感情

　　你一定见过这样的现象：如果你用手轻碰含羞草的叶子，它就会像少女一样羞涩地垂下头；向日葵的花总是随着太阳位置的变化而转动；大豆、花生的叶子到了夜间就会紧紧合拢……这是怎么一回事呢？

　　从表面上看，植物总是不言不语，默默地生长着，其实它们也和人一样是有感情的。它们都能相当灵敏地感受到外界环境的刺激，并做出反应。当然，在外界环境的刺激下，植物所表现出来的各种姿态都是建立在一定的生理基础之上的，多数是出于自我保护的需要。有时植物还会表现出很高的音乐鉴赏力。

　　法国有一位园艺家曾做过这样一个实验：他为了研究音乐对植物生长的影响，把耳机套在一个番茄上，每天播放3个小时的音乐。结果，这个番茄成熟后比一般番茄大很多。法国国家研究中心的一位科学家，曾试图利用超声波促进蔬菜生长。结果发现，在超声波

被碰触前　　　　　被碰触后

含羞草叶子的膨压作用
含羞草也是一种有丰富感情的植物。只要它的叶子被人或其他动物触动，它就会闭合。其实，这种防御性动作产生于一些细胞内部压力的变化。

的影响下，蔬菜的生长速度是一般的 2 倍以上。我国的科学家也曾用超声波对桔梗等中草药种子进行处理，从而提高发芽率。大量的研究证明，超声波能够加速植物的光合作用，促进细胞分裂，从而加快植物的生长速度。

除此之外，科学家们还利用各种仪器试图探索植物的感情生活。

美国著名的测谎机试验专家克里夫·巴克斯特有一天突发奇想：如果把测谎机接到植物身上会怎样呢？1966 年的一天，他把测谎机的电极连在龙舌兰的叶子上，然后浇上充足的水，结果测谎机完整地记录下龙舌兰喝水的"情景"，这个情景很像人在短暂的感情冲动时的反应。后来，他又用测谎机对 25 种植物进行了相同的试验，结果也是相同的。更令人惊讶的是，当他准备伤害植物时，仪器能够记录植物的特殊反应。

美国加利福尼亚州洛斯加托斯国际商品粮用机器公司的化学师马塞尔·沃格尔也是研究"植物与人的交流""植物情感"等课题的专家。他曾做过一个这样的实验：从树上摘下 3 片榆树叶，把它们放到床边的一个碟子里。每天早上，他会聚精会神地用 1 分钟时间注视其中的 2 片叶子，以鼓励它们顽强地生存下去；而对中间的那片叶子却不闻不问。7 天后，中间那片被"冷落"的叶子渐渐变黄、枯萎，而那 2 片被一直鼓励的叶子依然青绿。更使沃格尔惊喜的是，那 2 片没有枯萎的叶子的小茎上由于采摘而留下的伤痕看上去竟已经愈合了。

沃格尔的实验证明了植物不仅具有"知觉""情感"，而且能够捕获比用语言表达更为真实可信的任何恶意或善意的信息。这个发现为植物学的研究开辟了一条新的道路。

无独有偶，日本"新世纪"公司经过长期研究也得出了类似的结论。该公司宣布发明了一种机器，这种机器能够测定植物对外界刺激做出的反应，他们称这种机器为"植物与人类之间奇妙的交流工具"。

有了这样的机器，人类就可以不费力气地走进植物的感情世界，了解到植物的许多有趣的事：植物也会像小猫小狗那样，当主人接近它时，会感到害怕；若植物的主人经常与它轻声对话，或像父母抚摸婴儿一样轻抚它的叶子时，它也会有愉快的感觉；植物甚至能感受到走近它的主人的呼吸和体温，能够感受到将要发生什么，并在 10 秒钟内做出快速反应。

叶绿体与光合作用

你想过没有，我们吃的食物是从哪里来的？我们呼吸的氧气又是从哪里来的？是谁在滋养着我们人类？也许大家没有想到，这些都源自于那些普普通通的绿色植物。它们不仅是我们人类生存所需的食品的主要来源，而且还通过吸收空气中的二氧化碳，将其转化为供人呼吸的氧气。

那么，绿色植物是怎样茁壮生长的，它们又是如何制造氧气的呢？

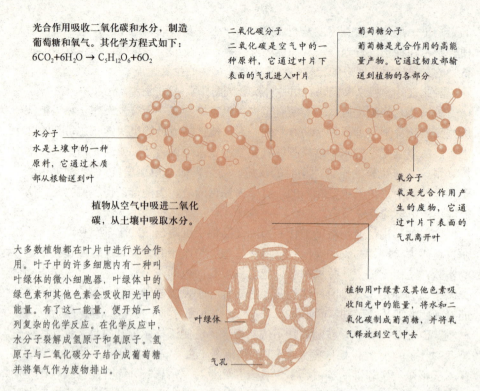

光合作用吸收二氧化碳和水分，制造葡萄糖和氧气。其化学方程式如下：
$$6CO_2+6H_2O \rightarrow C_6H_{12}O_6+6O_2$$

二氧化碳分子
二氧化碳是空气中的一种原料，它通过叶片下表面的气孔进入叶片

葡萄糖分子
葡萄糖是光合作用的高能量产物。它通过韧皮部输送到植物的各部分

水分子
水是土壤中的一种原料，它通过木质部从根输送到叶

氧分子
氧是光合作用产生的废物，它通过叶片下表面的气孔离开叶

植物从空气中吸进二氧化碳，从土壤中吸取水分。

大多数植物都在叶片中进行光合作用。叶子中的许多细胞内有一种叫叶绿体的微小细胞器，叶绿体中的绿色素和其他色素会吸收阳光中的能量。有了这一能量，便开始一系列复杂的化学反应。在化学反应中，水分子裂解成氢原子和氧原子。氢原子与二氧化碳分子结合成葡萄糖并将氧气作为废物排出。

植物用叶绿素及其他色素吸收阳光中的能量，将水和二氧化碳制成葡萄糖，并将氧气释放到空气中去

叶绿体

气孔

　　科学研究表明，绿色植物的细胞中有一个特殊的器官，叫叶绿体。叶绿体在不同的植物中的含量不同。通常，在高等植物的叶细胞中，每个细胞中含有 30 ～ 500 个不等的叶绿体；而在低等的地藻类植物的细胞中，每个细胞所含的叶绿体数量就相对少多了，大多只有一个到几个。绿色植物的叶片和幼枝之所以呈现出绿色，就是叶绿体在起作用。

　　不过，单单有叶绿体还不行，还不能制造食物和氧气，还缺什么呢？那就是阳光。

　　俗话说：万物生长靠太阳。如果没有太阳，地球就漆黑一片，植物就不能生长了。绿色植物的叶绿体在太阳光的照射下，以空气中的二氧化碳和水为原料，通过光合作用，合成碳水化合物（如淀粉等），并放出氧气。这个化学过程可以通过下面的式子直观地表示出来。

$$二氧化碳 + 水 + \frac{叶绿体}{太阳光} \rightarrow 碳水化合物 + 氧气$$

　　就这样，绿色植物的叶绿体，在太阳光的作用之下，转化成人类所需的物质食粮。所以说，叶绿体在太阳光作用下发生的光合作用，不仅为绿色植物自身的生存提供了必要的条件，也为世间万物解决了"吃饭"问题，同时它吸收空气中的二氧化碳，将其转化为氧气，再释放回空气中，为世间的生物提供了生存所必需的氧气。

　　据统计，在光合作用之下，绿色植物每年大约可以将 1 500 亿吨二氧化碳和

600亿吨水转化成1000亿吨营养物质（即碳水化合物，诸如淀粉之类）和1000亿吨氧气。由此可见，光合作用多么重要！要是没有了光合作用，这个星球就会失去生机和活力。

从小的方面来说，叶绿体及其光合作用对于美化、净化我们周围的环境也是很有用处的。人们经常在居室内外种植一些花花草草，一方面是为了美观，另一方面这些绿色植物能够吸收空气中的二氧化碳，释放出氧气，这对于人们的身体健康是大有好处的。

植物为什么也喜欢吃虫

在自然界，动物吃植物已经是天经地义的事。牛、羊、马吃草，猴子吃果子，熊猫啃竹子，连小鸟也寻找植物种子充饥。可如果反过来说，植物吃动物，就让人觉得太不可思议了。不过，世界上真的有"吃"动物的植物，它们被叫作"食虫植物"。

18世纪中叶，科考人员在美洲的森林沼泽地进行科学考察时发现了一种珍奇植物——孔雀捕蝇草。这种草的叶子是长方形的，很厚实，叶面上长有几根尖尖的茸毛，叶的边缘还有十几个轮牙。每片叶子中间有一条线，把叶子分成两半儿，就像开屏的孔雀一样，可随时开合。

平时，孔雀捕蝇草会散发出一种香甜的气味，以此来诱惑那些贪婪而愚蠢的昆虫。昆虫如果不小心触动了捕蝇草的叶子，捕蝇草就会迅速叠起来，边儿上的轮牙也互相交错咬合，这只贪婪的虫子就成了它的食物。捕蝇草的叶子既可以用来捕捉食物，又是其自身的消化器官。叶子会分泌出消化液，将昆虫消化掉。虫子越挣扎，叶子就夹得越紧，分泌的消化液就越多，直到只剩下虫子的残骸为止。猎物很快就被吃完了，然后叶子又设下新的陷阱，等待着别的虫子上钩。但是，孔雀捕蝇草一生只有3次打猎的机会，然后就逐渐枯萎了。

最有代表性的食虫植物是猪笼草。它看上去像普通的喇叭花或百合花，有的还能散发出像紫罗兰或蜜糖一样的香味，吸引昆虫的到来。猪笼草是一种生活在中国海南岛、西双版纳等潮湿的山谷中的绿色小灌木。每片猪笼草的叶子尖上，都挂着一个伸长的带盖的小瓶子。由于它们很像南方运猪用的笼子，所以被称为"猪笼草"。它身上的瓶子有红的、绿的、玫瑰色的，有的甚至还点缀着紫色的斑点，十分鲜艳，而且，这些瓶子在瓶口和内壁处能分泌出又香又甜的蜜汁。小虫子闻到香味就会爬过去吃蜜，正在享受之际，小虫子的脚下突然一滑，一头栽进瓶子里，再也爬不出来了。小瓶子里盛满了酸溜溜的黏液，被粘住的小虫子便成了猪笼草的一顿美餐。

在沼泽地带或潮湿的草原上生活着一种淡红色的叫作"毛毡苔"的植物猎手，在毛毡苔的生长环境里还繁衍着众多的小虫和蚊子，它们最终都要成为毛毡苔捕获的对象。毛毡苔的叶子只有一枚硬币大小，上面长着200多根既能伸开又能合

中肋　叶片

盖，防止昆虫爬出并阻
止雨水淹灌瓶状叶

红猪笼草

未成熟的瓶状叶

盖张开

瓶状叶的口　瓶状叶　瓶状叶的沿　卷须　部分被消化的昆虫
　　　　　　　　（含有蜜汁腺）

拢的茸毛。茸毛像一根根附着在叶子上的纤细的手指。在茸毛的尖上有一颗闪亮的小露珠，这是茸毛分泌出来的黏液，散发出蜜一样的香味。昆虫禁不住香味的诱惑，就会迅速飞过来。昆虫一碰上茸毛，茸毛尖上的黏液就会粘住昆虫，然后像手一样抓住昆虫，不让它跑掉。接着，茸毛又分泌出可以分解昆虫的蛋白酶。最后，毛毡苔的叶细胞就把消化后的养料吸到植物体内。一切结束后，毛毡苔的茸毛又伸展开了，一只倒霉的昆虫就这样化为乌有了。

　　捕蝇草、猪笼草、毛毡苔都是陆地上的食虫植物，水中食虫植物的代表之一就是狸藻了。狸藻漂浮在池塘中，叶子像丝一样分裂开来，长达 1 米。在狸藻的茎上长有很多扁圆形的小口袋。这些口袋能产生消化液，在袋口还有个向里打开的小盖子，盖子上长着能"绑"住昆虫的茸毛。一棵狸藻上长有上千个这样的小口袋，每个小口袋就像是一个小陷阱，在水里分散开来，形成了一个疏而不漏的陷阱网。如果有小虫子不小心撞进这个陷阱网，只要碰到袋口的茸毛，小口袋就会张开，小虫子随着水就进入了陷阱，小口袋很快就把虫子囚禁起来，这时候，口袋的内壁就会分泌出杀死虫子的消化液，不多时，小口袋便能恢复原来的样子，等待下一个猎物自投罗网。

　　地球上像这样的食虫植物还有很多，主要分布在热带和亚热带地区。目前的统计数据显示，地球上的食虫植物共有 500 种左右。其中，在我国境内的品种约有 30 种。

　　这些食虫植物的身上都具有特殊的武器，一是各种陷阱，用来捕捉昆虫；二是香饵或伪装，用来诱捕昆虫，像气味、花蜜、颜色等；三是含有可以溶化昆虫的消化液。

　　那么，为什么这些植物要"吃"虫子呢？

　　一些科学家认为，食虫植物之所以吃虫子，也许跟它们生存的环境有关。此类植物一般分布在酸性沼泽地、泥炭地、水中、平原、丘陵或高山上。它们居住的地方一般缺少阳光和养分，其生存受到了严重威胁，但那里一般有很多昆虫。于是，食虫植物便学会了捕食昆虫的本领，就是因为这种本领才让它们能在当地活下去。

植物分类

世界上生物的种类有数百万种，科学家为了研究的方便对它们进行了分类。其中植物是生物界中最大的一类，包含有40万种不同的植物种类。植物的体形相差很大，有的植物非常微小，必须用显微镜才能观察到，而世界上最高的树可高达100米。不同植物的寿命也千差万别，有的仅仅可以存活几个小时，而有些植物的寿命长达几千年。

海洋中的植物

海草多生活在多岩石的海岸或者靠近海岸的海水中，它们柔软的身体紧贴海底，以防被海浪冲走。海草的根如同从岩石中长出的一样，紧紧地附在岩石上。

有花植物

阔叶树、灌木丛、花和草本植物

银杏类植物

松类植物

苏铁属植物

蕨类植物

地钱类

杉叶藻

苔藓类

地衣类

菌类

藻类

需要用显微镜观测的植物

根据植物之间不同的特征，把植物界分成不同的种群或者类别，主要的种群如图所示。

海草的茎叶非常有韧性，被海浪冲击时前后摇摆，但却不容易被折断。

被子植物

地球上有 25 万种植物属于有花植物，也称为被子植物。被子植物分为 2 个大类：单子叶植物和双子叶植物。很多被子植物花瓣的颜色非常艳丽，有助于吸引昆虫帮它们传粉，某些植物则采取自行授粉或者风传粉的方式。被子植物开花后结成果实，形成种子，再长成新的植株。

阴生植物

苔藓、蕨类和地钱这类阴生植物多生长在潮湿背阴的地方或密林内。阴生植物不能开花结果，体内也没有运输水分的导管。苔藓茎部的顶端膨胀，可以将里面产生的孢子释放到空中。当孢子落在潮湿的土壤中时会发育成为新的苔藓植株。蕨类植物主要依靠它叶子（羽毛状的叶子）背面的孢子囊产生孢子，孢子散落在潮湿的地方，先是发育成一种能产生精子和卵细胞的原叶体，其中的精子与卵细胞相结合，最终生成一种新的蕨类植物。

蕨类在密林里会聚集在一起生长，形成一层厚厚的"地毯"。

植物的器官

有花植物主要由根、茎、叶、花 4 个主要部分组成，这些部分统称为器官，每一部分对于植物的生长都起着至关重要的作用。根的主要功能是固着、支持植物体，并且吸收土壤中的水分和溶解在水中的养分，有的还能贮存养分；茎为植物的主干，一般生长于地上，也有的生长在地下，主要起输导、支持等作用，茎里的小导管可以把水分传导到植物器官的各个部分；叶是植物进行光合作用、制造养料的重要器官；花是植物进行授粉繁殖活动的主要器官。

植物的茎如何保持直立？

植物的茎必须能支撑叶子，使其获得足够的阳光，以制造养料；植物的茎必须能支撑植物的花，使其收集足够的花粉，以生成种子。大多数植物的茎非常坚硬，茎中有很多纤维，这有助于支撑。茎中传导的水分也有利于发挥茎的支撑作用。当植物缺少水分时，茎就会弯曲甚至枯萎。一些树的茎部强大而且坚硬，可以做木材。一些植物例如无花果和菟丝子，它们的茎是缠绕在其他植物体上的，宿主可以为这类植物提供一定的支撑作用。菟丝子和无花果则吸取所依附植物的养分以供自己使用。

叶子的颜色

植物的叶子通常含有被称为叶绿素的绿色物质。叶绿素沐浴在阳光中就如同海绵浸泡在水中一样，不断地吸收阳光的能量进行光合作用，制造有机物质。植物叶子的颜色不仅仅只有绿色，而是多种多样的。没有叶绿素的叶子可能会呈现白色，另外有些叶子虽然含有叶绿素，但是由于含有较多的其他物质（例如叶红素或叶黄素），从而遮住了绿色使叶子呈现出其他的颜色。

花粉囊

雌蕊果片顶端的柱头可以收集并粘住花粉

雄蕊　　柱头

雄蕊的花粉囊可以制造花粉

茎内包含有很多细小的导管，可以把营养物质从根部传至茎的顶端，供叶和花吸收

根生长在土壤或者水中，可以固着、支持植物体，并且具有吸收、贮藏水分和矿物质的功能

绿色植物的叶绿素在光的照射下把水和二氧化碳合成有机物质的过程叫作光合作用

水分的传输

所有生物离开水都无法生存。植物体的含水量大约在75%，当植物严重缺水时，就会枯萎死亡。水是植物进行光合作用的原材料，对于植物通过光合作用制造养分具有重要作用。当植物缺少水分时，植物的茎和叶就不能有效地利用太阳光进行光合作用制造养分。

水分的传输

植物把水传输到叶上几乎不需要能量。植物把根固定在土壤中，吸收土壤中的水分。植物根中的水分通过导管或者木质部向上传输到叶子等器官，并且通过韧皮部把光合作用制造的有机养料输送到其他器官。叶子通过气孔把水分蒸发掉（蒸腾作用），而从茎部则会输导过来更多的水作为补充。

水分的释放

植物的叶子里有空隙。叶子空隙中的水分蒸发时会变成气体，称为水蒸气，水分蒸发时通过的孔叫作气孔，位于叶子的背面。当叶子周围的空气干燥且温度较高时，水分蒸发速度就会加快，为了维持适当的平衡，植物体需要吸收大量的水分。

根毛

在植物根尖的顶端生出许多细丝，称为根毛。根毛的细胞壁极薄，可以吸收大量的水分，水进入根毛后，会透过外层细胞到达根部中央的维管束。当根尖深

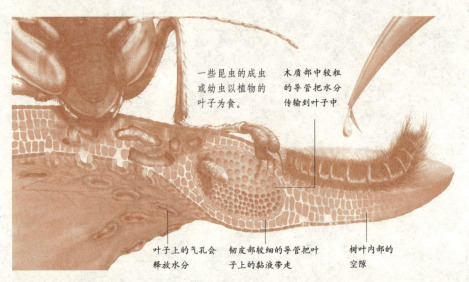

一些昆虫的成虫或幼虫以植物的叶子为食。

木质部中较粗的导管把水分传输到叶子中

叶子上的气孔会释放水分

韧皮部较细的导管把叶子上的黏液带走

树叶内部的空隙

显微镜下观察到的叶子的内部结构

入到土壤后，根毛的寿命也就结束了，接着会长出新的根毛来。

维管束

茎的皮层内侧具有纤维，很多的纤维组成导管，多个导管的集合称为"维管束"。维管束具有传导水分的功能，其中富含的纤维素有助于水分在里面顺畅地传输。

有花植物

世界上的有花植物大约有 25 万种，包括花、药草、草、蔬菜及树（不包括松树，松树属于裸子植物）等。有花植物分为两大类，即单子叶植物和双子叶植物。单子叶植物具有一个子叶（贮藏果实的场所），草、百合和兰花都属于单子叶植物；双子叶植物具有两片子叶，大部分花都属于双子叶植物。一年生植物是指在一个生长期内完成生命史的植物，即自种子萌发至开花、结果、死亡的过程在一年内完成；多年生植物是生长期在 2 年以上的开花植物，大部分植物都属于多年生植物。花是种子形成过程中的一部分，每粒种子都有可能长成一棵新的植株。

花的内部结构

花的形状、大小各不相同，但是花的结构是一样的。花在成长之初，称为芽，芽由形状和构造上十分近似叶子的萼片保护。在花萼之内，花冠通常可分裂成片状，称为花瓣，花瓣的颜色和香味，对于吸引动物传粉起着重要的作用。在花萼的里面是花的雄蕊，每一个雄蕊，通常由花药和生它的一个细的花丝组成，每个花药有花粉囊，在花粉囊里盛有用于繁殖的雄性细胞。花的中心是雌蕊，雌蕊由子房、花头和花柱组成，柱头位于花柱的上端，表面粗糙而有黏液，这是接受花粉的地方，子房内的胚珠里面盛有用于繁殖的雌性细胞。

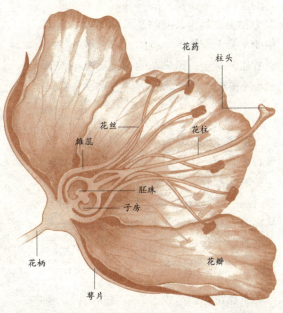

雄蕊花药中的花粉传到同种植物雌蕊的柱头上，而且必须是传到雌蕊的胚珠中，才真正算是完成了传粉过程。

柔荑花序

有些植物的花轴上会生出许多小花，随花轴柔软下垂，称为"柔荑花序"。下垂的小花多为雄花，经过一段时间发育成熟后，雄花序上的花药自然裂开，花粉飞散而出，进行传粉。柳树和榛子树在春天树还没有长出嫩叶时，就先长出柔荑花序；而橡树正相反，要等长出叶子后再长柔荑花序。

花芽

花是由花芽形成的，花在生长过程中比较脆弱，萼片是花的最外一环，具有保护花蕾的作用。某些植物的花从芽中生长出来后，萼片就会退化脱落。而西红柿花芽的萼片会一直附着在植株上，等果实形成后，它会变成黑色的像蜘蛛足一样的部分留在果实上。

头状花序

有些植物的花由很多的小花紧密地结合在一起，形成的这个花序称为"头状花序"。雏菊和蒲公英就是这样的一类植物，它们的头状花序可能会使人们误认为那是大的花。

植物的授粉

授粉是植物有性繁殖不可缺少的环节。它是指花开以后，雄蕊花药里成熟的花粉通过各种媒介传到同类植物雌蕊柱头上的过程。传播花粉的媒介有昆虫、鸟、风力和水，最为普遍的是风和昆虫。虫媒花的花朵大而鲜艳，有的具有芳香的气味或甘甜的花蜜；风媒花的花朵比较小，颜色也不鲜艳。

虫媒花

虫媒花大都具有鲜艳美丽的花被，有芳香或其他气味，用于吸引昆虫。虫媒花花被的基部有蜜腺，蜜腺能分泌甜美的花蜜。昆虫在采食花蜜的同时就进行了传粉，从而将一朵花的雄蕊上的花粉带到另一朵花的雌蕊上。

有刺的花粉

虫媒花能制造少量的带刺的花粉。当昆虫采集花蜜时这种花粉比较容易粘附在

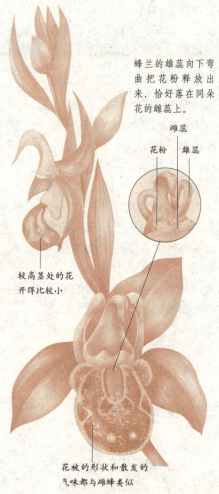

蜂兰的雄蕊向下弯曲把花粉释放出来，恰好落在同朵花的雌蕊上。

雌蕊

花粉　雄蕊

较高茎处的花开得比较小

花被的形状和散发的气味都与雌蜂类似

昆虫的身体上，昆虫在花间飞行时带刺的花粉就一直粘在昆虫的某个部位。当昆虫飞到有雌蕊的柱头上时，花粉就留在了雌蕊上，完成了传粉过程。

风媒花

靠风力传送花粉的方式称为风媒，风媒植物的花叫作风媒花。风媒花的花被不显著，没有鲜艳的颜色，或不具有花被，没有香气和蜜腺。它们的花粉光滑、干燥而轻，便于被风吹送，花粉的量很大，从而提高了传粉的概率。有些风媒植物的雄花序长而倒悬，微风吹拂，摇曳不已，所含花粉任风吹送。柳树、榛子树等都是风媒植物。

种子的萌芽

种子里面都有一个小的植株或者等待发育的胚芽，种子富含胚乳，营养充分，可以为种子萌芽提供所需要的养分。种子成熟离开母体时通常比较干燥，重量比较轻，这对土壤中的种子具有保护作用，并且有助于种子迁移到更好的繁殖地。种子落到土壤中后，在水分充足的适宜环境下开始萌发，长出幼小的植株。这个过程就称为种子的萌芽过程。

发芽的速度

种子萌芽时，首先吸收水分，体积膨胀，突破种皮，种子里贮藏的养分输送给胚根、胚轴和胚芽，这些部分得到营养物质后，就开始分裂和生长，最后发育为根、茎和叶。种子萌芽的速度是各不相同的。如果将种子置于一个温暖的环境如温室内时，这种变化发生的速度非常快，种子很快就能发芽；处于较冷环境中的种子萌芽的速度会稍微慢一些；而有些植物的种子（如铁树）在萌芽以前由于被野火烧得枯萎了，因此发芽时会需要更长的时间。

园丁尝试把开花时间不同的种子混合在一起种植，这样花园就可以时刻充满亮丽的颜色了。

萌芽的条件

种子的种类不同，萌芽的方式也不相同。椰子树生长在海边，椰子的果实落到海边并在海边萌芽。椰果可以漂浮在水上，成熟的椰果落下来，容易被海水冲走，有时会随之漂流2000多千米，当到达另外一个温暖的滨海地区时，椰果就会发芽并长成一棵椰子树。

养分的获取

　　种子发育成幼苗后，会把原来储藏在种子中的养分耗尽，这时幼苗必须寻找新的养分来源。幼苗的根部在获得水分和矿物质后，变得非常发达，足以将幼苗固定在生长的地方。幼苗的胚芽展开后变为绿色，待胚芽的幼叶张开后，就可以接收太阳光进行光合作用，制造有机物了。

萌芽过程

　　发育成熟的种子，在适宜的环境条件下开始萌发。子叶里面的胚乳富含养分，外面有一层坚硬的外种皮保护着。子叶里贮藏的营养物质，输送给胚根、胚轴、胚芽，这些部分的细胞得到营养物质后，就开始分裂和生长。胚根首先突破种皮，向下生长，形成主根。与此同时，胚轴的细胞也相应地生长和伸长，把胚芽或胚芽连同子叶一起推出地面，胚芽伸出地面，形成茎和叶。子叶随胚芽一起进行光合作用，并逐渐枯萎脱落。至此，一株能独立生活的幼小植物体也就全部长成，这就是幼苗。

外表皮（种子
的外壳）

子叶（贮藏养分
的场所）

种子的胚根向下
长，胚芽向上长。

胚芽打开长出第
一片叶子。

茎和叶进一步长高、长
大，并且长出新的叶子。

种子在坚硬的外种皮中时一般处于休眠状态，直到遇到适宜的环境条件才开始萌芽。

医学

中医诊断法与神医扁鹊

　　人们都知道"望、闻、问、切"是中医诊断病症最基本的方法，在我国已经有上千年的历史。这种古老的中医诊断法的创始人就是战国时期的名医——扁鹊。

　　扁鹊原名叫秦越人，是战国时期的齐国人。秦越人在年轻的时候与一个名叫长桑君的人结识，两人结伴四处游历。在这期间，秦越人向长桑君学习了医术。孜孜不倦的学习加之不断的摸索实践，秦越人的医术越来越精湛，渐渐地成为当时远近闻名的良医。他不仅深谙内科，而且还精通小儿科、妇产科、五官科等。后来，秦越人在越国行医，以其精湛的医术和高尚的医德博得了当地百姓的爱戴。人们将其视作传说中黄帝身边的御医扁鹊，称赞他就像能使人起死回生的神医一样。因此人们就称其为"扁鹊"，而他的真名却被人们淡忘了。

　　扁鹊汲取前人的经验并结合自己的医疗实践，总结出了一套比较完整、科学的诊断方法，即通过观察病人的脸色，仔细聆听病人发出的声音，向病人询问病情、感受，同时为其诊脉，这就是望、闻、问、切的诊断方法。在这4种方法中，望诊和切诊是扁鹊最为擅长的。

　　有一次，扁鹊行医来到蔡国。当他见到蔡桓公后，一看其气色便确知其身体有病了，但病症很轻，刚刚潜伏在皮肤部位。于是，扁鹊劝蔡桓公及早治疗，以免病情加重。可是蔡桓公觉得自己身强体壮，也没有什么不适的感觉，所以根本不把扁鹊的话放在心上。几天之后，扁鹊又见到了蔡桓公，对他说："大王您的病已经进入到血液中了，快快医治吧，要不然会越来越重。"蔡桓公听了仍是一脸的不屑。又过了一段时间，扁鹊再次去觐见蔡桓公，发现他的病果然又比上一次加重了，于是再次劝道："大王您真的不能再拖了，现在您的病已深入肠胃中了。"可蔡桓公非但不听，而且满面怒容，干脆不理扁鹊了。就这样又过了大约几十天，扁鹊再次见到蔡桓公，看了看他，一句话也不说就转身走了。蔡桓公觉得奇怪，

《内经》切脉之图
切脉诊病创始于扁鹊，到《黄帝内经》已有了脉诊的基本理论。虽然在《内经》时代仍以切全身脉的遍诊法为主，但《内经》已经明确提出切脉独取寸口的方法。图为后人根据《内经》的有关论述绘制的脉法图，出自清代《疡医大全》。

便派人追出去问个究竟。扁鹊对那个人说："当桓公的病潜伏在皮肤时，用熨帖之法就可以治好；病深入血脉时，用针灸法也能治好；即使后来病深入肠胃，用汤剂、药酒还能治疗。我一次次地劝他，他却不相信我的话，现在桓公的病已侵入骨髓，无药可救了，我也无能为力了，所以我也就不劝他了。"说完，扁鹊就头也不回地走了。没过几天，蔡桓公就死了。

　　这就是历史上有名的"扁鹊见蔡桓公"的故事，扁鹊高超的望诊技术由此可见一斑。

除此之外，扁鹊的切诊技术更是出神入化。一次，扁鹊带着自己的弟子们行医来到虢国，刚巧遇上这个国家的太子病亡。当扁鹊得知太子的病情复杂，死去还不到半天，便来到宫中，请求看一下太子的尸体。虢国的国君对扁鹊这位名医的医术早有耳闻，就抱着试试看的态度带扁鹊来到停放太子尸体的地方。扁鹊先是贴近太子的鼻子听了听，发现还有一丝气息，再用手摸了摸其胸口和大腿，还有体温，接着他又给太子诊了诊脉，发现脉还有轻微的跳动。于是扁鹊诊断太子是得了昏厥症，就是现在人常说的"休克"，根本没有死。确诊后，扁鹊为太子扎了几针，又进行热敷，并给他灌了汤药。没过多久，太子竟"起死回生"了。

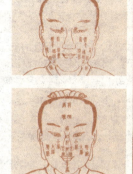

面诊图

望诊为中医"四诊"之一，而望面又是望诊的重要内容。面诊法是把面部视为人体的缩影，认为内部五脏六腑及外部肢节器官的生理和病理可以通过面部的对应部位反映出来。左上图为明代张介宾《类经图翼》中的"肢节色见面部图"，左下图为同一书中的"脏腑色见面部图"，右图为清代《疡医大全》中的"冯氏小儿面部见吉凶之图"。

像这样，扁鹊凭借自己的高超医术治病救人的故事不胜枚举，在《韩非子》《战国策》《史记》等书中都有记载。

扁鹊一生为人正直，以自己高超的医术治病救人，并将自己的医技传授给了9个弟子。在他死后，人们为了纪念他，在其生前走过的地方建庙修祠，后代医家还尊称他为"脉学之宗""神医扁鹊"。

华佗研制消肿药

在历史上有"起死回生"之术的东汉"神医"华佗，对我国的医学发展做出了重大的贡献。消肿药就是他研制的，说起消肿药的发明，还源于蜘蛛与马蜂的一场殊死搏斗……

一个夏天的傍晚，正在院中乘凉的华佗发现院子里一棵枣树的树杈上，一只大蜘蛛正停在网中静候着食物自投罗网。忽然，一只大马蜂一头撞到了蜘蛛网上。这时，守候在网边的蜘蛛迅速出来，要用蛛丝缠住挣扎的马蜂。但蜘蛛刚靠近马蜂，就被马蜂狠狠地蜇了一下。蜘蛛的身体当即肿了起来，连连后退，竟从网上一不小心跌落在草丛里。只见大蜘蛛艰难但很顽强地爬起来，朝不远处的一棵芦荟爬了过去，接着就在那棵芦荟上啃咬打滚儿。蜘蛛在打了几个滚之后，身子又变得轻巧起来。蜘蛛不肯善罢甘休又迅速爬上树去，继续与仍粘在网上的马蜂交战。

中国古代名医一览表

名 医	医学成就	医学著作
扁鹊，战国	中医脉诊的创始人，方剂学的鼻祖。精于望诊和脉诊，掌握针灸、汤熨、酒醪、外科等多种方法。内科、外科、儿科、妇科均能。其"六不治"医学思想受到后世赞誉	《扁鹊内经》（已佚）《外经》（已佚）《难经》，主要讨论脉理
华佗，东汉	擅长外科手术；发明全身麻醉的"麻沸散"；设计体育医疗的"五禽戏"。医疗涉及现在的传染病、寄生虫病、妇产科病、小儿科病、呼吸系统病和皮肤病等	《中藏经》（托名之作）《华佗针灸经》（已佚）
张仲景，东汉	总结出中医临床辨证论治法则，为中国临床医学的奠基人，被后世尊为"医圣"。采用脏腑辨证治疗，被称为"众方之祖""经方"	《伤寒论》，分"伤寒"和"杂病"2部分内容，主要论述伤寒及一些外科、妇科病证和杂疗急救症治
孙思邈，唐代	1. 在伤寒学方面，以六经辨证改为按方剂主治与临床症状结合的分类法，倡导以脏腑虚实寒热为纲的辨证法 2. 重视"道地"药材，强调药物栽培、采集、炮制、保管、贮藏方法 3. 针灸方面，重订针灸明堂，创用"孔穴主对法""阿是"穴法 4. 提倡按摩、导引、散步、适度劳动及食治、讲求卫生等，发展了养生学说 5. 总结妇科、儿科成就，对妇、儿科形成专科有促进作用 6. 临床上，对麻风、脚气、夜盲、甲状腺肿的描述和治疗方面都有创见，还倡行了葱管导尿术、食道异物剔除术及自家血、脓接种，以防治疣病的免疫法等	《千金方》，包括《千金要方》《千金翼方》《千金髓方》和目录4部分
李时珍，明代	其成就主要体现在《本草纲目》一书中	《本草纲目》 1. 新增药物374种 2. 对植物的形态描述达到植物学的要求 3. 体现出由简单到复杂、由无脊椎动物到脊椎动物进化的趋势 4. 含有丰富的生态知识，如动物的变异等 5. 对植物的分类从纯人为分类趋向于自然分类

几个回合过后，马蜂终于筋疲力尽，成了蜘蛛的盘中餐。

这使华佗感到很奇怪，他经过反复试验，终于发现了芦荟的强大功效。华佗记录了芦荟的功效，并画下了它的样子。几天之后，在华佗去广陵（今江苏扬州）行医的路上，遇到一个儿童，正捂着脸痛苦地呼喊，原来他的脸被大马蜂蜇得肿了起来。华佗一面安慰他，一面走到路边草丛里找到了这种能消毒的芦荟，并拔出放在一块石板上捣碎，然后敷在了那孩子肿痛的脸上。很快肿胀消下去了、脸也不疼了，孩子也露出了笑脸。其实芦荟只是一种很常见的植物，它的叶子大，上面长满了小针状的物质，肉质肥厚。而华佗之所以能发现这种常见植物的消肿功效，与他善于观察周围的事物是分不开的。只有做生活中的有心人，才能从生活中获益。

坏血病及其治疗法的发现

患坏血病的人开始常常会牙龈肿痛、溃烂、牙齿脱落；接着皮下出血，内脏也跟着出血；身体日益虚弱，病情严重的可引发死亡。现在，对于坏血病，人们已经掌握了一定的预防和治疗方法。但当初人们认识坏血病及发现它的治疗方法的过程，却颇费了一番周折。

1535 年，英国探险家卡特带领整船水手进行远洋探险。船在途中可以不断得到食品和淡水的补充，所以船员们不会受到饥饿的折磨。但是，船出发不久，水手中间就出现了一些奇怪的病症，陆续有人牙龈肿痛，然后溃烂，接着牙齿松动脱落。时隔不久，病人皮下出现紫一块、红一块的瘀血，随后出现了内脏出血。病人身体极度虚弱，甚至路都走不动，贫血症状也一天比一天加重，形容枯槁，直至死亡。等到了纽芬兰岛附近时，船上的 100 名水手无一幸免都患上了坏血病，其中已经有 25 人死亡。水手们恐慌极了，一起跪倒在甲板上，向天空伸出双手，祈求能够得到上帝的佑护。

其实在更早些时候，坏血病在人们还不甚了解它的时候，就已悄悄地侵袭了远航的水手们。1487 年，葡萄牙航海家迪亚士发现了非洲最南端的好望角。10 年后，另一个葡萄牙探险家达·迦马沿着迪亚士开辟的航线继续向东方远航，进行探险。远航历时一年，所有的水手都患上了一种怪病，100 名水手死于这种怪病……船上的水手相继死去，但是在当时的医疗水平下，谁也不知道究竟是什么使水手们患上了这种怪病，而这种怪病是陆上所少有的，他们只知道这种病被称作血疽病。"疽"的意思是人体组织坏死，当时人们已经认识到可能是血液病引起了坏死。后来人们经过研究，证明当时在达·迦马船上流行的血疽病，就是现在我们所说的坏血病。

船长卡特决定靠岸，来度过这个危急万分的时刻。他们登上一个小岛，印第

各类瓜果、蔬菜可有效防止坏血病的发生。

安人是这个小岛的土著居民，他们热烈欢迎这些白人。他们了解到这些白人患了坏血病，就将当地虎尾枞树的针叶泡在水里，煎成汤药，这是当地土著祖传的偏方。他们把制成的汤药送给卡特船长和他的水手服用。奇迹发生了，在接连几天的治疗后，病弱不堪的水手康复了。

一个多世纪过去了。1747年，英国医生詹姆斯·林德找到了分析坏血病的病因思路，他从水手的饮食结构入手，并联系那次印第安人治疗坏血病使用新鲜树叶的例子。他指出，由于船上无法冷藏，新鲜蔬菜、水果类的食物无法保存，缺少新鲜水果和蔬菜造成饮食结构不合理，身体无法得到均衡的营养，这就是坏血病的病因。于是他治疗坏血病以食用新鲜水果和果汁为方法，疗效显著。

1780年一年内，英国海军的哈斯兰医院中就接待了多达1457个坏血病病人。到了1804年，英国海军下达命令，上船后的官兵必须每天服用柠檬汁。这项措施效果明显，1806—1807年在加服柠檬汁后的2年中，患坏血病的只有2名。

科学家们于1932年发现，引发坏血病的原因是身体缺乏维生素C，他们称维生素C为抗坏血酸。我们都知道新鲜蔬菜和水果中，含有丰富的维生素C。所以，预防和治疗坏血病的最好方法是经常吃新鲜蔬菜和水果。

哈维发现血液循环的机理

血液是怎样流动的？自古以来，人们就在寻找这个问题的答案。在17世纪以前，由古希腊人盖伦提出的血液运动理论由于充满神秘色彩并满足了教会的需要而一直统治着医学界，被教会视为不可动摇的经典理论。但真正的血液循环理论是由17世纪英国医生哈维提出的。

哈维出生在英国肯特郡福克斯通一个富裕的家庭里。哈维大学毕业后，来到意大利帕多瓦大学刻苦钻研医学。

哈维不断观察和研究各种动物，他做了无数次活体解剖，逐渐发现盖伦的血液运动理论漏洞百出，与解剖学事实相距其远。他发现，血流是从心脏里经动脉流出来的，然后又经过静脉流回心脏，始终保持同一方向，周而复始地循环着，这种血液的循环带来大量的氧和营养素帮助人体完成新陈代谢。哈维的重大发现，解答了千百年来的血液循环之谜。

其实在哈维之前，许多医生都进行过此类的探讨。比利时解剖学家维萨里曾试图修正盖伦的理论而被流放；西班牙医生塞尔维特也因批判盖伦的理论而被教会处以大刑，惨死日内瓦。哈维也是真理探索者的一员，教会的黑暗势力并没有使他退缩。

1616年，哈维在圣巴多罗买医院做了一次医学演讲，第一次系统性地向世人公布了与盖伦血液运动学说截然不同的"心脏水泵"说，把人的心脏比喻成一个水泵，是这个"水泵"的搏动引起了血液的循环运动。

哈维的演说让世人震惊不已，有人支持，也有人反对，有人甚至警告哈维可能会遭到宗教裁判所的处罚。哈维并没有退缩，他又进行反复大量的研究，更坚信自己的发现是正确的。

1628年，哈维的专著《动物心血运动的解剖研究》在法兰克福出版。它凝聚着哈维20多年的心血和

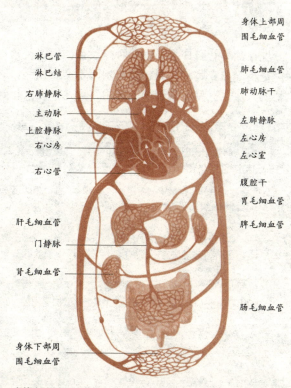

人体血液循环示意图

淋巴管
淋巴结
右肺静脉
主动脉
上腔静脉
右心房
右心管
肝毛细血管
门静脉
肾毛细血管
身体下部周围毛细血管

身体上部周围毛细血管
肺毛细血管
肺动脉干
左肺静脉
左心房
左心室
腹腔干
胃毛细血管
脾毛细血管
肠毛细血管

坚强不屈的斗争精神。出版商菲茨被哈维执着探索的精神所感染，承担了该书的一切费用。该书是世界科学史上的重要著作之一，书中阐述了血液循环的基本规律，提出了完整的血液循环运动理论，开创了近代活体解剖的实验法，还把运动生理学和人体生理学确立为科学。这本书的正式出版宣告了盖伦理论的破产。

1657 年 6 月，哈维在伦敦悄然辞世。他的学说对学术界产生了巨大的影响，至今人们还在沿用哈维的这种理论。哈维敢于冲破不可侵犯的传统的束缚创立新的科学理论，他追求真理的精神和无所畏惧的革命精神一直让世人敬仰。

血管壁

白血球

血浆

红血球　　血小板

人体血液示意图

叩诊查病法的诞生

现在，尽管有许多先进的医疗设备，但医生检查病人依旧常用叩诊法。叩诊法就是指当检查胸腔和腹腔时，用两手交叠相叩，通过听躯体发出的声音来判断病情的方法。这种方法简单而实用，可几乎没人想到这个方法是发明者在受了敲

叩诊的音调一览表	
由于人体被叩击部位的组织或器官的弹性、含气量及距离体表深浅不一，可产生不同的叩诊音，临床上将此区分为清音、浊音、实音、鼓音和过清音 5 种	
清音	一种音调低、音响较强、音时较长的叩诊音。为叩击富弹性含气的器官时所产生，可见于肺组织弹性良好含气量正常的胸部叩诊时
浊音	一种高音调、音响较弱、音时较短的叩诊音。在叩击覆盖有少量含气组织的实质器官时产生。见于肝脏、心脏部位的胸部叩诊时，在肺炎因肺含气量减少在胸部叩诊时也可出现
实音	一种音调比浊音更高、音响更弱、音时更短的叩诊音。为叩击不含气的实质性脏器如肝、肌肉时产生，大量胸腔积液和肺完全突变也可出现
鼓音	一种比清音音响强、音时长而和谐的低音，在叩击含有大量气体的空腔器官时出现，正常人见于胃泡区及腹部叩诊时，可见于气胸、气腹或有较大肺空洞的患者
过清音	一种介于清音与鼓音之间的叩诊音，可见于肺组织弹性减弱而含气量增多的肺气肿患者

酒桶的启发后发明的。

叩诊法的发明者是 18 世纪中叶奥地利的一位普通医生，他的名字叫作奥斯布鲁格。一天，奥斯布鲁格的一位老年病人还没等确诊就去世了。病人生前曾有胸痛发热、咳嗽的症状。奥斯布鲁格对病人的突然去世感到惋惜和不解，想弄个究竟，在征得病人家属同意后他对尸体进行了解剖。死者的胸腔被切开后，一股淡黄色的液体顺着切口流出来。人的胸腔内主要有心脏和肺脏，以及一些大血管。正常的胸腔内是不会存在液体的，如果出现胸腔积液，就是胸膜炎的症状了，"可为什么没能早些发现胸腔中有液体存在呢？"奥斯布鲁格苦苦思索着。

叩诊法诊断疾病

所谓叩诊，就是检查者用手指或器械敲打病人身体，根据所产生的叩诊音响、性质来判断叩打部位内脏器官的病理变化的一种诊断病情方法。叩诊方法分为直接叩诊法与间接叩诊法。其中，间接叩诊法又分指叩诊法与锤板叩诊法。上图就是锤板叩诊法的早期实例。随着医学的发展，叩诊应用的范围也扩大了，胸腔的心脏、肺脏，腹腔的肝脏、脾脏、胃肠均可作为叩诊对象。

奥斯布鲁格从葡萄酒作坊中获得了灵感，他想起自己的父亲在酿酒过程中，不用打开桶盖，只要用手指轻轻敲打酒桶，就能知道桶里还有多少酒。如果敲的是空桶，会发出"嘭、嘭"的清脆声音；敲打盛满酒的酒桶，会有沉闷的"吧、吧"声响传出来；敲打只有半桶酒的木桶时，上半截桶发出的是"嘭、嘭"声，而下半截发出的则是"吧、吧"声。奥斯布鲁格恍然大悟，他认为人的胸腔和一只桶差不多，由于气体充满肺脏，所以可以把胸腔看作空桶，如果胸腔中积了水，就好像酒桶里盛了酒一样，发出的声音肯定不同。于是，他跑进病房内检查了几位病人，他学着父亲敲酒桶的样子，用手指在每一位病人胸部敲打着。慢慢地，他摸索出了声音的规律：肺部所在的部位，发出的是清脆的"嘭、嘭"声；而胸前部贴近心脏的部位，则发出有些低沉的"吧、吧"声。

经过反复试验和认真摸索，奥斯布鲁格终于掌握了叩诊技术。这种方法不但可以诊断脓胸，还可以诊断出胸腔内的其他疾病。奥斯布鲁格于 1761 年写了一篇《新的诊断法——关于叩诊技术》的论文。然而，非常可惜的是，奥斯布鲁格医生在当时医学界的声望并不高，所以，没有引起医学界的重视。直到他去世的前一年即 1808 年，一位法国名医柯尔维莎尔才大力推崇这种检查方法。另外 1838 年奥地利医生斯科达按照叩诊原理，制定出一套规范的叩诊检查方法。

由此可见，在客观事物相似性的基础上自主地加以创新，就能创造新的成果。

听诊器是怎样发明的

我们在医院里常看见医生用听诊器为病人看病，听诊器几乎成了医生的象征。

　　听诊器是由 19 世纪法国医生雷奈克发明的，而他发明听诊器，却是从儿童游戏中找到的灵感。

　　一次，雷奈克在病房中对一位身体非常肥胖的女病人进行检查，由于病人的胸壁实在太厚了，雷奈克仔细听了半天，也没有听出什么声音。对这位肥胖女病人做完检查后，雷奈克一直在想，有什么好方法能够使医生清楚地听到病人胸腔的声音呢？雷奈克琢磨了很久也想不出好的办法。他偶然看见几个用一根木头做游戏的小孩儿。在木头一端的小孩用一根普通的别针划拉木头，在木头另一端的小孩则用耳朵听别针划出的声音。这一幕启发了雷奈克。他连忙回到病房，将一本软皮的书卷成圆筒状，然后把自己的耳朵贴近书筒的一端，把书筒的另一端放在病人胸前心脏的部位。这时，心脏搏动声清晰地传了过来，比以前用耳朵直接听更清晰。雷奈克欣喜万分。回到办公室，他仔细琢磨制造这样一个便于听诊的器具该用什么材料。经过反复设计和试验，最后他选用了一根 30 厘米左右长的杉木，将其挖成一根外径约 5 厘米，管心只有 3 厘米的管子，以便携带。这就是最初的听诊器。这只听诊器就如同一支木笛，所以被人们称作"医者之笛"。伟大的听诊器就这样问世了。

　　在雷奈克发明听诊器之前，医生检查病人时总把耳朵贴在病人胸前，用耳朵听心脏或肺发出的声音。而这种情况直到听诊器发明之后才得以改观。雷奈克在给病人看病时，用他自己发明的听诊器进行听诊，许多过去靠耳朵难以听清楚的声音都可以听到了。他分类叙述了这些声音，而且给不同的声音取了不同的名字。如肺炎病人肺部音称啰音等。雷奈克使用的这些术语被医生们一直沿用到现在。而他发明的那种听诊器后来经过不断改进，再加上新材料的发明和使用，就产生了我们今天看到的听诊器。

🧬 巴斯德与巴氏消毒法

　　巴氏消毒法，是将食物加热到一定的温度，从而消灭食物中的杂菌，防止食物腐坏的一种消毒方法。巴氏消毒法在食品工业中被广泛应用。那巴氏消毒法是如何发明的呢？

　　法国西部气候宜人，风光秀丽，适于葡萄和甜菜的种植。用葡萄和甜菜作为原料，可以酿制出甜美的葡萄酒。法国的葡萄酒早已闻名遐迩，远销海外，出口葡萄酒成为法国重要的收入之一。当时葡萄酒商找到了一直从事微生物、化学研究的巴斯德，希望他能从事酿酒的研究工作，帮助他们解决葡萄酒变酸的问题。

巴斯德来到酿酒工厂。他先是提取了一些正在发酵的甜菜汁，并在显微镜下进行了观察，他发现镜下有许多淡黄色小球状物体，这些小球状物体多得数不清，它们成群成簇地生长在一起，有的小球还向外长出一些芽。经过思索，他认出这些小球状物是酵母菌，并且认为葡萄和甜菜中的糖类转变为酒精必须借助酵母菌的帮助。

巴斯德

法国科学家、医生。他为解除人类病痛奋斗了一生，他发明的巴氏消毒法在临床上被广泛应用。

然后，巴斯德又对已经变酸但没有白色泡沫的酿酒桶进行了研究。他在桶壁边缘看到有些地方长出一些灰白色的薄膜，这些白膜也使酒的颜色变得混浊。他同样取出一些汁液，并从桶壁灰白色的薄膜上刮下一些东西，然后在显微镜下进行观察。这时，他发现酒汁中的酵母菌不见了，取而代之的是一些不停地活动着的棒状物体，而在那片灰色的薄膜里，棒状物体则更多了。

巴斯德苦思冥想，终于找出一个答案，是酵母菌使糖类发酵，而另外一些棒状的小东西破坏了酵母菌。

回到实验室，他设计了一种新的液体，挑出针尖大小的灰白色薄膜，将它们一起放在培养皿内。两天之后，培养皿里产生了

一些气泡。他从培养皿中的液体中取出一滴，放在显微镜下观察，看到了那些小棒状的活物体，这说明在培养液中棒状活物体已经开始了繁殖。接连几天，他重复着同样的实验，每次都有大量的棒状物出现。当他将盛有棒状物的液体放入新鲜牛奶中时，牛奶立即变酸了。

于是，巴斯德找到了酒变酸的原因：是一些落进酒桶中的杂菌，造成了酒的变质。他告诉酿酒商们，只要设法消灭这些杂菌，就能防止酒变酸。

巴斯德又经过了 3 年研究，终于找到了防止酒酸败的方法。这种方法很简单，只要将酿造的酒加温到 62℃，持续 30 分钟，就可以消灭那些杂菌。因为这种方法是巴斯德发明的，人们就叫它为巴氏消毒法。直到今天，我们仍然采用这种方法。

班廷与胰岛素的发现

胰岛素是治疗糖尿病的灵药，它可以弥补体内胰腺分泌胰岛素的不足，调整糖代谢紊乱，抑制血糖增高，给糖尿病患者带来了一线生机。要说胰岛素，得先从胰岛素的发现者班廷说起。

1891年，费德里克·格兰特·班廷出生于加拿大安略阿列斯顿的一个小农庄里。1916年，他毕业于多伦多大学医学院。同年12月，他应征入伍，参加第一次世界大战，任加拿大陆军医疗队上尉。战争结束后，班廷到安大略省医学院做兼职教员。有一次，为了能够讲好《胰脏的功能》这一课，他查阅了当时所有的教科书和各种资料，但是收获微乎其微。人没有胰脏会得糖尿病死掉，这个定义困扰了班廷很久。德国人敏考斯基曾经用狗做过实验，如果将狗的胰腺管扎起来，狗不会得糖尿病；可要是切除它的胰脏，狗会以令人难以相信的速度干渴、饥饿、消瘦，最后倒下，不

班廷——胰岛素的发现者之一

1921年，加拿大医生班廷和贝斯特设法分离出胰岛素，这种激素有利于治疗糖尿病。

人体主要激素

激素	来源	作用
雄性激素	睾丸	男性性征的发育；刺激蛋白质的生成
雌性激素	卵巢、胎盘	女性性征的发育
甲状腺素	甲状腺	生长；维持氧消耗量和热的保持
胰岛素	胰脏	降低血糖；促进组织细胞利用糖；促进脂肪和蛋白质制造
胃泌素	肠胃道黏膜组织	促进胃液的分泌
肠泌素	肠胃道黏膜组织	促进胰液和胆汁的流动
胆汁	肠胃道黏膜组织	胆囊的收缩
血管收缩素	血球细胞	提高血压；促进肾上腺皮质分泌醛固酮
糖皮质类固醇	肾上腺皮质	促进糖类的合成；蛋白质的代谢；对外来压力的舒适
肾上腺素	肾上腺髓质	增加心跳速率、血压、心输出量以及通过骨胳肌、肝脏和大脑的血流量；造成皮肤苍白，血糖含量升高，抑制肠道功能
生长激素	脑下垂体；前叶	蛋白质的合成；骨胳和肌肉的成长；脂肪和醇类的代谢
滤泡激素	脑下垂体；前叶	女性：卵巢滤泡的形成；男性：精子的形成
黄体生成激素	脑下垂体；前叶	女性：黄体的形成；动情激素与女性激素的分泌；男性：睾丸男性激素的分泌
催产素	下视丘（神经分泌细胞）	乳汁的分泌；分娩；精子细胞的运送

出 10 天就会因为得糖尿病而死去。

这是怎么回事？是否胰脏里面含有一种神秘的物质，它对我们周身的细胞吸收糖的量起到协助作用，而且这种神秘的物质并不是通过肾胰管输送的？这种未知的东西究竟为何物？

我们都知道，胰脏在人体消化方面作用巨大，它像一座小发酵厂，能分泌一种神秘的物质帮助人体消化糖，分解蛋白质和脂肪供人体吸收和使用。这时，班廷突然记起一篇医学论文是这样写的："在健康人的胰脏上，布满了岛屿状的暗点。"胰脏上的"暗点"到底是何物呢？它的存在到底有什么作用呢？医生们曾多次对这些暗点进行分析化验，但都失败了，可他们却发现了这样一个现象：即患糖尿病的人死后，这些暗点就会变得只有原来的几分之一大，而由其他疾病致死的尸体上则不会出现胰脏暗点变小的现象。这一切都激发了班廷研究胰脏神秘物质的兴趣。

班廷向他的上司麦克劳德申请了 1 个助手、10 条狗，决心在 8 个星期的时间里突破这个难点。1921 年，班廷在多伦多大学医学院大楼一间狭窄阴暗的小房间里建立起了自己的实验室。他和助手贝斯特信心十足地大干起来。然而，实验进展得并不顺利，10 条狗早就用完了却没有得到他们想要的结果。但是他们并不灰心，继续试验，一直到第 92 条狗被用于实验时，实验终于成功了。班廷证明了正是胰脏"岛屿"的提取物协调了狗体内的糖代谢。他将这提取物定名为"岛汀"，即胰岛的化学物质。

麦克劳德教授听到这个振奋人心的消息后，马上亲自主持这场实验。他首先把"岛汀"这个名称改成拉丁文的胰岛素。接着，麦克劳德教授前往美国参加美国医师协会，并且宣读了《在我的实验室里所做的实验》的正式报告，这个报告引起了很大的轰动。糖尿病有了"克星"，大批大批的病人赶来，要求注射能救命的胰岛素。为满足患者需求，人们很快就建立工厂，开始大规模生产胰岛素了。在酸性和冷冻条件下从牛胰脏中提取的方法被大规模地应用到胰岛素的生产中。

鉴于这个巨大的贡献，班廷被授予医学博士的头衔。1923 年他晋升为医学教授。同年，班廷与麦克劳德共同获得了这年的诺贝尔生理学及医学奖，他们为发现胰岛素做出了巨大的贡献。这年，班廷年仅 32 岁，是迄今为止诺贝尔生理学或医学奖最年轻的获得者。

青霉素的发现

青霉素是英国细菌学家弗莱明在一个偶然的机会中发现的。1928 年夏季的一天，像往常一样，弗莱明在伦敦大学圣玛丽医学院的实验室里，从事着有关机体中的防御因子抵抗葡萄球菌致病因子的作用机理的课题研究。当他正准备用显微镜观察从培养皿中取出的葡萄球菌时，一个特殊现象引起了他的注意，在原来长很多金黄色葡萄球菌菌落的培养皿里，有一种也许是在实验中不小心飘落到培养皿上的青绿色的霉菌菌落长了出来，并已开始繁殖，在这个青绿色的菌落周围，原来培殖的葡萄球菌菌落全被溶解了，这使弗莱明十分惊讶。他推测这个青绿色的霉菌可能分泌了一种能够裂解葡萄球菌的自然抗菌物质，而这种物质可能正是他多年来所寻觅的。

弗莱明正在研制青霉素

青霉素巨大的治疗价值直到1939年才被人们认识到。第二次世界大战期间盟军的伤员接受了第一批青霉素样品的治疗。

这种青绿色的霉菌引起了弗莱明极大的兴趣，他把这些青绿色的霉菌从葡萄球菌培养皿中分离出来，培养在液体培养基中，让它迅速繁殖。这种青绿色的霉菌被弗莱明称为"青霉菌"。研究表明青霉菌能分泌一种极具杀菌能力的物质，正是这种可以扩散的物质，把周围的葡萄球菌消灭了。

接着，弗莱明开始提取青霉菌的分泌物。他先把青霉菌接种到肉汤培养液中，让它迅速地繁殖，接着把长满青霉菌的液体小心地过滤，就得到一小瓶澄清的滤液。随后，弗莱明把这种滤液滴进长满葡萄球菌的培养皿里。几个小时以后，原来长势旺盛的葡萄球菌全部被消灭了。这让弗莱明兴奋不已，他又开始了一系列实验。弗莱明用水稀释这种滤液，重新做实验，研究这种培养液对各种致病菌的抑制性状。结果表明：1：1000浓度的培养液对葡萄球菌的生长仍具有抑制作用，能杀死十分凶恶的链球菌，这种药效比当时的任何一种抗菌药药效都要好。

尽管青霉素被发现了，但由于青霉素的提炼过程相当复杂、困难，所以，它真正运用于医学上还经过了很长一段时间。弗莱明邀请了一些生物化学家合作，打算把培养液中的青霉素提取出来供临床使用。但是这种化学物质很不稳定，所有提炼青霉素的试验都失败了。

但是，弗莱明丝毫没有气馁，10多年以来，他一直坚持对青霉素的提炼，终于取得了骄人的成绩。

1939年弗莱明发表了有关青霉素的论文，这引起了澳大利亚病理学家弗洛里的注意，便向弗莱明索取该菌做进一步的研究。弗洛里与当时侨居在英国的德国生物化学家钱恩，克服了在研制过程中的种种困难，终于在1941年，从青霉素滤液中提炼出青霉素的棕黄色粉末。经试验，把它稀释到1：200，也足以杀死病菌，可见这种青霉素粉末的杀伤力

电子显微镜下的青霉菌

是前所未有的。

1941年，青霉素第一次被用在被葡萄球菌感染的病人身上，经过临床试用，效果良好。第二次世界大战后期，在众多科学家的推动下，青霉素的批量生产得以实现，并形成了工业制药，青霉素首先在战场上发挥了巨大的作用。1945年，弗莱明同弗洛里、钱恩一起荣获了诺贝尔生理学或医学奖。今天，青霉素因为它广泛而显著的疗效而被广泛地运用，弗莱明的这项发现真正是造福了人类。

CT 机是怎样发明的

现在 CT 机的使用已经是很普遍的事了。它可从好几百个不同角度发出 X 射线来，这些 X 射线穿过人体后，被检测仪器接收，经电子计算机高速运算与处理，便能构成身体一部分的横断照片，这种横断照片既可显现在屏幕上，也可以录像或拍成照片。利用 CT 机检查疾病，不仅有清晰的图像、很高的密度分辨率，而且方便、迅速、安全。又由于它能获得一连串相邻截面的照片，相当于将病变部位切成一片片逐一检查，故能对病变的主体位置和大小进行准确测定。

CT 机是 20 世纪中期物理学家科马克和电器工程师豪斯菲尔德二人在同一时期内分别完成的。

豪斯菲尔德从小就对电子充满了兴趣。第二次世界大战期间，他曾经是一位英军雷达教官。第二次世界大战之后，他又重新学习电器工程。他本想设计能识别印刷字体的计算机，在研究过程中，通过人体的 X 射线激发了他的灵感。他想，可以从许多不同角度将人体对 X 射线的吸收系数测出来，然后利用计算机综合测量结果重新构成一张照片，这样就能在照片上清晰地区分人体各种组织器官。1972年，他研制出第一代可供使用的 CT 机。

科马克的想法与豪斯菲尔德的想法基本一致。1956年上半年，科马克在开普敦的一家医院负责监督医院进行的放射性治疗。按照当时的南非法律，医院在进行放射治疗时，必须有物理学家负责监督。而科马克在监督时发现，医生在对放射剂量做计算时，是把人体各组织

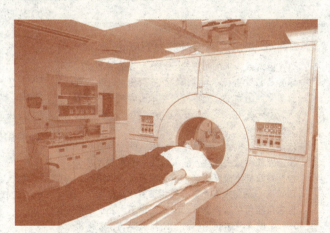

用 CT 机发现人体病变，并准确找到病变部位施以手术，可以迅速减轻病人痛苦。

按均质对待的，也就是说不分差异地对待任何部位的器官。人体各个部位和器官都不相同，而这一点却被大家忽视了。他认为要改正这种做法，只有先弄清 X 射线通过人体时各个部位的器官吸收的系数，把这些不同的系数加以处理，一幅或一组人体的断层图像就可能被勾画出来，用来诊断疾病。于是，在本职工作之余，科马克用了 6 年的时间对这个问题进行研究，1963 年在回到美国之后制作出第一台 CT 机原型。后来科马克又发表了一篇有关人体不同组织对 X 射线吸收量的数学公式论文。遗憾的是，科马克的研究成果并没有引起当时人们应有的重视。

为了奖励 CT 机发明者在诊断技术上的巨大贡献，1979 年，科马克和豪斯菲尔德双双获得诺贝尔生理学或医学奖。

手术治疗中的低温麻醉术

低温麻醉从 20 世纪 40 年代开始实施，到现在已经发展得较为完善和安全了。当对病人进行心脏手术时，手术必须在心脏停止跳动的情况下才能顺利实施。对人体来说，心脏停止跳动，无疑是一场灾难，而低温麻醉技术可以解决这一难题。另外，低温麻醉的方法保护了大脑这个人体最娇嫩而又最重要的器官。

低温麻醉还可以由医生根据病情与手术的需要自主决定。比如，进行一般的心血管手术和其他手术，一般将病人的体温降到 32 ~ 28℃，就可以进行麻醉；一些较复杂的颅脑手术和心血管手术，则将体温降到中度低温 28 ~ 20℃；如果要进行非常复杂的心血管和颅脑手术，那么就必须将病人的体温降到 20℃ 以下了。

那么这种先进的低温麻醉技术是怎样发明的呢？其实，低温麻醉术是科学家们在动物的启发下发明的。

在自然界中，许多动物为了度过严寒的冬天而进行冬眠。一直以来，动物学家们对动物冬眠状态下身体发生的一系列变化十分感兴趣。动物在冬眠时随着体温下降，变得呼吸缓慢，心跳减速，新陈代谢减慢，体内只消耗极少的养分，勉强维持着生命的基本活动。医学家受到了启发：如果人类处于低体温下，是否会与动物冬眠一样，出现上述的表现呢？这些变化要是应用到医疗方面会有什么效果呢？

医学家开始对人体进行低温试验。医学家们观察到，人体内所需的氧气在体温每下降 1℃ 时会减少 6% ~ 7%，整个身体的代

知识窗→麻醉药发明简史

麻沸散是华佗制造的一种很有效的麻醉药，这种药如果和酒一起服用，则效力更大，能起到全身麻醉的效果。而现代医学采用麻醉药剂，却仅有 100 多年的历史。很早以前，欧洲人做手术，先放血使病人休克，然后再进行手术。用这种方法非常危险，因为血放多了，病人就永远醒不过来。即使不发生危险，病人也会因手术前大量失血，导致身体极度虚弱，恢复健康是很困难的。1842 年，法国人黑克曼开始用二氧化碳做麻药，但这只能用在动物身上，而不能用于人。过了两年，美国人柯尔顿用一氧化二氮做麻药，效果也不太好。直到 1848 年美国人摩尔顿开始用乙醚做麻药，今天西医还用这种药物。

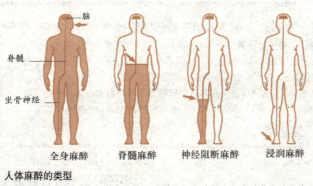

人体麻醉的类型

全身麻醉　　脊髓麻醉　　神经阻断麻醉　　浸润麻醉

根据手术的不同，对人体的麻醉可采用局部麻醉和全身麻醉等方法。本图就是几种不同的麻醉方法。

谢功能也会下降，生命的节奏好像也放慢了。另外，在正常体温条件下，如果切断大脑的血液供应3分钟，大脑细胞就会因严重缺氧而造成完全的功能丧失。但是，如果人体温度下降的话，情况就有所不同了：如果将人体温下降到30℃，在心脏停止

6分钟、全身血液不循环的情况下，大脑里的神经细胞尽管会严重缺氧，但还有办法补救；如果体温降低到15℃，即使脑组织的血液供应停止60分钟，也不会出现严重的损害。于是，医学家们从这种现象中得到启发而发明了低温麻醉。

艾滋病是如何发现的

据联合国有关部门不完全统计，截至2003年年底全球艾滋病病毒携带者或艾滋病患者总数预测为3400万～4600万，而且感染艾滋病的人还在不断增多。而对于这种不治之症，人们始终没有找到有效的治疗方法，艾滋病对人类的安宁、社会的稳定和发展构成了严重的威胁。

艾滋病能够将人体免疫系统瓦解，使人体失去免疫力，任凭各种病菌肆意攻击。一些对具有免疫能力的人根本不具有威胁作用的病毒，却能直接使缺乏免疫力的艾滋病患者丧生。因遗传因素先天免疫能力缺乏的情况虽有发生，但毕竟很少；而艾滋病是后天获得性的，通过一些途径可以不断传染。免疫能力的缺失将造成不可估量的结果，这就是艾滋病的可怕之处。

那么艾滋病是怎么被发现的呢？

美国是首次报道艾滋病病例的国家。1981年，美国洛杉矶一家医院收治了一名病症奇怪的患者。经诊断病人患的是"卡氏囊虫性肺炎"，并伴有"巨细胞病毒感染"。不久后，在纽约陆续出现了26例类似的奇怪病症。美国在短时间内接连出现患有同样怪病的患者，这引起了医学专家的高度警觉。美国疾病控制中心的多位专家通过详细的调查，发现这些患者的血液中一种T淋巴免疫细胞的数量远远低于正常值，也就是说这是一种免疫系统缺乏的病症，他们正式把这种新的人类疾病定名为"获得性免疫缺损综合征"，现在人们俗称的"艾滋病"就是这种病。

关于艾滋病的起源，人们怀疑是猴子身上所携带的病毒发生变异，传染给了人类。人们认为中非可能是艾滋病的发源地。一些人类学家为了寻找艾滋病病毒

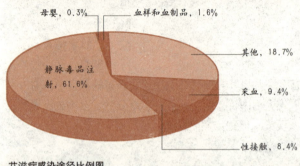

艾滋病感染途径比例图

来源，对非洲大湖地区土著部落的生活进行长期观测，发现当地的土著居民由于相信注射猴血可以治疗一些疾病，而感染上了猴子身上携带的艾滋病病毒。随后，这种疾病被大批来非洲猎奇寻欢的美国人和一些以卖血为生的美洲西印度群岛人从非洲带到了美国。此后，艾滋病病毒又通过不安全的性行为、输血和静脉注射毒品等方式，在全世界广为传播，危害人类的生命健康。

　　遗憾的是，对于这种可怕的疾病，所有的抗生素都无济于事。1985年，科学家们发明了在血清中检测HIV抗体，这是一种能够有效检查是否携带艾滋病病毒的办法。如果HIV抗体检查为阳性，就说明被测者是艾滋病病毒的携带者。目前，全世界已广泛采用这种办法。虽然能控制艾滋病的药物已被科学家研制出来了，但昂贵的药价使那些真正需要帮助的人无法问津。在临床上，艾滋病昂贵的治疗费用，是普通人所承担不起的。还有，目前的治疗总的来说只能使患者的寿命延长，而不能达到根治艾滋病的目的。

　　人类能战胜肆虐全球的艾滋病吗？现在，攻克艾滋病已成为全人类的共同行动。2001年，联合国艾滋病规划署和世界卫生组织宣布12月1日为"世界艾滋病日"。他们声称"艾滋病已成为人类有史以来所面临的最具破坏性的疾病"，以提醒世人尽快找到战胜艾滋病的办法。

器官移植技术

　　发达的现代医学技术把过去人们想都不敢想的器官移植变成了现实。这种治疗手段具有重大的现实意义，它使许多濒临死亡的病人因为获得了新的器官而可以重新生活下去。"换心""换肾""换肝"不乏成功的例子，但人体器官移植还存在许多问题，人体免疫排斥便是其中的一大难题。

人体细胞里的基因已经高度特化了，如果一根手指断了，断指处长手指的基因不被开启，手指就不会长出来，只好由它断着。医生发现，甚至就连一小块坏损的皮肤，固执的基因也不肯让它重新长出来。在对大面积烧伤病人进行治疗时，必须采用植皮术，有时自己身上的皮肤不够用时，需要借助他人的新鲜皮肤。可是，外来的皮肤刚植上时活得还好好的，但过了一阵就会慢慢坏死。医生们用同样的皮肤再试，结果这回皮死得更快。

2000 年研制成功的人工心脏

因为缺少用于移植手术的活体心脏，每年有成百上千的患者不幸死去。这个以充电电池为动力的机械心脏能很好地解决这个问题。因为人体免疫系统不能识别人造心脏的组成物，所以人体不会发生排异反应。

这就是一种人体免疫排斥的现象。我们每个人的细胞中都存在着一种抗原，称为人体组织相溶性抗原，简称 HLA，这种特殊的抗原专门对付不属于自己身体的外来事物。每个人都具有各不相同的 HLA，所以别人的器官移植到病人身上时，病人的免疫系统就会辨认，把移植器官当作入侵者，产生相应的抗体，把自己和外来器官隔开，切断营养的供应，最后导致外来增援者坏死。

人体毕竟不是可以随便换零件的机器，它构造精密，组织严格，大自然赋予我们的免疫系统给科学家出了一道难题。针对这一点，医生们使用了免疫抑制剂，使病人的免疫系统变得迟钝，暂时认不出外来的组织，使植入的器官能较长时间地使用。可是使用了免疫抑制剂后，又引发了新的问题：迟钝的免疫系统虽然不排斥外来器官了，但对外来有害病菌的抵抗能力也大大降低了，所以，病人往往因避免不了感染而常死于其他部位的感染。

面对新的问题，科学家们在进行了细致的研究后又发现，引起组织排异反应的免疫细胞只是免疫系统的一小部分，如果能开发出抑制它的药物就可以解决问题。现在这种新药已经研制出来了，并在临床上取得了比较好的效果。

但是人体毕竟是十分复杂的有机体，面对大自然的挑战，人体器官移植的道路仍布满荆棘。

人类何时战胜癌症

近几十年来，癌症发病率越来越高，形势非常严峻。据世界卫生组织报告，20 世纪最后 20 年间，世界癌症发病率已上升了近 1 倍；未来 20 年中，癌症发病率还可能上升 1 倍以上。自 20 世纪 90 年代以来，每年全球癌症患者达 900 万人，约有 700 万人死于癌症。在中国，每年新患癌症的病人超过 160 万人，每年约 130 万人死于癌症。大约平均每 90 个家庭中就有 1 个癌症病人。肿瘤死亡是中国居民的第一致死因素，癌症的发展速度之快，令人始料未及。

对于癌症这种古老的疾病，人类在经历了一个漫长的过程后才真正认识了它。

癌是一种恶性肿瘤，它生长迅速，对人体危害严重，多数来自上皮组织，约占恶性肿瘤的 90%，而且癌也具有自己特定的基因。

癌基因是一种在细胞内或病毒内存在的基因，它能诱导正常细胞发生转化，使其获得一个或更多的新特性。癌基因可按特性和来源不同分为病毒癌基因和原癌基因。病毒癌基因通常参与细胞的生长和代谢，它指病毒所携带或含有的、在正常细胞内存在的、与逆转录病毒癌基因具有同源序列的基因。原癌基因是指细胞内潜在的癌基因，它是细胞基因组的正常组成部分，在一定条件下可被激活，由原癌基因转化为癌基因，参与细胞恶性转化及肿瘤发生的过程，细胞会因原癌基因的质量、数量发生变化或功能异常而出现增殖和分化过程的失衡，从而引起肿瘤发生。

1970 年，人们首先在逆转录病毒（RNA 病毒）中发现了癌基因。到目前为止，已发现了 50 多种癌基因。很快，科学家又发现了抑癌基因，亦称肿瘤抑制基因。研究表明，抑癌基因在癌的发生上与癌基因起着同样重要的作用，甚至更重要。如果将癌基因比作细胞生长加速器，那么抑癌基因就是控制这种细胞生长的制动器。目前，已发现的抑癌基因有 10 多种。

随着研究的深入，科学家们找到了一些诱发癌症的原因和治疗方法。他们认为癌基因被激活而过度表达，或抑癌基因表达受抑制是造成许多癌症发生的主要原因，由此人们自然想到利用正常型基因矫正或置换致病基因来治疗癌症，并把这称为基因疗法。根据治疗方式的不同，基因疗法可分为基因修饰、基因修复、基因置换、免疫调节和基因失活 5 种。

人们在 20 世纪 90 年代初期，首次将基因治疗应用于临床实践，至今全世界因各种疾病如艾滋病、肾上腺脑白细胞营养不良和单个基因缺乏而进行的基因治疗试验已达数十例。现在，欧洲的临床基因治疗实践中心已有近 70 个，其中半数以上主要从事癌症治疗及肿瘤抑制性基因治疗等。不过，从总体上来看，基因治疗仍处于临床试验阶段，疗效还不太稳定。

除了基因治疗外，手术疗法、化学疗法、立体定向放射疗法、免疫疗法、普遍放射疗法、内分泌疗法、冷冻加温疗法等也是目前人类对付癌症的主要手段。尽管人们还没有找到癌症的克星，但人们已经找到了一些防止癌基因突变、控制癌症发生的有效途径，比如说严格控制病毒感染和环境污染。医学不断进步，先进的治疗方法也层出不穷，我们乐观地相信，在不远的将来人类一定可以战胜癌症。

威胁健康的因素

我们必须认真照顾自己的身体才能维持生命的最佳状态。许多富裕国家国民的疾病大都是由不健康的生活方式导致的。饮食失衡、高度紧张、缺乏锻炼及酒精和烟草的摄入都增加了心脏病等疾病的发生概率，严重者甚至会导致残疾和过早死亡。

缺乏锻炼是威胁健康的首要因素。在青春期后期有些人坚持锻炼，从而得以保持健康的体魄；另外的一些人停止了规律锻炼，导致肌肉和关节逐渐衰弱。锻炼能够提高人体的活力，并且能起到预防疾病的作用。

接种疫苗
这张照片展示了一个婴儿在接种疫苗的情形。疫苗的使用大大降低了这些疾病的发病概率。

人们所面临的危险

研究表明，吸烟人群中至少有一半死亡较早。人们普遍认为吸烟会增加患肺癌的风险，但是很少人知道肺部及胆囊等部分的恶性肿瘤也和吸烟有关。香烟中的尼古丁会使血管变窄，尤其是腿部血管，严重者甚至需要进行截肢手术。

滥用毒品等物质虽然会给人带来暂时的愉悦感，但是服用毒品以致中毒和上瘾都会影响健康，甚至导致死亡。

酒精也是一种有害物质。酒精作为一种麻醉剂，会使人体的许多功能衰退，诸如大脑活动减少、协调能力降低和反射活动减慢。少量饮酒对心脏是有益的，但是过量饮酒则会使血压升高和心肌衰退。酒精中毒会对肝脏造成损害，导致有毒物质在血液中积留，最终引发死亡。

在某些情况下，我们需要特别防范威胁健康的因素。例如在到某些热带国家旅游之前，游客应当接种霍乱、黄热病和伤寒症等疾病的疫苗。此外，游客还应当咨询医师关于饮用水安全等方面的意见，以避免感染痢疾等当地疾病。

医学进步

发达国家的居民有条件选择健康的饮食，在感染疾病时也能迅速得到治疗。相比之下，不发达国家的居民则没有这么幸运，他们的健康常常受到威胁。不过，随着医学的进步，人类已经通过疫苗接种彻底根除了天花，并大规模降低了麻疹和百日咳的发病率。此外，痢疾的发病人数也大大减少。艾滋病仍然是人类健康的最大威胁，但是性教育的普及正在起到预防艾滋病的作用。

人体的两大杀手

　　人体常常会受到细菌和病毒等微生物的感染。某些微生物对人体是有益的，例如大肠杆菌能够加强食物消化，但是大多数微生物都是有害的，有些甚至会威胁到生命。

　　细菌是单细胞的微生物，各种细菌的形状差别很大。细菌飘浮在空气中或存活于水中，如果人们将细菌吸入喉部和肺部，或者饮用被污染的水，人体就会受到细菌的感染。呼吸、打喷嚏、咳嗽及接触感染区域都是细菌的传播途径。

　　细菌感染会形成脓汁，脓汁是一种黏稠的黄色液体，其中含有已经死亡的细菌和人体细胞。扁桃体炎和结膜炎是两种常见的细菌感染，二者都是由链球菌引起的。结膜炎发生在眼睛的部位，感染率很高，患者多为在校中小学生。结膜炎患者眼睛发红，渗出的脓汁会粘住眼睛。细菌感染还可能导致更加严重的病症，包括痢疾、肺炎、梅毒和脑膜炎。

　　抗生素能够破坏细菌的细胞膜，从而杀死细菌。但是，因为抗生素被大量应用于许多人体免疫系统原本能够自行处理的疾病，结果导致细菌开始形成抗药性。

病毒引起的疾病

　　病毒是导致疾病的最小作用者，数亿个病毒才能覆盖一个针尖。病毒会导致多种疾病，例如感冒、小儿麻痹症、流感和

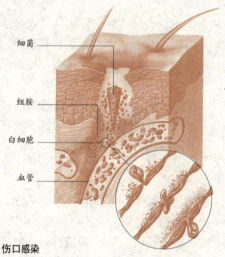

细菌
组胺
白细胞
血管

伤口感染
伤口受到细菌感染之后，人体细胞释放一种叫作组胺的物质，组胺会引发炎症反应，并且包裹细菌。这时血管变粗，白细胞穿过血管壁到达组织杀死细菌。

知识窗→细菌

　　大多数细菌都有坚固的胞壁，胞壁包裹着遗传物质，但是细菌没有明显的细胞核。胞壁之外往往还裹着一层胞囊。一些细菌还有便于游动的"鞭毛"或"尾巴"。在显微镜下观察时可以看到每种细菌都有自己的特点，图中的4种细菌分别是：引发梅毒的螺旋状菌（图1）；引发霍乱的弧菌（图2）；引发痢疾的杆菌（图3）；引发扁桃体炎的链状球菌（图4）。

胞壁　　胞囊

推动细胞游动的"鞭毛"

麻疹。发达国家已经通过疫苗接种基本根除了小儿麻痹症。普通的感冒是由上百种病毒所引起的。

抗生素不能杀死病毒，人体必须产生针对各种病毒的抗体才能杀死它们。病毒本身不能繁殖，因此需要寻找寄主，它们进入寄主细胞之后利用其中的营养物质进行复制。当病毒完全占据寄主细胞之后，寄主细胞爆裂，释放出病毒细胞。人体免疫系统能够杀死感冒等病毒，但是不能破坏艾滋病等强大的病毒。

人体的防御战

人们周围遍布着细菌、病毒和其他肉眼看不到的微生物，它们侵入人体之后会进行自我复制和扩散，直到被人体内的防御机制杀死。

空气中充满了各种肉眼看不到的微生物，它们不断地落在我们的皮肤、衣物、食品和其他物品上。大多数微生物是无害的，但是某些微生物会引发感染。感冒和喉咙痛等感染性疾病通常很快就会痊愈，而肺炎等疾病会导致致命的后果。

人体表面存在若干种防御微生物侵袭的机制，其中皮肤的作用最为重要，大多数微生物都无法穿透健康的皮肤。

白细胞

某些微生物能够穿过人体表面的防御机制进入血液或其他内脏部位，在这种情况下，白细胞成为人体的第一道防线。白细胞分为3种，其中巨噬细胞和粒细胞能够彻底吞噬微生物。

淋巴细胞是另一种白细胞，这种白细胞通常在骨髓或位于胸腔下方的脾脏中合成。淋巴细胞能够生成一种蛋白质——抗体，抗体能够像钥匙插入锁孔那样牢固地附着在细菌上，然后破坏或杀死细菌。在

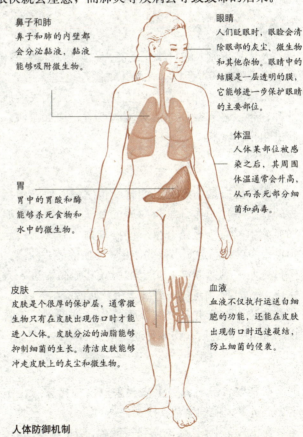

鼻子和肺
鼻子和肺的内壁都会分泌黏液，黏液能够吸附微生物。

胃
胃中的胃酸和酶能够杀死食物和水中的微生物。

皮肤
皮肤是个很厚的保护层，通常微生物只有在皮肤出现伤口时才能进入人体。皮肤分泌的油脂能够抑制细菌的生长。清洁皮肤能够冲走皮肤上的灰尘和微生物。

眼睛
人们眨眼时，眼睑会清除眼部的灰尘、微生物和其他杂物。眼睛中的结膜是一层透明的膜，它能够进一步保护眼睛的主要部位。

体温
人体某部位被感染之后，其周围体温通常会升高，从而杀死部分细菌和病毒。

血液
血液不仅执行运送白细胞的功能，还能在皮肤出现伤口时迅速凝结，防止细菌的侵袭。

人体防御机制
皮肤是人体防御机制的重要组成部分。除此之外，防御机制还保护着人体中没有被皮肤覆盖到的部位，使它们免受微生物的侵袭。

这个过程中，白细胞在血液和淋巴液中流动并自行复制。

免疫

当人体受到细菌或病毒侵袭时，生理防御机制被激活，向细菌或病毒中注入一种对人体本身无害的有机体达到破坏它们的效果，这种有机体被称为疫苗。疫苗能够使人体产生抗体，所以接种疫苗能够起到免疫的作用。

针对小儿麻痹症、破伤风、百日咳、腮腺炎和麻疹的疫苗接种已经十分普遍，这些措施大大降低了这些疾病的发病率。世界卫生组织进行的大规模疫苗接种项目已经从世界上彻底根除了天花。

在免疫机制杀死细菌之后，免疫过程中形成的抗体仍然停留在人体内，人体从而形成对该种细菌的终生免疫。当这种细菌再次侵入人体时，抗体就会迅速发挥作用。如今所有的婴儿在出生几个月后都要接受一系列疫苗接种，并且在童年期补足后续剂量。

人体的创伤与自我修复

人体具备惊人的自我修复能力。人体在受到瘀伤或擦伤之后都会很快愈合，只有在受伤较为严重时才需要采取医疗措施。

人体受伤的部位通常是皮肤、骨骼及相关的肌腱和韧带。器官受伤的后果较为严重，诸如眼睛、脑部和肝脏等器官。

伤口

伤口出血最为常见。细胞受损之后，血液中会立即释放一种叫作纤维蛋白原的物质。纤维蛋白原和血液中的血小板结合生成纤维蛋白。纤维蛋白起到覆盖伤口和固定血小板的作用，使血液停止流出。伤口处血液迅速凝结，防止细菌或其他微粒进入人体，然后伤口开始愈合。纤维蛋白在血液凝结处收缩，使伤口边缘聚合并且变硬，于是伤口结痂。在正常皮肤重新生成之后，伤痂自动脱落。

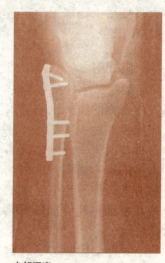

内部固定

上图是关节骨折的X射线扫描照片。为了使病人的骨头尽快愈合，医生在两块骨头末端固定了一块金属板，并且在骨头上嵌入5个螺丝钉，起到进一步巩固的作用。在接下来的几周内，病人的骨头会重新紧密结合，然后再由医生拆除金属板和螺丝钉。

输血

在某些状况下，医生需要采取急救措施防止伤者失血过多，他们通常直接按住伤口。

在急救室中，伤者的伤口被缝合，防止更多出血。如果伤者失血过多，医生便需要将他人的血液通过静脉输入伤者体内，这个过程就是输血。

一般来说，人们的血型分为 A 型、B型、AB 型和 O 型 4 种。在输血时，需要确保输入伤者体内的血液和他自己的血型相同，否则他血管内的血液会凝结或生成肿块。医院提倡义务献血，保证充足的血库储备，以救治伤者。

骨折

医生通常使用石膏或夹板固定骨折处的骨头末端，骨头在不受到压力的情况下就会自行愈合。另外一种固定方式是借助螺丝钉和胶将金属或塑料支撑物置入伤者体内。如果骨头末端发生错位，医生需要对伤者施行麻醉后将骨头拉回原位。骨折通常几周后就会痊愈。在治疗期间，使用外部支撑物是一种最有效的方法。在胫骨骨折的病例中，医生将钢条嵌入骨折处的上下端，然后在人体外将钢条连接。由于钢条较重，伤者几天之后才能行走。医生将会在伤者骨头彻底痊愈之后拆除钢条。

如果多处骨折，就需要数种不同的固定递质和接骨板一起使用才能解决问题。

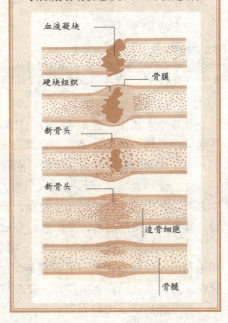

知识窗→骨头愈合

人体发生骨折后，其周围血液凝结，形成硬块组织。硬块组织是新的骨组织，其外表和骨头类似，但是十分脆弱。硬块组织包裹骨折处，所以骨头在 X 射线扫描下显得肿大。在造骨细胞作用下，硬块组织转变为骨头。骨头逐渐硬化成形，几周之后，肿胀状况消失。骨折通常在 4～6 周后愈合。

血液凝块
硬块组织
骨膜
新骨头
新骨头
造骨细胞
骨髓

其他组织和器官的再生

因为肌肉组织能够生成新的纤维，所以肌肉能够再生。肝脏在疾病或事故中受损之后，肝细胞也能够再生。消化系统器官、泌尿系统器官及肺的表面修复能力都很强，但是肾脏的修复速度很慢。成熟的脑细胞不能再生，但是脑和脊髓之外的神经细胞都能够再生并重新建立连接。

运动损伤及其治疗

现在参加体育运动的人越来越多，学校不再是锻炼的唯一场所，很多人都通过运动来丰富自己的业余生活。与此同时，各种运动损伤也会不可避免地增加。不同的运动项目所导致的受伤状况也有所区别，例如足球中的身体接触可能会导致骨折；田径运动员可能会发生肌肉撕裂和韧带撕裂；拳击常常会引起瘀伤和内部器官损伤。

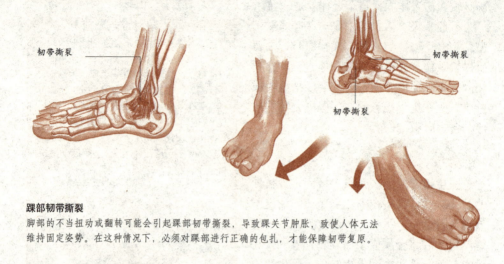

踝部韧带撕裂

脚部的不当扭动或翻转可能会引起踝部韧带撕裂，导致踝关节肿胀，致使人体无法维持固定姿势。在这种情况下，必须对踝部进行正确的包扎，才能保障韧带复原。

和成年人相比，青少年的骨骼比较强壮，而且韧带灵活性好，因此他们很少在运动中受伤。但是许多青少年都热衷于溜冰板、溜旱冰和骑自行车等运动，他们一旦在运动过程中摔倒，就很可能会出现擦伤、划伤、骨折和肌肉损伤等伤病。

骨头受到直接猛烈的冲击或屈曲力时可能发生骨折。手臂和腿部骨骼最易发生骨折，骨折后手臂或腿无法伸直，出现异常弯曲。骨折通常经过 X 射线扫描确诊。骨头发生错位之后，受伤者需要使用外部支撑物。

肌肉撕裂比骨折更常见，它分为肌肉完全撕裂和肌肉部分撕裂两种情况。篮球运动员和棒球运动员的上臂容易发生肌肉完全撕裂，也就是骨骼两端的肌肉和骨骼分离，当他们弯曲手臂时，失去附着的肌肉就会从上臂垂下。

在参加足球或田径等需要奔跑的运动项目时，人们的大腿和小腿部位容易发生肌肉部分撕裂，肌肉部分撕裂常伴有剧痛。在这种情况下，受伤部位肿大，使人们不能继续运动。

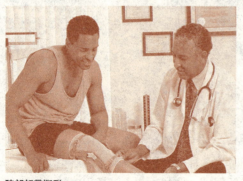

膝部韧带撕裂

这位运动员膝盖部位的十字形韧带发生撕裂。在韧带复原期间，医生会采用夹板支撑他的膝盖。如果韧带撕裂的情况很严重，伤者可能需要接受手术治疗。

人体中的所有关节都是通过韧带固定的。韧带对关节起着支撑的作用，但它们本身不能像肌肉一样运动。例如膝关节受到膝部韧带的支撑，如果其中某条韧带发生撕裂，膝部就会疼痛肿胀，不能维持固定姿势。

治疗方法

骨折通常需要借助石膏或夹板固定才能康复。

和骨骼相比，肌肉和韧带受伤后的康复速度要快得多，正确及时的治疗更能加速痊愈过程。

肌肉撕裂常常伴有内出血，任何运动都只会使伤情恶化，所以伤者第一天需要充分休息，并且进行冰敷。冰敷能使人体组织降温，起到止血和消肿的作用。为了防止皮肤受到伤害，冰敷时应当使用毛巾。伤者越早进行冰敷，消肿的效果就越好。

用绷带包扎伤口也能起到消肿的作用，但绷带不可绑得过紧。最后伤者还需要把受伤部位抬起固定，使肿胀的组织在重力作用下恢复原状。

在伤口处的疼痛和肿胀消失之后，理疗师将对伤处进行推拿治疗，使肌肉或韧带逐渐恢复力量。

药物疗法和自然疗法

现代医学已经能够治愈许多过去人们无能为力的重症病。病人在治疗过程中通常需要服用正确的药物，但是所有的药物都会产生副作用，因此许多人转向了各种自然疗法。

医学上所使用的药物数目十分庞大，而且每年都有新药被开发出来。阿司匹林等药物通过降低痛源对脑部的刺激发挥镇痛的作用；吗啡等药物能够降低脑部对疼痛的敏感程度；类固醇能够治疗炎症，因此被用于缓解关节肿大、哮喘及皮肤问题。

抗生素能够杀死细菌，这是医学史上最伟大的发现之一。青霉素是最早被发现的抗生素，它的发现者是英国细菌学家弗莱明。现在人类已经发现了许多种抗生素，并且将它们应用于治疗炎症。在抗生素被发现之前，伤口感染往往会扩散，导致血毒和坏疽（组织坏死）。坏疽需要进行切除手术，甚至会导致死亡，直至抗生素的出现才改变了这种状况。

然而，所有药物都会产生副作用。有些人对青霉素过敏，会出现皮疹症状；阿司匹林可能会导致人体内部出血；类固醇会使人增重。因此越来越多的人转向了其他疗法，但是有些医生并不认同这些疗法的有效性。

针灸

世界上有一半人口都接受过针灸治疗，针灸在中国、日本、新加坡和斯里兰卡等国家都很普遍。针灸学认为，有一种叫作"气"的能量在人体内流动，气通过手或脚

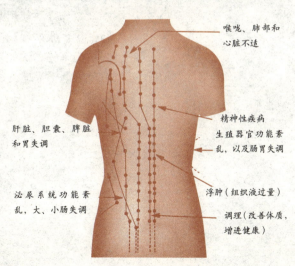

喉咙、肺部和心脏不适

精神性疾病生殖器官功能紊乱，以及肠胃失调

肝脏、胆囊、脾脏和胃失调

浮肿（组织液过量）

泌尿系统功能紊乱，大、小肠失调

调理（改善体质，增进健康）

知识窗→反射疗法

反射疗法是一种古老的疗法，人们认为脚部的各个部位是和全身不同部位相连的，他们通过按摩脚部的不同部位（右侧照片）起到治疗的效果。当病人身体某个部位出现疼痛时，治疗师会按摩脚部的相应部位，"疏导"引起疼痛的能量，达到治愈的目的。

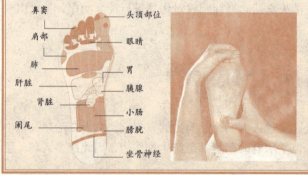

鼻窦　　　　　　　头顶部位
肩部　　　　　　　眼睛
肺　　　　　　　　胃
肝脏　　　　　　　胰腺
肾脏　　　　　　　小肠
阑尾　　　　　　　膀胱
　　　　　　　　　坐骨神经

塞浦路斯雪松　　　刺柏

桉树　　　　　　　薰衣草

草药疗法

草药医学是最古老的医学形式，直到今天仍然有许多人在使用植物汁液治疗疾病，上图是4种常用的草药。草药能够治疗许多病症，包括咳嗽、感冒、胃部不适和关节炎等。

进入人体，然后向上垂直流动，每股气都会流经一个主要器官。

根据针灸学的理论，当气流在某个器官被阻滞时，这个器官就会发病。针灸师将消毒过的小针插入准确的穴位，然后用拇指和食指快速地旋转小针，使更多的气进入人体，以达到恢复能量平衡的目的。

现代针灸学理论认为针灸能够阻止神经传递疼痛，还有一种观点认为针灸能够激发一种叫作脑内啡的镇痛物质。

顺势疗法和草药疗法顺势疗法的原理和疫苗接种类似，也是将少量的某种物质注入人体，使人体能够抵御该种疾病的侵袭。小儿麻痹症疫苗接种就是将少量小儿麻痹病毒注入人体，使人体产生抗体，当人体再遇到这种病毒侵袭时，抗体就会发挥作用杀死病毒。顺势疗法采用药片的形式，其原理与此相同，例如大剂量的土根会引起呕吐，但是土根稀释之后却能抑制呕吐。

草药疗法使用某些植物中天然的化学物质进行治疗。我们现在使用的许多药物都是从植物中提取出来的，例如用于治疗心脏衰竭的洋地黄，它就来源于毛地黄这种植物。

生 活

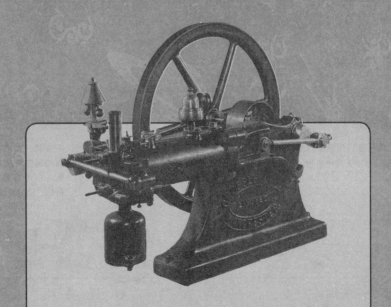

蔡伦造纸与中国人发明纸的历程

蔡伦像
中国东汉著名发明家，他改进了造纸术，使书写和文化的传播更为方便。

造纸术是我国古代的四大发明之一，纸的发明和造纸术的传播，对整个世界的文明发展起了很重要的作用。在历史的发展过程中，造纸术也经历了不同的发展阶段。

商朝时，人们把文字刻在龟甲和兽骨上。随着时代的发展，记录文字的材料有了很大改进。在南方，树木资源很丰富，到处都生长着竹子，于是人们就把竹子和木材削成一条条狭长而平整的小片用来书写文字，这些长十几厘米到 1 米不等的小竹片或木片我们称之为"简"。常用的简大约 30 厘米长。

写一本书往往要用几十片甚至上百片的简，每片简上写的字数也不同。写字的人要随身带一把小刀，以备随时刮掉简上写错的字。写满字的简用绳子串起来，一串叫一册。现代汉语中的简体"册"字，就是表示用绳子串成的简。用丝绳串起来的叫丝编，用皮绳串起来的叫韦编。

这些竹简、木简太笨重了，给书写和阅读都带来了极大的不便。人们仍在不

①将大麻、苎麻原料洗涤切碎，除去其中杂物。

②通过浸沤等工艺制浆。原料麻中有很多有害于纸的质量的成分，经过沤麻，经弱碱性草木灰水中沤浸，可使有害物发生降解，达到去除的目的。

③舂捣、蒸煮。将上述所制的碱性纸浆（升温促烂）倒入臼中舂捣，使纤维素帚化，促使纤维柔软。

④打浆。打浆可使纤维可塑性增加，这样制成的纸强度提高。

⑤抄造。经过舂捣的粗纸浆用清水反复洗涤，再加入清水，制成细纸浆，然后用纸模抄造，每次抄一张。湿纸经晒干或晾干，揭下来即成可用纸张，如果纸表皱涩，还要经过砑光，方可用于书写。

我国汉代造纸工艺流程图

断地寻找各种可以用来代替竹简、木简的东西。在西汉时期，就出现了原始形态的纸，它是一种叫赫蹄的丝织品。同时，劳动人民又发明了"麻纸"。

但是，赫蹄和麻纸都不是因为需要用纸才大量生产的，人们只是在制作丝棉麻絮时，才顺便制造些赫蹄和麻纸，归根结底，它们只是原始纺织工业的副产品。所以当时还没有真正意义上的造纸术，即没有完整的造纸方法。

到了东汉年间，真正的造纸术诞生了。

蔡伦是东汉桂阳（今湖南郴州）人，从小就进宫当太监，汉和帝时担任尚方令，主管制造宫中的御用器物。在此期间，他接触了许多能工巧匠。

身为朝廷官员的蔡伦发现有一个问题亟待解决，那就是如何能发明一种方便、价廉的书写纸张，以方便朝廷向全国各地传送政令。于是，蔡伦开始研究设计能方便地制造、大量生产的纸。他分析了当时已有的赫蹄和麻纸的生产过程，发现它们是由细小的短纤维互相黏结、均匀摊铺而成的。要生产出真正的纸，就要找到纤维细小柔轻并能互相黏结的原料。蔡伦首先选定了几种很容易找到的东西——树皮、麻头、破麻布、旧渔网，他让工匠们把这些筛选出来的原料剪断、切碎，再放在水池中浸泡成稀烂的纤维。然后他们将这些纤维在石臼中捣成像浆一样的东西，这些浆被抄具抄成薄层，晒干后就成了纸。

汉和帝元兴元年（105年），蔡伦把纸进献给皇帝。皇帝看到这种纸适合书写，质地轻薄，而且原料广泛，制作方便，便下令在全国各地推广这种造纸法，并对蔡伦赞扬一番。因蔡伦是发明人，人们便把这种纸称为"蔡伦纸"。

后来，与蔡伦同时代的左伯和其他人改进了这种造纸法，使纸的质量有所提高。为了适应当时文化事业发展的需要，纸的产量也大大提高。到了晋朝，造纸技术发展到了较高的水平，纸也完全代替了帛。当时有一种剡溪（今浙江嵊州一带）地区利用藤类植物造出的纸非常有名，就是历史上的"剡溪藤纸"，是当时官方、民间的文书都使用的质量上乘的藤纸。同时，有的地方出现了以竹子为原料的纸。

后来，造纸术传入越南和朝鲜，又从朝鲜传到了日本。如今，这种技术已经在全世界普及了。

毕昇和他的活字印刷术

我国印刷术的发展经历了不同的阶段，从以前的拓印、刻印，到发明了活字印刷术，我国的印刷技术发生了质的飞跃。

人类有文字记载后，最初的书是用手工抄写后广泛流传的。人类最早的书是抄在竹片、木片上的，也有的抄在树皮、树叶上，抄完后用绳子串起来。这样的书又重又笨，十分不利于抄写和阅读。到了秦汉时期，人们开始用缣帛抄文写书。此时欧洲出现了羊皮书。再到后来，抄书的材料就变成了纸。随着社会文化的发展，人类需要更多地进行思想、文化、技术交流。一本书经多人传抄后，往往因为遗漏、错误或抄书者的主观篡改而变得面目全非。这一问题如何解决呢？古人从印章中受到了启发。印章是在石头或兽骨上刻上文字制成的，印章盖出的文字、图案是不会改变的，因而也就不存在出错的可能。

后来有人想出了更好的抄写方法，其中最为有效的方法叫作拓印法。先选些适合拓印的纸，这种纸浸水后不易破损，把纸浸湿后平整地贴在石碑上，然后用布包上棉花在纸上轻轻拍打，这样，刻字处的纸就会凹下去，再蘸上墨汁，由于有字处的纸凹陷了下去，便保留了纸的原色，形成了黑底白字的字迹，跟原文完全一样，待纸稍干后，就小心地揭下来。这种石刻拓印术直到现在还在书法艺术界使用。拓印术可以说是现代印刷术的基础。

此后，人们大量雕刻石碑，拓印的方法也普及起来了。古人汲取了石碑和印章的长处后，又发明了"雕版印刷"的方法，这种方法与刻印章上的阳文相似。

与手工抄写相比，雕版印刷虽然明显提高了印书速度，但是，它仍有很大的缺陷。一部较大的书需要刻许多块印板，要花费很长的时间，雕后的木板保存起来也不方便，不仅占地方，一旦受潮，经日晒就会变形，而且还容易遭虫蛀、霉烂，甚至会被火灾毁于一旦。

1048 年左右，毕昇发明的活字印刷术使印刷技术有了突破性进展。

毕昇像

北宋著名发明家，他发明的活字印刷术大大提高了印刷速度和印刷效果。

毕昇是北宋都城汴京（今河南开封）的刻字工人，他白天干活，晚上在油灯下刻小字块。他的设想是把木头锯成小块，先在小块木头上刻字，再把这些刻好

依每字的使用量｜制造多个活字

用胶泥制成字坯
↓
在字坯上刻反凸字
↓
泥活字火烧令坚
↓
加工修整活字
↓
按韵将活字存于木盒 → 在铁范内布满活字

制铁板、铁范各二件
↓
铁范放置于铁板上
↓
将松脂蜡、纸灰混合物布匀于铁板上
↓
在铁范内布满活字
↓
布满活字的铁板在火上加热
↓
印完后加热铁板，取下活字，送还原处待用 ← 印刷 ← 用一平板压平字面 ← 用另一铁板排版

毕昇的活字版印刷工艺

的字按文章的需要排好，书印完后，再把印书的字拆开，这些字还可以再用，这样就不会浪费了。没过多久，毕昇刻好了3000个常用字。这时一个新的困难摆在了他面前——要从几千个木块中找出要用的字来，绝不是件易事。毕昇想了很久，最终解决了这一问题：他按照每个字的读音，把同一韵部的字归在一起，再按部首笔画排好顺序，分开存放，这样就可以像查字典一样很快找到需要的字。

后来，毕昇又成功地试制了造价更低的泥活字。

毕昇发明的活字印刷术和今天的印书方法比起来虽然很原始，但却给印刷技术带来了一场革命，为人类文明的发展做出了重要贡献。

惠更斯发明时钟

世界上最古老的大钟，由惠更斯等设计，在伽利略去世后50年建立。他采用了伽利略钟摆基本原理。

时钟在日常生活中随处可见，可是你知道时钟是怎样发明出来的吗？

1582年的一天，在意大利比萨城的比萨大教堂里，一盏吊灯从教堂顶端悬挂下来，被风吹得在空中来回摆动。跪在地上悉心聆听牧师讲道的人中，除了一个年轻的学生以外，谁都没有注意到吊灯链条随风碰撞的情形。就是这个医科学生伽利略，对链条发出的声音产生了极大的兴趣。他想起老师说过，人的脉搏跳动是相隔时间相等的有规律振动，于是他目不转睛地注视着吊灯的摆动。尽管吊灯的摆动距离越来越小，但往返一次所需的时间似乎都一样。这时，伽利略开始用自己的脉搏测量吊灯摆动的周期，他惊奇地发现：不论灯摆动的幅度多大，每摆动一次所需用的时间却丝毫不变。这个意外的发现使他顾不上听牧师讲道，就兴冲冲地朝家里跑去。

伽利略迫不及待地做起了实验。他在门框上钉上两根绳子，绳子下面拴上铁块，垂直地悬在空中。伽利略先用脉搏跳动的次数，计算以4个手掌距离为摆幅的铁块摆动的时间；又用另一根绳子以2个手掌的距离为摆幅做实验，用同样的方法计算铁块摆动的时间。结果发现，这两种情况下，铁块摆动的时间是一样的，可见摆动的时间和摆幅的大小没有关系。就这样，伽利略发现了摆的等时性。接着，他又发现，摆的长度能影响摆每摆动一次所需的时间，摆的长度越长，摆的周期也越长。由此，年轻的伽利略发现了"摆的等时性原理"。

伽利略的发现成就了惠更斯。惠更斯是荷兰著名物理学家，他根据伽利略发现的"摆的等时性原理"，制成了一座有摆的落地大钟。1656年伽利略逝世后，惠更斯在此原理的基础上发明了摆钟。这种摆钟应用了300多年，直到现代才被电子钟表、石英钟表所代替。

遥控器的发明

20 世纪 50 年代时，美国有一位特别迷恋看电视的电子公司的老板，非常讨厌那些无穷无尽的电视广告。只要电视中一出现广告节目，他就会跑到电视机前调换频道。一个晚上就这样跑来跑去，看电视的心情也全被搅乱。因此他命令手下的阿尔德勒博士，要他研制出一种可以对电视机实行远距离操纵的遥控装置。

过了不久，阿尔德勒博士就与同事们共同研制出一种"有线遥控"的装置，在远距离就能操纵电视机。可以说，这种装置是专门为懒惰者研制的，人们就为它取了一个名字叫"懒骨头"。虽然人们很喜欢这种叫作"懒骨头"的遥控装置，可它的缺点还是很快暴露了出来。它那拖在地上的"遥控线"非常碍事，甚至会把人绊倒。于是阿尔德勒博士又提出了光遥控、无线电遥控和声音遥控等计划，想法虽然很好，但当时却都以失败而告终。直到 1956 年，阿尔德勒博士研制成了"超声波遥控器"，这种遥控器有时也会受到一些外界干扰，但还是获得了用户的广泛好评。

进入 20 世纪 80 年代后，集成电路技术和红外线技术取得了很大的发展，"红外遥控器"也随之而生。这种遥控器已不再拖着碍事的遥控线，也不会像"超声波遥控器"那样受到外界的干扰，它唯一的缺憾是遥控范围不大，但是在一个家庭中使用也已经足够了。后来，不仅电视机，就连空调、录像机、电扇、组合音响等家用电器也可以通过这种遥控器操纵。从此，人们坐在某地不动，只要手中拿着遥控器，就能任意转换电视频道，调节空调温度、音响音量。遥控器的问世为人们尤其为那些懒惰者们提供了许多方便。

遥控器

多数家电都必备的附加品，有了遥控器，电视机等电器就可实现无线操作，给人们的生活带来了极大的方便。

在不久的将来，遥控器会走向完全自动化、智能化。到那时，它将更是人们生活中不可缺少的宠儿。

爱迪生发明留声机、电灯和蓄电池

爱迪生是历史上著名的大发明家。他一生的发明有 1000 多项，其中留声机、电灯以及蓄电池是其贡献最大的发明。

1847 年，爱迪生出生在美国俄亥俄州米兰镇的一个普通家庭。他的父亲是个会木工手艺的农民，母亲当过乡村教师，这对夫妻共有 7 个子女，爱迪生是家中最小的孩子。

爱迪生在 11 岁时就因家庭贫困走出家门，挣钱糊口。他在火车上卖报时，对电学产生了浓厚的兴趣。只要一有空闲，爱迪生就开始做各种各样的实验。后来他的刻苦打动了列车长，列车长允许他在行李车厢的一角利用空余时间做实验。一次由于列车行驶中的震动把爱迪生的一瓶黄磷震倒了，黄磷立即燃烧了起来，幸亏扑救及时才未酿成火灾。愤怒的列车长狠狠地给了爱迪生一记耳光，从此，爱迪生的右耳再也听不见声音了。这一年，爱迪生才 15 岁。

爱迪生

1869 年，爱迪生来到纽约，在一家黄金交易所找到了一份工作。他在那里发明了一种交易所必不可少的新式商情报价机，被人以 4 万美元买走。有了这笔资金，爱迪生就专心致志地走上了发明之路。1876 年，爱迪生有了自己的研究所。

爱迪生在研究所的第一项发明是电话送话器。一次，爱迪生在调试送话器时，因为他听觉不好，就用一根金属针来感觉送话器膜片的震动。他发现接触在膜片上的金属针会随声音的变化产生不同的但有规律的震动。这时爱迪生马上想到，如果让金属针发生有规律的震动，那么不是可以复制出声音来了吗？爱迪生激动万分，一连 4 天，他都不停地做着实验。他把钢针尖固定在锡箔上滑动，刻下深浅不一的纹路，又经过反复实验，终于发明了会说话的机器——留声机。1877 年 2 月，爱迪生在他 30 岁时获得了这项发明的专利权。

1878 年秋天，留声机在法国巴黎的世界博览会上获得发明奖。在这次博览会上，由俄国工程师发明的"电烛"引起了很大的轰动。在这之前，人们一直用煤气灯、蜡烛或者油灯照明，这些灯不仅光亮度差，还会产生呛人的黑烟。所以，许多科学家很早就开始研究，想试制一种新型的照明用具，爱迪生也是其中的一个。

爱迪生回去之后，首先对"电烛"进行了研究，发现"电烛"只不过是一种改进了的弧光灯，没有克服弧光灯的缺点。于是爱迪生决定先从灯丝材料的选择入手。爱迪生了解到，通过电流的白金丝会发光，但是很快就会烧光。爱迪生经过反复比较，认为只要能找到一种电阻不大又耐高温的材料，就能解决白金丝的发光寿命问题。所以他找来一条 3 厘米左右的纸条，将其烧成炭来做灯丝。当接上电源时，这条烧成炭的纸只亮了一下就断了。这是什么原因呢？爱迪生在仔细研究后，发现原来是空气中的氧气"使的坏"。他决定从改进灯丝和把灯泡抽成真空这两方面入手。1879 年，爱迪生发明了人类历史上第一盏具有实用价值的电灯，这只灯泡亮了 45 个小时。

在爱迪生一生发明的东西中，最耗费精力的是蓄电池。当时，活动电源的需

驱动轴，上面的螺纹
能够改变固定铁针下
面薄金属片的长度

黄铜鼓——薄锡
片缠绕在上面

听筒（没有显示喇叭）

一架机器两种用途——爱迪生发明的留声机

1877年，爱迪生发明了录音和回放两种独立设备。进入喇叭的声音导致薄膜振动，铁针在记录鼓上的薄锡片上面打出缺口。使回放铁针和薄膜接触薄锡片，转动黄铜鼓时由第二个薄膜将声音重复出来。

要量越来越大，而铅硫酸电池是那个年代唯一的活动电源。这种电池的寿命非常短，使用起来非常不方便。爱迪生决心研究一种新蓄电池。

为了研究新的蓄电池，爱迪生不厌其烦地一遍一遍地做着实验。这一天，当他的朋友来看他时，他已失败了9000多次。朋友为他惋惜，可他却笑着说，他现在知道有几千样东西不能用，这就是他的收获。

就这样爱迪生始终没有放弃他的研究。后来他终于找到了用氢氧化钾水替代硫酸溶液、用镍和铁代替铅的方法，一种新的蓄电池诞生了。这种镍铁碱性蓄电池经久耐用又轻便，克服了原来蓄电池的缺点，而且还不怕震荡。经过反复地试验后，爱迪生才把这种蓄电池投入市场。当他发现蓄电池在使用中有漏电现象时，便立刻下令停产。5年之后，一种较为理想的蓄电池终于问世了，这前前后后共经过5万次试验，用了10年的时间。

◎小问答：爱迪生发明知多少？

爱迪生（1847.2.11—1931.10.18），美国发明家，生于俄亥俄州的米兰。一生致力于电学研究和发明工作。1876年改进贝尔发明的电话，加装炭粒话筒，提高了音响度。1877年因发明留声机而闻名于世。1879年试制成既安全又经济的炭丝电灯。1883年做灯泡试验时发现热电子发射现象。还发明了蜡质唱片、油印机、荧光镜、碱性蓄电池、口述记录机、电影放映机和摄影机等。拥有1000多项发明的专利权。

电冰箱的发明

电冰箱的发明只是近一二百年间的事，而从原始的冷藏法到电冰箱的发明则经历了漫长的历史过程。

在古代，人类不再随季节迁徙而开始过稳定的生活后，食物开始有了剩余，怎样把剩下的食物保存起来呢？人们开始学习松鼠把蘑菇挂在树枝上，学习老鼠把干果贮存在洞里。有了火之后，又发现烟熏的鱼、肉等也能保存较长的时间，而且有一种特别可口的味道。

随着生活水平的提高，人们的口味越来越挑剔，他们已不满足于只是食用贮备的物品，而是想吃到更新鲜的食物。特别是王公贵族们，他们不仅希望在炎热的夏季能吃到新鲜的水果，还想享受冰冷的饮料。于是，冰窖冷藏法就适时地被人类发明了，《诗经》中提到过的"凌阴"就是贮藏用的冰窖。

虽然我们的祖先享用到了"夏日冰凌"，遗憾的是他们没有做进一步的探索。一个偶然的机会，英国哲学家弗朗西斯·培根发现鸡肉埋在冰雪里不会腐烂。1561年，培根对这个问题产生了兴趣，并开始研究这种现象，对冰的作用进行了探索。

1626年，培根建好一个半埋在地下的冰库，并购买了大量的天然冰块贮藏在那里。他每天都要出入冰库观察冰冻情况和鸡肉的变化。在没有仪器和缺乏防护设备的条件下，艰难困苦和过度劳累、冰库的凉气最终使他身患肺炎，不治而终。

18世纪，欧洲的工业革命爆发了。粮食和食品的供应在人口过度集中的大城市出现了很大困难，许多食品因存放时间过长和气温过高而变质。科学家们首先想到了用前人研究过的冰来完善贮存这些食物。为解决当前最棘手的问题，他们决定从制造人造冰入手，期望能充分发挥冰的作用。

于是世界上第一部冷冻机由德国化学家林德在1873年制成了。这利用了液态氨的工作原理：把液态的氨从一小孔中喷出，氨在蒸发的过程中把周围的热量夺走，这样机械内部的温度也随之大幅度降低，制冷工作从而完成了。

1920年，冷冻机启发了美国工程师科普兰。他用氟利昂首创了小型的家用电

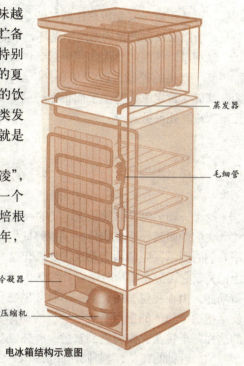

蒸发器

毛细管

冷凝器

压缩机

电冰箱结构示意图

电冰箱大事年表

1855 年	法国制成了世界上第一台吸收式制冷装置，为多年后出现的电冰箱奠定了基础。
1872—1874 年	D. 贝尔和 C. 冯林德分别在美国和德国发明了氨压缩机，并制成了氨蒸汽压缩式制冷机，这就是现代压缩式制冷机的开端。
1880 年	世界上第一艘可供实用的冷藏船"斯特拉斯列文号"成功地将冻肉运至伦敦。
1910 年	出现了蒸汽喷射式制冷机。
1913 年	世界上第一台真正意义上的电冰箱在美国芝加哥诞生。
1921 年	美国弗里吉代公司制成了第一台将压缩机安装在箱体内部的电冰箱。
1926 年	弗里吉代公司又制成了用钢板做外壳的电冰箱，以此延长了电冰箱的使用寿命。

冰箱。可是让科学家和用户伤脑筋的是氟利昂有负面影响，它会破坏大气中的臭氧层，所以必须在严密的系统中循环，不能有一点渗漏。

氟利昂对环保的负面作用引起各国政府的高度重视，氟利昂的使用量在各国都得到了严格的控制。1987 年 9 月，全世界 30 多个国家在加拿大蒙特利尔专门为此签署了议定书。科学家们正在研制氟利昂的代用品，现在商店里各种型号的无氟冰箱随处可见。

动画片是怎样制作出来的

动画，顾名思义，就是能运动的画。可是，怎样才能使画动起来呢？

我们的眼睛在观察物体时，就好比照相机在拍照，被观察到的物体就得归功于我们的眼睛。眼睛内会形成图像，但是，物体消失之后，眼睛中的图像并不马上消失，它还会在眼睛中保留大约 0.025 ~ 0.03 秒的时间，这就是眼睛的视觉暂留功能。由于视觉暂留，当一个物体以每秒 20 ~ 30 次的频率出现时，人的眼睛就会把这个物体的出现看成是连续的动作。比如，日本动画片《聪明的一休》中的这样一个镜头：每当遇到难题，一休就抬起胳膊用手指头顶想主意。这样一个只演一秒钟的镜头，需要制作人员画 24 张以上不同的画稿。因此，制作动画片时，就要事先画出许多张画稿，再把这些画稿按一定的顺序排列起来，然后以极快的速度放映，画中人物的动作就会连贯起来，显得形象而生动。据统计，一部放映 10 分钟的动画片，大约需要绘制 1 万张画稿。而且只要把时间间隔划分得足够小，那么在相等的时间段内，出现的画面就越多，从而画面动感更强，动作也更连贯和逼真。可见，制作一部动画片还真不是一件容易的事呢！

动画片的制作

动画片又叫卡通片，在电影艺术中，是少年儿童特别喜欢看的节目。当许多张内容逐渐改变的画片聚在一起，并在我们眼前快速移动时，画片里的东西仿佛也跟着动了起来。这就是动画片的制作原理。以动画片《大闹天宫》为例，其中的孙悟空生龙活虎、变化莫测，忽而将身体隐去，忽而变成仙鹤凌空飞翔。肯定有人会问，孙悟空是怎样变成仙鹤的呢？原来，美术工作者需要先把孙悟空和要变的仙鹤画好，然后要绘制出中间逐步变化过程中的动作，再把这些画面按顺序拍摄下来。人物与背景要分别制作。这样，我们就能从银幕上看到孙悟空变成仙鹤了。

完全变成仙鹤的模样了

变化手臂　　手臂变成了翅膀

变换身体

龙画出孙悟空　　　变换身体的颜色

当然，全由人工制作已是过去传统的方法，既费时又麻烦，现在动画的制作已经使用了方便快捷的计算机图像处理技术了。

动画片的设计人员在使用计算机图像处理技术时，根据故事情节设计出一系列人物和景物的造型，它们就是计算机绘制动画画面的基础。在屏幕上看到这些画面的动画效果后，设计人员就会根据需要对不满意的地方进行修改、润色。比如说要表现一个玩具滚下楼梯的画面，计算机只需把开始的画面和结束的画面制作出来，再处理前一张画面中捕捉到的数据信息，对有变化的地方稍加改动，就可以迅速完成下一个画面。就这样，计算机制作出连续的画面，从而表现出了事物的全部运动过程，如今计算机制作动画片广泛应用这一原理。由计算机制作的动画片不仅仅是平面的，而且还具有三维立体效果。三维立体效果动画片可以使动画景象更加形象、真实，人们称这种制作技术为三维电脑动画技术。深受小朋友喜爱的动画片《玩具总动员》就是使用三维动画技术制成的。

如何科学地摄取蛋白质

当你碰破一点皮肤的时候，就会流出血来，那含铁的红细胞里充满着血红蛋白。过一会儿，血就会凝固起来，伤口周围还会出现一层透明的血清。在血清中，就含有血清蛋白质。我们的头发、汗毛、指甲和皮肤等，几乎都是由纯粹的蛋白质组成的。据计算，蛋白质在血液和肌肉中占 1/5，脑子里占 1/12，连牙齿的珐琅质中也含有 1%的蛋白质。因此，蛋白质是维持生命、构成所有活体组织的重要物质。所以有人称它是"生命之砖"，是构成细胞的建筑

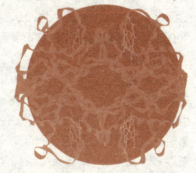

血红蛋白示意图
这张电脑绘制的图像显示一个血红蛋白分子。

材料。诸如人体的生长发育、衰老组织的更新、受伤组织的修补，都少不了蛋白质。蛋白质又是构成酶、激素和抗体的成分，既能调节渗透压，又能提供一部分热能。

蛋白质，主要是由碳、氢、氧、氮4种元素构成的化合物，有的还含有硫、磷、铁、碘和铜等元素。这些元素先共同组成较简单的含氮化合物——氨基酸，再由许多氨基酸按一定的方法连结成为蛋白质，所以氨基酸是构成蛋白质的基本单位。

德国科学家曾做过试验，他们用糖和脂肪来喂养的动物都先后死亡了，而专用蛋白质来饲养的动物，却都活得好好的。这是什么缘故呢？通过一番研究，才发现蛋白质在动物体内，能制造出糖分和脂肪来，而糖和脂肪中，因无氮元素，所以就制不出蛋白质来。

人体内有 20 种氨基酸，其中的赖氨酸、蛋氨酸和色氨酸等 8 种氨基酸，由于在体内不能合成，都得从食物中去摄取，因此称它们为"必需氨基酸"。凡同

时含这 8 种必需氨基酸的食物蛋白质，就称为"完全蛋白质"，如奶类中的酪蛋白和乳蛋白，就是完全蛋白质；而含有种类不全的必需氨基酸的食物蛋白质，称为"不完全蛋白质"。此外，还有 12 种能在体内合成的氨基酸，它们被称为"非必需氨基酸"。

目前，国际上对蛋白质中的氨基酸进行了评分，认为氨基酸越接近 100 的食物，必需氨基酸就越齐全，配比也较平衡，所以营养价值就高。如母乳、鸡蛋为 100，牛奶为 95，大豆为 74，大米为 67。食物中的蛋白质，在进入肠胃后，要经过各种消化酶的作用，才被分解成各种氨基酸，再由人体的"蛋白质制造厂"（细胞质），用 20 种氨基酸做原料，重新合成蛋白质。如果原料配备不齐，当缺少某一种氨基酸时，就会影响其他氨基酸的吸收和利用，蛋白质的合成也要减少。如蛋氨酸不足，就会引起肝脏坏死；若遇赖氨酸不足，又会出现脂肪肝；要是缺少色氨酸，就会发生中枢神经系统功能紊乱。

小麦、玉米和薯类，所含的必需氨基酸虽不齐全，但能通过互补来提高各自的营养价值。如我国北方用玉米和大豆制作的混合面，让玉米中的赖氨酸来弥补大豆蛋白质内的不足，而大豆又可补足玉米中蛋氨酸和色氨酸的不足。当前风行的强化食品，如在小麦中加入 0.1% 的赖氨酸，便可提高小麦蛋白质的营养价值。平日，我们用粮菜搭配和荤素混食的办法，都可提高食物的营养。

人体中的蛋白质，约占体重的 18%，而每天约有 3% 的蛋白质需要更新。为此，一个成年男子，每天应从食物中摄取 60 克的蛋白质，妇女需要 50 克，孕妇为 85 克，哺乳期的妇女为 100 克。体内缺少蛋白质，体重会减轻，肌肉要萎缩，还会引起贫血，从而降低抗病力；遇到创伤，就不易愈合，连病后康复也很缓慢；严重缺乏蛋白质时，甚至会出现营养性的水肿。处在生长发育阶段的青少年，由于新细胞的天天增生，每天必须从食物中摄取 60 ~ 100 克的蛋白质，一旦供应不足，不仅发育会缓慢，而且人也会消瘦，进而还会影响智力的发育。

据分析，在每 100 克食物内，虾米的蛋白质最多有 47.6 克，大豆有 36 克，奶粉和花生各含 26 克，肝脏有 21 克，其他如肉、鱼、蛋的含量也不少。不过蛋白质的摄入量也不宜过多，一旦超过人体的需要，不仅是一种浪费，而且还会增加肝脏和肾脏的负担。

补钙的学问

我国在调查国民营养情况时，发现儿童、孕妇和老人都普遍缺乏钙，缺钙直接影响着他们的健康。

钙的作用

钙，是人体中含量最多的一种矿物质，又是体内最为活跃的元素。它是骨骼和牙齿的重要成分。神经冲动的传递，心动节律的维持，伤口血液的凝固，肌肉和神经的应激性，都需要有钙的参与。

1970 年，美籍华人张槐耀和王学荆在人体的多种细胞内还发现一种"钙调蛋白"，它与钙离子结合成复合物后，能激活有关的酯酶、淀粉酶、蛋白质水解酶

有利于骨骼生长的食品
蛋类、鱼类、牛奶等食物富含钙，能保证骨骼与牙齿发育所需的钙的正常供应。

等，对各种细胞能起调节作用。诸如肌肉细胞的收缩和舒张、神经递质的释放、前列腺素的合成、糖代谢的调节、精子的泳动、细胞的分裂繁殖等，都离不开钙和钙调蛋白的协调作用。因此，当钙的供应充足时，胎儿的骨骼才能钙化，婴儿的牙齿方能形成，儿童才会正常地生长发育起来，成年人才能抗老和防衰，老人也才能延年益寿。

当婴儿的血浆钙不足时，就会出现抽搐；儿童缺钙，会患佝偻病；中老年人缺钙，不但骨质会疏松，还会患骨质增生和肩周炎。看来，钙和人体的健康有着密切的关系。

补钙的食物

为了及时补充体内钙的需要，平时应多吃些牛奶、鱼、骨头汤、大豆、海带、紫菜和核桃等含钙的食品。鲜山楂的含钙量，占鲜果之首。青少年应经常喝排骨汤，可增加钙盐的摄入。

有时，我们虽然吃了含钙的食物，但因同时吃了含有草酸的葱、笋、菠菜和苋菜，钙会和草酸结合成为不溶于水的钙盐，人体就难以吸收了，往往 70% ～ 80% 的钙会从粪便中排出。因此，缺钙的人在吃含钙食物的时候，最好暂时不要

钙的主要功用及与人体健康的关系一览表		
钙的主要功用	钙缺乏的主要症状	补钙的食物
是构成骨骼、牙齿的主要成分 帮助血液凝结 帮助体内某些酶的活化 维持神经的传导性能 维持肌肉的伸缩性和心跳的规律 维持毛细血管的正常渗透血 维持体内的酸碱平衡	骨骼和牙齿发育不正常、骨质疏松、骨质软化病、软骨病、血凝不正常、容易流血不止、肌肉痉挛（抽筋）	牛奶、鱼、骨头汤、大豆、海带、紫菜、核桃、山楂等

吃含有草酸的蔬菜。

钙还有个怪脾气：它在碱性食物中，常成为不溶于水的沉淀物；而在酸性的菜肴里，就能以离子的形式溶解在汤里，人体便容易吸收了。

据研究，钙的吸收和年龄也有一定的关系。如青少年可以吸收 30% ～ 40% 的钙质，而成年人却只能吸收 20% ～ 30%，而老年人，仅仅能吸进 15% 的钙质。因此，老人就应常吃些含钙的食物才行。在炖肉骨头的时候，应当加点醋，好让骨头里的钙能大量溶进肉汤中去。还有钙的吸收，需要有足够的维生素 D 来帮忙。

怎样补充身体中的微量元素

在人体内，含量少于万分之一的铁、锌、铜、碘等物质，统称为微量元素。如大脑里含有极其微量的银；眼睛的色素层中，也含有微量的钼；在血液里，不仅有 0.4 微克的镍和 6 毫克的铬，而且还有微量的溴、钛、锶、硫、砷、硼、钴、硅、锂、钡等微量元素。

以上这些微量元素，平时会受到体内平衡机制的调节和控制。据研究，我们体内各种微量元素的总和，还不到体重的 0.2%。可是某种微量元素缺乏时，就会影响健康了。

牡蛎是富含锌的食物。

吃泥土的人

人体一旦缺少必需的微量元素时，往往会出现"嗜异症"。

据有关报道，山东德州有 100 个儿童爱吃煤渣和泥土。通过验血，才发现他们都患了缺铁性的贫血症，用硫酸亚铁合剂来治疗后，"嗜异症"也消失了。

在陕西的礼泉县，还有些育龄期的妇女，都爱吃一种红色的黏土。这是什么缘故呢？经过土壤的分析，发现这些黏土含有一种人体所需的锌。锌是多种酶的必需成分，它有加速细胞分裂的功能。缺锌会影响骨骼的生长和性的发育。在各种动物的眼球里，都含有较多的锌。人若能从食物中获得锌的补给，那就不会再吃黏土了。

酶的微量元素

酶，是人体内促进新陈代谢的"化学师"，许多代谢反应都要有酶的参与才能顺利地进行。可是酶要依靠铜、钴、锌、锰、镁等微量元素的帮助，方能充分发挥代谢作用。

现以铜来说，它是多种酶的催化剂，也是合成血红蛋白的辅助原料，还能提高白细胞的灭菌力，又能使人体的氧和氢合成水。由于铜不能在体内贮存，所以必须从食物中摄入。人体一旦缺铜，就会引起贫血，胆固醇也会升高，中性白细胞要减少，头发和皮肤的色素会脱失，甚至会出现白癜风。同时，血管也容易破裂，骨的脆性会增大，情绪易激动，生长会变慢。有些少年白发者，往往与铜的代谢失调有一定关系。

对人体来说，必不可少的微量元素，不是越多越好。正如俗语所说的"物极必反"一样，若铜的摄入过多，就会患溶血性贫血，又会损伤细胞膜，肝、胆容易坏死，还会精神失常！

硒能抗癌

在肝癌的高发地区，经研究发现那里的土壤和出产的粮食中，含有较多的铜和锌，却少有钼和硒。据研究，科学家认为硒的多少与肝癌的发病率有密切的关系。因硒能增强机体的抗病力，也能阻断黄曲霉素的致癌作用，当人在庄稼地里喷施一些亚硒酸钠后，不但能提高粮食中的含硒量，同时也会降低肝癌的发病率。但是若人体吸收过多的硒，便会出现神经官能症，也会诱发肝病，还会引起精神分裂症。

钼，在人体中的含量虽极微，而作用却很大。在缺钼的儿童中，骨的发育会受影响，连龋齿也会增加。

镉与痛痛病

日本富士平原上，有条河叫神通川。因上游建起一座铅锌冶炼厂，导致含镉的废水污染了饮水和农田。当人摄入含镉的水和粮食时，就引起镉的慢性中毒，不但影响肾脏，造成内分泌失调和高血压，还使全身出现关节痛、骨痛和神经病，严重时，连呼吸也很痛苦。最后，骨会软化、萎缩而骨折，直至不能吃饭而在疼痛中死去。这就是震惊世界的8大公害之一——"痛痛病"。

现在，人们已经知道某些微量元素能对另一种有毒的元素起抑制作用。如硒

种类	主要来源	功能	对人体的影响
铁	肝、心及肾等内脏	是构成血红素的主要成分，帮助血红素负责氧的运输	摄入不足，易患贫血；过多则会损害肝及胰脏
碘	海产类食物、食用加碘盐	维护甲状腺正常功能所必需	婴幼儿缺碘易患呆小症；碘摄入过多会引起甲状腺功能亢进
铜	家畜肝脏、贝类、可可粉、坚果和蘑菇	是许多酶的辅助因子，对结缔组织的形成起重要作用；对骨骼健康生长有用	缺铜，引起贫血或骨骼疾病
锌	肉类、肝脏、蛋、海产品、牛奶、全谷	是某些重要酵素的成分，为人体所必需；在医疗上被用来促进伤口愈合	缺锌易患侏儒症；轻微缺锌，会使味觉不敏锐并会损害其生长
硒	海产品、肝、肾及肉类	防止氧化损伤保护细胞膜；促进免疫球蛋白生成，防治心肌梗死和克山病	缺乏可出现脱发、指甲脆、易疲劳和激动等
氟	饮用加适量氟的水	预防龋齿	摄入低，易患龋齿；摄入高，易造成斑齿

表标题：**人体中的主要微量元素简表**

对镉有抑制作用，可以减轻镉的毒害。对镉引起的高血压，可用锌来医治。因此，对重金属引起的癌症，也能用硒或锌来做治疗剂。

维生素对身体健康的影响

维生素，它既不是人体的组织成分，也不能给我们提供一点能量，只是一类能在新陈代谢中起些调节作用的微量有机物，但它却是生长发育不能缺少的营养素。

目前，已被发现的维生素有 20 多种，得到世界公认的就有 14 种。其中的维生素 A、维生素 B$_1$ 和维生素 B$_2$，还有烟酸、维生素 C 和维生素 D，是人体最重要的 6 种维生素。

维生素 A、维生素 D、维生素 E、维生素 K，都是脂溶性的；而维生素 C 和 B 族维生素，都是水溶性的。平时，只要我们合理地饮食，一般是不会缺少维生素的。

维生素 A，有的来自动物的肝脏、蛋黄及奶类；还有的来自绿色蔬菜、番茄、胡萝卜与玉米之中的维生素 A 元，也叫"胡萝卜素"，它在体内必须通过酶的作用，才能转变成维生素 A。

维生素的作用，好像八仙过海一样各显神通。如维生素 A，它能合成眼球内

维生素一览表			
维生素和类维生素物质	主要来源	缺乏的结果	最初影响的部位
A 和它的前驱物	鱼肝油、绿色植物、黄色蔬菜	夜盲症、干眼病	眼睛、皮肤、嘴、呼吸器官、泌尿生殖器官
B 族			
硫胺素 B$_1$	酵母、猪肉、肝脏、全谷类	脚气病	脑、神经、心脏
核黄素 B$_2$	酵母、奶、蛋白、肝脏、叶菜类		皮肤、口腔、眼睛、肝脏、神经
烟碱素	酵母、麦芽、肉	癞皮病	胃肠道、皮肤、脑
B$_6$	全谷类、酵母、蛋黄、肝脏		皮肤、红血球、脑、肾脏、肾上腺
泛酸	肝脏、肾脏、绿色蔬菜、蛋黄		肾上腺、肾脏、皮肤、脑、脊髓
生物素	肝脏、肾脏、酵母		皮肤、肌肉
叶酸	肝脏、深绿色叶蔬菜		红血球
B$_{12}$	肝脏、肉	巨红血球性贫血	红血球
C（抗坏血酸）	柑橘水果、新鲜蔬菜、马铃薯	恶性贫血	骨骼、关节、口腔、微血管
D	鱼油	坏血病	骨骼、牙齿
E	谷物和植物油	佝偻病	生殖器官、肌肉、红血球、肝脏
K	绿色蔬菜		血液凝血酶原
肌醇	全谷类、肝脏		
对氨息香酸	酵母		
胆碱	蛋黄、脑、全谷类		肝脏、肾脏、胰脏

的视紫质，提高暗适应力，又是看电视的保健营养素，还能维护呼吸道、消化道、泌尿道、性腺和其他腺体中上皮细胞的健康，增强抗病力，促进幼儿的生长和发育。如果缺乏它，就会导致夜盲症、干眼病，又会使上皮细胞萎缩和角化，连皮肤也会因干燥而脱屑。

维生素对人体具有重要的作用。蔬菜、水果中富含维生素，生活中应多食蔬菜、水果。

维生素 D 的日摄取量为 10 微克，可以用来增强小肠吸收钙和磷的能力，促进牙和骨的成长。一旦缺乏时，儿童会患佝偻症，成人的骨骼会疏松或软化，还容易患龋齿和副甲状腺肿大。

我国规定成人日需维生素 C 为 70～75 毫克，孕妇为 100 毫克，哺乳期的妇女为 150 毫克。这可以用来防治坏血病，保护细胞膜，又具有解毒的作用，还能使 3 价铁还原成 2 价铁，用来治疗缺铁性贫血，又能促进胆固醇的排出，也能使亚硝酸不会形成致癌的亚硝胺，还是预防感冒、保护心脏、提高应激能力的良药。如果缺乏它，易生坏血病，骨的钙化就会不正常，连伤口的愈合也会变慢。要是长期不能补充维生素 C 的话，细嫩的毛细血管会变脆而破裂，皮下出血成紫癜，这就是坏血病的初期症状。那时，牙周会出血，还常伴有牙周炎和口臭，密布在心脏周围的血管会逐渐硬化而破裂。所以晚期的坏血症病人，常死于内脏的出血。

维生素也不是多多益善的东西，切不可任意滥用。如长期过量服维生素 A、维生素 D 的话，毛发就会枯干而脱落，皮肤会干燥而发痒，食欲会减退，体重要下降，肝脾要肿大，心律易失常，而且会出现头痛、眼花、烦躁和神经衰弱等症状。

长期服用大量维生素 C 的人，一旦停药或减少剂量，不但会腹痛肚泻，还会诱发糖尿病和肾结石。维生素 E 的副作用因较缓慢而被忽视，如服用过量，人会疲倦，容易引起血栓性静脉炎、高血压和肌萎缩，还会出现男性乳房女性化。

总之，维生素不是补品，千万不可滥用。最好在医生的指导下服用，才能收到对症服药的功效。

素食的功与过

本以牛肉、鸡肉为主要菜肴的美国人，掀起了一股素食的风气。连一度受到冷落的茄子、丝瓜和空心菜，如今也成为餐桌上的常客了。不管是总统，还是平民百姓，都养成爱吃蔬菜的习惯，连纽约的麦当劳也推出时新的"豆腐汉堡"来了。

以蔬菜、水果、米、面为主的素食有许多好处，如降低血压、清除胆盐等。但素食营养不全面，故而无法获得锌、锰等人体所需的微量元素。

许多年轻人发现吃素的人不但举止文雅，富有同情心，而且连性情也变得平和起来，据说人的思路都比以前要清晰得多！

据研究，人若多吃谷物和蔬菜，就能降低体内的胆固醇，又能清除胆盐和减少血脂，净化血液，还能降血压。这样，人就不会患心脏病和脑溢血。而吃素的妇女，排出的雌激素就比较多，使血液中的雌激素不会循环使用，就不易产生乳腺癌，又可减少胆结石和骨质疏松症的发生。素食的男子，会降低血液中的雄激素，就不易产生前列腺癌等激素类型的癌症。

蔬菜中的纤维素可以增加肠胃的蠕动，缩短粪便中代谢毒素在肠内的滞留时间，使结肠免受毒害。据挪威科学家研究，素食有助于风湿性关节炎的治疗，这与我国中医的理论正好不谋而合。中医认为雄鸡、鲤鱼和牛羊肉为发物，会加重风湿性关节炎的病情。

由于许多人见到吃素的好处，于是都认为素食是有利于健康和长寿的。

近来，根据营养学家的调查和研究，认为完全吃素也不是好办法。他们对常吃素的僧尼做过一番检查，发现终生吃素者都患有一些营养不良的症状，原因是饮食中的营养素不全面，无法满足机体代谢的需要。素食虽能从豆制品中得到较好的蛋白质，但蔬菜中缺少维生素 B_2、维生素 B_{12}，而且维生素 D 也显得不足，还必须从荤腥中获得锰、钙和锌等微量元素。如果人体缺锌，易患心脏病，会引起肝脾肿大和性功能减退，它对少年儿童的成长和发育，也是十分重要的；缺少锰和钙的话，不仅头发会变白，骨质会疏松，甚至连牙齿也易脱落！

素食者的营养不良，会降低人体的免疫力，使人容易感染各种疾病。据古书《黄帝内经》所载，"五畜为益"，认为这 5 种肉类有补脑和健身的作用，也是平衡膳食之中的主要辅食，可补五谷之不足，因所含的高蛋白多系完全蛋白质，含有人体所必需的 8 种氨基酸，比植物蛋白质要优越，还含有高脂肪和高热量，可以提高人体的素质，增强抗病力，还能促进少年儿童的发育。新疆的老寿星特别多，而他们常吃的就是牛肉和羊肉。

◎小问答：如何科学地选择食物？

◆ 可多食植物油。
◆ 少用调味品。
◆ 蔬菜要新鲜。
◆ 肉、鱼的放置时间要短。
◆ 多食用豆制品。
◆ 主食应多样化。

素食的优点虽多，却也有不足的地方。要是走进吃素食、不沾荤腥的死胡同，对身体是有害而无益的。若用科学的观点来看，对正在成长中的少年儿童来说，荤腥是不可少的营养菜；对少女来说，还需适当吃些肥肉，才不会影响性器官的发育和成熟；而青年的三餐，最好是采取荤素各半的办法；只有肥胖的中年人和老年人，才可多吃素食，少吃荤腥。

怎样安排你的一日三餐

据调查，世界上的许多国家都是通行一日三餐制的。也许你会问，为啥一天不吃两餐或四餐呢？

首先，从胃的消化食物的能力来看，它对混合物的消化，大概需要 4 个小时，而一日三餐的间隔，正好符合胃的消化功能。同时，大脑要日消耗 145 克的葡萄糖，我们能从每餐饭内摄入 50 克。而早、中、晚这 3 个时间里，又是人体消化酶最活跃的时候，所以一日三餐是最合理的。

冬季，天亮得晚，人们往往起床就较迟，常会影响吃早餐。因此，许多家长会让孩子去买油条、烧饼来充饥。由于夜晚体内水分消耗得比较多，肠胃的功能又没有完全恢复到兴奋状态，吃干燥的点心就很难消化；而有的同学却把钱留在口袋里，认为不吃也没啥关系，挨到上午的最后一节课，常会饿得无精打采的，甚至还会出现头昏眼花的现象。这样，既不利于学习，也会影响身体的健康。近来，科学家发现人在紧张时，肾上腺素会产生一种"应激激素"的物质，能调整机体因受刺激而产生的不平衡。如不吃早餐，因不能产生足够的"应激激素"，就会出现焦躁不安和失眠，人会疲倦而头痛，还会引起食欲不振！从医学的观点来看，不吃早餐，不仅皮肤会干燥而起皱纹，人也会提早老化！

我们在学习和活动的时候，都要消耗血液中许多的葡萄糖。葡萄糖是大脑的能源，若空腹用脑，脑细胞的燃料就显得不足。如人在空腹时，每 100 毫升的血液里，血糖水平只剩 80 ～ 100 毫克，若不吃早饭，随着学习和活动，血糖还会不断被消耗。当血糖下降到 60 毫克时，人不但感到饿，而且也没有劲了。如果血糖降到 45 毫克，医学上称为低血糖，还会影响中枢神经的功能，人就会眩晕、恶心和呕吐。

冬季，气温很低，人体要保持体温的恒定，肝脏必须多支付一些葡萄糖才行。何况上午的气温又比下午要低，而正在成长发育的青少年，对葡萄糖的需要量也比成年人要多，故而学生就更

知识窗→做好自己的营养医生

营养学专家提醒我们，一个人在其一生中一定要养成好的营养行为。具体来说，就是要平衡饮食，即各种营养比例合理。这是保持良好的健康状态，以及避免体重过分增加所必需的。平衡的饮食应包括：大约 55% 的碳水化合物、15% 的蛋白质和最多 30% 的脂肪（最好是植物和鱼类的非饱和油脂，这样更有利于健康）以及大量的新鲜水果和蔬菜。

世界不同国家的饮食习惯不同，但午餐都十分丰盛。而意大利南方的午餐是家庭盛宴，排满了一盘盘面食、鱼虾等，对健康非常有益。

经不起饥饿了。为此，就一定要吃饱早餐。

午餐不仅要吃饱，而且还要吃好。原因是经过半天的紧张学习之后，体内贮存的糖类、蛋白质、脂肪和维生素已经消耗了不少。这和蒸汽机火车在途中要添煤和加水一样，我们也要及时吃中午饭，才能进行能量的补充，而且还得有所贮备，好达到下午继续学习的需要。

有些人因工作忙而不回家吃饭，常用糕点来代餐，认为这样既省时间又方便。谁知这种用苏打粉发酵制成的食品会中和胃酸，不利于食物的消化。为此胃酸增加分泌，又会引起十二指肠的溃疡。

一日三餐，从热量的消耗和营养的补充来看，最好的比例是午餐占 40%，早晚两餐各占 30%。

从晚餐到第二天早餐之间，时间虽隔得较长些，但睡眠中的消耗不多。如果也像中餐一样的吃法，多余出来的能量就容易积成脂肪。若经常多吃，身体就要肥胖起来，又会增加肠胃的负担，还会影响人的睡眠。饱胀的胃肠，不但会使消化道过于紧张，又会压迫肝、胰和胆道，而为消化高脂食物，就要增加胆汁和胰液的分泌。若胆道受压而阻塞，会引起急性胰腺炎。当人在饱食入睡后，因血流得缓慢，血脂会沉积在血管壁上，动脉就容易硬化。

晚上要学习和写作的人，晚餐倒可多吃些，大脑才能充分获得营养的供应。

对多数人来说，晚餐最好在 6 时左右。吃得太迟了，人体排钙的高峰活动正好在睡眠中，让尿液蓄积在膀胱里，钙质会沉淀而结晶，就容易形成尿路结石和膀胱结石。

食物也能防癌

癌，是恶性肿瘤的通称，那是人体细胞在不受约束时，无规律地向四面八方浸润蔓延的结果。除了毛发和指甲外，人体的每一个器官和组织，都可能会遭到癌细胞的侵害。因此，全球有多达 3 千万的癌症患者，每年又有 1 千万的新发病人，其中约有 500 万人死亡。我国每年也有 150 万人发病，约有 80 万人死于癌症，平均每 40 秒钟，就有 1 人死亡。而且治疗癌症还没有找到一种特效药；若用手术来切除病灶，又怕癌细胞会扩散开来；如果用化疗，又易杀伤正常的细胞。为此，最好的办法是防癌。如设法避免致癌的各种诱因：一是不吸咽，不嗜酒，不吃霉变的食物，不吃烧焦的蛋白质食物；二是不饮过热的汤；三是不滥用激素；四是室内要减少放射性的污染。另外还需注意胃溃疡会恶变成胃癌。

古人说"病从口入"，癌症也不例外。如平时不让禽畜吃霉变的饲料，如果鸡、牛体内含有黄曲霉素，就会转移到鸡蛋和牛奶中去。

我国是胃癌的高发国家之一。胃癌的病因，是亚硝胺反复刺激胃所致。若常吃盐腌、烟熏的食物，胃里的亚硝酸盐会变成亚硝胺。腐烂的大白菜含有较高的亚硝酸盐，酸菜上的白膜，也能变成亚硝胺类物质。还有许多胺基类药品，如安乃近、索密痛，与含亚硝酸盐的食物同吃，都会产生亚硝氨。而亚硝胺是一种公认的致癌物。为此，许多带氨基的解热镇痛药，已被逐渐淘汰了。如果能经常吃些含有微量元素钼的新鲜蔬菜，就能抑制亚硝胺的生成。

癌症理论发展的分界点

1915

1920

1925

1930

1935

1940

1945

1950

1955

1960

1965

1970

1975

1980

1985

1990

1995

2000

1914 年：Boveri 认为异常染色体可引起癌症。

1927 年：Hermann J.Muller 观察到放射线能导致细胞突变。

1951 年：Muller 提出多重突变能把细胞转变成恶性的理论。

1960 年：发现第 9 号和 22 号染色体之间 DNA 的交换可导致慢性骨髓性白血病。

1971 年：根据假说，对于抑制 RB 基因的两个等位基因功能和一个突变的可遗传，"双打击"（或破坏性突变）是必需的，Alfred G.Knudson 解释了遗传性和自发性视网膜癌不同的发生率。

1974 年：Loeb 提出，在癌化细胞内，随机突变的积聚肯定比正常情况下快得多。

1990 年：Vogelstein 和 Eric R.Fearon 公布能导致结肠癌的序列基因突变模型。

1986 年：Weinberg 及其同事分离出第一个肿瘤抑制基因 RB。

1997 年：Lengauer、Vogelstein 及其同事证明，结肠肿瘤细胞内染色体明显地增加或丢失，并提出染色体的不稳定性是引起致癌基因和肿瘤抑制基因突变的关键性早期活动。

1999 年：Duesberg 及其合作者发表了即使没有任何特定片段的基因突变，异倍体也足以造成癌症的详细理论。

2002 年：Reid 确定了人类宫颈癌和结肠癌异倍体的循环模式。

2003 年：已确定的癌基因数目目前已远超 100 个，并仍然在快速增长。

— 263 —

多吃动物的脂肪和胆固醇含量高的食物，就会产生雌性内分泌激素，而这种激素又能引发乳腺癌和子宫癌。由于这类食物缺少纤维素，就会增加致癌物质与肠道的接触，又容易发生肠癌。在西欧和美国，许多妇女的血液里因含硒量过低，患乳腺癌的比例就很高，往往比亚洲的妇女要高 2～3 倍。若能经常吃些含硒丰富的鸡蛋、大豆、牛奶、橘子和葱蒜，体内就会产生一种可以用来抑制、杀灭癌细胞的谷胱甘肽。

平时，适当吃些维生素 A，能使上皮细胞趋于稳定状态，那就不会发生恶变，还能使已经恶变的细胞恢复正常。如果服些维生素 C，就能合成一种生理性透明质酸酶，使癌细胞难以向外扩张开来，又能抑制亚硝胺的合成，并有促进癌细胞转化成为正常细胞的功能。要是服些维生素 E，能使细胞膜变得更加坚固，内部的结构也格外稳定，那就大大降低了癌变的危险了。

香菇，不仅可以用来降低胆固醇，而且因其含有两种多糖体，所以能起强烈的抗癌作用。日本科学家曾用香菇的浸出液来喂患"小白鼠内瘤180"的小白鼠，只隔 5 周，白鼠体内的癌细胞就消失了。还有松蘑、猴头菌都有预防各类肿瘤的作用。

食疗的好处

你吃过山楂糕和茯苓饼吗？山楂能开胃和消食，茯苓又有补脾脏和宁心神的作用。这些传统的食疗糕饼，几百年来，曾为大众的健康做出很大的贡献。

食疗在我国已有悠久的历史。早在 3000 年前，就设有专职的食医。据传，舜服厥金玉香草，就是今天的五加皮。春秋时期，鲁定公的母亲由于常服五加皮而得高寿。到了战国年代，名医扁鹊，他主张"为医者，当细察病原，知其所患，以食治之。食疗不愈，然后命药"。认为选用某些有药理作用的食品，既可供给营养，又能去病和解除痛苦，那又何乐而不为呢！汉时，张仲景用当归、羊肉煨生姜汤来治疗妇女产后血污，效果就很好。唐代名医孙思邈，总结春秋以来的食疗遗产，写成一本《千金食治》的医书，为后人编写《食疗本草》提供了素材。

俗话说："药补不如食补。"食疗有取材方便、无副作用的优点，许多家喻户晓的食疗方法都是古代行之有效的良方。像常饮白菊花茶，可以明目；夏天吃绿豆汤，能防中暑。经现代药物学家的分析，吃含碘的紫菜或海带，能治甲状腺肿大；常吃含维生素 B_{12} 的动物肝

《食物本草》书影
明末胡文焕校刊本。这是一部记述可供食用的药物的专著。

脏,不但可治夜盲症,而且还能治贫血。近来,又发现萝卜、豆芽和南瓜中有一种酶,能破坏亚硝胺的致癌作用;在蘑菇和大蒜中含有的硒元素,会在人体内生成一种叫"谷胱甘肽"的化学物质,具有抑制癌细胞的功效。

宋代李唐绘《灸艾图》
艾为多年生草本植物。中医用艾的历史已有2000多年。艾可用作灸法的材料,也可以煎服或制成丸散等剂型。

在我国的许多地方,还风行一些以药来佐食的习惯。如有 300 多年历史的沙南道口"义兴张烧鸡",那是加入陈皮、肉桂、白芷和丁香等 8 味中药煮成的。它不仅风味独特,又容易消化和吸收,而且有健胃的神效。闻名东北的李连贵熏肉大饼,内含砂仁、山奈等 9 种良药,既能化食,又能驱寒。在四川成都,有一家叫"同仁堂"的饮食药店,每天向顾客供应山楂肉干、贝母鸡、玉竹猪肉、当归墨鱼、杜仲腰子、茯苓包子和人参汤团,很受广大群众的欢迎。

浙江传统的食疗品种也不少。如闻名海内外的嘉善八珍糕,有医疗小儿脾胃虚弱、消化不良和腹胀便秘的奇效。杭州制作的杏仁饼,既可当点心吃,又是一种滋养型的止咳药,深受老年人的欢迎。还有西湖的荷叶粉蒸肉,有健胃、利尿、发汗、止泻、解毒和杀菌等多种药效。

1992 年,杭州胡庆余堂中药博物馆,新附设的药膳餐厅发扬了百年老店的中药优势,将闻名中外的中国菜肴与中药科学地结合起来,集历代健身益寿的宫廷秘方与御膳为一体,共选用 40 多味中草药制成 100 余种药膳佳肴。如与五味子共烧的"返老还童鸡",吃了既能抗疲劳,又能强身体,还能益气和宁心。用神曲、山楂、谷芽做佐料的"开胃里脊肉",能健脾和补肾!首乌和红花烧煮的鲑鱼,不仅可以使头发变黑,又能强健身体。

吃饭时如何咀嚼

吃饭咀嚼是人类的本能,不用任何人来教,但是如何咀嚼却是一门大学问。

美国的一位富翁夫勒拆,因为特别喜欢吃美食,故而非常肥胖,常有力不从心之感。后来,他就给自己规定:每顿饭的时间必须保证超过半个小时,目的是咀嚼必须达到 2000 次以上。结果,他饭量减少一半,体重也减轻了 20 多千克,由原先的 90 多千克减到 70 千克,他又一次能够步履轻快了。夫勒拆为咀嚼有益健康做了个最有说服力的证明,"夫勒拆咀嚼法"也在美国产生轰动。

医学史上曾经记载,有位学者曾经亲自进行试验:他饭量不大,每顿饭不过30 口,但每口食物都要细嚼慢咽,反复咀嚼,直到嚼得很细很细才下肚。几十年过去了,老了的他与同龄人相比,健康情况明显好于他们。细嚼有益健康是经过医学实验证明了的。

最近，日本的一位教授提出：唾液可以防癌。该教授做了一个试验：他把非常有害的致癌物质放入试管内，吐进唾液与之混合。起初并无变化，但是致癌物质的毒性在反复摇动 30 秒钟后就消失了 80% ~ 100%。所以吃东西时细嚼慢咽，最好是一口嚼它 30 次，有助于预防消化道发生癌肿。

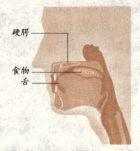
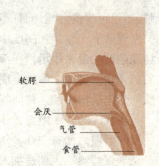

咀嚼与吞咽示意图
我们吃饭时，一般是口唇和前牙把食物拉进嘴里，然后肌肉带动下颌上下运动，将食物在前磨牙和大磨牙之间磨碎。最后由舌将食物推向咽部，进行反射性蠕动，将食物向下挤入食道，会厌把通向气道的开口关闭，防止食物进入肺内。

若咀嚼一次以一秒钟计，每口饭至少要咀嚼 30 次。这种说法提出后，很快就有许多日本人实践"一口嚼 30 次"的防病保健方法。为了充分发挥唾液的作用，从而最大限度地吸收食物中的营养，我们也主张：细嚼，最好 30 次。

大量事实已经证明，经过牙齿嚼细后的食物，与唾液充分混合后，很有益于消化吸收。例如，如果嚼得不细的话，蔬菜中的胡萝卜素一般吸收得很少，而在充分咀嚼的情况下，吸收量竟然增加了 5 ~ 9 倍。

学会释放精神压力

所谓精神压力是指我们为某事担忧或紧张的状态。精神压力是人们面临困难时所产生的自然反应，表现为心跳加快、血压升高、肌肉紧张。持续的精神压力会对人体造成伤害，导致疾病产生。

某些行为被认为是精神压力的典型症状，你可以通过这些症状来判定自己是否有精神压力，这些症状包括持续忧虑、坐立不安、啃咬指甲、注意力涣散、有攻击行为和睡眠不规律。

精神压力的危害性

虽然每个人产生精神压力的原因不同，但是人体的反应是相同的。人体血液中肾上腺素激增，血压升高，肌肉收缩，并且全身僵硬。如果精神压力长期得不到缓解，人体负载过重，就会导致持续的高血压、长期头疼以及溃疡等消化问题。

精神压力会使人体内的天然防御机制退化，因此人体感染疾病的风险增加。长此以往，人们就有可能患上心脏病。据称在人体防御疾病能力下降的情况下，某些癌症的发病率也会增加。

精神压力通常会干扰我们正常的睡眠，使我们的健康状况不断恶化。我们在精神压力之下无法进入快速眼动睡眠阶段，而这种深度睡眠是维持心智稳定的必要条件。

精神压力还有可能引发抑郁症。青少年在精神压力之下最容易发生自杀行为，他们在人际关系问题、暴力行为和考试压力面前有时会产生无助感，最终彻底绝望。

如何处理精神压力

消除精神压力的起因往往能够消除这种压力所导致的生理不适。有时我们只需怀着积极的心态换个角度思考问题，便能消除精神压力。如果你处于极度的精神压力之下，那么你需要向别人进行倾诉，这将有助于你更好地理解自己的情绪。

如果精神压力是你日常生活中不可避免的一部分，你可能需要通过某些消遣活动来使自己得到放松。体育锻炼是一种理想的放松方式，它可以释放人体内积压的能量和攻击情绪，还能够培养自信心。实验证明，每周进行长跑练习的人焦虑指数较低，而且情绪更稳定。

如何保障自己的人身安全

每个人都需要保障自己的人身安全。从我们幼时起，父母和其他看护人就教导我们安全的重要性。

游戏安全

如果你的游戏场所离家较远，也不是公园等公共场所，那么你应当告诉父母你的去向。你应该避免在公路和铁路的周边玩耍。老矿区可能存在积水或发生岩石滑落，老房子年久失修，还可能被毒品贩子选为交易地点，这类场所的危险系数都比较高。此外，河流和湖泊也是比较危险的地方。

如果在玩耍时发现有任何异常迹象，例如霰弹筒和不明液体瓶，应当避免和这些物体接触，并告知你的父母或警察。

另外，最好不要逗弄家禽或狗，它们受惊吓后可能会对你发起攻击，尤其是看门狗。

远离斗殴

人们之间的争论和误解有时会发展为斗殴，你最好避免牵涉到他人的斗殴中去。如果你看到有人被袭击或被抢劫，你应当立即报警。

提高安全系数

灯光昏暗的街道

和治安不良的地区都是行凶抢劫的多发地点，所以应当避开这些场所。另外，最好不要随身携带大量现金，也不要把全部的财物放在一个口袋或手提包里。在餐馆或商场里，要注意时刻看管好自己的外衣和手提包。不需要使用手机的时候最好把它收起来。

和家人保持联系也是一种安全保护措施。你不仅需要告诉父母你的去向，还应当和他们随时保持联系，以免他们担心你的安全，当你在国外旅行时这一点尤为重要。如果你的计划临时发生变动，你也最好告知父母。

保持健康

保持健康具有非常重要的意义，所以我们应当选择健康的生活方式。如今烟雾和其他污染对人们健康的危害程度越来越大，因此我们还应该尽量远离这些污染。

如何施救和求助

在发生紧急事件时，尽快得到专业救助是最为关键的一点。在急救人员到达之前，你应该尽量让伤者保持舒适的姿势，并防止其伤势加重。

无论是在家里、学校还是在旅途中，你都可能会遇到紧急状况。当看到别人因犯病或事故等原因而伤势严重时，应该立即呼叫救护车。此外，如果见到别人在风帆运动中或游泳时发生意外，应该立即和海岸护卫人员联系，或是通知在附近海滩巡逻的救生员。如果不确定应该联系哪个急救部门，可以直接打电话给警方，他们将会联络相关的急救部门。

许多紧急事件都需要医疗人员或其他的专业人士来处理。如果现场有优秀的急救员，请主动为他提供帮助，因为他可能需要你的协助，或者需要你帮忙疏散围观的人群。

路面事故

在路面事故中受伤的人通常需要得到医疗人员的紧急救治。被困在某个地方的人则需要消防队的援助。当你目睹紧急事故时，请立即联系相关急救部门。你可以安抚车厢之外的伤者，同时你需要保证自己的安全。

紧急呼叫

中国境内急救电话号码为120，这个电话是完全免费的。电话接通后，他们会要求你提供下列信息：

你的电话号码。

事故发生地点（建筑名称、道路名称或街区号）。

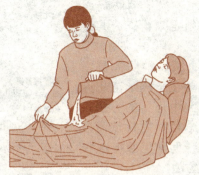

虚脱

人体失去过多水分时会导致虚脱。应当将虚脱的人移到阴凉的地方，将其脚部抬高，然后让他喝下大量的水。

中暑

长期处于高温下会使人中暑。当见到别人中暑后，应该先除去他身上的部分衣物，在他身上洒上冷水，然后请医生治疗。

体温过低

当人们在户外活动或者室内供暖不良时，就有可能导致体温过低。这种情况常见于老人，有时也会发生在婴儿身上，其症状是颤抖、脸色苍白、恶寒和昏昏欲睡。如果有人在室内发生这种情况，用毛毯将他包裹起来，并且让他服用热饮料和吃一些巧克力。此外，患病、饮酒以及在户外活动时着凉也都有可能使人体温过低，同样用毛毯等物将病人包裹起来，并将他转移到温暖的地方。

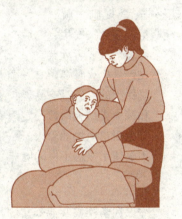

事故类型（车祸、火灾等）。

受伤的人数。

伤者的身体状况。

危险因素（高压线损害、路面上的汽油等）。

最后，请不要在对话结束之前挂断电话。

怎样应对火灾

　　火灾会造成巨大的财产损失，有时甚至会夺去人们的生命。在灭火或救助火灾中的人时，也需要注意自己的安全。如果不能成功灭火，应该迅速离开危险地带，打电话给消防部门，并向他们提供详细的信息。

　　火灾的发生有多种不同的原因，包括电器接触不良、火花飞溅和烹饪意外等。每个人都应该了解如何预防火灾，火灾发生时如何保证自己的安全，如何帮助他人，以及如何联系消防部门。

当地消防局必须定期检查公共建筑，消除火灾隐患。此外，消防人员还要在学校示范从火灾中逃生的方法，学校将安排演习，帮助学生掌握这些方法。

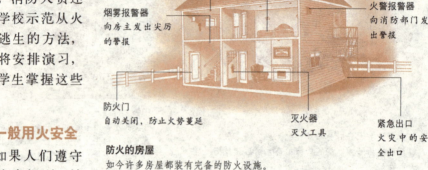

喷水器
火灾发生时能够自动喷水

防火材料
接触到火苗时不会着火

烟雾报警器
向房主发出尖厉的警报

火警报警器
向消防部门发出警报

防火门
自动关闭，防止火势蔓延

灭火器
灭火工具

紧急出口
火灾中的安全出口

防火的房屋
如今许多房屋都装有完备的防火设施。

一般用火安全

如果人们遵守下列安全规则，就能避免很多火灾发生：

不要玩火或者火柴。

在野外生火时要留有一个人看火。全部人员离开时要将火熄灭。

确保火的附近没有易燃物品。

和篝火或烟火保持一定距离。

防止厨房内热油着火。

不要使用接触不良的电器。

火灾发生之后

如果在学校或其他公共场所听到火灾警报器的声音，应该遵循消防人员的指示，立即离开这个地区。首先，需要寻找该地的紧急出口。这时你应该走楼梯，不要使用电梯或自动扶梯。如果在别的场合遇到火灾，在火势很难控制的情况下，也应该立即离开此地，并联络消防部门，并在保证自己安全的前提下尽量通知其他人。离开时关好身后的门，然后通过紧急出口到达集合地点，直至能够安全离开。

应对火灾的措施

如果火势很小，可以尝试扑灭它。对于篝火这类木材的着火，只需泼洒大量的水，火就会熄灭。电器着火时不能泼水，而应该使用相应的灭火器。对于热油起火，

知识窗→灭火器的类型

灭火器可分为几种不同的类型，而且每种灭火器适用的火灾类型也不尽相同。二氧化碳灭火器（下图1）只适用于易燃液体或气体的着火，以及电器着火。干粉灭火器（下图2）广泛适用于各种火灾，它能够隔离氧气，从而达到灭火的目的。苏打酸灭火器（下图3）通过喷水使火焰熄灭，它适用于木头和纸张等材料引起的火灾，而不能用于电器着火。下图中的三角形介绍了燃烧的3个必要条件，灭火器的工作原理就是破坏其中的一个条件或多个条件，从而消除火灾。

1 2 3

氧气　点火

火苗

燃料

例如油炸锅着火，可以将耐火的毯子或湿透的毛巾盖在锅上使火熄灭。在灭火之前，你应该关掉所有烹饪器具的电源开关。

如果密闭的空间内发生火灾，房间内的氧气很快就会耗光，导致房间内的人呼吸困难。此外，有些物质在燃烧时还会释放出有毒的气体。因此，应该避免进入烟雾弥漫的大楼或房间。

帮助烧伤患者

如果有人已经被浓烟熏倒，应该将他移到空气新鲜的地方，使他恢复正常呼吸。对于那些身上着火的人，应该让他们马上躺下来，露出着火的部位，然后往他们的身上和衣服上泼洒冷水。

如果掌握了人工呼吸的方法，你就可以在必要的情况下帮助伤者恢复呼吸。应该尽快联络急救部门，请求他们援救。

诸种伤后处理方法

我们时常会受到一些轻伤。如果人体受伤时引起皮肤破损，致使血液从体内流出，这种情况称为外出血。如果皮肤没有破损，而血液仍然从血管中流失，这种情况称为内出血。

鼻出血

当人们的鼻子受到重击时，可能会引起鼻内血管破裂，导致流鼻血。此外，高血压也会导致鼻出血。在鼻血止住之后 24 小时之内，需要防止鼻子受到撞击或挤压。

嘴出血

舌头、嘴唇或嘴巴内层的伤口都有可能引起嘴部出血。这些伤口可能是被自己的牙齿咬伤，也可能是嘴部遭受重击造成的，还有可能是嘴内放入锋利的物体而划伤的。

头部受伤

头部受伤可能会伤及脑部，后果十分严重。还有可能造成皮肤破损，导致血液流失，伤者必须马上去医院接受治疗。

扎伤

人们在自己家或花园行走时可能会被

知识窗→临时绷带

在没有携带急救箱的情况下，你可以用枕头套、围巾或擦碗毛巾等材料自制一条临时绷带，其步骤如下图所示。需要注意的是，制作绷带时不能使用过于柔软的材料。这种临时绷带能够起到止血的作用，当患者被送到医院之后，医务人员将会除去绷带，然后对伤口进行治疗。

1   2   3

某些物体扎伤，例如门缝处的玻璃碎片、尖硬的树枝，甚至是放在花园里的工具。

大出血

胸部、腹部和腿部都是血管分布密集的部位，所以这些部位受伤后常会引发大出血。这种严重的伤情需要迅速得到治疗。

烧伤

当某人被烧伤后，医生首先需要清楚他被烧伤的原因，以便采取正确的治疗方案。

如果烧伤已经影响到了伤者的呼吸道，就有可能引起呼吸困难。在这种情况下，急救者可能需要对伤者进行人工呼吸。

烧伤类型

烧伤可分为 3 种类型。浅层烧伤通常只伤及表皮，程度较轻。部分皮质烧伤会烧伤皮肤，形成水泡。全皮质烧伤会伤及皮下的神经、脂肪和肌肉组织，其后果最为严重。

各种烧、烫伤原因

烫伤——由热液、热油和热蒸气等引起的烧伤。

干烧伤——由香烟和绳索等物的燃烧引起的烧伤。

电烧伤——由高压电流、低压电流、电缆以及闪电引起的烧伤。

冻伤——由液态氧、液态氮或霜害引起的冻伤。

化学烧伤——由脱漆剂、漂白剂等引起的烧伤。

放射烧伤——由 X 射线或日光引起的烧伤。

烧、烫伤的处理

急救者应该帮助患者止痛，以防止伤势恶化或伤口感染。最常用的处理方法是用凉水给烧伤部位降温，并将伤口包扎起来，将患者送往医院接受进一步治疗。

给烧伤部位降温

交通通信

瓦特与蒸汽机

在人类漫长的历史发展过程中，每次技术革命都会推动社会文明的飞速发展。其中，蒸汽机的发明和完善，使人们告别了手工作坊时代，并标志着工业革命的到来。蒸汽机的发明者是谁？它的发明人就是英国人瓦特。

1736年，瓦特出生于苏格兰格拉斯哥市附近一个名叫格里诺克的小港口。瓦特的父亲是一位擅长机械研制且技术精湛的工人，他在格里诺克经营一个专门制造和修理船上装备的小作坊。

瓦特性格文静，非常喜欢数学、物理等自然学科的知识。父亲的工作对小瓦特产生了潜移默化的推动作用，瓦特爱上了工匠活。每天放学后，瓦特总是飞一般地跑到父亲的作坊去。父亲和老师傅忙忙碌碌的身影让他痴迷。当瓦特目睹父亲修理航海仪器那熟练的一招一式时，他简直入了迷。

1756年10月，瓦特从伦敦学艺归来，打算前往格拉斯哥大学求职。事有凑巧，当时格拉斯哥大学有一套天文仪器出现了故障，正需一位技术精湛的仪器师傅来修复。这是一项棘手的工作，有人推荐了瓦特。瓦特连续工作了1个半月，终于把全部仪器修整和安装好了。格拉斯哥学校对瓦特的工作十分满意，于是就聘用了他。

詹姆士·瓦特

英国著名科学家，发明了蒸汽机，将人类带入到了蒸汽时代，从而大大推动了人类社会的全面进步。

1764年，格拉斯哥大学的一台教学用的纽可门蒸汽机模型出了问题，送到伦敦请名匠修理也未修好，于是修复这台当时世界上最先进的蒸汽机的任务就落在了瓦特身上。瓦特很快就修好了这台机器。他深入研究了这台蒸汽机模型，并向人虚心求教，最后终于找到了纽可门蒸汽机耗煤量大、效率低的原因。原来，纽可门蒸汽机在运作时，蒸汽不但在汽缸中膨胀做功，还在里面冷凝，汽缸兼冷凝器这种一身二任的构造，严重影响了机器的性能和效率——汽缸一会儿被加热，一会儿又被冷却，白白浪费了大量的热能。

1765年5月，瓦特的研究有了突破性进展。经过多次试验，瓦特终于在汽缸的外面单独设置了一个蒸汽冷凝器，做成了一台可供实用的单作用式蒸汽机。

此后，瓦特又对自己发明的蒸汽机不断地进行改良，改善其性能。瓦特的蒸汽机还和英国锻工纽可门发明的蒸汽机进行过比赛，结果表明，瓦特蒸汽机的效率是纽可门蒸汽机的5倍多。事实胜于雄辩，人们看到瓦特蒸汽机的性能大大优于纽可门蒸汽机，便极力推广瓦特蒸汽机，而纽可门蒸汽机则逐渐被淘汰了。

1769年，瓦特的"降低火机的蒸汽和燃料消耗量的新方法"通过了科技发明专利认证。

瓦特的研究并没有就此停步，他在吸取了德国人洛伊波尔德提出的利用排气阀使汽缸连续往复运动的原理的基础上，成功研制了双作用式蒸汽机。经过反复实践，瓦特用缩放仪的原理改进了原先的蒸汽机结构，并于1781年10月取得了双作用蒸汽机的专利权。

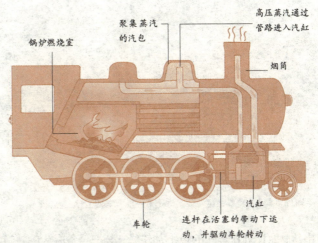

早期的蒸汽机车剖面示意图
蒸汽在各种交通工具中被广泛地应用，既大大提高了交通工具的速度，也加快了工业化的发展进度。

瓦特坚持不懈地走着一条探索之路。他不停地研究探索，不断地改进蒸汽机的性能。1782年，瓦特又利用飞轮解决了转动的稳定性问题，取得了第3个专利。1784年是瓦特收益丰厚的一年。这一年里，他取得了第4个专利。1788年，瓦特又发明了能控制进气阀的开启程度的离心调速器，从而使蒸汽机的运行速度得到了控制。之前，他研制出了带气泵的凝水机和使活塞平行运动的四连杆机构等，使蒸汽机的配气结构又得到了改进。1790年又发明了压力表。从此蒸汽机臻于完善。

蒸汽机诞生后，工业革命在英国迅速兴起，美国、德国、法国等也纷纷加入。这场革命影响之大，涉及面之广是前所未有的。以瓦特蒸汽机为基础，美国的富尔敦1807年发明了火轮船，英国的史蒂文森1814年发明了火车头，使人类的生产力水平得到了前所未有的发展。

蒸汽机车的诞生

火车是现代社会极为重要的一种交通、运输工具，对社会经济的发展起着巨大的作用。世界上第一辆火车是由英国工程师史蒂文森发明的。

1781年，史蒂文森出生在一个煤矿，他的父亲是一名蒸汽机司炉工。一家8口人就靠父亲一人的工资生活，因此日子过得很艰难。

14岁时，史蒂文森也来到煤矿，成了一名见习司炉工。他聪明、好学，不久便成了一名熟练的机械修理工。1808年，技艺日渐成熟的史蒂文森升任机械师，1813年又晋升为工程师，被当地的蒸汽机行业尊为权威。

早期的火车是由烧煤来驱动的。这是第一辆火车诞生时人们观看的情景。

蒸汽机车的研制在史蒂文森之前就已经开始了，但均未成功。

前人失败的教训为史蒂文森提供了宝贵的经验，他在研制蒸汽机车的过程中，对产生蒸汽的锅炉进行改进，将立式锅炉改为卧式锅炉。他决定把蒸汽机车放在轨道上行驶，这是一个极有远见的重大决断。为了防止火车出轨，他计划在车轮的边上加轮缘，又把一条有齿的轨道加装在承重的两条路轨间。蒸汽机车行驶在轨道上，不会碰到在一般道路上因机身太重而行走困难的问题，但是在轨道上会出现车轮打滑的现象。为了防止事故发生，他便在机车上装上齿轮，让它滚动于有齿的第三轨上，并带动机车向前行驶。

史蒂文森的蒸汽机火车头终于于1814年诞生了。这个铁家伙重5吨，车头上有一个可以利用惯性帮助机车运动的巨大飞轮，史蒂文森把这个发明叫作"布鲁克"。他又用了10年的时间造了11个与布鲁克相似的火车头。

当然，史蒂文森的新发明尚须改进。1821年，正在筹划铺设从斯托克顿到达灵顿供马拉车用的铁轨的皮斯先生，委托史蒂文森制造一台火车头。史蒂文森接受了这一委托，并加快了工作步伐。不久，一辆新的更先进的蒸汽机车问世了，这辆蒸汽机车被史蒂文森称作"旅行号"。

1825年9月27日，英国的斯托克顿周围被前来看热闹的观众挤得水泄不通。铁轨边整齐地排列着铜管乐队，满怀希望的人们眺望着那蜿蜒而去的铁路。忽然，随着一声激昂的汽笛声，疾驶过来一辆吞云吐雾的机车。机车后面拖着12节煤车，另外还拖着约450名旅客的20节车厢。世界上第一列火车由它的发明者——史蒂文森亲自驾驶着驶来了。被惊呆了的观众根本不敢相信自己的眼睛，他们怀疑眼前的这个铁家伙哪来的这么大的力气。从达灵顿到斯托克顿，这列火车以24千米／小时的速度行进，铁路运输事业就此开始了。

有趣的是，火车虽然是史蒂文森发明的，但铁轨却早在火车发明之前就出现了。

在16世纪下半叶英国和德国的矿山和采石场，行走在用木材做成的路轨上的车是靠人力或畜力推动的。1767年，英国的金属价格暴跌，许多铁加工厂里的生铁堆积如山，一家老板别出心裁，把这些既卖不出去、又占用很多地方的生铁浇铸成长长的铁条铺在工厂的道路上，打算等铁价上涨的时候再抛售出去。然而，人们发现车辆在铺着铁条的路上行走，不但省力，而且平稳。铁轨就这样比火车先一步诞生了。在后来的实践中，人们又几次改进了铁轨，将其下面加宽，使它与汉字的"工"字形非常相像，由于这种形状的轨道既稳定又可靠，一直到今天人们仍在使用它。

火车的优越性是很明显的，它不仅速度快，而且平稳、舒适，安全可靠。火车发明之后，一个修建铁路、建造机车的热潮随即在英国和美国掀起。美国仅1832年这一年就修建了好几条铁路。在这段时间前后，蒸汽机车也得到了很大的改进。一开始史蒂文森建造的机车有2对轮子，后来发展到5对，甚至6对轮子。作为这个划时代的运输工具的发明者和倡导者，史蒂文森又解决了诸如火车铁路建筑、桥梁设计、机车和车辆制造等许多问题。他还担任了国内外许多铁路工程的顾问。很快，世界各地都出现了火车的身影。

莱特兄弟与飞机的发明

在远古时代，人类就梦想着能像鸟一样自由翱翔于天际，为此，人们做出了不懈的努力。如今，这个梦想已变成现实。这一切得归功于莱特兄弟。

莱特兄弟出生在美国俄亥俄州的达顿市，哥哥叫威尔伯，弟弟叫奥维尔。当时，各种飞行器，如热气球、飞艇、滑翔机等已经出现，但这些飞行器不易控制，无法像人们想要的那样在天空中自由飞行。莱特兄弟对发明这样的飞行器充满了兴趣。

莱特兄弟受教育程度不高，但他们具有一股百折不挠的精神。兄弟俩做了许多次试验，终于成功地造出了一架滑翔机。这架滑翔机有2层翅膀，操纵时，人俯卧在滑翔机上。他们看中了一块宽阔的沙滩地，把飞机放在小丘上，然后迎着风将飞机使劲用绳子拉起，滑翔机终于腾空而起。虽然飞行时间挺短，但它为飞机的最后发明奠定了基础。紧接着他们又改进了结构，重新制作了一架新的滑翔机。这架新飞机能够飞到180米的高度，还可以在空中改变方向。莱特兄弟这时觉得必须有一个发动机，这样他们的滑翔机才能依靠动力，自由地飞上天空。对于莱特兄弟来说，制造飞机已不在话下，接下来的任务就是寻找到合适的飞机发动机。但是没有人能提供符合莱特兄弟所要求的发动机，他们只能依靠自己的双手。6个星期后，莱特兄弟造出一台12马力的内燃机。最后，他们在制作机身和机翼的骨架时，以又轻又结实的木材为材料，将布蒙在机翼上，把内燃机装在飞机上，用链条与他们自己研制出来的两个螺旋桨相连。飞机长6.5米，双层机翼，机翼长12.3米。奥维尔躺在飞机上，用手拉动绳索控制飞机。

人类历史上首次有官方记载并得到正式承认的载人持续性飞行的创造者，是美国人威尔伯·莱特（右）和奥维尔·莱特（左）兄弟。正是这一对天才的努力，才使得人类第一次实现飞翔之梦。

1903年12月17日，是飞机试飞的好日子。莱特兄弟早早地来到海滩，开始试

1903 年 12 月 17 日，威尔伯·莱特和奥维尔·莱特兄弟俩在美国的北加利福尼亚州基尔·戴维山进行了人类的首次持续飞行试验，对由奥维尔改进的装有汽油发动机的"莱特号"滑翔机进行试飞，飞机飞行了 30 米后稳稳着陆。45 分钟后，奥维尔又飞了一次，飞行距离达 52 米。第 3 次试飞中，奥维尔用时 59 秒，距离达到 255 米，这标志着人类历史上第一次驾驶飞机连续飞行的成功。

飞的准备工作。俯卧在驾驶位置的是弟弟奥维尔。他在众目睽睽之下启动了发动机。巨大的轰鸣声把海滩附近的鸟都吓跑了，飞机轰鸣着，全身颤动着。奥维尔加大油门，螺旋桨旋转得越来越快。起先，飞机先是动了一下，接着开始慢慢移动。油门再次加大后，飞机滑行速度也越来越快。突然，飞机一下子冲离了地面，升到离地面约 3 米

的高度。观众们欢呼雀跃！飞机向前飞行了 30 米左右后，安全平稳地着陆。

成功了！人类翱翔蓝天的梦想终于变成了现实。人们一边欢呼，一边互相拥抱，祝贺试飞成功。哥哥威尔伯接着也上了飞机，这次飞机飞了 52 米。兄弟俩轮换着一共飞了 4 次，第 4 次由威尔伯驾驶，飞机在空中飞了 59 秒，距离近 260 米。次日，这个激动人心的消息成了报纸的头条新闻。莱特兄弟把这架飞机叫作"飞行者一号"。直到今天，它还被完好地保存在华盛顿的史密森航空博物馆内。

莱特兄弟又于第二年造出了"飞行者二号"。到了 1905 年，他们改进后的飞机已经能够连续飞行 30 千米。1908 年，莱特兄弟把他们的飞机带到了欧洲，表演中他们的飞机在空中连续飞行了 2 个小时，一时间整个欧洲都轰动了。

莱特兄弟发明的飞机开辟了人类航天史的新纪元。从此，世界各国都开始了研制飞机的工作。

富尔敦发明轮船

富尔敦像

现代轮船的始祖是美国科学家富尔敦发明的"明轮"。说起富尔敦发明轮船的过程，其中还有一段小插曲。

据说小时候的富尔敦很贪玩，不好学，功课很差。一天，富尔敦独自一人划着小木船到河里钓鱼，不料，天公不作美，刮起了大风。富尔敦用尽全力划桨，使尽浑身解数，小船仍被大风吹得连连后退。好半天，富尔敦都想不明白究竟是怎么回事。

第二天天气很好，他又去划船，想解开心中的

疑团。他一边用双脚拍打河水，一边思考，想得入神了，竟忘了划桨。然而小船居然在垂在河里的两只脚的拍打下荡出了很远。这一点让富尔敦更感到奇怪。他进一步想，要是有什么机器可以代替两只脚推动船只前进那该有多好啊！

富尔敦发明的第一艘蒸汽船。1807 年富尔敦的轮船在哈德孙河上试航，标志着新式水上运输工具的问世。

回到家，富尔敦画了许多草图。如果在船上装上一个风车似的桨叶，桨叶在河水中不断地转动，不就可以使船前进了吗？他很快画出了桨叶和轮子。可是，以 19 世纪初的技术，想要创造一个真正的桨叶轮绝非易事。富尔敦这才感到自己的知识太贫乏了。

此后，富尔敦开始奋发图强，努力钻研各种自然科学。随着年龄的增长，他的知识日渐丰富，制造新型机动船的愿望也日趋强烈了。

1802 年，英国人薛明敦采用瓦特改进的蒸汽机，建造了"夏洛蒂·邓达斯号"机动轮船。遗憾的是，由于当时河运主要依赖马拉船只，在马拉船业主的压力下，机动船投入使用的计划搁浅了。当时富尔敦恰巧在美国考察，从中找到了灵感，回国后设计制造了"克莱蒙特号"。1807 年，"克莱蒙特号"在美国的哈德逊河上试航，该船以蒸汽机带动明轮推动船体，航速达每小时 6.4 千米。这就是世界上最早的轮船。

后来，科学家们对这种轮船不断地加以改进，其中最具意义的就是用螺旋桨代替明轮，这使得轮船的航速得到了明显的提升。

喷水的乌贼与喷气式飞机

20 世纪初，美国莱特兄弟发明飞机后，人类飞上天空的美梦成真了。而英国人惠特尔发明的喷气式飞机又使人类飞得更快、更高。不过，你也许想象不到，它的发明却与水里的乌贼有关。

惠特尔是当时英国航空士官学校的一名学员，本是学飞机驾驶的，但他却对研究飞机结构特别感兴趣。那时飞机的飞行速度很低，飞行距离也不远，因此富有钻研精神的惠特尔就大胆提出了一个设想：飞机应向高速度、远程的方向发展，所以必须设计出一种新型飞机。

在惠特尔看来，要想使飞机飞得既快又远，最重要的一点是要飞得高，因为越往上空气密度就越小，而地面空气密度比高空中约大 4 倍。所以飞得越高，飞机受到的阻力也越小。现有的飞机发动机一般采用机械活塞式结构，一旦上高空去飞行，飞机发动机会因为时速太快而无法工作。如此看来，必须要研制出一种新型的高速飞机。

惠特尔想从自然界中得到灵感，因此从那以后他便加大了对身边事物的观察和了解力度。

有一次，海洋博物馆里的乌贼引起了惠特尔的兴趣。他发现，乌贼遇到强敌时，会放出像墨汁一样的"烟幕弹"，为自己逃跑作掩护。乌贼不仅能放"烟幕弹"，而且逃得极快。奇怪的是，普通鱼是以双鳍划水游动，而乌贼却与此不同，它们

英、法的"协和"式喷气式客机，这是目前人类使用的最快客机之一。

是靠尾部喷出的水使自己前进的。他想起以前在书上看到过，古希腊曾有人主张以喷气作为车辆行驶的动力，以及牛顿提出的以蒸汽喷射的反作用力使车轮向前滚动……他恍然大悟，乌贼逃得快是得益于它尾部喷出的水的反作用。

惠特尔根据这些情况认识到，不管是乌贼喷水还是用蒸汽喷射，无一不是利用反作用力来驱动前进的。进而他联想到，飞机被装上喷气装置后，也许在这种反作用力的驱动下，能飞得特别快呢！于是，惠特尔便致力于研究新型飞机。他是这样构思未来的新飞机的：飞机靠涡轮喷气发动机驱动。这种发动机在工作时，先将燃料和压缩空气混合，混合物的燃烧会产生强大的压力，把气体挤到飞机尾部，然后喷射出来，飞机就在由此产生的巨大气体反作用力的推动下飞行。

惠特尔做了许多研究和计算，直到完全肯定自己的设计方案之后，才踌躇满志地向英国皇家军部提交了这个方案，希望他们能进行研制和投产。

可出乎他意料的是，英国皇家军部拒绝了他的这一设计方案。惠特尔并未因此而灰心丧气。

惠特尔知道，要想使自己的设计方案变成现实，必须有大量资金的支持，因为造飞机毕竟不像造玩具那样简单。

机会终于等来了！1936 年，一个富有的商人得知了惠特尔试制喷气式飞机的消息后，便表示愿意提供资金，因为他认为这种投资得到的回报将非常惊人。

于是惠特尔全身心地投入到新型飞机的研制中，但这个过程充满了挫折，连续 5 年都没有取得成功。惠特尔虽然备受挫折和打击，但他仍然挨个儿攻破了技术上和生产上的难题。

1941 年 4 月，一架崭新的喷气式飞机终于诞生了。同年 7 月，飞行首次试飞。这架喷气式飞机穿云越雾的速度达到 600 千米／小时，最后安全着陆。

通过飞机试飞后，人们也逐渐认识到喷气式飞机的优异性能。它将时速由亚音速提高到超音速，能够飞到万米以上的高空，逐渐替代了螺旋桨飞机。

功能独特的地效飞行器

地效飞行器是利用地面效应作用制造而成的介于普通水上飞机和低速舰船之间的交通工具。这种飞行器兼备了前面两种交通工具的优点，但它的发明却得益于一次意外的飞行事故。

1932年5月，德国一架巨型水上飞机"多克斯号"在穿越波浪涛天的北海上空时，上面的几台发动机突然一起熄灭停火，飞机快速地往下降，眼看要葬身大海。就在这千钧一发的时刻，奇迹出现了，在距海面10米左右，飞机便像着了魔似的不再往下跌了，竟稳定地保持在这个高度上缓缓前飞，最终使飞机幸免于难。人们事后研究发现，这种神奇的托力，原来就是由地面效应引发的。

这里所谓的地面效应，其实是一种非常常见的自然物理现象：当飞机降低贴近地面或水面的高度时，机身将会压缩下面的空气，导致气流速度下降，压力升高，这样，飞机就被托起来了。

第二次世界大战中，就有一些飞行员得益于地面效应而死里逃生。他们发现负伤的战机可以贴近海面低空滑翔，即使受损，发动机的推力极其微弱，甚至完全熄火，也多半能安全地返回基地。这是飞行员们自发地利用地面效应的例子。在我们的日常生活中，也存在着许多地面效应现象。当我们叠的纸飞机从空中徐徐飘落，临近地面时，会又一次向上升起一定高度后才慢慢降到地面，这同样也是地面效应的作用。

到了20世纪60年代，科学技术的迅猛发展推动了地效飞行器的研发，各国政府对该技术极为重视，相继研制出的多种多样的地效飞行器、地效翼船和地效飞机等就是其中的代表。

20世纪80年代初，美苏对抗时，美国的间谍飞机在黑海上空发现了前苏联飞

日本研制的地效船，它主要采用磁力流体动力学的原理。

机特别神奇，不仅飞行速度奇快，而且能够躲过任何雷达的探测。这种被美英军事专家命名为"黑海怪物"的东西，就是前苏联依据地面效应研制成功的"地效飞行器"。

地效飞行器介于普通飞机和舰艇之间，又兼具了两者的长处，形成了独具特色的长处：其一，它有较强的适航性，能

全垫升气垫船

全垫升气垫船是集飞行器与船舶为一体的两栖新型高速运输工具，适于水面、滩涂、沼泽、冰面、雪地等场所快速、稳定、安全行驶。可用于高速客运、巡逻、救险等。

够稳定地飞行在浪高 1.5 米以下的海面上空，浪高 1.5 米以上仍可飞行，可以说波浪基本上不能对其飞行造成影响。它还能够易如反掌地飞越一般地面交通工具难以逾越的沙漠、沼泽、江河、雪地和冰川等，并能在海上、陆地起降和飞行，因而是名副其实的"两栖飞行器"。其二，它有很好的隐蔽性。这种飞行器能贴近地面或海面飞行，因而不易被敌方雷达或红外探测系统发现，也很难被敌方舰艇和防空火力击中。其三，它有较高的航行速度，是普通舰艇的 10 倍，气垫船的 2～3 倍，就连直升机也望尘莫及。其四，它有较好的操纵性。利用襟翼，地效飞行器能实施倒退、悬停和垂直起降等作用，还能通过方向舵、升降舵、襟翼进行无坡度急转弯，甚至就地打转。其五，它有良好的经济性。这种飞行器的单位载荷油耗远低于高速航行的船舰，而它的载重却比普通飞机大一倍，耗油量比后者少一半，航程却增大一倍。

地效飞行器功能良好，用途广泛，早就引起了我国的重视。国家已经将地效飞行器的研制和开发列入国家重点科技成果产业化项目，相信在今后，地效飞行器在我国必将获得长足的发展。

磁悬浮列车及其应用前景

我们通常所见到的火车都是有轮子的，但也有一种会"飞"的火车，它不需要轮子就可以在轨道上行进，这就是磁悬浮列车。磁悬浮列车的发明者是海曼·肯佩尔。

海曼·肯佩尔出生在位于德国与荷兰边境的下萨克森州的一个小镇拉腾。一天，肯佩尔异想天开，希望火车也可以像天上的飞机一样，没有轮子就能够飞行于地面之上。他为了实现自己的梦想，努力钻研电学知识。功夫不负有心人，最终他从电磁铁的特性中获得了灵感。

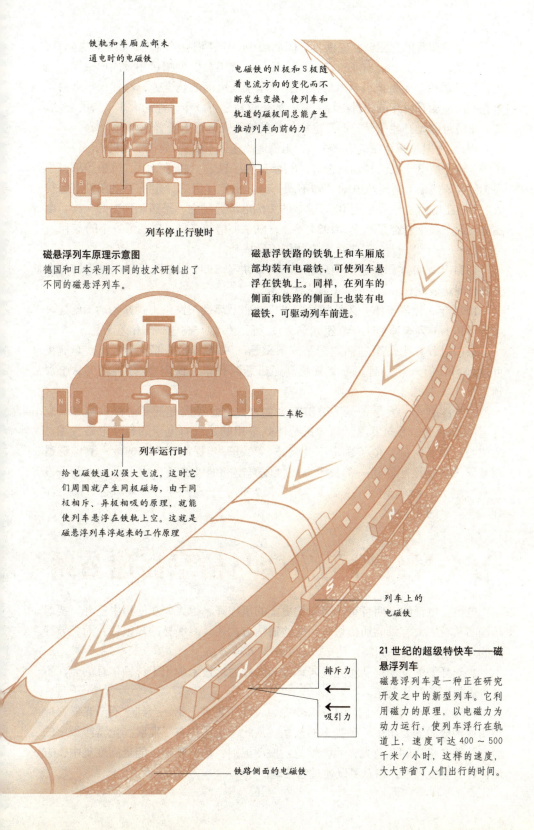

铁轨和车厢底部未
通电时的电磁铁

电磁铁的 N 极和 S 极随
着电流方向的变化而不
断发生变换，使列车和
轨道的磁极间总能产生
推动列车向前的力

列车停止行驶时

磁悬浮列车原理示意图

德国和日本采用不同的技术研制出了
不同的磁悬浮列车。

磁悬浮铁路的铁轨上和车厢底
部均装有电磁铁，可使列车悬
浮在铁轨上。同样，在列车的
侧面和铁路的侧面上也装有电
磁铁，可驱动列车前进。

车轮

列车运行时

给电磁铁通以强大电流，这时它
们周围就产生同极磁场，由于同
极相斥、异极相吸的原理，就能
使列车悬浮在铁轨上空。这就是
磁悬浮列车浮起来的工作原理

列车上的
电磁铁

**21 世纪的超级特快车——磁
悬浮列车**

磁悬浮列车是一种正在研究
开发之中的新型列车。它利
用磁力的原理，以电磁力为
动力运行，使列车浮行在轨
道上，速度可达 400～500
千米／小时，这样的速度，
大大节省了人们出行的时间。

排斥力

吸引力

铁路侧面的电磁铁

大家都非常熟悉磁铁，磁铁具有同性相斥、异性相吸的特点。如果是电磁铁，断开电源，铁芯由于没有了电流立即去磁，也就不会发生相斥相吸的现象了。由此，肯佩尔想，如果把很多电磁铁装在火车上及地面的轨道上，这样火车就会因为它们产生相互排斥的力量而浮起来。如果再找到可以令悬浮的火车前进的方法，那火车就可以抛开轮子了，而且这样的行驶速度会远远大于普通火车。

　　因此，肯佩尔开始在自己家的地窖里创造高速火车模型。他把发动机的部件——转子（转子是电动机的转动部分，由转轴、转子铁芯、转子绕组、风扇等部分组成）和定子线圈（定子是电动机的不动部分，由定子铁芯、定子绕组和机座等构成）平铺在地面上，并且让10万赫兹的振荡电流通过它，果然和预想的一样，电磁力使火车模型悬浮了起来。1934年，肯佩尔申请并获得了磁悬浮列车的专利。

　　1969年，第一台磁悬浮列车在德国研制成功。

　　1974年，日本研制出小型磁悬浮列车，并于1985年在国际科学技术博览会上进行现场表演，总计约有11万人次试乘。

　　1994年，世界上第一条从柏林到汉堡的磁悬浮列车铁路正式开始动工修建。运行于其上的列车速度快于高速列车2/3，而票价则与高速列车相差无几。

　　我国已经在上海至杭州建造了一条磁悬浮铁路，全长170千米，列车速度可达到500千米／小时。乘客乘超高速磁悬浮列车，仅需20分钟就可从上海到达杭州。

　　磁悬浮列车的发展前景十分美好，如今，它正朝着超导磁悬浮列车和真空隧道磁悬浮飞车方向发展。超导磁悬浮列车用的是没有电阻的超导电磁线圈，即使经过很长时间，电流量也不会衰减，又进一步提高了列车速度。真空隧道磁悬浮飞车是设想修建一条长距离被抽成真空的地铁隧道，由于运行中几乎没有空气阻力，列车速度可达2.3万千米／小时。当理想变成现实以后，磁悬浮列车便会真的飞起来。

光导纤维的发明与信息高速公路

　　电报、电话的发明可谓人类通信史上的里程碑，但人们在使用中发现，要想传输高质量、大容量的通信信号，这些通信方式还具有明显的局限性。而光导纤维的发明解决了这一问题，使信息走上了"高速公路"。

　　光导纤维的发明得从激光说起，因为光纤通信技术中用于传输信息的光，不是普通的光，而是激光。

　　1960年，年轻的美国物理学家梅曼，发明了世界上第一台红宝石激光器，他还用这种激光器发出了一种神奇的激光。从此，光通信有了发展。光谱线很窄的激光是纯度极高的单色光，其特性是：振动规则、单一频率、能量高度集中、方向性好、亮度极强。信息可以通过它传输。

1970 年，超纯度玻璃纤维由美国康宁玻璃公司首次制成，光衰减为 20 分贝／千米的玻璃丝。光以这种拉得很细的玻璃丝——光纤作为"导线"，可以从一端传到另一端。科学家做了许多实验后发现，无论玻璃丝弯曲到何种程度，只要有合适的入射光角度，在玻璃丝内来回反射的激光便会沿着导线传到很远很远的对端。人们把这种玻璃丝称作光导纤维，光纤是对它的简称。

光纤包括 2 层，中间的一层是直径只有几微米的纤芯，外面的"包层"是用玻璃或石英制成的，这层对光具有极强的反射能力，光纤的外层还裹有厚厚的一层保护光纤的塑料。光纤就这样紧紧地"封闭"住光，让其经过多次反射后到达另一端。

光通过玻璃纤维时的情形

信息传递的速度由于光纤通信而大大加快，信息从此走上了"高速公路"。在一根比头发丝还细的光纤中，可以同时传输几千套电视节目或者几万路电话。这样大的通信容量的确令人吃惊。而最先进的"光波复用"技术，还可以将其提高几十倍。

电报技术的诞生

电报在如今早已不是什么新鲜玩意儿了，但它的发明却开辟了人类通信历史的新纪元。然而，令人惊讶的是，如此伟大的发明，却与物理学家或别的科学家无缘，而是出自一个画家的奇思妙想。

此人名叫莫尔斯，是当时美国颇负盛名的画家。然而，一次偶然的旅行听闻却改变了莫尔斯的一生。

莫尔斯电码的发明者——塞缪尔·莫尔斯

1832 年 10 月的一天，"萨利号"邮船从英吉利海峡驶出，进入到一望无垠的大西洋，慢慢向美国驶去。船上的旅客们正在听一位名叫杰克逊的年轻医生绘声绘色地讲述着一个有趣的小实验：如果给绕在一根普通铁棒上的电线通上电，这根普通的铁棒就突然摇身一变成了磁铁，能把铁钉和铁屑吸起来。他还说，不管电线有多长，电流也能在瞬间通过。

现在我们大家对这个实验都很熟悉了，中学物理课本上就有描述。可是，生活在

19世纪30年代的人们还不怎么了解电磁铁的原理，所以，听了这个实验以后，周围的听众都被这种奇怪的现象吸引住了，他们不停地为年轻医生鼓掌。

杰克逊的精彩演讲打动了莫尔斯，他彻夜难眠，心里一直在考虑这样一个问题：既然电在一瞬间可以传到千里之外，也许也可以用它来传递信息。就在那天晚上，已经40岁出头的他果断而又坚决地做出一个惊人的决定：放弃画画，放弃耗尽自己近半辈子心血的事业，转而研究如何使用电来传送信息。他准备以"电报"来命名用电来传送信息的方法。而当时，他连最基本的电学知识都不具备。

莫尔斯的决心不曾因为任何困难而发生改变。他变卖全部家产购置了各种工具和电工书籍，疯狂地投入到电学知识的学习中。在3年的时间中，莫尔斯的全部积蓄几乎都花在了实验上，可是电报机依然不见踪影。

如何让电来表达不同的信息是实验中最主要的问题。曾有人把要通信的两个地方用多根导线连接起来，让某个字母通过其中某几根导线通电而其余的导线不通电来表示，不同的字母就由不同的通电导线组合来表示。可是这种方法因为连线太多显得笨拙而不实用。又有人把不同的字母用磁针偏转的不同角度来代表，但复杂的设备使错误极容易产生。

莫尔斯渴望找到一种简单实用而又行之有效的方法。他总结了自己屡次受挫的教训，认为结果总是重蹈他人覆辙，重复那些没有成效的实验，肯定不会取得成功，因此必须另辟蹊径，独树一帜，找到一条崭新的路。

电流在一根导线中看到只有通与不通两种情况，在当时的技术条件下，要使26个英文字母仅用这两种情况表示出来，简直是不可能的。莫尔斯想，字母也可以用通电时间的长短作为一种特征表示出来。在长时间的摸索之后，他终于得出了一种崭新的方法：利用电流不通、电流通的时间较短以及电流通且通的时间较长这三种情况代表三种不同符号。如此一来，全部26个英文字母就可用这三种符号的不同组合表示出来。在纸上，分别用空白、点、横线来表示这三种符号，点、横线和空白的不同组合可代表每一个英文字母和每一个阿拉伯数字。这就是世界上最早的电码，后来人们就将其命名为"莫尔斯电码"。

一台像玩具一样的电报机终于诞生了。这台电报机就是基于电

莫尔斯码试验接收机
莫尔斯用一根导线就实现了拉丁字母书面材料的传送。他于1844年用这台机器从华盛顿向巴尔的摩发报成功。

磁铁的性质及功能而制作出来的。当莫尔斯颤抖着把发报机上的电键按下时，立即令人振奋的"嘟嘟嘟，嘟—嘟—"的声音从导线另一端的发报机内发了出来。之后，他又想办法将笔尖与接收端的电磁铁连接起来，笔尖随着电流的变化在纸上画出了空白、点和横线，电报通信的实验最终取得了成功。

莫尔斯的电报机结构简单，功能良好，所以很快传遍了世界各国。有线电报的发明成了19世纪中叶轰动一时的一大新闻，是人类通信史上的一个重要的里程碑。

贝尔与电话的发明

1847年，贝尔出生在英国苏格兰爱丁堡。他的祖父和父亲都是优秀的语言学家。贝尔在父辈们潜移默化的影响下，从小就对研究人类语言的交流和传递充满兴趣。

在一次描绘声波曲线的实验中，贝尔意外地发现，每当实验中电源的开关关上或打开时，一个实验线圈就会在导通和截断电流的刹那发出声音。这个细节吸引了贝尔的注意，他又特地重复了几次，结果都一样，每次都会出现这个声音。贝尔肯定这是一个客观规律。他不禁设想，如果对这一规律加以利用，使电流的变化与声波的变化一样，那么只要能传送出这种变化的电流，就能随之送出声音。

贝尔立即开始做实验。他在薄金属片上装上电磁开关，然后对着薄金属片讲话。他认为，薄金属片会在人讲话的时候随着声音而颤动，装在金属片上的电磁开关就会由于这种颤动而连续地开和关。这样一来，有规律的脉冲信号就形成了。事实上，声音的频率很高，这种方法根本不管用。于是，贝尔又请教电学界的专家，谁料他们竟嘲笑他的想法是天方夜谭，根本无法实现。

贝尔并没有泄气，一边向电学家请教，一边努力学习电学知识。就在贝尔准备开始电话研究时，偶然遇见了一位叫沃特森的电气技师。沃特森非常认同贝尔关于电话的想法，并决

亚历山大·格雷厄姆·贝尔（1847—1922年）在为聋人担任语言教师之后研制了电话机。这个画面就是他正在通过纽约到芝加哥的电话线打第一个电话。1876年，贝尔取得了实用电话的发明专利。

贝尔的电话机模型

定与贝尔合作。

1875 年 6 月 2 日是具有特殊意义的一天。这天早晨，二人来到各自的房间，沃特森开始通过电话向贝尔发信号。贝尔则不停地调整听筒的振动膜，忽然听到话筒发出了一些异样的声音。他仔细加以分辨，最后确认这是沃特森发出的讯号。他疾步冲向沃特森的房间，让他把刚才的一切加以多次重复，结果证明这种讯号的传播是稳定的。两人最终确认：人的声音首先振动了话筒的膜片，从而使底部的 U 型磁铁形成的磁场发生有规则的变动，促使缠在磁铁上的线圈产生的感应电流也发生相应的波动，这种波动随电流沿着导线传到另一端的电话，电流传递声音终于成为现实。

1876 年，贝尔为这种可以传送声音的机器申请了专利，并称其为"音频电报"。

1877 年，贝尔电话公司正式成立，并开始投入生产电话机。同年 9 月，美国已投入使用了 1900 台电话机。贝尔电话公司成立前后，有几位发明家发明了送话器和麦克风，这些东西都能极好地改进电话装置，使电话更具有实用价值。一开始，贝尔电话的送话器和听筒使用的是同一个装置。由于通话的双方必须轮流讲话，所以使用起来极不方便，通话质量也很差。1877 年，爱迪生发明了炭粒话筒。讲话时，这种话筒炭粒间的电阻会由于金属薄膜受到振动而发生变化，且话筒输出的电流也会随之发生变化。采用了炭粒话筒后，电话的送话质量大为改善。1878 年，休兹又发明了更灵敏的送话器，声音因此而变得更加清晰。1878 年 1 月，美国建成了世界上第一座电话人工交换台。

电话投入使用后，极大地方便了人们的生活和工作。1878 年，在贝尔的协助下，英国率先建设了电话线路。1879 年，法国巴黎也实现了电话通话。到 19 世纪 80 年代初，电话交换台相继在欧洲及美国的一些大城市建成。

最初的电话接线是人工操作。众多接线员中的一位获得电话拨叫者以及被拨叫者的电话号码，然后插线完成正确接线。早期的接线员大多为女性。

电话发展到今天已形成一个庞大的家庭。在其交换手段上，电子程序控制交换机已被采用。如今，全世界已有超过 2 亿部电话机，还有许多种通信工具从电话中衍生了出来。

在贝尔的不懈努力下，人类终于实现了顺风耳的理想。为了纪念这位伟大的发明家，人们就用他的名字来命名声学计量功率等级的单位。在实际测量中，人们一般不用显得过大的"贝尔"这个单位，而是使用贝尔的 1/10——分贝，作为声强等级单位，也作为声压等级单位。如今，假如我们在某份电子产品说明书上看到"dB"或"＞75 分贝"，我们就会明白这原来与电话发明者贝尔之间还有关系。

移动电话的发明

移动电话是通过电磁波输送信息的，我们所说的无线电覆盖区域就是电磁波所能达到的地区。这几年，移动电话的数量迅速增长，而相对于有限的无线电频率资源来说，不免产生"僧多粥少"的麻烦。所以人们给电视、广播及各处无线电通信规定了一定的频率范围，就像交通管理部门把马路划分成快车道、慢车道和人行道一样，以有效地减轻或防止信息传输中的"塞车"。无线电波也被分成不同的频段，指派了不同的通信业务。而分配给移动通信的频率范围是比较窄的，在同一地区，要是不同用户使用同一个频率，就会产生干扰。

为充分利用无线频率，解决频率"拥挤"的问题，美国贝尔实验室的通信专家于 1947 年率先提出了建立"蜂窝"式移动电话系统的设想。直到 1979 年，"蜂窝"式移动电话系统研制成功后，"僧多粥少"的矛盾才得以缓解。

为什么要将无线小区划分为蜂窝状呢？让我们先看看蜂窝是什么样子的。蜂蜡是蜜蜂的分泌物，遇到空气后变成蜡片。蜡片是制造蜂巢的原料，在建造蜂巢时，工蜂们一只拉着一只，拉成一长串。然后，将分泌并存在腹部的蜂蜡用腿拨下来，用口咀嚼后，粘在蜂房上，接着再加工一番，最终成为正六角形的柱状蜂房。蜂房的形状和结构是非常科学的，因为它占的空间最小，容量最大。

蜂房的六角形结构给科学家以很大启示，他们将这种结构应用到了无线电频率的分配上。这种结构的好处在于能够减少重复建设，发挥最大的效用。而且，无线电波可以通过控制其所发射的强度，将它限制在小区的范围之内。同时，在相邻的小区中，选用不同的频率进行通话，就不会发生干扰。而相隔一定距离的小区，又可以使用同一种频率。频率的重复使用，解决了频率不足的难题。

目前的移动电话，主要采用的就是蜂窝系统。蜂窝移动通信是把一个通信区域划分成一些规则的六角形小区，就像蜂窝一样，小区边长几千米到几十千米不等。每个小区内都设有一个无线基地台，每个基地台都有专线与移动电话局连接，再由移动电话局通过有线线路与市区电话局及长途电话局联系起来。这种蜂窝移动电话系统不仅能使用户相互通话，而且能在全地区自动连入公共电话交换网，

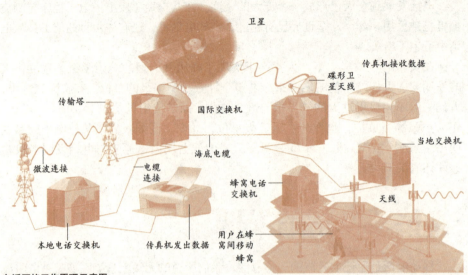

电话网络工作原理示意图

电脑控制的电话交换站，负责将两部电话连接起来，当有人拨某个电话号码时，当地的电话交换站就会直接把线路自动接通。国际长途电话，则需要通过海底电缆或者以无线电波的形式通过人造卫星传送。

与固定电话用户通话，这样就能够使移动电话与国内国外任何一台电话通话。

第一代蜂窝移动电话采用的是模拟技术，第二代蜂窝移动电话就是现在人们生活中最常采用的"GSM"数字移动电话，它采用的是数字技术。"GSM"是欧洲移动通信特别小组的英语缩写，它制定了统一的欧洲数字蜂窝移动通信系统标准。现在，中国采用此系统开通了138，139"全球通"数字移动电话网。与模拟系统相比，数字系统的优势在于频谱利用率高、手机体积小、省电、安全保密，而且能够提供数据、文字信息业务。

正六边形无线电覆盖区域的形状如同蜂窝，这就是"蜂窝式无线电小区"和"蜂窝式移动电话"名字的由来。

近年来，移动通信给人们带来很多方便，其发展之快、应用之广是任何人都始料不及的。

神通广大的全球定位系统

战国时期，我国发明了指南针，从此它便被广泛应用于航海中，以辨别方向，不久，指南针传到国外，也备受欢迎。1000多年过去了，科技越来越发达，指南针被更先进的仪器所代替，它就是神通广大的全球定位系统。

全球定位系统的英文名字是"Global Position System"，简称GPS系统。该系统是以卫星为基础的无线电导航定位系统，它能测出地球上任意一点的精确坐标，包括精确的时间、经度、纬度和误差在1米之内的速度定位，GPS系统代替了古老的指南针，被人们赞誉为"电子指南针"。

GPS 全球定位系统是继"阿波罗登月飞船"和"航天飞机"之后美国第三大航天工程。美国国防部投资 200 亿美元，花了近 20 年时间来研制它。专门为配合飞机、导弹、船只和士兵运动的军用定位和导航系统，是目前世界上最先进的卫星导航系统。GPS 全球定位的成功研制和使用把传统的导航定位技术一下子推进到了电子信息导航的新时代。

GPS 系统主要由 3 大部分组成，它们是导航卫星、地面监控站和 GPS 用户接收机。导航卫星由 24 颗卫星组成一个卫星星座，均匀地分布在围绕地球的 6 个轨道平面上，与地球同步运行，其中 21 颗是工作卫星，3 颗为备份卫星。地球上任意一个地方至少能同时观测到 4 颗卫星。在 20 810 千米的高空，每颗卫星上都装有 7 万年误差不超过 1 秒的原子钟和一台遥测发射机。它把有关卫星的遥测数据发向地球，同时也把来自地球的与导航定位有关的各种信息接收进去。地面监控站承担对卫星发射和导航信号的观测任务，由设在科罗拉多斯平士的联合空间执行中心的主控站和 3 个分设在大西洋、印度洋和太平洋美军基地的注入站、监测站组成，并将计算机中各颗卫星的星历和导航电文发射到卫星上，把卫星上的导航数据进行更新。GPS 用户接收机则由天线、接收器、数据处理器和显示屏组成，外形就像一台重量仅有 800 克的小型计算器。它是一台多信道单向接收设备，能够 24 小时不间断地提供全球定位服务。同时，它的性能非常好，既能抗振动、抗湿气、抗沙暴，又能抗电磁干扰。经过改良，目前 GPS 军用定位精确度已经达 1 米。

1991 年美国部队把 7000 多台 GPS 接收机运用在海湾战争中。飞机、坦克、导弹在 GPS 的导航下，弹无虚发，命中率大大提高，从而使得大片的伊拉克固定或移动军事目标像一个个棋子一样落入美军计划好的棋盘中。

全世界的军事专家通过海湾战争都认识到 GPS 系统的神奇威力。一些国家纷纷制订计划，准备配备 GPS 系统来提高自己的战斗力。而美国五角大楼则制定了内外有别的 GPS 政策，只应用在美国及盟国的军事部门和特许的民用部门，为精密定位，服务使用 P 码，定位精度约 1～3 米。对外向全世界开放标准定位服务，

每个 GPS 轨道有 4 颗卫星，使得地球上任意地点最少也能接收到 4 颗卫星的信号

卫星被发射进入 6 个不同的轨道平面上，以覆盖全球

GPS 导航系统设计

导航系统数据		
全球定位系统		全球轨道导航卫星系统
卫星数目	24	24
轨道数目	6	3
轨道高度	2.02 万千米	1.9 万千米
完成部署	1994 年 3 月	1996 年 1 月

使用 C/A，定位精度 100 米左右的误差是故意制造的。显而易见，美国是害怕其他国家在 GPS 系统方面的发展会威胁和削弱它的霸主地位。

标准定位服务被广泛应用在海洋捕鱼、海洋船队监控、远洋轮船导航、飞机导航、地质勘探等工作中。由于标准定位误差很大，在工作过程中常常造成不必要的损失。于是，静态的测地型 GPS 接收机应运而生，把固定物体的定位精度提高到 10-6 ～ 10-8。紧接着又研究出动态差分 GPS 接收技术，把物体在运动状态下的定位精度从 100 米提高到 1 厘米。所谓差分 GPS 系统就是固定的卫星基准站进行 GPS 观测。通过已知的基准站精密坐标，把基准站到卫星的真正距离计算出来，再修正接收到的 GPS 误差定位信息并发送出去。用户把定位信息和修正数值一起接收，再对误差信号进行修正，计算出用户的精确位置。从此，像标准定位服务那样出现的误差，几乎没有了。差分 GPS 最早应用在海洋和内河航运方面。我国海岸线辽阔，航运事业发达，每天进进出出的远洋船舶和各国的远洋货轮繁多，非常需要准确的导航。在海面能见度很低时，船舶的导航尤为重要。现在只要把 GPS 接收机安装在船舶驾驶舱进行差分 GPS 定位，自动导航就实现了。

最近几年，GPS 还被活跃地应用在地面车辆的定位监控上。我国公安部门和科技单位合作，成功地开发出为银行运钞车监控用的车载 GPS 定位跟踪系统。他们把 GPS 系统与电子地图地理信息系统以及集群无线通信系统相结合，使得该系统能同时监控 75 辆银行运钞车和 50 辆警车，系统监控能力达 600 辆。这样，运钞车在工作时就安全多了，不论出现什么情况，都会及时地采取措施。出租车的客运调度、工程抢修车、特快专递车、城市急救车、消防车等都可以运用车载 GPS 系统来提高工作效率。GPS 与电子地图相结合，成为计算机化的电子地图，使汽车驾驶员轻而易举地知道自己在哪里，成了"永不迷路"的向导。把 GPS 汽车导航系统与移动电话结合使用，能够访问因特网上一些 Web 站。它的内容与导航密切相关，能让你在很短时间内了解你所处的环境，以及所需要的服务信息。

令人难以置信的是，GPS 系统能对农作物的精耕细作起到极大的推动作用。运用了 GPS 全球卫星定位系统接收器，一位农民能够改

美国的"莱希"导弹巡洋舰，GPS 定位系统被广泛地运用在军舰上。

变千百年来日耕夜息的习惯，在农作物生长最旺盛的夜晚工作而毫无差错。在 21 世纪，全球卫星定位系统将被安装在自来水管道、煤气管道、通信线路和电力网上。到时，无论哪条管线发生故障，服务部门的人员都会及时发现并且迅速赶到出故障地点去排除。83 秒的接警反应记录就是美国利用全球卫星系统首创的。目前，我国地质测绘、航空拍照、飞机导航、防治虫害、长途运输、无线寻呼等领域也应用了 GPS。

全球定位系统已渐渐地在生活的各个方面被运用，它就像一个电子指南针一样，给人们的生活和工作带来了很多方便。

传真技术的发明与进步

传真就是一种通信方式，即采用扫描和光电转换技术，将文字、图纸、照片等通过有线或无线通信电路传送到千里之外的另一方，在接收端又复制出文件原样。之所以称这种通信方式为"传真"，顾名思义是因为它所传递的信息内容能保留原件的真迹。

与电话、电视相比，传真技术的发明要早几十年。早在 1843 年，一位苏格兰科学家贝斯就提出了传真通信的设想。而一直到法国物理学家贝兰发明传真机以后，传真技术才得以正式应用。1894 年，年仅 18 岁的贝兰获得了一种"秘密照相机"的发明专利。从此，他又全身心地投入到电报图像传输技术的研究中。

经过艰苦努力，1907 年，贝兰首次成功地进行了图像传真的实验，传真电报就此诞生了。1913 年，贝兰又成功研制出第一台专供新闻采访用的手提式传真机。次年，用这部传真机传送的第一幅"传真照片"刊在了法国巴黎的一家报纸上。1924 年，在美国华盛顿和法国巴黎之间第一次成功地用传真机进行了国际间手稿真迹的传输。

那么，文件或图像是怎样通过传真机传送给对方的呢？假如你拿放大镜仔细观察报纸上的黑白传真照片，你会发现无论内容多么复杂的照片都是由许多深浅不一、密密麻麻的黑白小点组合而成的。如果点多而密，照片就会更清晰。传真通信的原理与此如出一辙。传真时，文件图像被分解成一个个像素，在扫描设备和光电转换器件的作用下，这些深浅不同的小点变换成为相应强弱不同的电信号，然后放大调制，将其变成适于通信传输的传真信号送达对方。接收端与发送端刚好相反，接收端将电信号经过放大解调还原成强弱不同的光点，然后按发送的先后顺序排列组合、还原成像，再通过静电复印、照片或热敏打印等方式进行复制。这样，

传真机

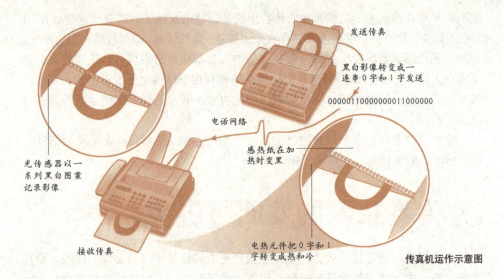

发送传真

黑白影像转变成一
连串0字和1字发送

0000011000000011000000

电话网络

感热纸在加
热时变黑

光传感器以一
系列黑白图案
记录影像

接收传真

电热元件把0字和1
字转变成热和冷

传真机运作示意图

远在异地的对方收到的文件、图像就与原稿一模一样。

在传真通信中要注意这样一个问题，即发送端的图像分解和接收端的图像合成必须步调一致、同步进行。具体说来，就是扫描图像要有相同的起始点顺序，扫描图像的分解和合成要有一致的速度。否则，复制出的图像就会失真，甚至连辨认都比较困难。

传真机扫描顺序是从上到下，从左到右。现代扫描设备采用的是以电子方式进行的平面扫描，这种设备结构简单，扫描速度快，可靠性也高。

那为什么一直到近几十年，它才取得了长足发展并得到广泛应用呢？这是因为传真技术与电子、机械、光学、化学等多个领域中的先进技术息息相关，而且发送一页传真，要占用长途电话线路的一段时间，因而将耗费许多资金，所以传真机的普及和发展受到了技术上和经济上的限制。

随着通信技术的发展，如今人们已经开始广泛使用传真通信，因而各种各样的传真机被研制开发出来。按占用电话线路来分，可分为单路传真和多路传真；按传送文件、图像的色彩来分，则可将其分为相片传真机、真迹传真机和彩色传真机；按某些特殊用途来分，又可分为用户传真机、气象传真机、报纸传真机和信函传真机。此外还有将录音电话和传真功能相结合的多功能传真机。

在电脑时代，传真技术得到了极大的改革。把一块传真功能卡和相应的收发传真的软件安装在电脑上，就能对传真机的功能加以模仿，计算机数据代码也就变成了传真信号，这样就能按照人们设定的程序，通过电话线收发传真了。用电脑发送传真的功能有很多令人难以想象的地方，不管是发送或接收传真，电脑都可以处理其内容。

人们现在正在研制与笔记本电脑配合使用的传真卡。外出办事的人可以将笔记本电脑连上移动电话或车载电话，通过空中信道，随时随地发送传真。如今，除了在工作领域广泛地使用传真通信以外，传真还进入了生活领域，为人们的生活提供了极大的便利。

铁路运输

对于火车来说，单是一辆货车一次就能运输 20 万吨铁矿石，而客车通常有很多节车厢，一次能运输几千名旅客。火车车轮是钢制的，边缘凸出，恰好沿着铁轨内侧高速运行。铁轨非常坚固，能够承担极大的重量，因而火车的运输量要比公路车辆的运输量大得多。但是，并非所有的铁路运输工具都在铁轨上运行——单轨列车在铁轨下运行，而磁悬浮列车则悬浮在铁轨上方运行。因为火车的运行速度极快，那些控制它们的转换器和信号必须足够准确，以保证火车的安全运行。

单轨列车

单轨铁路使用的轨道只有一条，其路轨一般以钢筋混凝土制成，而列车要么悬挂在轨道之下运行，要么跨坐在路轨之上。当列车在路轨上行驶时，车轮会在路轨的上面及两旁转动，推动列车前进，并维持车身平衡。单轨列车已有 100 多年的历史，最早的单轨铁路于 1901 年建在德国的伍珀塔尔。现今，东京和西雅图都有单轨列车系统。

交通信号

交通信号提示列车工作人员铁道上是否存在着危险。线路值班员通过关闭某一路段来阻止列车进入已经被其他列车占据的铁轨。欧洲和日本的一些铁路段已经安放了高级列车保护装置（ATP），在这些铁轨上运行的火车能够接收相关铁轨的信息，并通知驾驶员应该以怎样的速度行进；如果驾驶员未能及时做出反应，火车就会自动减速。美国正在开发高级列车控制系统（ATCS），这套系统将依赖卫星及其他一些高科技通信设备实现相应的功能。

单轨铁路能够架设在城市街道之上，从而不必再修建地下隧道。

稳定侧轮

单轨铁道

回转仪传感部分

驱动轮承担着列车的主要重量，由橡胶制成，以便降低噪声和车身的振动

铁路旁轨

列车驾驶员无法自由操纵列车行进的方向，因而有时候，列车必须改行其他铁轨才能改变行进的方向。铁路上有一些岔口，此处原来的铁轨经道岔尖轨分支出2条新的铁轨，各自通往新的方向。这2条新的铁轨称为铁路旁轨。当火车行至此处时，由先前的轨道平稳地滑向新的轨道，就能改变行车的方向。2个道岔尖轨的一端为枢轴，另一端的下方有一个滑行器，滑行器由电磁铁驱动着缓慢滑动，使道岔尖轨的另一端滑向原铁轨，火车从而能够平稳地从原来的行进方向过渡到新的行进方向。

公路运输

当今世界上的汽车总量已超过5亿辆，并且仍以2辆／秒的速度不断增加。机动车辆多种多样，从自带行李箱的豪华客车，到能够翻山越岭的四轮越野车，再到速度极快的摩托车，都属于机动车。虽然机动车的外形各不相同，但是它们的生产过程却大致一样。它们都需要有刹车系统，都由引擎或电动机驱动，都有一套传动装置来控制引擎产生的驱动力。

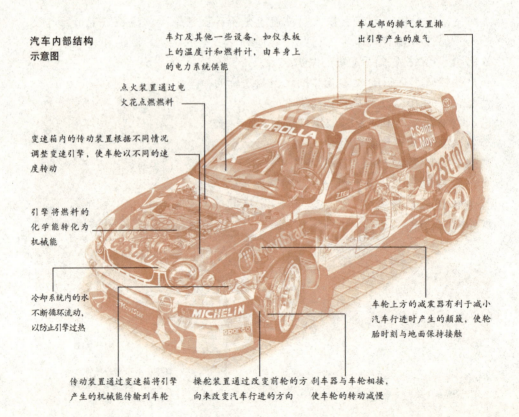

汽车内部结构示意图

车灯及其他一些设备，如仪表板上的温度计和燃料计，由车身上的电力系统供能

车尾部的排气装置排出引擎产生的废气

点火装置通过电火花点燃燃料

变速箱内的传动装置根据不同情况调整变速引擎，使车轮以不同的速度转动

引擎将燃料的化学能转化为机械能

冷却系统内的水不断循环流动，以防止引擎过热

车轮上方的减震器有利于减小汽车行进时产生的颠簸，使轮胎时刻与地面保持接触

传动装置通过变速箱将引擎产生的机械能传输到车轮

操舵装置通过改变前轮的方刹车器与车轮相接，向来改变汽车行进的方向，使车轮的转动减慢

刹车系统

要想停住一辆正快速行驶的汽车，必须有足够强大的刹车系统。当司机踩下刹车踏板后，制动液经细细的管道冲进各车轮上的钢瓶，液体的强压力将车轮上一种特殊的垫子——制动垫压向制动圆盘，这一过程中产生的摩擦力迫使车轮转速降低，最终停止转动。许多汽车内都配置了ABS（防抱死制动系统），它通过电脑瞬间自动控制刹车过程，从而有效预防通常刹车造成的车轮被锁及刹车中断。

传动装置

汽车引擎只能在一定的速度范围内高速运转，而车轮的转速却可以随时改变，因此大多数汽车引擎和车轮之间都有一套传动装置，能改变引擎和车轮之间的连接情况，使匀速转动的引擎能够驱动车轮以不断变化的速度行进。将引擎调到低档，以增加其驱动力，从而使较小转速的引擎能够驱动重型车辆行进。在汽车加速或爬坡时，司机通常将引擎打到较低档来增加其推动力。对于那些有自动传动装置的汽车，系统会自动选取右边的档位为最低档。

转弯时车身要倾斜

正如汽车司机所做的一样，骑摩托车的人转弯时也会将车的前轮向内拐，不仅如此，他们还会尽量倾斜车身，将整个车子和人的重量都集中在车轮的边缘。如果他们不这样做，而是保持着车身与地面的垂直，摩托车高速前进时产生的动量有使车保持直线行进的趋势，这样车和人都会被重重地甩向曲线之外，这是极为危险的。因此，骑摩托车的人总是倾斜车身以抵消转弯时产生的强大的离心力。

汽油发动机

汽油发动机的作用是将气缸内汽油和空气的混合物燃烧产生的化学能转化为机

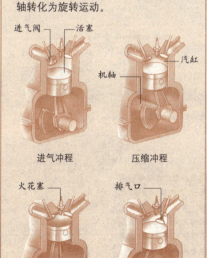

知识窗→四冲程内燃机

用在汽车中的汽油内燃机常常是四冲程内燃机，与二冲程内燃机不同，它具有阀门装置，控制着进入汽缸的油气混合物以及排出的排气。在进气冲程中，随着活塞下降，进气阀打开，油气混合物被吸入汽缸；在压缩冲程中，进气阀关闭，活塞上升，压缩油气混合物；在点火冲程中，火花塞点燃燃料，发生爆炸，气体膨胀，迫使活塞下降；在最后一个冲程，即排气冲程中，排气阀打开，活塞上升，排出废气。活塞的上下运动同样是由机轴转化为旋转运动。

进气阀　　活塞

机轴　　　汽缸

进气冲程　　　　压缩冲程

火花塞　　　排气口

点火冲程　　　　排气冲程

械能。火花塞产生的电火花引燃气缸内的混合物，其体积急剧增大，这一过程产生极大的压力，推动活塞沿气缸向下运动，带动曲轴转动，进一步通过变速箱引起车轮的转动。4个气缸（其中有2~3个气缸引擎）分时工作，构成引擎的4个冲程，即1个周期。

水上运输

　　一些轻的物体，如木头，其密度比水小，因此能够漂浮在水面上。轮船通常由钢铁等很重的材料制成，却依然能够漂浮着，这是因为船体内部通常都是空的，被空气所占据，船体的重量等于其排开的水的重量，因而船身能够漂浮在水面上。水上运输系统的方式多种多样。帆船依靠风的推力前进；水翼船的船身连有类似翅膀的结构，当船前行时有助于减小阻力使整个船身浮出水面；潜水艇在压舱箱装满水后，就能够潜入水下运行。

动力和阻力

　　大多数轮船上都配有水下螺旋推进器，推进器上的桨叶不断缓慢转动，推动船体前进。这套推进系统的功能非常强大，是轮船前进的动力源，而水的阻力使船速降低，构成阻力源。一些小汽艇上没有这种推进系统，而是在其尾部配有高速喷水装置，使汽艇能够以更快的速度前行。

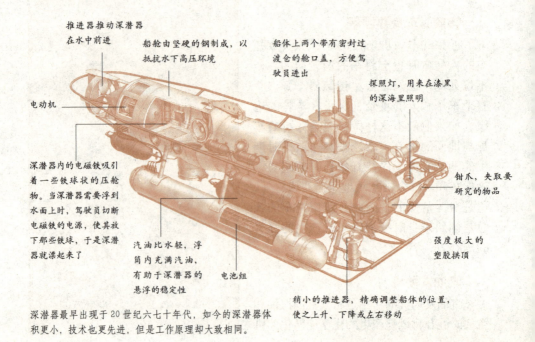

推进器推动深潜器在水中前进

船舱由坚硬的钢制成，以抵抗水下高压环境

船体上两个带有密封过渡仓的舱口盖，方便驾驶员进出

探照灯，用来在漆黑的深海里照明

电动机

深潜器内的电磁铁吸引着一些铁球状的压舱物。当深潜器需要浮到水面上时，驾驶员切断电磁铁的电源，使其放下那些铁球，于是深潜器就漂起来了

汽油比水轻，浮筒内充满汽油，有助于深潜器的悬浮的稳定性

电池组

钳爪，夹取要研究的物品

强度极大的塑胶拱顶

稍小的推进器，精确调整船体的位置，使之上升、下降或左右移动

深潜器最早出现于20世纪六七十年代，如今的深潜器体积更小，技术也更先进，但是工作原理却大致相同。

轮船是如何漂浮起来的？

轮船下水后，将水推向两旁，而这些水由于惯性会反冲回来，形成一种向上的冲力。推出去的水越多，反冲力就越大。船体内部是空的，使得相同体积的船体的密度要小于水，船体不断下沉直到所受的浮力与重力平衡，于是轮船就漂浮在水面上。

水下设备

深潜器主要用于一些深海探测工作，如海底科学研究、海洋事故调查等。水下遥控作业载具（ROVS）指一些智能仪器，操作人员通过照相机及虚拟现实系统控制这些智能仪器。深潜器能够改变自身的浮力，在水下自由升降，以便进行工作。

水上飞行器

水的阻力会减缓船速，而水翼艇则有效地解决了这一难题。水翼艇的翼片由支柱连在船身下。这些翼片不停地旋转以抬升船体，如同机翼一样。整个船体只有翼片部分浸在水下，受到的阻力很小，因而水翼艇的航行速度极快，可达 90 千米／小时。

帆船的工作原理

海上帆船凭借风力前行。除了直接逆风前进外，帆船几乎可以朝着任何方向前进，因为事实上并不仅仅是海风的推力使船体前进，而且还有其吸力。当风吹过帆形成的曲面时，风速加快，但是压强却下降，这样就产生一种吸力，正如飞机的机翼一样。然而，帆与船体的角度必须保持绝对精确。通常，帆船开始航行时，船员会不断地转动帆，直至它与船体的角度合适为止，接着用绳子将帆固定起来。

空中运输

飞机是最快的交通运输工具，它能在几个小时内完成陆上、水上交通要花几天时间才能完成的行程。现在大多数飞机都由喷气式发动机驱动。这种发动机的功率很大，能够驱动某些军用飞机以 3 倍以上的音速，即 3000 千米／小时的速度飞行。直升机的水平旋翼不停地转动，使机体能在空中盘旋。并非所有的空中

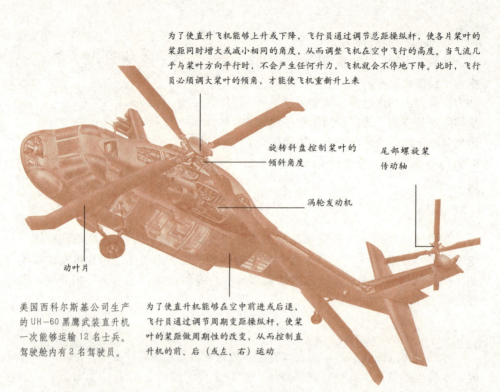

为了使直升飞机能够上升或下降，飞行员通过调节总距操纵杆，使各片桨叶的桨距同时增大或减小相同的角度，从而调整飞机在空中飞行的高度。当气流几乎与桨叶方向平行时，不会产生任何升力，飞机就会不停地下降。此时，飞行员必须调大桨叶的倾角，才能使飞机重新升上来

旋转斜盘控制桨叶的倾斜角度

尾部螺旋桨传动轴

涡轮发动机

动叶片

美国西科尔斯基公司生产的UH-60黑鹰武装直升机一次能够运输12名士兵。驾驶舱内有2名驾驶员。

为了使直升机能够在空中前进或后退，飞行员通过调节周期变距操纵杆，使桨叶的桨距做周期性的改变，从而控制直升机的前、后（或左、右）运动

运输工具都需要发动机，例如热气球，它们依靠热空气上升或下降。

机翼的工作原理

飞机飞行时，空气从机翼上、下表面流过，这种气流能够将机身抬起。由于机翼的上表面呈弧形，当空气流经机翼的上表面时，速度增加，压强减小，从而产生一种推进力。当空气流经机翼下表面时，速度减小，体积缩小，压力增大，从而产生一种升力。这种升力的大小取决于机翼的角度和形状，以及飞机飞行的速度。

直升机的飞行原理

直升机能够垂直起飞并长时间地在空中盘旋，这些功能还要归功于其巨大的动叶片。所谓动叶片是指机身顶部长长的、薄薄的，像机翼一样的装置，它们高速旋转，切割周围的空气，从而产生强大的升力，使机体上升。同时，动叶片也可以看作是巨大的螺旋推进器，能够改变飞机飞行时的位置，使之前进或后退。

喷气机的工作原理

涡轮喷气机是最简单的喷气机，它们从尾部喷射出一种热气流，从而推动机体前行。这种类型的发动机主要应用于超音速客机，如协和式飞机，以及一些高速军用喷气机。大多数客机都采用具有消音功能的、成本更低的涡轮风扇式发动

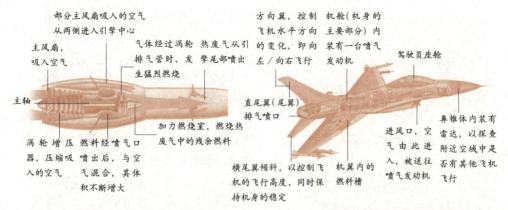

部分主风扇吸入的空气
从两侧进入引擎中心

方向翼，控制 机舱(机身的
飞机水平方向 主要部分)内
的变化，即向 装有一台喷气
左／向右飞行 发动机

主风扇，
吸入空气

气体经过涡轮 热废气从引
排气管时，发 擎尾部喷出
生猛烈燃烧

驾驶员座舱

主轴

直尾翼(尾翼)
排气喷口

涡轮增压 燃料经喷气口
器，压缩吸 喷出后，与空
入的空气 气混合，其体
积不断增大

加力燃烧室，燃烧热
废气中的残余燃料

横尾翼倾斜，以控制飞 机翼内的
机的飞行高度，同时保 燃料槽
持机身的稳定

进风口，空
气由此进
入，被送往
喷气发动机

鼻锥体内装有
雷达，以探查
附近空域中是
否有其他飞机
飞行

在典型的涡轮喷气飞机中，气体从发动机尾部
高速喷出，速度超过 1600 千米／小时。

全世界至少有 14 个国家在使用美国
F—16"战隼"喷气式战斗机。

机。这种发动机能够综合利用热气流和多叶旋转风扇产生的气流，以较低的速度生成较大的推力。

热气球

　　热气球主要由球囊、吊篮和加热装置组成。球囊很大，采用极轻的材料制成。由于热空气的质量和密度要小于冷空气，加热装置产生的热空气进入球囊后，使球囊不断上升，带动与之相连的加热装置、吊篮及吊篮中的乘客也向上升。当球囊中的空气渐渐变凉，热气球也会慢慢下沉。为使热气球的高度不变，气球驾驶员必须不断点燃加热装置，以保持球囊中空气的温度。

收音机的发明

　　无线电通信借助电磁辐射也即电磁波进行信号的传送与接收，电磁波以光速传播。无线电与有线电报和电话有显著区别，后两者都需要导线连接发送者与接收者才能进行信号的传送和接收。

　　无线电在 19 世纪就已经开始引起科学家的注意。1864 年，苏格兰物理学家詹姆斯·克拉克·麦克斯韦(1831—1879 年)通过数学演算预言了电磁辐射的存在，并得出"光也是电磁辐射谱中的一部分"的结论。1887 年，德国物理学家海因里希·赫兹(1857—1894 年)发现了电磁辐射的一种新类型——无线电波。他利用高压将两个靠得很近的铜球之间的空气击穿，在两个小球之间产生了蓝色的火花，整个装置形成了高频振荡回路，产生了电波(也被称作赫兹波)。

　　1890 年，法国物理学家爱德华·布朗利(1844—1940 年)制作了一个密封的金属填充的玻璃管，玻璃管两端装有电极，可以接收单独信号，称为粉末检波器。存在电波时，管内的金属粉末就会凝聚(粘在一起)，足以导电，形成一个回路。1894 年，英国物理学家奥利弗·洛奇(1851—1940 年)改善了布朗利的粉末检波

粉末检波器的发明者布朗利（左上）和马可尼（右下）同时出现在这张纪念1907年法国巴黎与摩洛哥卡萨布兰卡利用无线电联通的海报上。

器，并将之与一个电火花发送机连用，可在150米内传送莫尔斯电码。一年后，俄国物理学家亚历山大·波波夫（1859—1906年）也进行了相似的电码传送实验。

1894年，意大利物理学家古列尔莫·马可尼（1874—1937年）在并不知晓该领域发展的状况下，也开始进行无线电实验。在实验过程中，马可尼发明了无线电天线，并利用设备通过地面收发无线电信号。不久，他利用自己的装置将代码信息发送超过了3 000米的距离。这项发明，也即无线电报迅速发展，尤其是1896年马可尼移居英国之后，无线电报技术发展更为迅猛，到1901年，无线电报信号已经可以跨大西洋传送。

无线电报较传统电报的优势在于不用借助线路传送信号，而普通的电话通过导线可以传送声音信号。这样，人们就开始考虑无线电波能不能携载人的声音信号呢？这一想法促进了无线电话的发展。加拿大裔美国电气工程师雷吉纳德·菲森登（1866—1932年）已经完成了该技术的早期研究工作，发明了调制技术。无线电报发射的长短脉冲信号代表莫尔斯电码中的"划"和"点"。无线电话中，发射出的信号是连续的，称为"载波"，载波的振幅随着麦克风中声音信号的强弱变化进行同步调制。菲森登在1903年演示了振幅调制（AM）技术。1906年圣诞前夜，雷吉纳德·菲森登在美国马萨诸塞州采用外差法振幅调制实现了历史上首次无线电广播。

无线电技术的新发展需要性能更优异的检波器。1906年，美国电气工程师皮卡德（1877—1956年）设计制造了晶体检波器。晶体检波器利用了金刚砂（碳化硅）、方铅矿石（硫化铅），或纯硅晶体，整流器接收到的无线电信号，将交变信号（AC）转化为直流信号（DC）。晶体检波器通过一段可调节的细导线连接到无线电电路上，后来这细线得到一个昵称——猫须。

英国工程师约翰·弗莱明（1849—1945年）在1904年发明了性能更优异的整

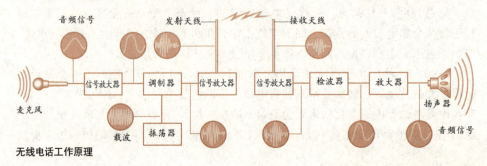

无线电话工作原理

流器／检波器系统，它有一个带两个电极的真空管——二极管。两年后，美国工程师李·德·福雷斯特（1873—1961年）对二极管进行了改造，又添加了一个电极，这就是后来的三极管。真空管可以用来放大微弱的无线电信号。随着新装置的涌现，无线电工程师就可以进一步优化发射机和接收机的电路设计。1917年，马可尼开始研究极高频率（VHF）传送技术，但当时没有实际应用，直到20年后由于电视机发明才投入使用。1924年，马可尼利用无线电短波从英国将讲演的声音信号传送到了遥远的澳大利亚。

1912年，菲森登设计发明了允许更多选择调谐的外差电路。1918年，美国工程师埃德温·阿姆斯特朗（1890—1954年）发明了超外差电路，可以使收音机接收到更加微弱的信号，进一步提高了收音机的性能。阿姆斯特朗最杰出的贡献是1933年掌握了调频技术（FM）。与调幅（AM）不同，调频（FM）是将载波的频率用广播发射的信号频率进行调制。调频的信号在传播过程中更稳定，对大气中的电磁波干扰更加不敏感，这样，听众接收到的声音信号更加清晰悦耳。

第一台电视机

1925年，苏格兰电气工程师约翰·洛吉·贝尔德在伦敦的工作室中传送了第一张电视图像。与美国工程师斯福罗金后来发展出的电子式系统不同，贝尔德电视机系统的拍摄和接收基本上是机械式的。

约翰·洛吉·贝尔德（1888—1946年），1888年出生于苏格兰西部，并在格拉斯哥接受教育。第一次世界大战爆发后，贝尔德由于体弱多病而免于兵役，但他因健康的原因而失掉了电气工程师的工作。在遭受了三次生意失败的打击后，1922年贝尔德去了英国南部海岸的海斯汀修养，就是在这里，他开始了关于电视的实验。所有的电视摄像机都具有扫描图像功能的某些方法，贝尔德将具有高转速的尼普科夫盘——波兰电气工程师尼普科夫（1860—1940年）发明并获得专利——用在他的电视系统之中。尼普科夫盘是一个按螺旋形打了一系列孔的圆盘（贝尔德用的是纸板），当圆盘转动时，观察者可以通过圆盘上的孔看到物体变成了由许多的

贝尔德正在调整早期的接收装置。上图中央位置就是尼普科夫盘，随着圆盘转动，圆盘上螺旋形的一系列孔能有效地扫描图像。

一台1936年的英国电视接收机内部装有一个垂直的阴极射线管和一个水平的屏幕，通过一块已设置好角度的镜子将影像反射到观看者眼中。这样的电视机价值约160美元，相当于当时的一辆家庭轿车的价钱。

曲线或扫描线组成的图像，图像中的每一条线都是由圆盘上不同的孔产生的。1925年贝尔德扫描的第一张图像是一位口技表演者的玩偶图像——Stookey Bill。贝尔德电视扫描的第一个运动的对象是他位于伦敦的研究室的一位行政助理。

起初，贝尔德通过导线来传输电视图像。贝尔德的"红外线摄像机"利用红外线来扫描，这样就可以在黑暗处拍到图像。1927年，贝尔德通过电话线在伦敦与格拉斯哥之间进行了图像传输，一年后，又通过大西洋海底电报电缆将图片发往纽约。

1929年9月，英国广播公司（BBC）开始尝试用贝尔德机械式电视系统播放电视节目。起初，闪烁模糊的电视图像由30线组成，后来增加到60线，最后达到了240线。1932年，贝尔德用无线电短波进行了电视图像信号的传送，试验性的播出一直持续到1935年。商业性的电视播出在英国从1937年才真正开始，当时BBC用的是由英国Marconi-EMI公司开发的405线电子式电视系统。但是由于第二次世界大战的爆发，电视播出不得不暂停。在第二次世界大战结束前夕，贝尔德制造出了彩色电视机，拥有三维画面宽屏系统（利用投影）以及立体声。在他逝世后，电视播放又恢复了，这时的电视所采用的全是电子式的电视系统。

1908年，苏格兰电气工程师阿兰·阿奇博尔德·坎贝尔－斯文顿（1863—1930年）提出了电子电视摄影系统的原理，但当时的设备还无法将他的想法变成现实。后来，他设想将阴极射线管用在电视的摄像机和接收装置中。他认为图像信号可以借助电线传送，或借助新发明的无线电技术，只要在电视播放发射的范围内就可以接收到图像的信号。

在美国，俄裔美国电气工程师斯福罗金（1889—1982年）从研究的开始就摒弃了贝尔德圆盘技术路线，而转向了电子式路线，1923年，斯福罗金将阴极射线管发展成了电视映像管，利用电子束来扫描图像。摄像机透镜将外部场景的光聚焦在用铯－银细粒镶嵌的信号板上，每颗金属细粒释放出的电子数量与投射光的量成比例，而电视映像管的电子束在扫描信号板时，会不断补充电子。于是，从信号板放出的电子流会随着光的强度的变化而变化，现在我们将这种输出的信号称为视频信号。1927年，美国发明家菲洛·法恩斯沃思（1906—1971年）开发了一台相似的摄像机（1930年获得专利）。斯福罗金后来加入到美国无线电公司（RCA），并在随后几年里对自己的电视系统做了改进。从1939年起，美国无线电公司却不得不向法恩斯沃思缴纳专利使用费。1941年，哥伦比亚广播公司（CBS）开始在纽约的WCBW电视台尝试彩色电视广播，但直到1951年，彩色电视信号才开始定期播出。

个人电脑的发明与普及

　　第一代微型计算机只有那些懂得如何装配的很少一部分人购买。然而，仅仅过了20年，个人电脑就已经从一种新奇的事物转变成世界各地的人们日常生活中普遍使用的一种工具。

　　生活在现代世界中的人们对个人电脑再熟悉不过了，个人电脑的强大功能使它成为当今最有用的工具之一，人们可以用电脑玩游戏、写信，还可以管理家庭以及生意上的账户收支。电子邮件只需几秒钟就可以将信息和图片从地球的这一端传送到另一端。个人电脑可以用于购物、旅行行程安排、酒店预订和购买电影票等方面。现在，我们很难想象如果没了电脑，世界将会变成什么模样。

　　然而，个人电脑仍是相当新的事物。第一台全电子计算机于1946年在宾夕法尼亚大学研制出来，被称作埃尼阿克，意思是电子数字积分器和计算器，包含1.8万只真空管，使用功率为100千瓦。

　　早期所有的计算机都采用的是真空管或电子管，这些机器体积庞大，占用整个房间且计算结果并不可靠（因真空管或电子管失效），因此许多工程师不得不时常手动调试，使它们正常运行。发明于1947年的晶体管取代了真空管，使计算机的体积大大缩小并且运行更稳定。而1958年发明的集成电路使计算机的微型化成为可能。计算机开始"瘦身"。

　　即使如此，直到1975年，才出现了体积足够小且普通家庭有能力购买的计算机。美国新墨西哥州阿尔伯克基的MITS公司推出了Altair 8800型计算机，品牌机销售价格495美元，而组装机则只售395美元。Altair 8800型计算机的尺寸为43厘米×46厘米×18厘米，采用2兆赫兹的英特尔8080微处理器，没有显示器、键盘和打印机，内存容量只有256比特。人们只能通过机箱前的开关控制它的运行，以映射到前面板的闪光图案读取输出结果。1976年，MITS公司将20厘米的软盘驱动装配到他们的计算机中用于数据储存。

　　只要计算机能够与存储设备如磁盘驱动器进行信息交流，计算机软件——应用程序如文字处理工具或游戏等就可以运行。这个过程需要一种操作系统形式的特别软件。1972年，美国计算机科学家加里·基尔代尔开发了PL/M（程序语言／微处理器），它允许计算机工程师编写程序然后加载入英特尔4004的只读内存中。这些处理器可以用来控制交通灯和家用电器如洗衣机等设备。1973年，基尔代尔编写了能从磁盘中读取和写入数据文件的软件，他将之称为CP/M（控制程序／微型计算机），这是第一个应用到微型计算机中的操作系统——CP/M很快取得了成功，但是当国际商用机器公司（IBM）需要在他们开发的小型电脑上安装一个操作系统时，IBM有两种选择——CP/M和MS-DOS（磁盘操作系统）。MS-DOS是由美国微软公司的计算机程序员比尔·盖茨于1980年开发的，成为CP/M的强劲对手。微软公司的MS-DOS最后胜出并占据了市场主导地位，但还是有部分计算机爱好者仍在使用 CP/M。

文字之星(WordStar)软件于 1979 年面世，是第一种流行的文字处理程序。最初，软件在 CP/M 上运行，但后来的文字之星版本在 MS-DOS 上运行。

在 1980 年英国工程师克里维·辛克莱开发出 ZX80 计算机之前，计算机仍很昂贵。ZX80 型品牌计算机整机在英国的售价只有 95.95 英镑，组装机更便宜——只有 79.95 英镑；品牌机在美国的售价也仅为 199.95 美元。ZX80 计算机大小为 20 厘米 ×20 厘米，随机存储器(RAM)容量为 1 千比特，配置了膜键盘。ZX80 与一台电视接收器相连，作为该计算机的显示器。一年后推出的 ZX81 计算机功能则更为强大，并采用了音频卡带存储设备。

1981 年，IBM 公司开发了其第一台小型计算机，称为个人电脑。在 1～2 年内，IBM 的竞争对手们向市场推出了价位更低的模仿机——IBM 克隆机。所有这些上市的计算机都模仿 IBM，并且都安装 MS-DOS。现代计算机就是这些"克隆机"的"直系后裔"。

计算机按照二进制编写的机器代码指令处理任务，一套计算机程序由许多页的"0"和"1"组成。机器代码很难编写而且更难对运行的错误进行调试。计算机程序员需要一种既容易编写又易调试的代码。第一种这样的代码出现在 1957 年：IBM 公司的计算机程序员约翰·巴克斯开发出第一种高级程序语言 FORTRAN，标志着程序设计的新时代的开始。但 FORTRAN 语言是一种面向科学家和数学家的编程语言。教师仍需要一种学生可以较容易掌握的语言。1964年，美国计算机程序员约翰·凯莫尼和托马斯·库尔兹在新汉普郡达特茅斯大学宣布他们成功解决了这一问题，即开发出了初学者通用符号指令代码——BASIC语言。

个人电脑的性能取决于处理器的运行速度和内存的容量大小，这两项指标都得到迅速提高，并仍在不断增强，使得现代电脑的性能远远高于以前。第一台多媒体个人电脑出现在 1991 年，英国计算机科学家蒂姆·伯纳斯·李在 1990 年创造了万维网，如今，宽带网已使用户可以从网络上下载音乐和电影。

军事科学

无声枪为什么"没有"声音

在一些电影、电视中，经常有这样一些镜头：杀手在用手枪杀人时，竟然一点声音都没有。这是怎么回事呢？原来，他们使用的是一种无声枪。

无声枪是一种怎样的枪呢？无声枪包括微声步枪、微声手枪和微声冲锋枪等，它们在结构上与普通枪没多大差别，只是有几处不同，即在枪上加装了消音装置，并且枪弹也得到了改进。

事实上，用这种枪射击时并不是没有声音，只是声音十分微弱。通常情况下对微声枪的声音大小，是这样要求的：用微声枪在室内射击时，室外听不到声音；在室外射击，室内无法听到声音。另外，还要求这种枪在一定的距离内，白天看不到射击火焰，夜晚看不见火光。这便是通常所说的无光、无声、无焰的"三无枪"。

那么，无声枪的工作原理是什么呢？要弄清楚这个问题，必须先了解射击声音是如何产生的。

射击时，扣动扳机有底火发出，将发射药引燃，于是枪膛内有高压火药气体产生。火药气体压力最高可达 3000 多个大气压，弹头被火药气体压力高速推出枪口。弹头出枪口后，膛内剩余气体压力也近 1000 个大气压。当高压气体以很高的速度从枪口喷出时，由于外面的压力很低，结果有激波产生，并有强烈的声音发出。膛内压力愈高，发出的声响就愈大。如果在出枪口前能降低膛内的气体压力，那么可大幅度减小枪声，消声的目的就达到了。

我们在知道了射击声是如何产生的后，就知道如何才能减小声音了。一般情况下无声枪有一个消声筒安装在枪口，减弱枪膛内的高压火药气体压力之后，膛内气体才喷射出来。

消声筒的结构有很多种类型，常采用的有以下 3 种：隔板式、网式和密封式。隔板式消声筒是在筒内装有 10 多个串接在一起的碗形隔板。高压气体每碰

知识窗→枪

枪是一种武器，它利用火药燃气的能量发射枪弹，用于杀伤暴露的有生目标和毁伤薄壁的装甲目标，一般身管口径小于 20 毫米。通常分为单人使用的枪械（如手枪、冲锋枪、步枪）和集体使用的枪械（如机枪）2 种。按其口径可分为小口径（6 毫米以下）、大口径（12 毫米以上）和普通口径（6～12 毫米）枪械。按其自动化程度可分为全自动、半自动和非自动枪械。全自动枪械又称自动枪械，可利用火药气体能量实现自动装填和连发射击。半自动枪械只能实现自动装填，不能连发射击。非自动枪械靠手工操作来完成重新装弹和每次枪弹发射。枪械通常由枪管、机匣、枪机、瞄准具、发射机构、供弹具和射击支撑件（握把、枪托或枪架）等组成。一般有很高的射速、良好的射击精度和密集度以及足够的杀伤威力，而且重量轻，体积小，便于射手在堑壕、居民点、森林、山地等处使用。现代枪械由枪管、机匣、枪械自动机、瞄准装置和枪架等部件组成，枪管的口径一般小于 20 毫米。以自动枪械居多，其发展趋势是进一步小口径化，枪族化，点、面杀伤一体化，提高破甲威力以及采用无壳枪弹等新弹种。

到一个消声隔板就膨胀一次，便会消耗掉一部分气体的能量，最后喷出去的气体速度和压力自然就很小了。

网式消声筒的筒内装有卷紧的消声丝网。当

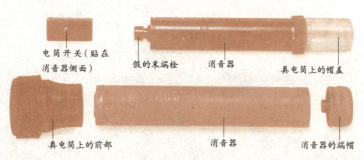

电筒开关（贴在消音器侧面）　假的末端栓　消音器　真电筒上的帽盖

真电筒上的前部　消音器　消音器的端帽

伪装成电筒的消音器

这 2 支消音器伪装成电筒以便运送时不引起任何怀疑。附加伪装部件拆卸容易，可迅速拆装，使消音器发挥真正的用途。

高压火药气体通过丝网时，会消耗掉气体中的大部分能量，这样喷出去的气体压力就会非常小。

密封式消声筒是在消声筒（隔板式的或网式的）的出口前端有一块遮挡着的橡皮，消声筒被这块橡皮密封起来。射击时，弹头迅速从橡皮中间穿过并留下小孔，但由于橡皮本身具有弹性，从而很快又堵住弹孔，防止火药气体外流。这样的话，气体只能从橡皮上的裂缝中排出，结果声音便大大减弱。

另外，还有一种消声的方式，即在消声筒的出口处还装有像照相机快门一样的机械装置。子弹从快门射出后，快门迅速关闭。火药气体则以其较高的压力将快门打开，并喷到大气中，从而减弱了声音。

世界上最早的微声枪出现在 20 世纪初。当时英国发明家希拉姆·马克西姆，在 1909 年制成了一种装在猎枪上使用的消声器，能使猎枪射击的响声大大减小。受猎枪消声器的启发，美国于 1912 年首先制成了微声步枪。后来，在此基础上，美国又制成了微声手枪，主要供中央情报局的谍报人员以及特种部队使用。

坦克的发明制造

坦克这种装甲武器我们并不陌生，在第一次世界大战中，英国人首次将坦克用于战斗，发挥了巨大作用。但坦克是怎么研制出来的呢？

在第一次世界大战中，为了突破堑壕、铁丝网、机枪火力点构成的防御阵地，就需要研制出一种火力、机动、防护三者有机结合的新式武器。但是怎样才能制造出这种行动自如而且防护性强的武器装备呢？

我们都知道，乌龟身体的外面包着一个厚厚的龟甲，当遇到危险时，乌龟就会把头和四肢缩到龟甲里。这个特殊的龟甲虽然使乌龟爬得很慢，但其防护能力却很强。

乌龟的龟甲分背甲和腹甲两部分。背甲呈拱形，虽然很薄但非常坚固，它的跨度很大，包含许多力学原理。虽然它的厚度只有 2 毫米，但即使是一个成年人

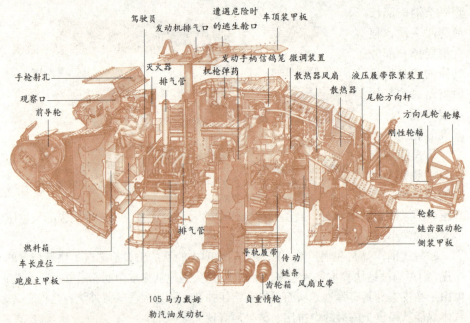

马克I型坦克内部剖析图

坦克首次应用于战场是第一次世界大战期间，由英国工程师秘密研制而成，起初起名为"水箱"，英语意为"TANK"，发音"坦克"，坦克称呼由此而来。图为著名的马克I型坦克内部剖析图，它是坦克的鼻祖，基本上反映了坦克的概貌。

应急的方向尾轮

马克I型系列坦克最初依靠1对拖在车后的尾轮控制转向，这对尾轮靠钢丝张线机构连接操控。由于其自身的一些功能弱势，例如容易损坏，沾满泥浆后容易失效，因此很快就改为履带差速转向。

站在上面也压不碎，用铁锤来使劲砸，也不容易砸碎它。龟甲的这种特性引起了武器专家的兴趣，他们便模仿它制造出了有"陆战之王"称号的坦克。

武器专家们从龟甲的特殊的结构中受到启发，他们根据龟甲中的力学原理，制造出了世界上第一辆坦克——"小游民"。它以美国的一种履带式拖拉机为基础原形，车体和履带被加长，并在上部的三角钢架上铆上10毫米厚的钢板，形成乌龟壳形状。"小游民"坦克诞生后，并没有参加过实战，但它的诞生却是坦克发展史上的一个里程碑。

在第一次世界大战中，坦克首次被投入战场。1916年9月15日黎明，英法联军向索姆河畔的德军阵地进行攻击。他们先炮轰德军阵地，炮火一停，英军的秘密武器，即新生产的49辆"大游民"坦克，便出场。但是由于故障多，到达前沿阵地的只有18辆，它们发出"轰隆隆"的巨响声，直冲向德军阵地。

德军见许多巨大的钢铁"怪物"冲他们而来，不知是何物，以为来了"魔鬼"，吓得都慌了神。他们慌忙用重机枪对"钢铁怪物"进行射击，没料到子弹反而被弹了回来。枪弹不入的钢铁"怪物"在战场上所向无敌。

德军炮火抵挡不住坦克，坦克却冲到了德军阵地前。坦克上的大炮进行轰炸了，德军阵地在炮弹的狂轰滥炸下，化为一片火海。铁丝网等障碍物被坦克宽大的履带冲垮，战壕被轻易越过，那些碉堡等防御工事也一个个被坦克碾碎，许多来不及逃跑的德军士兵被坦克碾成了肉酱。而逃命的德国兵被坦克两侧的机枪成批地扫倒。跟随在坦克后面的英法联军步兵对溃逃的德军穷追不舍，被坦克吓破了胆的德军士兵，纷纷举起白旗投降。

坦克在第一次世界大战中的非凡表现，对战场的局面产生了极大影响。同时，坦克也被载进了军事史册，其"乌龟壳"的称呼也流传了下来。

穿着铠甲的坦克

"道高一尺，魔高一丈"，坦克虽有厚厚的外壳，但随着破甲弹和反坦克导弹的出现，坦克的生存受到了严重威胁。于是，如何坚固坦克装甲便成了军事专家们关注的问题，随之便产生了坦克"铠甲"。

早在1982年爆发的黎巴嫩战争中，以色列军队就给他们的坦克安装了这种装甲。在这次战争中，由于有这种新时装的保护，以色列仅数十辆坦克被对方击毁，而没有使用这种装甲的叙利亚和巴勒斯坦解放组织被击毁的坦克多达500多辆，其中还包括10多辆被捧为"骄子"的前苏联制造的T-72坦克。

此后，英国、美国、法国、前苏联等许多国家不仅对反应装甲进行了详细的研究，而且组织人员仿制这种装甲，来装备自己的坦克。美国很快为它的一些海军陆战队的M60A1主战坦克安装了这种装甲。前苏联的行动更为迅速，在一年多的时间内为7000辆T-72、T-80坦克安装了反应装甲。

这种"铠甲"用薄风板制成，外形和普通扁平盒子一样，在它的四角或两端钻有螺孔，从而可以将它固定在坦克装甲上。而且铠甲里面装有炸药，这种炸药是钝感炸药，甚至普通的机枪子弹或炮弹破片打中它也不会引起爆炸。但是，如被反坦克导弹或破甲弹击中，它会立即发生爆炸，爆炸所产生的气流会搅乱、冲散导弹和破甲弹弹头部产生的金属射流，使其不能击穿坦克装甲，从而起到了保护作用。因此，人们把它叫作反应装甲或反作用装甲，也有人称其为爆炸式装甲或爆炸块装甲等。

反应装甲的重量轻、体积小，制造、安装和维护比较容易，而且价格也较低，可以说是新式坦克的护身法宝。一辆坦克如挂装只有10平方米大小、仅1～2吨重的反应装甲，则坦克的机动性受到的影响会很小。在战场上这种爆炸块装甲被击中后，还可以及时更新，使坦克能继续作战，这也是它另一个突出的优点。它能大大降低破甲弹或反坦克导弹的破甲能力，降低程度为50%～90%，是同样重量普通装甲的防护效能的 10 倍。

然而，世界上绝对的强者是没有的，这种装甲也有其克星，长鼻子导弹便是最新研制出的一种对付装甲的克星。

它之所以叫长鼻子导弹，是因为在弹头顶端有一个长 15 厘米的鼻子状的突出物伸在外面。发射导弹后，装有炸药的长鼻子首先碰击装在坦克装甲表面上的炸药。当它撞击装甲上披挂着的

谢尔曼坦克
M-4 型坦克是以制造量巨大取胜的坦克。到第二次世界大战末，美国 11 个军工厂每月制造 2000 辆这种坦克。截至 1946 年，M-4 型坦克的数量已经达到了 4 万多辆。

铁盒子时，其中的炸药就会被引爆，从而使长鼻子后面的导弹弹头能将敌坦克的装甲击穿。后来，有些破甲弹也模仿长鼻子导弹装上了里面装有炸药的突出物，成为坦克的爆炸块装甲的克星。

面对长鼻子导弹的威胁，反应装甲也开始采取相应措施。为了对付这种导弹，反应装甲由原来的一层增加到两层，有的甚至多达三层……

随着科学技术的发展，反应装甲和长鼻子导弹之间的竞争还会持续下去，而且竞争会越来越激烈，这也会推动坦克装甲不断更新。

性能各异的水雷家族

水雷可以长期埋伏在水下给那些触碰它的舰船以不备之击，它还可以像导弹一样，主动追踪并击毁水下潜艇。在历次海战中水雷都得到了大量使用。水雷被人们形象地称作"水中伏兵"。水雷家族成员众多，个个都威力巨大，但这些水雷家族的成员却也是"性格"各异。

触发水雷是最早的水雷，它以头上伸出的几个触角而闻名，作为一种能漂浮的"刺猬"式的球形炸弹，舰船触碰到它的任何一个触角，都会引发爆炸。为什么这种水雷的触角碰不得呢？这与这种水雷的引爆机制有关，因为水雷的触角被舰船碰弯时，装在里面的电雷管与电池之间的电路立即就被接通了，电雷管产生火花，引起爆炸。

磁性水雷随后问世，它沉在海底，而不是悬浮在水中的某一深度，这使扫雷器很难扫到它。因为舰船是钢铁制造的，它在地球磁场的影响下，也会产生一定强度的磁场，所以当它在磁性水雷上方经过时，雷上的磁接收器就会接收到舰船

磁场，然后装在水雷上的电雷管与电池之间的电路就通过控制仪器接通，引发水雷爆炸。这种水雷的爆炸场所虽然是在海底，但由于水的不可压缩性，可以把爆炸时所产生的巨大压力传到较远的地方，敌舰在水面一样会被炸毁。

锚－1大型触发水雷，总重约1000千克。

音响水雷问世较晚，由于它尾部装了一个耳朵状的音波接收器，所以被人形象地称为"长耳朵水雷"。它的这只音波接收器"耳朵"能接收舰船螺旋桨和发动机发出的声波，然后将它们变成电信号，激活电路，使水雷爆炸。

水有这样的特性：在流速越小的地方压力就越大，而在流速越大的地方压力就越小。蚝雷，就是利用水的压力变化这一特性来引爆的。在蚝雷上都装有一个压力传感器，当舰船在它上方通过时，由于船的航行造成了船底水流速度加快，水压变低，它就会接收到水压降低的信号，并随即接通电路，引爆水雷。

此外更高明的是一种外形像火箭的"自动上浮水雷"。由于它里面装有超声波发生器和计算机，当舰船在它上方经过时，它就把超声波发生器产生的超声波反射回来。计算机在根据反射回波测定目标的距离后，就启动了水雷上的发动机，水雷上浮，引发爆炸，击毁敌舰。

随着科技的发展，形形色色的水雷不断地被研制和开发出来，其科技含量也越来越高，不久的将来水雷家族中也许还会有更奇特的成员问世。

模仿飞鱼的飞鱼导弹

仿生学不仅在民用上发挥了不少作用，而且在军事上也应用较多。下面我们要说的飞鱼导弹便是仿生学在军事上的应用。

飞鱼是一种生长在印度洋、太平洋、大西洋的热带亚热带海域，以及我国的东海、南海的海洋鱼类。当它们成群结队、万箭齐发地飞出海面时，场面非常壮观，十分好看。因为飞鱼生有一对像鸟翅膀一样的胸鳍和一只可以掌握飞行方向的尾鳍，所以，飞鱼能像鸟一样飞。当遇上蜻鳅鱼、金枪鱼等追赶时，它会用长而有力的尾鳍猛击海水，使身体腾空而起，从而能以极快的速度冲出水面，然后展开翅膀一样的胸鳍，"飞"到离水面8～10米的高度，以大约每秒20米的速度在空中滑翔150～200多米的距离，从而摆脱水中敌人的追击。

法国制造的"飞鱼"反舰导弹就是以飞鱼为原型的。法国军事装备研制专家用飞鱼做模特研制导弹，原因是什么呢？反舰导弹是一种包括空舰导弹、岸舰导弹、舰舰导弹等在内的进攻性武器，它主要被用来对敌方的各种舰船进行攻击。但因舰艇装备的观测雷达非常多，导弹飞行过高很容易被敌方发现，导致导弹被拦截，或被规避，这样一来，导弹所起的作用就很小了。为了减小敌方舰船防御系统的威胁，同时提高反舰的空防能力，武器专家苦苦思索，想出了一个好办法，即用飞鱼做导弹的"模特"。

电脑芯片　引信

弹头

激光制导导弹
美国宝石路激光制导导弹利用的是打击目标反射的光能。激光制导导弹第一次使用是在越南战争中。

"飞鱼"导弹被制造出来以后，便在实战中发挥了巨大作用。在 1982 年英阿马岛之战中，阿根廷采用超低空飞行的飞机巧妙地躲过了英国舰艇雷达的侦察，当飞行至距离英舰 45 千米时，它立即发射"飞鱼"导弹。在飞至距离目标约 10 千米处，该"飞鱼"导弹按照指令自动由 15 米高度降到距海面 0.5 ~ 3 米贴着海面飞行，在英军雷达毫无反应、英舰浑然不觉的情况下，靠近目标，一举将被称为"皇家海军骄傲"的英国现代化驱逐舰"谢菲尔德号"击沉，同时被击沉的还有大型运输船"大西洋征服者号"。

飞鱼导弹的杰出表现使它声誉鹊起，随着技术的不断改进，"飞鱼"导弹的作用会更突出。

利用仿生学原理的响尾蛇导弹

20 世纪 50 年代以前，在空战中一直使用传统导弹来攻击目标，但这种导弹有很大的局限性，它只能飞向目标的预期位置，倘若敌方的飞机及时发现并很快逃离，导弹便无法击中。那么，能否制造一种能够追踪敌机的导弹呢？

我们知道自然界中的任何物体，都能向外发出一种人眼无法看见的红外线。

正在发射的"响尾蛇"导弹，它是美国研制的一种全天候低空近程导弹。

这种红外线的强弱因物体温度的高低而不同：温度越高，发出的红外线越强。据此，科学家制造出一种奇特的导弹，它可以跟踪目标发出的红外线直至将其击中，这种神奇的导弹就是"响尾蛇"导弹。

"响尾蛇"导弹的外形细长，呈圆柱状，有 2 米多长。它可大致分为 4 大部分，即导引机构、战斗部、火箭发动机、弹尾，其中导引机构的位置最为靠前，它的作用是控制导弹飞行；接着的战斗部用来装炸药；再接下来是用来推动导弹向前飞行的火箭发动机；弹尾是最后一部分，它的上面装着弹翼，这部分的作用是使导弹在飞行时能保持稳定。这种导弹射程很远，它能击中 74 千米以内的目标。

响尾蛇的得名是因为它摆动尾巴的时候，尾部的鳞片会因摩擦而产生声响。它是一种很毒的蛇。响尾蛇的颊窝位于眼睛和鼻孔之间，像一个开口斜向前方的漏斗，是一种灵敏异常的"热感受器"。颊窝分为内外两室，中间仅隔着一层 25 微米厚的薄膜，膜上分布有 5 对具有热敏性神经细胞的神经末梢，因此颊窝对温热变化感觉十分灵敏。响尾蛇捕食动物时，不是用眼睛去看，而是根据颊窝感受到的外界红外线的强弱来判断食物的位置和种类。

美军导弹专家深入研究响尾蛇攻击目标的原理后，研制出了一种用红外线制导的名为"响尾蛇"的空对空导弹。一种红外自动探寻的制导系统装在这种导弹最前端，这种系统就是根据响尾蛇身上的"热感受器"得到启发而发明的，它能觉察并接收红外线。因为飞机尾部喷出的气流温度高，所以放出的红外线就强，位于导弹头部的红外探寻装置接收的红外线也就多，通过导引机构来跟踪这来源较强的红外线，导弹就会追踪放出红外线的飞机，直到击中敌机。

现代战斗机随着性能的不断增强，也逐渐找到了对付这种导弹的办法。因为"响尾蛇"导弹是根据飞机尾部所发出的红外线来判断飞机位置的，所以，如果在响尾蛇导弹靠近飞机时，飞机突然转弯，使得它尾部喷出的气流也迅速改变了方向，导弹就难以接收到原先追踪的那束红外线，而此时太阳光发出的红外线就相对较强了，于是导弹就朝着太阳的方向飞去。这样就可以摆脱导弹的追踪。

"长着眼睛"的巡航导弹

"战斧"式巡航导弹，这种被列为美国的新式战略武器的小巧导弹在海湾战争中的实战命中精度为 15 ～ 18 米。

"战斧"导弹的远距离攻击为什么会这么精确呢？这是因为"战斧"导弹有一个独特的会认地图的优点，它能按地图标明的路线飞行，从而使它击中目标的准确率变得很高。

那么"战斧"这种巡航导弹是如何认地图的呢？原因在于装备在这种导弹上的"等高线地形匹配系统"，这是一种读地面地形图的装置。这种装置储存着导弹飞向目标途中经过的全部陆地地形的数字信息，而这些信息大多数是由间谍卫

巡航导弹
一颗设计精巧的核巡航导弹正在自动追踪目标。

星或间谍飞机在和平时期拍摄的。当导弹飞距目标 11 ～ 13 千米时，这种读地面地形图的装置才开始工作。认地图装置开机后，认地图装置中储存的信息和导弹内的摄像机在飞行过程中摄取的导弹下方的陆地地形信息进行比较，这样导弹离目标的距离有多远，便可以计算出来，导弹距飞行前确定的航线的偏差也能计算出来。然后这些计算数据被输送给导弹的控制系统，导弹受到正确的操控就往正确航线上飞行了，这种对偏差的纠正一直持续到飞达目标为止。

除了这一显著优点外，"战斧"式巡航导弹在其他方面也相当出色，它的重量只是同射程的巡航导弹的 1/10，身长仅 2.9 米，但却能将 2000 千米远的目标击毁。它有飞机一般的流线型的外形，其发动机和飞机一样采用空气喷气方式，直接从大气中获取燃烧所需要的氧，这一措施使它的体积和重量有效地减小了。

体积和重量的减小，使巡航导弹一方面有效地减少了对敌方雷达波的反射面，降低了被敌方发现的概率；另一方面，重量轻、体积小使发射、储存、运输和维修等也方便了不少，发射前导弹的弹翼和尾翼还可以折叠起来。

导弹在水面上飞行，高度为 20 米左右；在丘陵地带，高度约为 50 米；在山丘地带，高度为 100 米；接近目标之后，保持小于 20 米的飞行高度。这种巡航导弹也适于低空突袭，可以维持在 15 米以下的低空飞行高度。它不但命中率高，而且还可以从舰艇上、空中、水下和陆上进行发射。巡航导弹发射后，先采取高空飞行，由于高空阻力小，这样做可节省大量的燃料。导弹的飞行高度在到达敌方上空后便自动降低，这样做不易被敌方雷达发现。另外，这种导弹还可以自动避开高山，敏捷度极高。

美国对"战斧"导弹情有独钟，"战斧"屡次被作为打头阵的先锋和主要攻击武器是与

F-117WR-400
涡轮喷气引擎

折叠机翼

地形匹配
制导系统

核弹头

巡航导弹
德国早期的 V-1 巡航导弹速度较慢，精确度较低。20 世纪 70 年代末，美国制造出了可以从陆地、海上和空中发射的巡航导弹。它带有制导系统，具有很高的精确度，可以进行迂回飞行。

它本身的优越性能密不可分的。"战斧"导弹的优点是空军轰炸机所不能比拟的。首先，这种导弹是在敌防空区外发射的，这样发射人员就避免了很多危险。其次，这种导弹的制导系统使它能躲避敌方火力。最后，这种导弹的发射可在远离陆地的军舰上进行，不需要任何海外基地的使用权。

人们在形容"战斧"这类高精度的巡航导弹时，常说它们是长着眼睛的。这类科技含量高、精度高、具有突出优越性能的巡航导弹已被广泛应用于现代战争中。

贫铀弹的危害

贫铀弹是一种具有很强放射性和毒性的新型穿甲弹，它的这种巨大危害主要来自于贫铀弹的制造原料——贫铀。

贫铀 (^{238}铀) 的性能是其他金属所不能替代的，它密度极高，达18.9克／立方厘米；强度高，韧性也高，硬度更是其他金属所不能比拟的，高达钢的2.5倍。它是生产核反应堆燃料时的副产品，所以以 ^{235}铀一样，它也具有一定的放射性。

贫铀虽然不会产生像核弹那样巨大的爆炸，但它具有放射性，对人有长期的影响，可以使人出现长期疲劳，肌肉疼痛，记忆退化和失眠等症状。除此之外，毒性也是贫铀的一大特性。这是因为它本身是有毒的化学物质，犹如铅、汞等有毒的重金属一样，人体无法自主排出这样的有毒金属。而它们一旦进入人体就会不断聚集，并损伤内脏。

贫铀是制造穿甲弹的理想材料。20世纪60年代初，美国就用贫铀合金制成了穿甲弹。一般情况下，贫铀合金都是用作穿甲弹芯的。

由于高速碰撞，弹芯在袭击装甲车的过程中，会产生高达900℃的高温，而在空气中作为弹芯的贫铀合金燃烧的温度较低，约为400℃。靠射击后获得的动能，贫铀穿甲弹就能把坦克的防护装甲击穿。在弹芯穿透装甲后，破碎的弹芯就自行燃烧，在车内破坏坦克的内部的设备并杀伤乘员，从而形成较大的杀伤破坏作用。

这还不足以表现贫铀弹的强大威力和独特之处，更为严重的是贫铀燃烧时会形成淡黄色烟雾状的氧化铀尘埃，这是一种具有放射性污染的物质。随着这些尘埃状的氧化铀

美国陆军大量装备了贫铀弹，在海湾战争、科索沃战争、伊拉克战争、阿富汗战争中大量使用，给当地的环境造成了极大的破坏。

贫铀，是天然铀在提取核武器和核燃料所需的 ^{235} 铀之后的剩余产物。由于天然铀之中，^{235} 铀所占的比例大约只有 0.7%，而铀的另一种同位素 ^{238} 铀则多达 99.3%，所以提炼后大量的 ^{238} 铀成为无用之物，从而构成了贫铀。但由于铀元素的高密度特性，使这种提炼核燃料产生的副产品成为制造穿甲弹的最佳材料。贫铀弹是指以贫铀为主要原料制成的各种导弹、炸弹、炮弹或子弹。以高密度、高强度、高韧性的贫铀合金做弹芯的贫铀弹，在袭击目标时，产生高温化学反应，其爆炸力、穿透力大大超过一般弹药，可摧毁坚固的建筑物和攻击坦克和装甲车。贫铀在击中目标后容易氧化燃烧，在高速穿破装甲时，可使敌方武器或燃料着火焚烧，破坏力很强。

精炼铀

铀矿石

的扩散，对周围环境和各种生物的生存都将造成巨大的损害，严重的甚至导致死亡。只不过每 1 枚穿甲弹的污染区域较小，而实际上它的放射性污染并不亚于原子弹爆炸后的污染。

目前，一些国家也在进行贫铀穿甲弹的研制，有的已被作为部队装备投入使用。令人担忧的是，如果将强辐射性如此强的武器投入到战争中，它对人类和其生存环境的危害是巨大的。科学技术能够造福人类，但也存在潜在的危险。不过，人类既然能够创造这样具有强大威力的武器，就一定有能力使它们最大限度地向对人类有利的方面发展。

核爆炸与人造地震

我们知道核爆炸具有极大的破坏力，地震的破坏力也是令人恐惧的，但有谁能知道核爆炸和地震之间存在着一定的关系呢？

20 世纪 60 年代末，前苏联在进行核爆炸试验时，有一个奇怪的现象让地震专家非常感兴趣。核弹在地下爆炸后的若干天内，数百甚至数千米以外的某个地区会发生强烈地震。之后，地震专家们通过对核爆炸试验记录进行分析，证实了地下核爆炸确实会引发地震的结论。

试验结果表明：在某一地区一定深度的地下将一枚相当于梯恩梯炸药 1 万吨的核弹引爆能够诱发相当于里氏 5.3 级的地震，一枚 10 万吨级当量的核弹爆炸能诱发相当于里氏 6.1 级的地震。

1968 年法国在法属波利尼西亚群岛试爆了一颗氢弹，引发了当地的大地震，图为爆炸时的景象。

预警飞机——战场上的空中指挥所

在提供情报信息方面，侦察飞机和侦察卫星做得已经足够好了，可是，还有一种预警飞机比它们在高空中工作更便利、更出色，以至于被称为"空中指挥所"。

预警飞机与普通飞机相比，有何区别呢？原来预警飞机在机身上比普通飞机多背了一个像蘑菇一样的大圆盘。圆盘中装着搜索雷达和敌我识别器的天线，这个直径达 7 米多的大圆盘实际上就是特制的天线罩。看上去笨拙的大个头圆盘其实很灵活，它能在 360°的各个方向扫描搜索，每分钟就能绕轴旋转 6 圈。也就是说，它敏锐的"眼睛"向上还可以看到太空里飞行的人造地球卫星并与其协调合作，向下能发现低空飞行的各种活动目标，以及雷达和导弹阵地的布防等情况，而且还能看到地面的坦克、卡车的调动，甚至能看到潜艇的通气管和潜望镜。因此预警飞机真可谓是现代战争中理想的空中指挥所，装着能同时跟踪和识别 250 个目标的电子侦察设备，在引导自己一方的飞机攻击目标时，能迅速计算出 15 个目标的各种参数，使命中率几无差错。

预警飞机不仅识别目标多，运算参数快而准，而且，它与侦察卫星等相比，在高空中看得更远。令人难以置信，它还能同时发现 300 多个机载或地面雷达，并指挥无人驾驶飞机进行电子干扰，或者去摧毁它们。实际上，用预警飞机作战，等于把一个指挥中心搬上了天空，因为在高空飞行的预警飞机直接联系了海、陆、空三军，使它们以最快的速度协同作战，协调整个战场的防空、侦察、空运、营救、护航和空中支援等活动，成为兼管"警戒、控制、通信"三项任务的空中指挥所。

美国 E-3A "望楼"预警机
它可以同时指挥航母上的战斗机作战。

次声武器的发明

次声波在自然界里屡见不鲜，许多自然现象发生时，都伴随有次声。像火山爆发、流星爆炸、地震、龙卷风、极光、磁暴等都是次声的来源，甚至连较常见的台风、雷电、海浪等也能产生次声波。除了自然界，人类的许多活动也都能产生次声波，如核爆炸、火箭发射、飞机飞行、火车奔驰、化学爆炸、机器运转等。

1948 年初的一天，一艘荷兰商船满载货物正穿过马六甲海峡，船员们在船上紧张地忙碌着。海上，风高浪急，突然间，体格健壮的船员们全都倒在了船上，商船失控，就像一匹脱缰的野马，漂荡在海上。事后，警方对这起海难事故进行

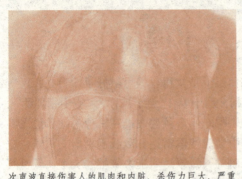

次声波直接伤害人的肌肉和内脏，杀伤力巨大，严重者可致死。

调查发现，所有死者既无被砍伤的痕迹，也无中毒迹象，但是解剖尸体显示死者心血管全都破裂了。

1986年4月的一天，距法国马赛附近的一个声学研究所16千米的一个村子里，正在田间干活的30余人同时无缘无故突然死亡。

事后，专家对此进行了调查，发现这两个神秘死人事件都是次声波造成的。

次声波是一种频率低于20赫兹的声波，所以，又叫作"低频次声"。一般来说，人的耳朵能听到的声波在20～20000赫兹之间。超声波的声波频率高于20000赫兹，次声波频率低于20赫兹。通常，人体内脏活动时也产生频率在0.01～20赫兹之间的振动，次声波频率与之接近，不过危险也恰就在这里边隐藏着。如果有外来的次声波，它的频率接近于人体脏器振动频率，与内脏发生"共振"现象，就干扰人体正常的生理活动，甚至破坏人体。如果程度比较轻微，人会出现如头晕、烦躁、耳鸣、恶心等一系列症状；情况严重时，甚至能伤害人的内脏，使人死亡。

因此，马六甲海峡的那桩惨案可以这样来解释：在向海峡驶近时，荷兰货船恰遇海上的风暴，风暴与海浪摩擦时产生了次声波——这次声波就是凶手。海员们在与风浪进行搏击时，无论心理、精神和情绪上，都高度紧张。在次声波的作用下，他们的心脏及其他内脏剧烈抖动、跳动，最终致使血管破裂，突然死亡。而马赛的那起事件也可以得到解释了：原来是附近的那所声学研究所正在进行实验，由于粗心大意，次声波泄漏并"冲出"实验室，杀死了许多人。

这种武器实际上只要达到一定频率和功率的要求，就可以置人于死地。由于在空气中次声传播速度每秒高达340米，在水中的传播速度可达1500米，速度奇快，而且在传播过程中没有声音和光亮，能在不知不觉中袭击敌人。其次，次声波传播得很远，因为大气、水和地层不容易吸收次声波。次声波还可以穿透建筑物、掩蔽所、坦克和潜艇等，具有极大的破坏性，甚至使飞机解体。

目前研制的次声波武器有2类：一类用于干扰神经，它的振荡频率接近人脑的阿尔法节律，都是8～12赫兹。人的神经会受到干扰，容易错乱，癫狂不止最终使战斗力丧失。另一类次声波武器的振荡频率约为4～18赫兹，接近于人体内脏器官的固有振荡频率。他人的内脏发生共振，从而对人体生理产生强烈影响，甚至导致死亡。

◎小问答：为什么次声波能置人于死地呢？

原来，人体内脏固有的振动频率和次声频率相近似（0.01～20赫兹），倘若外来的次声频率与人体内脏的振动频率相似或相同，就会引起人体内脏的"共振"，从而使人产生头晕、烦躁、耳鸣、恶心等一系列症状。特别是当人的腹腔、胸腔等固有的振动频率与外来次声频率一致时，更易引起人体内脏的共振，使人体内脏受损而丧命。

次声波虽然无形，但它却时刻在产生并威胁着人类的安全。在自然界，例如太阳磁暴、海峡咆哮、雷鸣电闪、气压突变；在工厂，机械的撞击、摩擦；军事上的原子弹、氢弹爆炸试验等，都可以产生次声波。

由于次声波具有极强的穿透力，因此，国际海难救助组织就在一些远离大陆的岛上建立起"次声定位站"，监测着海潮的洋面。一旦船只或飞机失事，可以迅速测定方位，进行救助。

近年来，一些国家利用次声能够"杀人"这一特性，致力于次声武器——次声炸弹的研制。尽管眼下尚处于研制阶段，但科学家们预言：只要次声炸弹一声爆炸，瞬息之间，在方圆十几千米的地面上，所有的人都将被杀死，且无一能幸免。次声武器能够穿透15厘米的混凝土和坦克钢板。人即使躲到防空洞或钻进坦克的"肚子"里，也还是一样地难逃残废的厄运。次声炸弹和中子弹一样，只杀伤生物而无损于建筑物。但两者相比，次声弹的杀伤力远比中子弹强得多。

利用基因工程制造的基因武器

基因武器是一种生物武器，它是利用基因工程制造的。它通过在某种微生物中转移其他微生物的"抗药基因"，使其具有抗药性，以致它们不易被药物杀死，

基因工程的应用

基因工程又称为 DNA 重组技术，有很多实际应用价值。左图所示的转基因农作物可以抵御除杂草时除草剂的毒性，通过基因工程也可以将一种生物的抗病性转移到另一种生物体内。在医学研究中，应用基因工程所取得的最重要成就就是利用细菌合成胰岛素。胰岛素主要被用于糖尿病患者的治疗，原来以从动物体内提取为主，细菌合成胰岛素的成功将为治疗糖尿病带来新的曙光。

⑥经这段基因操纵所合成的蛋白可以被提取并利用。

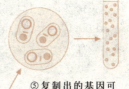

⑤复制出的基因可以被提取并植入其他生物体内。

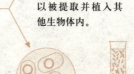

①定位并标识一段特定的基因作为目的基因。

②DNA 链经限制性内切酶的作用而水解，每一段均有 2 个"黏性末端"，可以用于连接其他的 DNA 链。

③携带目的基因的 DNA 片断被嵌入一个细菌质粒（环状 DNA）中。

④质粒被重新植入细菌体内，并随着细菌的分裂增殖而进行复制与传递。

转基因

目前，基因工程主要应用于将外源基因引入细菌体内指导细菌进行生物合成。首先确定某一段特定的基因为目的基因，而后在限制性内切酶的作用下将该段基因切离原来的 DNA 链。限制性内切酶的作用如同一把剪刀，可以在特定的碱基序列处切断 DNA 链。然后该段基因被连入一个细菌质粒（即细菌的环状 DNA），新的质粒可以随着细菌的分裂而复制并传递，从而有更多的细菌携带这一基因。通过这一方法可大量获得目的基因或其指导合成的蛋白质。

这些经过培育的不易被杀死的微生物通常被称为"战剂微生物"。另外还可以在某种容易培养繁殖的微生物中，移植一些增强微生物的致病力的基因，以制造出致病力更强的战剂微生物。

美国培养出了一种既抗四环素又抗青霉素的战剂——大肠杆菌。研究人员通过把大肠杆菌中的抗四环素基因与抗青霉素的金黄色葡萄球菌的基因进行拼接，再整合到大肠杆菌中，便获得了强效的战剂大肠杆菌。俄罗斯也企图制造出具有眼镜蛇毒素的新流感病毒，通过把流感病毒基因和眼镜蛇具有的剧烈的毒素基因拼接，再整合到病毒中，来获得这样的战剂病毒。被这种"人造病毒"感染的人不仅会出现流感症状，还会出现中蛇毒的症状，将会迅速导致感染者瘫痪和死亡。

基因工程是一项造福人类的技术，但是科学家也关注到它潜在的可以制造杀人武器的危险。人类利用基因工程可以创造巨大的财富，也一定可以使这些财富向对人类有利的方向转化。

能像大白鲸一样破冰而出的潜艇

科学家发现多数哺乳动物生活在热带海域，唯独大白鲸习惯于在北极圈内生活。如果冰期正常，每年春季冰面开始融化时，8万～10万只大白鲸会从化冰的北极圈经阿拉斯加、格陵兰岛和加拿大游到俄罗斯和斯堪的那维亚，然后它们又会赶在冬天海面结冰前，游经白令海峡，再回到格陵兰岛。

大白鲸这种独特的生活习性，引起了科学家的极大兴趣。大白鲸喜欢在冰冷的海域里生活的原因对人们来说至今仍是一个谜。事实上，大白鲸经受的酷寒是从滴水成冰的大气层来的。因为即使是在冬季 −60℃ 的环境中，大白鲸也必须冲破冰层呼吸大气层中的空气。一位阿拉斯加科学家曾从空中观察过一群大白鲸的活动，他发现大白鲸浮出海面呼吸时，呼出的空气会在空中形成圆形的冰，就像

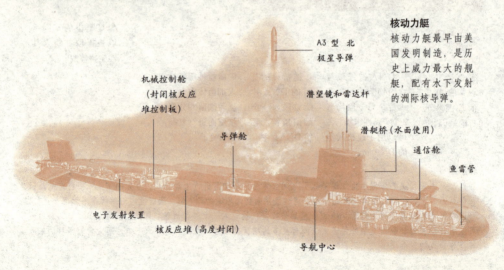

A3 型北极星导弹

机械控制舱（封闭核反应堆控制板）

潜望镜和雷达杆

导弹舱

潜艇桥（水面使用）

通信舱

鱼雷管

电子发射装置

核反应堆（高度封闭）

导航中心

核动力艇

核动力艇最早由美国发明制造，是历史上威力最大的舰艇，配有水下发射的洲际核导弹。

头上撑起了一把洁白的冰伞；吸气时，这些伞状的冰受气流的冲击，小伞又会掉落下来，形成一道壮丽的景观。

美国的核动力潜艇
潜艇出水与鲸极为相似。

潜艇由于在水下航行和作战，因而具有很强的隐蔽性。但它有时也需浮出水面，这在普通区域当然不是什么问题，但在冰海区域却存在困难。如何使潜艇具备破冰的本领呢？

大白鲸的脊背有一层纤维状结构，这种结构又硬又长，从而使它能冲破很厚的冰层，浮到上面呼吸空气。大白鲸的这种"鲸背效应"大大地启发了潜艇专家，他们处理了潜艇顶部突起的指挥台围壳和艇体的上部外壳材料，并且巧妙利用"鲸背效应"为弹道导弹核潜艇上浮安了一把破冰的利剑，从而使潜艇能够在冰海区域潜航和作战。

潜艇专家受大白鲸"脊背"的启发，在设计弹道导弹核潜艇时，潜艇"破冰上浮"问题很顺利地就被解决了。在各种侦察手段日益翻新的今天，陆地洲际导弹的发射井很容易被侦测到，因此，自20世纪50年代末以来，又研制出了具有高度隐蔽性和机动性的弹道导弹核潜艇。弹道导弹核潜艇作为潜艇家庭中的主宰，其生存概率超过90%，是陆地固定发射井的11倍多，作用高出陆地机动战略武器1倍以上，同时，这个水下导弹发射场是极难被发现的。

潜艇这种潜在水下的秘密军舰在现代战争中的作用是巨大的，它可用来完成布雷、侦察和巡逻等任务，但它的首要任务是攻击大中型水面舰艇，为了完成这些任务，它上面装备了水雷、鱼雷和导弹等武器。

鱼雷在水下的发射过程比在水上复杂得多。为保证鱼雷准确地击中目标，现代潜艇上装有精密的鱼雷射击指挥系统，这其中也包括电子计算机。

导弹也是现代潜艇经常用来攻击目标的有力武器。导弹在水下发射也是比较困难的。潜艇上专门安装了导弹发射筒来发射导弹。使海水的压力与筒内的气压相等，是发射前最重要的步骤；然后打开筒盖，导弹会借助高压蒸汽和压缩空气的推力冲出发射筒并且冲出水面，这时第一级火箭发动机点

注满水的浮力舱

浮力舱注水，潜艇下沉。

浮力舱充满空气，水被排出，潜艇浮出水面。

负浮力
水进入浮力舱，增加了潜艇重量，潜艇就开始下沉。空气进入浮力舱，水被排出，重量减轻，潜艇就开始上升。

火，在火箭发动机的带动下，导弹按照预定的程序，便会准确地飞向目标。导弹平时就装在发射筒内，为防止海水灌入，筒的上端装有密封盖。

潜艇攻击敌舰首先要发现目标，那么潜艇在水下怎样发现水下和水面的目标呢？潜艇上装的潜望镜、声呐和雷达，就像潜艇的耳目一样，帮助潜艇侦察目标。

潜望镜里面安装有许多不同角度的镜片，一般长达 8 ～ 15 米。如果把潜望镜的镜头伸出水面，在艇内只要观察目镜，就能看到水面上的情况，这都是潜望镜里许多镜片发挥的作用。艇上还有一些其他辅助装置，可以帮助观测者测出目标的距离，甚至可以拍摄目标。

声呐可以利用声波在水中的传播来探测目标，它能使处于深水的潜艇发现水下和水面的目标，所以它的使用比较广泛。

雷达的工作原理是先发射电磁波，电磁波遇到障碍物反射回来，然后接收回波就可以发现目标，还可以测出目标的距离和方位。但它容易暴露潜艇位置，而且使用的范围也有限，这是它和潜望镜一致的缺点。

潜艇的外形不像普通的舰艇那么威武，它头部浑圆，身子像个大棒槌，尾巴尖尖的，倒更像一条大海豚在水中游动。这种"水滴型"或"纺锤型"的外形，可以减小阻力，能使潜艇在水下游得又快又远。

潜艇的外壳里面还有一个叫固壳的内壳。随着海水的深度增加，海水对潜艇的压力也增大，这对于主要在深海活动的潜艇就是一个巨大的挑战，所以就要求潜艇的内壳必须能承受住海水的巨大压力。为了使内壳容积更大且受压时变形均匀，潜艇的内壳多为两头封闭的长圆桶状。这是一种节省材料、制造方便的方案。

负责潜艇升降潜浮的装置叫水柜，它是潜艇内外壳之间的容积。通过这种巧妙的进出水设计，潜艇的浮沉就很方便操纵了。

潜艇的舱室在内壳里面，是用隔板分开的，分为导弹舱、指挥舱、鱼雷舱、士兵舱等。

潜艇尾部垂直安装了方向舵，也叫垂直舵，它的作用是使潜艇左右转变或保持航行方向，这和鱼尾巴的作用很相似。

美国"鹦鹉螺号"核潜艇

潜艇的艇首和艇尾还装有升降舵，它们的作用是使潜艇在水中航行时改变深度，向上或向下航行，操作简便，只需要改变舵与水面的角度。它们的作用和鱼鳍有些相像。

目前，柴油机和蓄电池是大多数潜艇所用动力的来源，但实际上潜艇在水下航行时使用的是蓄电池，柴油机的作用是给蓄电池充电。

但使用蓄电池作动力有些弊端，首先是潜艇的水下航行速度慢，只有10余节，而且航程最远也只几百海里（1海里＝1.852千米）。这使潜艇在现代战争中很难在水下长期隐蔽作战，不适应现代战争的需要。

另外，蓄电池储存的有限电能，也给潜艇带来了麻烦。蓄电池是靠柴油发电机为它充电的，由于柴油机在工作时需要大量的空气，而且还有废气排出，所以当柴油机为蓄电池充电时，潜艇就不得不浮到水面。然而这就使潜艇很容易暴露自己，遭到袭击。

为了克服这个由燃烧所带来的缺点，提高潜艇的作战能力，人们把核反应堆搬到了潜艇上，核潜艇就这样诞生了。

核反应堆、循环泵、蒸汽发生器和透平机等共同组成了潜艇的核动力装置。其工作原理是：核燃料裂变所产生的高温，使循环管路中的水经过反应堆时，吸收了热量，水被加热到高温状态；高温水在循环泵的作用下，在蒸汽发生器中变成高压、高温的蒸汽，蒸汽可推动透平机转动，透平机的转动为潜艇上的螺旋桨旋转提供了动力，推动潜艇在水中前进。

核潜艇最为突出的优点是它可以长时间在水下航行，并且航行速度快，它的航速比普通潜艇要快1倍多。这就使它的隐蔽性和攻击性都加强了很多，使它在水下的反潜作战中大显威风。在装备了导航导弹和鱼雷后，核潜艇对敌方陆地目标，如交通枢纽、机场等的攻击也变得十分有力。

核潜艇的功率有多大？它常常可以达到二三万千瓦的功率。它的航行距离可达一二十万千米，航行速度达到25～30节（1节约为0.5141米／秒）以上，这都使普通潜艇与之无法相比。

1954年，美国的"鹦鹉螺号"核潜艇下水了。作为世界上第一艘核动力潜艇，它显露出超群的本领。在4年多的航行中，一共才装过2次燃料，然而航程共达28万千米，其中水下航行的就达20.37万千米。

核潜艇为防止反应堆的放射性对潜艇成员健康带来危害，设有严密的防护装置。用特殊铅板或钢板等制成的防护层包在反应堆外面，连与反应堆相连的管道外面也包有这样的防护层。潜艇上的防护辐射的报警系统，对潜艇中的放射性射线也起到了监视作用。除此之外，为了保证乘员健康和安全，艇上的空气、淡水和食品要进行定期检查和消毒。

潜艇在海战中的作用是不可估量的。潜艇正向着高速度、大深度和低耗能、低噪声，以及提高自动化控制能力、探测能力等方面发展，相信在不久的将来，将会有更新型的潜艇被研制出来。

海上巨无霸——航空母舰

航空母舰像陆地上的坦克一样，是海上军事活动的碉堡和大武器库。它的威力巨大，功能完备，在海陆、海空战争中具有举足轻重的地位，因此被人们形象地称为"海上巨无霸"。

航空母舰上通常停放着上百架具有各种战斗能力的飞机：有专门进行投弹轰炸的飞机，有发射导弹的飞机，有进行侦察的飞机，还有垂直起落的飞机、预警飞机等。舰上的火炮和导弹发射架，专门与来袭的导弹、敌机和舰艇作战。航空母舰上还另外携带了核武器。优良的配备使航空母舰具有了其他任何舰艇都难以匹敌的攻击威力。

现代航空母舰以其担负的战斗任务不同，又可分为3类：攻击型航空母舰、泛用航空母舰和反潜航空母舰。攻击型航空母舰的甲板上停放着大批的战斗机和攻击机，适于大规模的海、空战。它能对敌方的重要目标进行轰炸，也能攻击敌方舰船，活动范围大，攻击力强，而且排水量在三类航空母舰中也是最大的。泛用航空母舰在攻击型航空母舰的基础上同时带有一批反潜设备和一些反潜直升机，因此这种航空母舰具有很强的独立作战能力。反潜航空母舰肩负着同敌方潜艇作战的主要任务，因为这种航空母舰上载有反潜飞机、垂直起落飞机和一批反潜设备。另外，它还可以用于支援登陆部队作战。

航空母舰按排水量大小也可分为3类：大型航空母舰排水量在6万吨以上；小型航空母舰排水量小于2万吨；排水量居于2万至6万吨之间的为中型。

虽然航空母舰身庞体重，可这一点儿也不影响它的航速，每小时航速可达56～93千米，比起一般千吨以上的驱逐舰一点也不差；而且，由于航空母舰庞大笨重，所以有很强的抗风浪能力，12级台风也不能妨碍它安全航行。航空母舰携带的大量燃料，使其具有很高的续航能力，在远离港口独立作战中，可以连续航行1万多海里。如果把核动力作为航空母舰的推动力，则它航行时间和航程都会变得更长。

但作为海上巨无霸的航空母

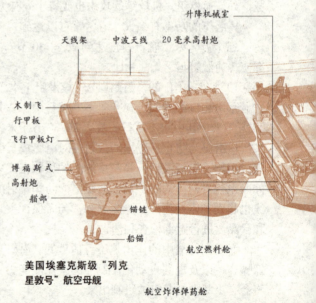

升降机械室

天线架　中波天线　20毫米高射炮

木制飞
行甲板

飞行甲板灯

博福斯式
高射炮

艏部

锚链

船锚

航空燃料舱

美国埃塞克斯级"列克
星敦号"航空母舰

航空炸弹弹药舱

舰，也存在一定的缺点：由于目标大，容易引发起火爆炸，而且作战行动也受到限制。航空母舰今后的发展方向是小型化。设计家们已提出一些新的设想，他们考虑在航空母舰上应用气垫技术，使它的航速提高到 100 节，这样就能取消弹射器和拦阻索，也能大大缩短飞机的起飞和降落时的滑行距离。

装载能力
美国海军"小鹰号"航空母舰常规装载将近 6000
名舰员、50 架飞机，包括 F—14 雄猫战斗机和
F—18 大黄蜂战斗机，以及直升机。

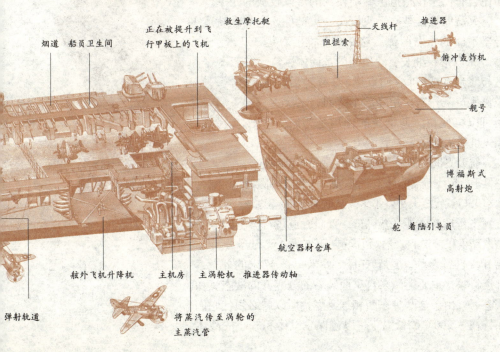

烟道　船员卫生间　　正在被提升到飞行甲板上的飞机　救生摩托艇　天线杆　推进器　阻拦索　俯冲轰炸机　舰号　博福斯式高射炮　舵　着陆引导员　航空器材仓库　舷外飞机升降机　主机房　主涡轮机　推进器传动轴　弹射轨道　将蒸汽传至涡轮的主蒸汽管

航天飞机的作用

　　航天飞机在命名上兼具飞机和航行天外的宇宙飞船的双重意义，那么，航天飞机为什么会有一个这样的名字，它到底是一种怎样的飞机，它又有哪些特长，它在现代战争中又有些什么作用呢？

　　航天飞机在发射时需要运载火箭带动从发射台垂直发射，这一点和宇宙飞船的发射一样。起飞后，2个固体燃料火箭助推器和外部燃料箱相继与航天飞机分离开，然后在本身携带的3台主发动机的带动下，航天飞机进入预定的飞行轨道。完成太空飞行后，它重返大气层，在机场跑道上滑行着陆，这一点也和普通飞机一样。

　　航天飞机的构造相当复杂，这点是普通飞机所不能比拟的，轨道飞行器、火箭助推器和外部燃料箱是它的3大组成部件。轨道飞行器从外形上看与普通飞机相似，只是一个带翼的飞行器。机身长而宽大，一般长37米，既能载送卫星到宇宙空间，又可以载人运货，无须专门的运载火箭发射。在机身的后面装有3台以液态氢和液态氧为主要燃料的主发动机，能产生的推力相当大，相当于3 700多万马力。机身前面有驾驶舱，舱内分上、下两层，共可乘坐8名宇航员。它还有一对呈三角形的翼展为24米的机翼。它还有2台火箭发动机安装在飞行器主发动机的旁边，用于改变航天飞机的轨道，使它在返回地球时减速。另外，在机身的下面还装有便于在跑道上着陆使用的可以收放的轮子。

　　火箭助推器是航天飞机又一大部件，它立在轨道飞行器下面的左右两侧。这2个助推器直径3.7米、长45.5米，形状细长。它使用的是固体燃料。航天飞机起飞后30秒钟它们点燃，2分钟后，它脱离轨道飞行器，用降落伞落回，下次还可以再使用。助推器的作用是为航天飞机进入轨道助一臂之力。

　　航天飞机的另一个重要部件是外部燃料箱，它位于轨道飞行器的肚子下面，是一个粗大的圆桶，看起来与氧气瓶大小差不多。从航天飞机起飞，一直到飞行后8分钟，燃料箱一直向轨道飞行器上的主发动机供应燃料，然后它就自动与轨道飞行器分离开，自行爆炸。这个直径8.5米，长47米的外部燃料箱，主要能源来自里面装着的分隔开的液态氢和液态氧。由于这两种东西相遇易燃，所以就必须使它们保持在－200℃的低温下，以确保它以体积较小的液体

航天飞机

早期的宇宙飞船都是一次性的，不能再次使用。但是美国1981年生产的航天飞机实现了循环使用。它具有像飞机一样的双翼，它使在太空中的短途飞行更容易了。

状态存在，因而外部燃料箱就有了"世界最大的保温瓶"的称号。

　　航天飞机设计独特，又经过精密的程序研制而成，每次飞行后，只要经过短时间的检修，就又能重新发射升空，反复使用是没有问题的。

　　发射、回收和维修卫星是航天飞机最拿手的本领，航天飞机甚至还能破坏和截获敌方卫星。航天飞机在太空中揽回敌方的卫星后，或加以改装或没收，使它为自己一方工作和服务。

　　如果在航天飞机上携带大型的侦察和照相设备，那么像观测、追踪导弹飞行和监视潜艇、发射导弹之类的特殊任务它也能完成。通过航天飞机还可以在宇宙空间设置雷达等其他先进的电子设备，这不仅能对导弹、飞机进行跟踪，连海上的舰艇和地面上的坦克等活动目标也难逃它的监视。如果航天飞机的飞行器将飞行速度保持与地球的自转速度相同，那么相对于地球它就是静止不动的，这样就可以在处于地球同步轨道上的航天飞机上设置通信天线，利用这种天线能轻易接通1000万条通话线路。通过这样的通信天线，战场上作战的众多士兵，只要一块手表一样大小的通话装置，就能和他们的指挥官直接通话，这使战场上的联络变得更加便捷了。

　　航天飞机为人类探索和开发宇宙空间已经做出了巨大的贡献。

隐形飞机为什么能隐形

　　隐形飞机是一种专门用于夜行的飞机。由于采用了特殊技术，使它对雷达波的反射面积比飞行员头盔的反射面积还小，因此很难被敌方雷达发现，所以被称为"隐形"飞机。

　　它素有"战斗机中的骄子"的美称，这与它独特的隐形能力是分不开的。

　　那么，隐形飞机为什么能隐形呢？美国的具有"隐形"能力的F－117A战斗轰炸机和B－2轰炸机，其特殊的外形以及能吸收雷达电磁波的材料的使用，都是它们之所以具有隐形能力的原因。

　　F－117A型飞机采用后掠机翼和"V"型尾翼，看起来像一架普通航天飞机。

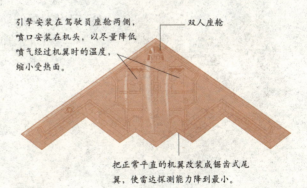

引擎安装在驾驶员座舱两侧，喷口安装在机头，以尽量降低喷气经过机翼时的温度，缩小受热面。

双人座舱

把正常平直的机翼改装成锯齿式尾翼，使雷达探测能力降到最小。

隐形技术
尽管隐形技术常常和飞机联系在一起，但是它同样被用于现代战舰，甚至坦克的设计中。舰艇和坦克能够被雷达和热成像技术探测到，所以它们消耗的热量需要被掩蔽起来，防雷达反射表面需要设计得相当柔软。

它的表层是由许多小平面拼合而成的多角多面体，能使大部分敌方雷达照射的电磁波立即分散反射，从而使返回的电磁波不能被敌方雷达接收。

B－2型飞机的机翼和机身连为一体，有呈锯齿状的后尾，外形像一只蝙蝠。整个飞机的外形呈流线型，曲线极为流畅圆滑，可将敌方雷达发射的电磁波向着不同的方向散射。

这种"隐形"的F－117A战斗机，造价高，机舱只有一个座位。

近年来，一些国家为提高飞机、导弹等的作战能力和生存能力，都在大力研制隐形飞机和隐形武器。科技的发展日新月异，相信在不远的未来，隐形技术将被广泛地用于各个领域。

太空"间谍"——侦察卫星

所谓的侦察卫星，就是利用侦察设备，在180千米到36 000千米高度的地球轨道上实行侦察的卫星。它利用光电遥感器或无线电接收机做侦察设备来搜集地面、海洋或空中目标的情报。它通过无线电传输方式，把信息传送给地面，由胶卷、磁带等记录贮存于返回舱内加以回收，人们获得的情报就是从这些信息中提取的。

侦察卫星的分类很多，太空间谍的工作都由它来完成。它包括照相侦察、电子监视、海洋监视、核爆炸探测和导弹预警卫星等。侦察卫星在军事上有广泛的用途。它的发展也十分迅速，侦察卫星可以在160千米的高空发现0.3米大的目标，而在1915年，飞机在900米高空处都探测不到地面上的士兵。侦察照片的分辨率可以和航空侦察照片相媲美。正是1957年的人造地球卫星开辟了高空侦察的新天地，成为侦察工作最好的助手。

侦察卫星的确具有很多优点。它飞行速度快，侦察范围广，以高于V－2飞机20倍的速度，每天绕地球飞行十几圈，可想而知它能捕获多少信息。能迅速完成大面积侦察，或定期侦察某些地区，如此快的速度，却并不影响它的侦察效果。无论在哪个国家，无论

红外探测器，主要用来监测导弹发射时排出燃气的高温

DSP 卫星

美国从20世纪70年代开始发射防卫支持计划(DSP)。卫星进入地球同步轨道后，每颗卫星能够监测地球表面相当大的一部分。它们携带的探测器能够侦察到弹道导弹的发射，并且在导弹点火的同时把报警信号发回地球。DSP能够迅速发现导弹发射，从而保证有充分时间对任何攻击进行报复性还击。

什么样的地理状况和气候特点，都无法阻挡它，它毫无拘束地、自由自在地进行实时侦察与监视，发现着更多的目标。卫星侦察成败的关键在于它能否把得到的情报及时准确地送回。目前有效的方式之一是在侦察卫星的头部放一个回收舱，把拍好的胶片贮存在回收舱的暗盒里。

人造卫星

人造卫星上安装的现代照相机能够拍摄非常清晰的图像，而且能够拍摄到世界任何一个地方。

侦察卫星的工作效率这么高，就如同具备了一双"千里眼"，长出了一对"顺风耳"一样。一台可见光照相机就是侦察卫星的"千里眼"。由于照相机焦距长短、胶片质量及卫星的轨道高度不同，它拍出照片的清晰度也不同，这跟普通照相机的性能是一致的。人们为了最大限度地提高分辨率，已经把卫星照相机的焦距做到 2～3 米。照相侦察卫星的轨道高度一般在 150～200 千米之间，低于这个高度，卫星会很快坠入大气层烧毁，因为它承受不了低空大气的阻力。随着遥感技术的发展，把红外遥感相机安装在侦察卫星上，使太空"间谍"又添了一双特殊的"眼睛"，实际是一种"夜视眼"——在漆黑的夜晚，也能对地面军事目标拍照，使侦察卫星的"眼睛"更加明亮。那么，什么是侦察卫星的"顺风耳"呢？其实就是专门收集各种电信号的窃听器。除了应用于军事外，它在农业、森林、水文及环境保护、地质、地理、海洋等许多领域被广泛应用。它提供了更多的信息，让人类自如地去驾驭大自然。

头盔的发明与头盔制造技术的进步

头盔是怎么发明出来的呢？

第一次世界大战期间，一群法军正在营地里准备吃饭时，突然德军的炮弹如雨点般打来。顿时，营地浓烟滚滚，炮声隆隆，弹片乱飞。士兵们惊慌极了，军营里乱成一团。然而，一个名叫阿拉特的法国战士却临危不乱，一眼看见附近的铁锅，便有了主意。他爬过去，将铁锅盖在自己的头上，趴在地下。袭击过后，阿拉特发现他的战友都牺牲了，尸体狼狈地倒成一

第一次世界大战中的英国头盔　1944年第4代英国头盔　1944年英国伞兵头盔

英国通用第6代头盔　第二次世界大战中的美国钢盔　美国通用PASGT诺梅尔克头盔

片，而他自己仅受了点轻伤，并无大碍。

后来，阿拉特把他用铁锅保全性命的办法讲给来视察的一位将军听。将军深受启发，他命令迅速成立一个研究小组，进行头盔的研制。很快，该部队就制造出了一种用锰钢制造的钢盔，它能挡住子弹和弹片的袭击。

目前，一些国家已经研制出配有瞄准装置的军用头盔。飞行员只要戴上这种头盔，哪怕目标不在飞机轴线方向，也可以发射导弹，摧毁目标。以色列国防军1985年开始实践运用DASH显示瞄准头盔，它既能捕捉偏离机头方向的目标，还能知道飞行员所锁定的目标信息以及雷达所追踪到的目标标志。此外，如果飞机安装惯性导航设备，地面目标也能清晰地被看见。飞行员通过它可以知道飞机的高度、速度、方位等信息。飞行员在双座战斗机中，使用DASH头盔可以"一心二用"，一面攻击地面目标，一面又可发射导弹对空中目标进行拦截。

2000年初，德国国防军在举行的虚拟战场"实弹"演习中使用了一种头盔，叫"魔术"头盔。这种头盔可以让士兵切身体会战场上的真实情景，知道自己是否"阵亡"或"受伤"。

"魔术"头盔不仅有军事用途，而且也用在大型精密加工设备的维修、诊断和保养中。例如，美国瓦里安联合公司生产的主要是离子注入器，离子注入器构成部件有8000个，它平均每工作80小时就需要进行维修或例行保养。由于它每个小时能生产晶片200只，而且每个晶片上有225只集成芯片，这些晶片价值高达7.5万美元。为防止损失太大，它不得不一直不断地工作。为解决上述问题，瓦里安公司提供一项新服务，即使客户在千里之外，也用不了几分钟即可获得专家的诊断和故障处理意见及维修指导。

客户购买的离子注入器一旦发生故障，客户的技术人员只要将"魔术"头盔戴上，利用头盔上的一个微型数字电视彩色摄像机、耳机、话筒和2个显示屏，从显示屏上就能够看到由电视会议系统从工厂传来的图像，可与远在千里外的专家通过图像进行商讨。技术人员利用头盔可以拿起工具和零部件让专家诊断，专家把故障部位指出，技术人员可从头盔上看到，然后在专家的指导下，对仪器进行维修。

随着科技的不断发展，不仅头盔的应用领域越来越多，其自身的功能也越来越全。

隐身军服的发明

人类自身没有变色的本领，但是受变色龙的启发，运用现代科技，人类造出了可以隐身的隐身军服。

现代战争中，士兵往往穿着迷彩服，使自身的隐蔽性得到提高，以免被敌人发现。普通迷彩服分为丛林迷彩服、戈壁迷彩服、城市迷彩服、雪地迷彩服等，这样命名的原因是它们只能在特定环境中使用。那么，能否让军服随着环境的改变而变换颜色呢？科学家们从变色龙身上大受启发。

变色龙周身长着颗粒状鳞片，其躯体是扁平状的；虽然它的四肢较长，但爬行速度极慢；它的舌头长长的，它靠这条舌头捕捉虫类生存。因为它行动缓慢，为了能顺利捕获到食物且不被对手伤害，在世世代代的演化中，变色龙就具有了变色的特异隐身功能。这种功能就是可以根据所处环境的不同色彩、亮度，随时变换皮肤颜色，时而呈褐色，时而呈绿色，甚至呈现出黑色或黄白色，与周围环境浑然一体，变色龙真可谓"隐身天才"。

科学家利用变色龙变色的原理，致力于研究涂料、染料及其他材料——这些材料的颜色能随着光照、热辐射或其他物理场变化而自动改变，并且获得了突飞猛进的发展。比如，美军采用光变色染料染织的纤维布制成迷彩服，这种迷彩服能随穿者所处环境的改变而在瞬间改变色彩：在普通光照下呈军绿色，在夜间呈黑色；当受到核爆炸的光辐射时，即会在0.1秒钟之内变成白色，从而可使光辐射对人体的危害大大减轻。这种衣服所起的作用类似于变色龙的皮肤，战士们穿上这种具有变色功能的衣服，就会成为名副其实的"变色龙"。

同样，这种技术也可以在其他武器装备的伪装上进行运用。如后来发明的一种涂抹在军舰、飞机、坦克等兵器上的变色油漆，这种变色油漆在晴天能呈银灰色，在阴天呈暗绿色，夜间或在红外线照射下呈黑色。变色油漆还常涂刷在各种易发热的工业设备上，比如飞行器、电动机、防热隔层等，使这些设备的表面颜色随温度变化而变化，用以报告温度变化，从而能凭借它来防止因过热而发生的事故，所以人们称它为"示温漆"。

在现代战争中，光电、传感、微处理技术等高科技已被广泛应用，从而使单一的目视观察战场侦察体系，发展成为将光学侦察、雷达侦察、热成像侦察、遥控传感器侦察等综合运用的，空地一体、全方位、全天候的侦察体系。这种侦察

沙漠士兵
戴着尼龙"棉麻"伪装头盔的沙漠士兵。他的装备和衣服制作得非常柔软，拉不成任何非自然的直线形状，适用于沙漠地区。

体系侦察功能强大，普通军服往往会很容易被识破，只有迷彩伪装能对付它，防光学、红外线、雷达等综合侦察的新型染料、涂料在高性能侦察体系刺激下不断涌现。人们还在树脂中掺入铝、铜、铁或特殊合金材料等导电纤维，制成用于迷彩飞机、坦克、军舰、火炮、导弹等兵器的防雷达侦察材料，这类涂料能有效地将雷达波的电磁能量吸收、消耗掉。

雪地迷彩服
20世纪80年代，在加拿大北部举行的军事演习中，加拿大特种部队正艰难行进在雪地之中。他们身穿白色迷彩服，背着白色背包，武器也用白带缠裹起来。

针对红外侦察器材和红外制导武器的特性，专家们还研制出种种防红外侦察材料。利用防红外侦察涂料迷彩，能与周围背景的色彩相互一致，使安装有红外夜视仪即一种自身带有红外光源的发射系统无法找到目标。经过防红外侦察涂料迷彩的目标，其涂层能将自身辐射的红外线吸收掉，并将其转化为其他形式的能量，隔绝"屏蔽"红外辐射，产生漫反射，从而使热目标的显著性降低，这样，能躲开红外侦察。这些能使目标得到隐藏的迷彩服，也能让热成像仪等侦察器材迷茫。

这种隐身技术应用范围越来越广，在未来高科技战争中也会发挥越来越大的作用。

防毒面具为什么状似猪嘴

1915年德军为了打破欧洲战场长期僵持的局面，首次使用了化学毒剂。他们在阵地前沿放了5730个装有氯液的钢瓶，当顺风时，便向英法联军阵地敞开了瓶盖，释放出180吨氯气，导致英法联军中毒达1万余人，其中丧命的就有5000多人。然而，当地的野猪却安然无恙。

此事引起了生物学家的兴趣，在反复研究和试验后，他们发现野猪在闻到刺激性气味时，会拼命地用嘴巴拱地。土被拱松后，便将嘴巴埋入泥土中，含有毒气的空气经过土壤颗粒过滤后，危害就消除了。因此，野猪幸运地逃过了这次灾难。

英国军事科学家深受启发，他们研制出了世界上第一批像猪嘴巴一样的防毒面具。这种面具是用木炭颗粒做过滤层，内装可以过滤毒气的材料，后经多次改进，防毒面具采用的过滤材料更为先进，具有更大的吸附化学毒剂的本领，但原理和形状并没有改变。

奇妙的电子战

许多电子技术是受蝙蝠和夜蛾的启示而发明的。

蝙蝠是夜蛾的天敌，它的探测系统是动物世界中最奇妙的。美洲有一种白蝙蝠，它的探测系统能在 1 秒钟内发出 300 组超声波，还能准确地对同等数目的回声进行分辨和接收。依靠这个探测系统，它只需几分之一秒就能发现并捕捉到昆虫。这样，只需短短 1 分钟时间就能捕获几十只小昆虫。然而，即使面对如此强大的对手，小小的夜蛾也能巧妙地摆脱蝙蝠的追捕。

那么，在夜蛾、蝙蝠之战中，夜蛾是如何摆脱蝙蝠追捕的呢？

夜蛾的这种神奇本领，引起了许多科学家的兴趣，他们开始研究夜蛾的身体构造。

原来，夜蛾身上长有一种位于腹间凹处的奇妙的鼓膜器。这种鼓膜器的作用与"耳朵"非常相似。其外面是一层角褶皱和鼓膜，里面有气囊、感觉器和鼓膜腔。腔内的两个听觉细胞和一个非听觉细胞的神经纤维相互平行，从而形成一束连接主神经干的鼓膜神经，这种鼓膜神经能通向胸神经节。夜蛾凭借这个鼓膜器就能够感知到蝙蝠发出的超声波。

当距离夜蛾 5 米高、30 多米远的蝙蝠出现时，夜蛾的鼓膜器就能感知到蝙蝠的超声波，并接到警报。一旦蝙蝠侦测到夜蛾，就会发出更高频率的尖叫声以便迅速将夜蛾的位置确定下来。为了逃避蝙蝠的追捕，夜蛾则把足部关节上的振动器启动，发出一连串的"咔嚓"声，对蝙蝠进行干扰，从而使蝙蝠的定位能力减弱。同时，夜蛾身上纷纷竖起的绒毛也能把蝙蝠发射过来的超声波吸收，由此减弱蝙蝠探测系统的作用。当蝙蝠盯牢夜蛾的时候，夜蛾的鼓膜神经脉冲到达饱和点，夜蛾就能立即知道危险就在眼前。这时候，夜蛾就会不断变换飞行方向、兜圈子、翻筋斗、螺旋式地下降，或者缩起双翼，急剧降落到地面，

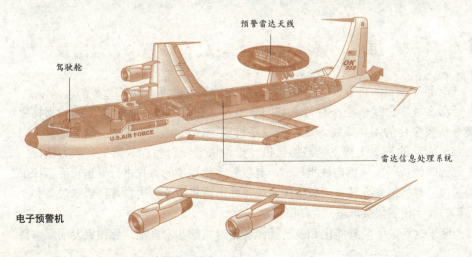

预警雷达天线

驾驶舱

雷达信息处理系统

电子预警机

反射的无线电波

天线

雷达

发射的无线电波

受蝙蝠超声波捕捉原理启发而发明的雷达

钻进草丛中。有时，为了争取主动，夜蛾会自己发射超声波，及早辨别蝙蝠的动向及所处的位置，以便在蝙蝠发现自己之前提早逃跑。主动侦察，提前发现敌情；及早报警，早做防御准备；以及积极干扰，迷惑天敌是夜蛾对抗蝙蝠追杀的战术特点。

夜蛾、蝙蝠之战对现代电子战具有重要的启示。作为高技术战的电子战其核心内容是电子干扰、电子侦察和电子摧毁。其中，电子干扰主要是使用电子干扰装备，在敌方电子设备和系统工作的频谱干扰范围内干扰敌方的无线电通信、雷达、无线电导航、无线电遥测、敌我识别、武器制导等设备和系统，从而使敌人通信中断、指挥瘫痪、雷达迷茫和武器失控，最终只能被动挨打。由于电子干扰的巨大作用，因而，它成为电子战中的重要形式。

目前，军事科学家们正在加紧对夜蛾的反蝙蝠战术进行研究，并加以模仿和改进，力图创造出一种能提高电子防御作战能力的新的反电子技术。他们仿照夜蛾的鼓膜器，研制出了"电子侦察预警机"。同时，通过研究和仿效夜蛾足部关节上的振动器，制造出了"电子干扰迷惑机"以及模仿夜蛾绒毛的"电磁吸波器材"。这些新的科研成果如今已被广泛地应用于飞机、导弹、舰艇、坦克等重要装备上了。

随着电子技术的飞速发展，电子战在未来战争中将会扮演着越来越重要的角色。

士兵加计算机——数字化部队的威力

21 世纪的军队将是数字化军队，21 世纪的战争也将是数字化战争。

那么数字化战争是一种什么样的战争呢？在战争中，各级指挥部的指挥手段全是数字化的图像系统。在每架战斗机或运输机上、坦克内、炮手位置上以及每个士兵的头盔上都安装着摄像机，摄像机能随时将作战情况、敌方情况、友邻部队情况等发送回前线指挥部，其以数字化图像的方式进行发送。而指挥部则通过计算机把命令转换成数字化图像，并迅速将命令传送到各种武器装备和士兵们的数字化图像荧屏上，并随时跟踪。

鉴于这种战争的智能化和机动性，各国对此都非常重视，都积极发展军事科技，力图获得电子优势。而美国在这一领域的探索更加积极，2000年它已装备了第一支数字化军队。

美国不仅装备了数字化军队，还将这种军队运用于实战演习。美军陆军国家训练中心位于加利福尼亚州埃文堡，在那里曾举行过一场模拟未来战场的战斗。

在一个漫天尘土的无人峡谷里，无线电网络把一个高度计算机化的坦克旅连接起来，因此，坦克上的所有乘员看到的战场计算机地图都是相同的。一辆多用途轮式车辆的"作战指挥车"对进攻的坦克进行指挥，这辆多用途轮式车辆里配备着电子设备和计算机，侦察敌人的兵力和状况、协调友邻部队，以便及时向指挥官报告战场变化等是其主要任务。

头盔式瞄准摄像机能在不影响正常观察的情况下将目标锁定，并将前线的情况拍摄下来，及时传送给指挥部。

这是一场发生于无人峡谷的大规模模拟战争，是美陆军首次使用"数字化"坦克进行的战斗演习。

在这次战斗演习中，每辆车上都配备有一台膝上计算机，他们的网都是连在一起的，作战人员从计算机的屏幕上或者从安装在车中的较大的显示器上，选择观察数据。计算机能收到来自卫星、无人驾驶飞机、侦察机和其他途径的情报，这些情报会在后方的一个中央指挥所被汇集在一

> ### 知识窗→电子计算机
>
> 电子计算机是一种具有数字运算和逻辑运算能力，能够自动、高速并精确地处理信息的特殊机器，简称计算机。计算机是人类最伟大的一项发明，人们可以利用电子计算机实现网上购物、网络通信等，更重要的是，计算机也广泛运用到军队，实现了数字化。

起。然后，计算机系统把所有这些数据都转换成标志图像，并由一排计算机控制。工作人员通过这些计算机，在屏幕上连续对这些数据进行监视。许多士兵背着小型个人计算机，穿着装有各种传感器的军服，戴着嵌有通信用的卫星计算机的头盔和传感器，佩戴嵌有超小微处理器的武器。士兵可以用全球定位系统接收机报告自己的位置。卫星能跟踪4平方千米演习场上的各处装有全球定位系统接收机和发射机的车辆。

随着电子技术的不断发展，战争形态也会发生改变，未来战争是高技术战争，谁的技术高，谁的胜券就大。

电子战飞机有什么作用

　　飞机家族战员众多，电子战飞机便是其中的一种。电子战飞机是一种装备了电子干扰设备、能够干扰敌方的雷达和通信设备的飞机，它能够通过这种方式使敌方雷达失效，达到掩护己方飞机、协助其顺利完成作战任务的目的。

　　进行近距离的空中支援是这种电子战飞机的主要任务。当攻击敌方装甲部队时，攻击机很容易被敌方的防空系统发现，遭到火力袭击。而这时，只要电子战飞机伴随攻击机一起飞行就可干扰敌方的防空导弹和炮瞄雷达的制导系统，使攻击机在对敌装甲部队进行攻击的时候免除防空火力的威胁。

　　最早的电子战飞机是从世界上最早的可变后掠翼战斗机——美国 F-111 战斗机脱胎而来的。美国 F-111 战斗机平均速度最大为 2.2 马赫，最大转场航程可达 1 万千米，可见，速度快、航程远是它的最大优势。美国空军在这些特长的基础上，又对 F-111 战斗机的机身进行了改进，重约 4 吨的电子设备被加装在 F-111 上，这就产生了电子战飞机 EF-111A。

　　EF-111A 电子战飞机既能伴随攻击机突入敌方，干扰敌方电子设备，使防空网功效降低或完全失效，又可以形成一个电子屏障，掩护己方飞机在作战中不被敌雷达发现，只要几架电子战飞机一起施效干扰就可以形成一个密不透风的电子屏障。

　　在电子战飞机家族中，代号为 EA-68 的美国"徘徊者"电子战飞机晚于 EF-111A 电子战飞机 10 年出世。"入侵者"攻击机是"徘徊者"电子战飞机的原型。它在"入侵者"的机身基础上进行了加长，而最重要的是有一个内装灵敏度很高的监视接收设备和雷达的半圆形筒状突出部加在了垂直尾翼上，这可以使"徘徊者"能够对敌方的雷达信号进行远距离搜索并将结果输送到中央计算机，以便确保实施电子干扰的准确性。自 1971 年以来，"徘徊者"就一直在美国装备部队服役。

　　在 1991 年的海湾战争中，在以美国为首的多国部队对伊拉克的进攻中，这种施放电子干扰的飞机得到了广泛使用，美国研制成的 EF-111A 电子战飞机、"徘徊者"电子战飞机都显示了其重要作用。当多国部队发射的巡航导弹在巴格达爆炸时，甚至于城防部门都搞不清是飞机炸的还是导弹打的。这都是由于美军的电子战飞机从战争刚开始就飞临战场上空，对伊拉克进行强制电子干扰，使伊拉克 200 千米范围内的雷达成了"瞎子"，通信中断，光电传感器失效，指挥失灵，武器失控。伊拉克的作战和指挥人员已被电子战飞机搞得晕头转向，乱作一团，自然就只能挨打了。

　　在现代战争中，雷达和电子制导系统等高科技技术得到了广泛的应用，这就使能混淆视听的电子战飞机有了足够的发挥空间。

雷达的发展

在 20 世纪 20 年代和 30 年代，美国和英国的无线电工程师称：飞过的飞机会使他们的广播信号失真——部分无线电信号被飞机"弹开"了。于是，科学家们意识到这种类型的无线电反射可以成为探测飞机或其他物体如船只或冰山的一种方法。

雷达意为"无线电侦察和测距"，这很好地表达了雷达的功能。雷达探测飞机时，首先发射出高频率的无线电脉冲（微波），然后用接收天线捕捉任何飞机反射回来的无线电信号，微波信号被反射回来的方向就揭示了目标的方向，而且目标的距离可以根据微波从发射和接收所耗的时间计算得出。

1904 年，德国工程师克里斯蒂安·侯斯美尔(1881—1957 年)发明了一套利用上述原理工作的装置，并取得了专利。他设计了一套利用连续波（非电磁波脉冲）的系统来预警船只在海上可能发生的相撞。

知识窗→谐振腔式磁控管

1939 年，谐振腔式磁控管在英国发明，它是一种能产生微波的无线电发射管，是许多微波装置例如微波炉、雷达等的核心组件。它由一个导体材料的空心块，例如铜（阳极块）构成，在空心块中心处有一段用来产生电子流的加热丝，并作为阴极块。在加热丝的上方和下方放了一对磁铁，产生的磁场将加热丝产生的电子聚集成一团带负电荷的电子云，磁场使电子云围绕加热丝不断运动。

当电子云经过位于阳极块内部上面的叶片时，由于阳极块电荷的迅速变化会在阳极块的空腔内产生快速振荡的电磁场。一根天线会接收这种振荡，并以微波的形式通过导波管发射出去。磁控管外部的散热片可以将这一过程中产生的极大的热量迅速地散发出去。

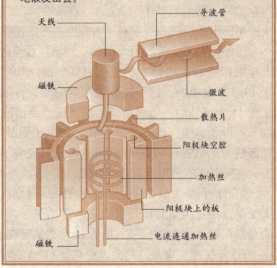

1922 年，美国华盛顿海军研究实验室的工程师发射的无线电信号越过波拖马可河，并探测到了过往的船只经过时，中断了发射的无线电波束。

英国海军部曾要求苏格兰物理学家罗伯特·沃森·瓦特(1892—1973 年)利用无线电波束研发一种能攻击敌方飞行员的"死亡射线"。但是，沃森·瓦特发现他无法将无线电信号的能量增强至能够伤害飞行员的大小，但可以探测到他们的飞机。利用位于英格兰中心的 BBC 高能发射机，他监测到一架飞行在 3000 米的高度、12千米之外的海福德轰炸机。在1935年，他取得了该系统的发明专利。

1904年，侯斯美尔设计了一套轮船预警探测系统，用于探测船周围的障碍物如冰山和其他船只等，并取得了发明专利。这套装置是连续波雷达的雏形。

1938年9月，随着第二次世界大战的迫近，英国沿着东海岸和南海岸建起了一条筑在100米高的塔台上的"本土链"雷达网，这样他们可以监测到320千米以内的敌机。

雷达工程师也将雷达用在提高高炮的瞄准精度上，特别是对空高炮和远程海军高炮（德国）上。鲁道夫·库诺德是德国雷达的先驱，1933年他向基尔海港的德国海军演示了一台该高炮的雏形。到了1936年，多数德国战舰都装备了高炮雷达。加拿大裔美国工程师劳伦斯·伊兰德（1897—1989年）1939年在美国"纽约号"军舰上演示了一套防空雷达和飞机追踪雷达系统后，重新唤起了官方的兴趣。

高频雷达信号需要特殊的电子，早期的雷达发射机上用的是美国物理学家阿尔伯特·赫尔（1880—1966年）在1921年发明的真空管——磁控管。1934年，法国半导体公司（CSF）亨利·古东发明了磁控管的改进版。

谐振腔式磁控管利用共振的"腔室"或空腔来产生信号，它是由英国伯明翰大学的两位教授约翰·纳达尔（1905—1984年）和亨利·布特（1917—1983年）于1939年发明的。这种新装置产生的波长可以小到9厘米，雷达利用它可以探测到11千米外的一艘潜水艇的潜望镜。英国政府马上将谐振腔式磁控管的技术细节告诉了美国。1938年，美国无线电工程师罗赛尔·瓦里安（1898—1959年）和西格·瓦里安（1901—1961年）两兄弟发明了速调管——一种专门用于产生和放大高频电流的可用于雷达的装置。

第二次世界大战结束后，雷达在和平时期找到了更多的用武之地。1946年，天文学家接收到了月球反射回来的雷达信号，并且在1958年接收到了距离更远的金星反射回的雷达信号。前苏联天文学家在1962年用雷达探测了水星，并且在1963年探测了火星。美国太空总署（NASA）利用空间轨道探测器测绘地球海底地貌，甚至探测了金星的表面状况。天气预报拓展了卫星雷达的用途，气象站上旋转的雷达可以探测天空各高度的云层、云的种类、移动方向和速度，便于气象专家做出中短期的天气预报。执法部门如交通局可以借助雷达测速的方法来判定汽车是否超速行驶。

随着人类科学技术水平的提高，雷达的应用领域也越来越广泛。科学家们把电子计算机技术与雷达探测功能相结合，开创了雷达应用的广阔前景。这一项在战争中发明并在战争中发展起来的技术正在为人类做出杰出的贡献。

应用科学与
当代新科技

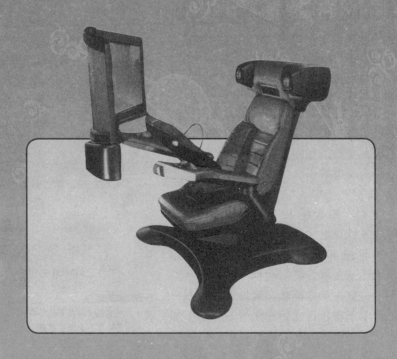

计算机的研制历程

在现代社会中，人们可以尽情享受网络带给我们的方便和快捷，当你在网上冲浪、遨游时，离不开网络的载体——电子计算机。电子计算机发展到今天，其功能已向着智能化的方向发展，人类也因此步入了信息化时代。而电子计算机的发明则经历了一个漫长的过程，无数人为它的发明和创造做出了贡献。

17世纪，机械计算机的出现，使得计算机技术向前跨了一大步。1642年，法国著名数学家帕斯卡制成了第一台机械式计算机，该机器只能进行加法运算。1818年，法国人托马斯设计出来一种比较实用的手摇式计算机，开创了计算机制造业的先例。

从18世纪到20世纪初，西方国家许多人都致力于改进这种落后于实际要求的计算机。英国数学家巴贝奇就是其中之一。历史上第一个实现利用程序完成连续运算的计算机——差分机，就是巴贝奇设计的。

巴贝奇是英国剑桥大学的高才生，他对计算机的研究工作从学生时代就开始了。当时广泛使用的航海图中存在着许多数值计算方面的错误，巴贝奇发现之后便开始设计制造一种既能像以前的计算机那样完成一次独立运算，又能按操作者的意图完成一系列计算的机器。他称这种计算机为差分机。为了研究更精密的差分计算机，他先后画了几百张图纸，制作了许多台样机。经过了10年的苦心研究，终于设计出了更先进的计算机。但由于当时制造业还不具备加工精密机械零件的技术，所以，巴贝奇的设计思想无法实现。虽然巴贝奇申请到了英国政府的资助，但是这项开拓性工作需要耗费大量的资金，由于没有足够的研究经费，这项研究就此搁浅了。

进入了20世纪40年代后，近代意义上的电子计算机才开始了真正的发展和突破。20世纪40年代，原子弹、火箭、导弹技术迅速发展。第二次世界大战非常紧张激烈，交战双方都想在装备上胜对方一筹，科学家在各自立场和热情的驱动下加紧进行各种研究。在研究过程中，出现了极其烦琐、复杂的数学计算问题，而手摇式、机械式计算机不仅劳民伤财，而且最令研究人员不放心的是，其精确度难以保证。

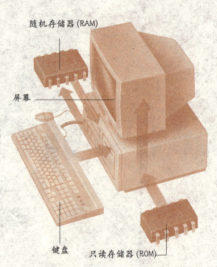

随机存储器 (RAM)

屏幕

键盘

只读存储器 (ROM)

一台电脑的组件

在一台电脑里有许多集成线路块。一些是电脑的记忆线路块，叫只读存储器，是由集成电路组成的。电脑还有随机存储器，它们用于随时记下新的资料数据。数据也可以记在可移动的硬盘上。每一台电脑的中心是中央处理器 (CPU)，它执行只读存储器的指令，处理数据，并把这些已经处理过的数据发送给随机存储器中正确的地方。

现实迫使人们对机械式计算机作根本性的变革。

20世纪40年代初，以莫西莱、艾克特和格尔斯坦等组成的计算机研制小组研制出了世界上第一台电子计算机。

第一台电子计算机看上去像庞然大物。但它比机械式计算机要快好几百倍。它还有一个特点，即整个计算过程都是按照预先编好的程序自动进行。

继之利用半导体材料制成的晶体管催生了第二代计算机，第二代计算机的体积只相当于并排摆放的大衣柜，可它的计算速度却提高到了每秒几百万次。

后来集成电路的出现把电子计算机推进到了第三代。这时的计算机体积只有半个写字台大小，而运算速度却提高了数十倍。当集成电路向着大规模方向发展时，由这种大规模集成电路制成的计算机的体积则小到如同一个香烟盒，可以放在口袋里随身携带。

人们不仅要求计算机有计算的

功能，而且希望它具有智能。20世纪80年代开始研制的第五代计算机已经有了一定的逻辑判断能力，计算机发展已步入智能化时代。

磁芯存储器的发明

存储器是计算机系统的重要组成部分之一，没有存储器，计算机就什么都干不了。现代计算机存储器的制造技术已相当发达，但是你知道最早的存储器是什么样吗？它的发明者是谁呢？

最早的存储器是以磁芯为媒介，它的发明者是著名的物理学博士、美籍华人王安。其实王安发明磁芯存储器是一件很偶然的事，就像牛顿从苹果落地发现了万有引力定律一样，王安则是从苗圃里获得了启示。

微芯片

微型处理器是将成千上万小晶体管连在电路上，然后把它们放在一个小的硅片上面制成的。一个芯片的最大部分不是线路板，而是它两边的齿槽。

王安进入哈佛大学后，哈佛大学计算机实验室的主持人、著名计算机专家霍华德·艾肯很欣赏他。王安进实验室还没到 3 天，艾肯就问他能不能承担计算机存储器的设计工作，王安毫不犹豫地答应了下来。接下任务后，王安认为磁芯是存储器的最佳材料，但是存在一个不好解决的问题，那就是读取信息时，给（或者输入）脉冲，磁芯就能够存储"1"（或者是"0"）；但是磁芯输出脉冲时信息又丢失了，这不能满足读出信息时必须保护信息的要求。怎么办？王安冥思苦想了整整 3 个月仍不能找到解决问题的突破口。

几个月过去了，研究设计工作毫无进展。有一天王安在校园里漫步时，忽然发现，绿化校园时，从苗圃移走一棵什么树，在苗圃原来的地方，再栽一棵同样的树，苗圃的状态就会保留下来。王安大受启发，拍了拍脑袋对自己说：为什么脑袋里一直只想如何解决读出信息时不破坏信息这个难题，而忘了任务的目的呢？自己的目的不就是取出信息并且还保存好这些信息吗？要是换成自然界常见的处理方法，问题就很简单了。他采用移树后再栽树的办法，把任务变为：第一步取出保存的信息，送到需要用的地方去；第二步立即把这一信息复制并存进原来的地方。这样就满足了取出信息和读出信息时不破坏信息的要求。

就这样，王安发明了磁芯存储器，并申请了专利。由于王安在磁芯存储器方面的成就以及对计算机发展的贡献，1986 年 7 月他被选为全美最杰出的移民之一，美国政府颁发自由勋章给这位美国继爱迪生、贝尔等人之后的第 69 位大发明家。1988 年，美国总统里根给王安颁发了"杰出成就奖"。

未来的计算机是什么样的

早在 1964 年，英特尔公司创始人戈登·摩尔就断言：传统硅芯片计算机的速度每 18 个月翻一番。这就是计算机界著名的"摩尔法则"。那么，下一代计算机是什么？科学界的回答是：生物计算机、光子计算机和量子计算机。而有关这些方面的研究和探索，将有可能引发下一次超级计算技术的革命。

就目前来说，所有这些新设计都还不成熟，大多数仍处于计划阶段。即使是那些有了工作样机的设计也还太粗糙。

科学家们预测，未来家庭中的日常设备和家用电器都将拥有"智能"。因此家庭管理计算机是未来计算机的又一种表现形式。将来，计算机

这种佩戴式计算机可以为外出人员提供全套办公设备。

为了为主人服务会自动调整自己的状态。各种各样的家用电器借助嵌入式处理器将更加智能化，电冰箱可以在线订购牛奶，微波炉可以自动上网下载菜谱。嵌入式处理器价格低廉，耗电量少。

未来的智能化计算机，人坐在上面既可以工作，又能享受到计算机提供的保健服务。

要是将人的神经系统与计算机连接起来，那会是什么样的呢？目前，德国生物化学研究所的科学家马克斯·普朗克，在人类寻梦的道路上迈进了一大步，他成功地将动物神经细胞与芯片进行了连接，并实现了神经网络与芯片相互间的信息传递。这一研究的成功可以说是意义重大，将来人们可以将这一技术用于仿生器官的制造。未来的计算机将成为人体的一部分，微芯片将被最终植入人们的大脑中以使人们能以更便捷的方式控制周围的各种计算机。因此，生物化学电子技术是一项大有可为的新领域，前景广阔。

20 世纪科学技术获得了迅猛的发展，电子信息技术给人类生活、人类社会带来了广泛而深远的影响。21 世纪的今天，信息技术革命更为我们提供了无限的可能性，计算机和网络技术定会更为深入地渗入到我们生活的方方面面，不管未来计算机以什么形式出现，它肯定会更有效地帮助人类按照自己的意愿去开拓和创造生活。

身手不凡的神经计算机

电脑即电子计算机，已是现代生活的重要组成部分，它在逻辑判断、数值运算和存储记忆等方面，完全可以和人脑相媲美，甚至具有人脑所不具备的优势。但是，电脑仍然不能替代人脑，这是因为电脑不具有创造能力，它在形象思维方面远远逊色于人脑。

最简单的例子是：一个一两岁的幼儿能识别他周围的生人和熟人，甚至能从任何角度很快地认出自己的妈妈，而目前的计算机对此却望尘莫及。这说明它的创造性智力水平还不如一个小孩子。

为什么人脑比电脑更聪明呢？这是因为人脑采用"并行处理方式"完成任务，即许多神经元同时协作完成同一任务。由于人的大脑皮层内约有 120 亿～10000 亿个神经细胞，每个神经元可同时连接多达 10 万个其他细胞，千千万万的神经元便组成庞大的神经网络，大脑采用分工合作、齐头并进的并行处理方式，其工作效率自然就提高很多了。而计算机采用的是"串行处理方式"，即把事物分解成许多前后相连的步骤，再按顺序一步步去完成。对于识别图像和事物来说，采用并行处理方式，无疑要快得多。

那么电脑有没有可能也采用"并行处理方式"呢？1990年，美国科学家霍普菲尔德提出了神经网络模型。这个模型就是使计算机仿效人类的神经系统进行工作，使计算机具有类似人的学习的功能，能像人的脑神经元那样并行处理数据，又具有联想能力，甚至还有自我组织能力，即在多次处理同类问题后，能把各种神经元连接成最适于处理这类问题的网络。

虽然神经计算机目前处于研制开发阶段，但它的"本领"已逐渐显露出来。它不仅具有识别图像的能力，而且能够识别声音，不同的方言和不同人讲话的声音都难不倒它；此外，它还具有能控制机器人运动的运动控制本领等。总之，它已具有接近于人脑的创造性智能。

声控指挥中心

轻便折叠机器人手臂

有轨底座

自动化机器人
未来的家用机器人有可能会根据口令从事家务劳动。

目前，神经计算机的研制和开发已得到了世界各国的重视，一些国家如美国、日本等不仅投入了大量的经费，而且集中了大量的科技人员，并制订了专门的开发计划。这种仿效人脑的电脑有望成为第七代计算机的典型代表。现在，以光为载体的光神经计算机已经问世，日本科学家于1990年制成的光神经计算机在识别26个手写拉丁字母方面和人类已没有什么差别。我们相信，随着研究的不断深入，神经计算机将会具有人的一部分思维，甚至有一天能像人一样会独立思考，这样，人类将获得更大程度的解放。

机器人——人类的忠实助手

早在很久以前人们就期望能够创造一种机器以帮助人类完成各种困难繁杂的任务。机器人的诞生使人类的梦想终于成真。

自从首台机器人在20世纪60年代末问世以来，目前世界上活跃在工业生产、工程抢险、海洋打捞、服务行业、医疗卫生等领域的机器人共有67万台之多。使用机器人不仅能够提高几倍到几十倍的劳动生产率，而且还能节约能源和原材料，提高产品质量，把人类从有害、有毒、危险恶劣的环境中解放出来。因此，机器人技术对经济的发展和人类社会的进步具有深远影响。

现在，机器人已在一部分喷漆、焊接以及装配工作中担当了主角。喷漆是一项十分繁重而又使人厌烦的工作；而且，长期从事喷漆工作还容易得职业病，患上二甲苯中毒症。目前发达国家的机器人几乎承担了全部的喷漆工作。而负责电弧焊的机器人则更无愧于"优秀焊接工"的称号，由于加入了更多技术含量，使电弧焊机器人能观察焊接状态，决定焊接条件，如电压的强度，并通过控制程序对这些数据进行贮存和计算，对零部件实现自动焊接。

我们常用"蓝领工人"和"白领工人"来称呼工厂中的体力劳动者和脑力劳动者，那么，称呼活跃在工厂的不穿工作服的机器人为"钢领工人"，就更名副其实了。

最初的机器人被称作是"示范再现型机器人"，它只有一只机械手，能够学会一些简单的动作。但要通过人反复示范、多次重复来教它学习。所以，专家们就给它取了这样的名字。作为不知辛劳的工人，机器人活跃在生产第一线，深受人们赏识。

后来，视觉传感器和听觉传感器被加在了机器人身上。这时的机器人就像是长出了"眼睛"和"耳朵"，稍微复杂一些的工作它也可以做了。随后，装有力觉传感器的机器人也诞生了，它能轻轻地、不把鸡蛋捏破地抓放鸡蛋，还能进行精密的装配工作。

机器人发展的高级层次是具有"大脑"的智能型机器人。它像人一样具有感觉，也就是说它能将味觉、触觉、嗅觉甚至听觉融合在一起。智能机器人，是机器人家族中的佼佼者。它能进行逻辑分析、推断决策，并且有自觉和自制的能力。由此，我们可以这么说，机器人也在进化，这点也是和人一样的。

机器人勤勤恳恳不辞劳苦，从繁重的体力劳动到精密的装配工作，都干得得心应手。机器人还能装配机器人，为自己"传宗接代"。机器人还特别勇敢。不管是幽深的海底，还是高远的太空，甚至是面对让人谈"核"色变的反应堆，它们都有胆量闯一闯。

机器人常在海底寻找飞机残骸和遇难船只。比如1985年6月23日波音747客机在大西洋上空失事，它的黑匣子，就是机器人"圣甲早10号"在海底找到的。美国航天飞机"挑战者号"爆炸后的残骸搜寻工作也是机器人协助完成的。

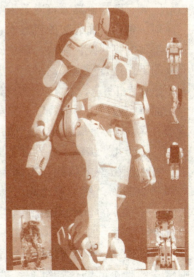

日本研制的机器人，它可以代替人在高温、有毒的环境中工作。

而机器人更是实现了人类的太空梦。1997年，美国"漫游者"六轮火星探测机器人在8个月的漫漫旅途之后登上了火星，开始了探险的历程。

1986年，机器人参加了前苏联切尔诺贝利核电站事故的抢险工作。由于核电站对人体有辐射作用，这使机器人有了大显身手的机会。核反应堆里的机器人具有很强的自我适应性。这种机器人，除了移动和旋转自由灵活外，还具有视、听、触等感官，与刚开始的机器人相比，已经有了很大的发展。

机器人不仅直接参加生产活动，还为人类提供多种服务。在国外，经常抛头露面的"娱乐机器人"，由于能歌善舞，能说会道，很招人喜欢，它们常在展览会上接待客人，招揽生意，这已经不再是新鲜事了。还有些服务型机器人，它们可以照顾残疾人，为盲人引路，甚至可以为家庭和公共场所提供清扫卫生等服务。

另外，新一代的智能机器人已经在医护领域初露锋芒。在美国，机器人成功地为一名心脏病患者施行了心脏手术并进行了缝合。由于机器人精确度高，且不含感情色彩，使预定的方案能够丝毫不差地在病人身上实施，所以，称它为"最冷静的外科医生"不足为过。

当今机器人的发展日新月异，世界机器人目前的平均密度是万分之一，也就是说，每1万人就拥有1台机器人，到21世纪中叶，将会发展到平均1000人就拥有1台机器人。美日等国都制订了大规模的机器人发展计划。机器人的发展前景是美好的。智能化、小型化是机器人的发展方向，而且将来机器人也会更灵活，更精确，更便于使用，也更安全可靠。

相信在不远的将来，机器人也会走进你的生活，或许它还会成为你的家庭中的一员。将来有一天，机器人或许也会变得像人一样充满感情……

神通广大的微型机器人

说起机器人大家一定不会陌生，但知道微型机器人的人恐怕就不多了。所谓微型机器人，是指一种很小的机器，它是人类了解和认识微观世界的手段之一。微型机器人的组成部分包括机械部分、传动部分、传感器和动力部分，微型电脑控制它的所有动作。微型机器人神通广大，可以完成许多人类无法做到的事情。

比如，微型机器人可以为人类治病。最近，日本的科学家研发了一种可以被"注射"到病人血管里的机器人，它能随着血液的流动到达患病的部位，清除血管里出现的粥状硬化肿块、斑块、血栓等。医生可以在病人体外通过仪器来对机器人的工作进行观察。这种治疗方法简便可靠，免去了病人开刀的痛苦。如果病人不愿意"打针"，还可以吃由超微型电脑做成的"小药丸"。别小瞧这"药丸"，它上面可有着"千军万马"。"药丸"的表面有着很多传感器，这些传感器有的会测心率，有的会量血压，还有的会"侦察"，专门对细菌的分布情况做侦察了解。这粒"小药丸"被病人吞到肚子里之后，就开始收集情报然后输送到超微型电脑里。再由超微型电脑计算出病人应服多少药物，然后启动阀门开关，从"药丸"的仓库里输出药物，自行治疗疾病。

不仅如此，微型机器人还能够融合两种不同的植物细胞，培养出新的植物，这样培养出来的新植物便具备原来两种植物的全

这台用于搜取情报的微型间谍装置是利用微缩工程技术制造出来的，长度仅有25毫米，其电动机的直径仅有2.4毫米。

部优点。超微型机器人在这个实验中起到了一个关键性的辅助作用。

植物的细胞就像个鸡蛋，外面裹着一层硬硬的壳，叫细胞壁；里面呢，是"蛋清"和"蛋黄"，也就是细胞液和细胞核。细胞融合技术真正要融合的是细胞核。可是细胞壁那么厚，力量小了，穿不透；力量大了，细胞壁是穿透

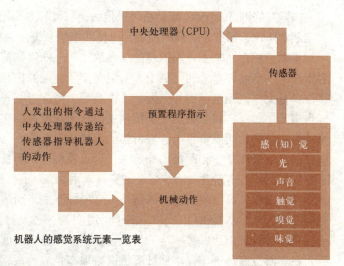

机器人的感觉系统元素一览表

了，可细胞核也被破坏了。最初，研究人员是将一大群待杂交的两种植物的细胞，通过化学方法，去掉所有的细胞壁，于是细胞就变成一个个光光的裸细胞核，然后再使它们自由组合、配对，形成一个个新的细胞。这样虽然融合成功，但存在着很大的弊端，因为会发生同类合并的情况。相同种植物的细胞相结合后，很难保证结合成功的细胞一定是最优秀的细胞。所以，这种方法的成功率很低。

发明了微型机器人之后，这个大难题就得到了解决。它的原理是，分别在预先选好的各种植物细胞壁上进行作业，在打穿了它们的细胞壁后，吸出其中一种植物的细胞核，再放入另一个细胞中，使它们2个细胞核很容易结合起来，大大提高了成功率。如20世纪80年代初，联邦德国一家研究所的工作人员把土豆和西红柿的细胞融合在一起进行杂交，结果得到了一种新的植物。它的地面部分结出了西红柿，地下部分却长满了土豆。

新一代机器人能够像人类一样自由地谈话和行走，图中的这种微型机器人可以帮助家中的老年人做一些日常琐事。

微型机器人不仅能治病，还能创造新生命，帮助人类探测未知世界，真是神通广大。随着科技的发展，相信微型机器人会更完善、更全面地为人类服务。

怎样有效地利用网络

当今社会计算机网络技术发展迅猛，已经在很大程度上改变了人们的生活，我们常说21世纪是互联网的时代，那么到底什么是国际互联网？它有哪些具体功能？怎样才能更有效地利用网络呢？

国际互联网 Internet，就是通过通信线路将世界各个地方的计算机连接起来，大家制定协议，都遵守共同的规则，以使共享信息资源的目的得以实现。

　　借助一种在网络上查询信息的工具软件——网络浏览器，你就可以登录到世界上任何一台允许查看的电脑上，与它共享所存储的信息资源。这些多媒体信息不仅仅是文字，还包括图片、影像、声音等。当你对某一内容感兴趣，只要用鼠标点击其中一份资料中的某个关键词或图片，你就可以在浏览器的帮助下链接到另一份相关的画面或资料上。被链接的图片或资料未必存在同一台计算机上，可能该信息的来源是在相距极为遥远的一台计算机上。而且在新获得的资料中，你又可以用鼠标点击新发现的感兴趣的资料或图片，从而被链接到另一份资料中去，这样持续操作，可以使信息间的链接一直继续下去。而这样的链接又好像我们翻阅图书时，对你不太明白的地方去查阅书中注释一样及时。

　　自从计算机出现以来，这一行业便得到了飞速的发展，硬件和软件的技术水平也在不断提高，这使得小型计算机网络遍布世界各地，并得到快速繁衍，但这种发展也是不平衡的，于是，人们开始寻求一种方法，通过这种方法使世界各地的所有的网络都能连为一体。

　　20世纪90年代，美国国防部向世界公布了一个为了军事而研究的叫作 Internet Project 的项目的研究结果。这个结果中最重要的部分是2个重要的文件传输协议，即 TCP/IP 网络协议。这2个协议的重要性在于，它们确定了一种在不同的计算机网络之间传送文件和命令的方法。只要国际互联网的所有使用用户都共同遵守这一准则，网络传递和信息共享便可以实现。换句话说，TCP/IP 网络协议是计算机联网、全球信息资源共享的基础，它使这一切变为现实。

　　1994年，世界各地的大约23个大大小小的计算机网络在 TCP/IP 协议的基础上终于实现了互联，人们一直以来对国际互联网的设想也真正地变成了现实。互联网发展速度极为迅猛，用户数量不断增加。据统计：1996年全球上网人数仅为2000万，1998年已增至1.5亿，到2000年全球已有5亿人涉足网络。

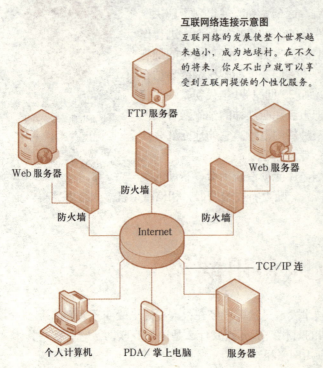

互联网络连接示意图

互联网络的发展使整个世界越来越小，成为地球村。在不久的将来，你足不出户就可以享受到互联网提供的个性化服务。

FTP 服务器

Web 服务器

Web 服务器

防火墙

防火墙

防火墙

Internet

TCP/IP 连

个人计算机　　PDA/掌上电脑　　服务器

国际互联网像一座藏着无数珍宝的迷宫一样，一旦你走进去，大量信息妙趣横生，无论对你有用没用的信息都会令你流连忘返、眼花缭乱、目不暇接。同时，又能激发你的好奇心和兴趣，让你不断深入地浏览下去。国际互联网就像波涛汹涌的海浪，扑面而来，势不可当。国际互联网带给我们的帮助和乐趣不但是巨大的，也是多方面的。

"数字图书馆"就是其中的一项，这个概念是 1994 年 10 月由美国国会图书馆首先提出的。具体说来，"数字图书馆"就是将所有文字、声音、图像等信息经过计算机处理，转变成数字化形式，再进行展示，并通过网络技术使这些数字化的信息得以存储和传播。

互联网的使用

1. 你可以通过网线登录到因特网上。

2. 你输入到浏览器的信号被传送入 Internet 服务提供者。

6. Internet 服务提供者通过网线回馈信息。

3. Internet 服务提供者通过路由器传送信息。

4. 信息被传送到服务器。

路由器
（读取每一个数据包中的地址，然后决定如何传送数据的专用、智能性的网络设备）

5. 服务器通过路由器传送用户需要的信息。

服务器

国际互联网使"数字图书馆"的建立成为可能，从而实现人类信息资源在全球范围内的共享这一梦想。

现在，随着计算机技术的发展，图书馆中已经出现了新型信息载体，从早期的录像带、录音带、缩微胶片到当今流行的电子图书、电子期刊、激光唱盘、全文数据库、激光视盘、教学软件、电子软件等，人们获取信息的途径已经大为增加，印刷类型的图书文献已不再是单一途径。

如果"数字图书馆"得以实现，读者的活动范围将不会仅仅局限在一个或少数几个图书馆中，而是待在一地就可以利用全球图书馆的文献和网上信息，而且所有网上开放的图书馆读者也都可以访问到。计算机的目录数据库可以帮助读者从多种途径检索馆藏图书，而且就算是其他图书馆的馆藏图书也可以在它的帮助下检索，这就取代了现在图书馆中体积庞大的目录柜。未来的"数字图书馆"中纸介质的文献将不再存在，图书馆中的资料和信息将转化为数字形式存在，而这具有众多的优点。首先，它们占据的空间非常小，甚至不占据空间。其次，这可以使现在各图书馆中某些读者很难接触到的珍贵图书，在经过数字化处理后，在计算机上被反复调阅，而且这些艺术作品的电子复制品的效果也是十分逼真的。最后，电子图书大多数是用多媒体技术制成的，这使它们不仅图、文、声并茂，有的还添加交互功能，使读者可以与多媒体图书进行对话，进行沟通式阅读，而不是被动地接受信息，甚至可以使读者参与到图书的创作中，那时我们将拥有博物馆式的图书馆。

除此之外，计算机和互联网还具有其他强大的功能。计算机网络如今已深入到各行各业，渗透到生活的方方面面，并展示着它强大的功能和无穷的潜力。

网上会诊便是其中的一项，它通过计算机网络强大的信息互联功能，在互联网上针对一种病症展开讨论和研究，征求多方意见，找到最为合适的治疗方案。实际上，它是把全球的医生联系起来，使一个病人得到全球众多最优秀的医生的治疗。1995年3月，山东少女杨晓霞进京求医。大医院专家经过会诊，对这种久治不愈的怪病仍然一筹莫展，只能眼看着其病情一天天加重。中科院高能所的几位专家得知此事后，整理了杨晓霞的病历，在国际互联网上发出求救信息。500多封电子邮件，在短短2周内发到了主治医生的手上。许多医学专家都提供了诊断和治疗的方案。医学专家们参考这些信息，并进行反复讨论和研究，终于确诊病因为一种细菌噬食肌肉的病症。1994年夏天，这种病症曾在英国发作并导致多人死亡。医生对症下药，使杨晓霞的病情很快得到了控制，并取得了好转。至今，网络会诊已经使不少病人得到诊治和帮助，这都是计算机网络为我们带来的好处。

在互联网上进行学习也是计算机网络的一项强大功能。未来信息社会，知识更新的速度加快，人们必须不断学习才能适应瞬息万变的社会。从网络上不断吸收新知识是每个人都应学会的。网络上的知识不像过去的教学大纲中那样按树状或线性组织，它是一个无穷联系的网状结构知识体系；围绕人类所创造的全部知识进行综合学习，才是未来学习的趋势。因此未来一个人选择知识和吸收有用知识的综合能力的高低，将成为判断他学习能力的标准。网络可能会引发令人吃惊的教育革命。有一天大学可能将不复存在，没有围墙的网上学校将成为终身教育和全民教育的主要渠道。

计算机互联网的强大功能是很难想象的。只要有一台电脑和一根网线，无论你在地球的哪个角落，都可以看到或听到世界上发生的任何事情，随时随地的消息更新使你能认识全新的世界。不管是远古时代的恐龙，还是伦敦股票交易市场的即时行情，又或者是世界各地的美景，甚至于电视台的实时新闻报道，都可以在小小的显示屏上显示。国际互联网的出现使我们真正消除了地球上的空间感和距离感。

国际互联网的探索者们孜孜不倦地求索，使计算机网络能够突飞猛进地发展。计算机网络对人类生活的影响也将会越来越大。作为一个现代人，我们应当不断学习计算机和网络的各种知识，更好地利用计算机来学习、工作和生活。

虚拟技术的功用

你也许在电影中看到过这样的镜头：在大沙漠里行走的人们，突然发现一片碧波粼粼的湖水在远处出现，岸边还有茂密的丛林和高大的寺院的倒影。可是，人们向它的方向行进，走了老半天，还是离得那么远，过了一会儿它完全消失了。这其实是幻影。它是因为空气反射光线不同，使得树丛和寺院倒影被反射出来，而热空气浮动则导致波光粼粼的景象出现。换句话说，这种景象是光制造出的幻觉。这种幻觉，骗了很多人，也启发了人们，既然大自然能够利用光制造出景象，那么人也可以按照这一原理，用人造的光幻象去实现自己的目的。这就是今天应用非常广泛的虚拟技术。

虚拟技术崛起于20世纪80年代末90年代初。虚拟技术是一种实用技术，它是由计算机硬件、软件以及各种传感器构成的三维信息的人工环境，是一种虚拟环境。虚拟技术制造的光的幻象，具有"逼真"与"交互"

虚拟现实

虚拟现实是一种进入完全由电脑所创造的世界的方法。在与手提器具相连的专用头盔中，电脑生成各种三维图像和立体声响。用这个器具所做的动作都经转换送入头盔。戴头盔者可以听到和看到真的打网球时的声音和动作。

性，这种"逼真""交互"性也是其最重要的特点。参与者在虚拟世界中就像处在现实环境中一样，环境像真的，人像是在真的环境中，人与环境中的各种物体及现象也能相互作用。环境中的物体，按照自然规律发展和变化，而人仍然具有听觉、视觉、运动觉、触觉、味觉和嗅觉等感觉。因而，虚拟技术产生的光的幻象比自然产生的光的幻象更加丰富。20世纪末期，虚拟技术经过初期的发展已成为一种比较实用的技术。它在娱乐、医疗、工程建筑、教育、军事模拟和可视化等方面均获得了应用。用虚拟技术制造的光的幻象，几乎能达到以假乱真的地步，而虚拟技术所带来的虚拟世界使人如临其境，真假难辨。

比如，为了解决飞行训练安全性的问题，美国的科学家于20世纪60年代末研制出一种叫作"虚拟的真实"的设备。这个设备就是让飞行员穿上特别的衣服和头盔，使他在陆地上就可以进行飞行训练。原来，这个头盔的顶部装有微型电脑，可以产生连续的三维图像，这些图像不断地显示在位于眼睛前方的微型液晶屏上，这样，飞行员就像处于真实的环境中似的，随时准备处理各种险情。当然，如果飞行员操作出现失误，绝不会有生命危险。20世纪70年代，科学家们又在此基础上研制出"触摸"系统。从表面上看，它像是一件大外套，夹层中布满了电子晶体和光缆纤维，通过它们，电脑可以感觉到人的各种动作，并将指令传递到人体的各个部位。这样飞行员真正进入了虚拟空间。

巧用海浪发电

随着现代工业和人类社会的发展，人类对于能源的需求量越来越大，而在人类不断地向地球索取的过程中，可循环的绿色能源越来越多地受到人们的青睐，海浪发电便是其中的一种。

据调查，海浪可以以每平方米 30000 牛顿的冲击力拍打崖岸，最大时，甚至可以达 60000 牛顿。海浪的冲击力十分惊人，可以毫不费力地把 13000 千克重的巨石抛到 20 米的高空。它常冲上海岸边，激起六七十米高的浪花。

1952 年，一艘美国帆船在意大利西部不幸遭遇了海难。还没有等惊恐中的船员看清究竟，海浪就已经把巨大的船体拦腰折断，其中一截留在波浪翻滚的大海里，而另一截后来被人们在海岸的沙滩上发现。

海浪，竟能把巨轮一劈两半，可见，海浪的破坏力是惊人的。这也启发了科学家，他们设想将这种大自然的力量用来发电。

世界上第一个海浪发电器装置是 1964 年由日本科学家研制成功的，被称为"航标灯"。这是因为这种发电装置的发电能力仅够 1 盏灯使用。虽然仅有 60 瓦的发电量，但它却为人类利用海浪发电开创了新纪元。

从此，挪威、英国和日本等许多国家都相继研制成功了各种不同的海浪发电装置。

有一种是利用海浪上下运动从而产生的空气流动来发电的浮标式海浪发电装置。这种发电装置的主要构造是一个空气管，管内的水面可以上下运动起到一个活塞的作用。海浪的起伏运动，就带动漂浮在水面上的浮标做上下运动，这就使浮标体内的"空气活塞"里的空气和水面这个"活塞"之间形成一种压缩和扩张的关系，结果空气活塞里的空气在压缩之下冲出来，这就是汽轮发电机发电的驱动力。

还有一种与浮标式海浪发电装置相似的固定式海浪发电装置。它的不同之处是空气活塞室被固定在海岸边，使空气活塞室内的空气通过中央管道内水面的上升或下降得到压缩和扩张，从而驱动汽轮发电机组发电。

海浪发电装置有 3 种利用海浪发电的原理：一是通过上下起伏的海浪，利用它们产生的空气流或水流带动汽轮机或水轮机转动，从而使发电机发电；二是通过海浪装置的前后移动或转动，利用这种运动产生的空气流或水流，带动

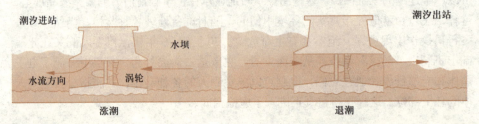

潮汐发电示意图

气轮机或水轮机的转动，进而驱动发电机发电；三是将大波浪的低压变为小体积水的高压，然后在高位水池积蓄起来，使其产生一个能驱动水轮机的水力，从而达到发电的目的。

挪威科学家更是大胆提出要人为模仿大自然的海浪，制造更大的海浪来发电的设想。这位科学家的大胆设想，使海浪发电进入一个新纪元。

水电站剖面图

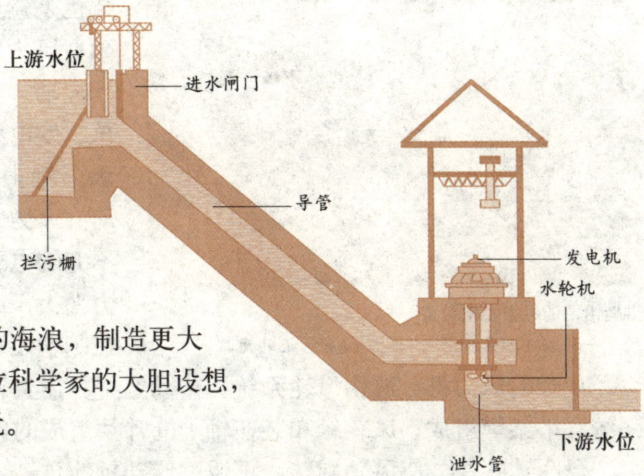

（图中标注：上游水位、进水闸门、导管、拦污栅、发电机、水轮机、泄水管、下游水位）

风力发电技术与风电场

煤和水都是不可再生资源，如果不节约利用，总有一天它们都会枯竭。而风，却是一种用之不竭的能源，只要空气在流动，就会有风。于是科学家们不断研究，充分利用风能建立风电场，把它应用在发电技术上。

一般沿海、海岛和边远的山谷风力资源比较丰富，近年来一些国家为了充分利用资源，在这些地区建起了"风车田"，即我国所称的"风电场"。一排排风力发电机排列有序地坐落在风电场里，将发出的强大电力送入电网。的确，风电场发电成本较低，建设工期短，是充分利用风能最有效的方式。

随着美国开发风电场的成功，世界上许多地方也都纷纷建起了风电场。在美国加利福尼亚洛杉矶以北，由5100台风力发电机组成了一个规模壮大的"风车田园"，这是目前世界上最大的风电场，一年能发电14亿千瓦时。

我国到1996年为止已建成17个风电场，全国风能资源总储量16亿千瓦。我国风力资源最丰富的地区在新疆，共有9大风区。我国最大的风电场是新疆达坂城二发电场，总装机容量为10700千瓦。

虽然风能具有无污染、可再生等特征，但是，要想利用风力来发电，可不是件容易的事。因为风也是变幻不定的，它时而转向，时而大小不定，并不为人所控制。尤其是，空气密度仅是水的1/816，所以想让风能与水能效率相同，就要做比水轮机直径大几百倍的风力机风轮。可是风力发电机的风轮叶片又不能做得过长。1945年在格兰帕斯诺布的一台1250千瓦的风力发电机，运行了16个月，后因无力支撑重达8000千克的叶片而终于折断了。所以必须降低风力发电的成本，提高风力发电机的效率。尽管风能难于驾驭，人们还是千方百计地想利用它。1891年丹麦建立了世界上第一座风力发电站。美国也是搞风力发电较早的国家之一。我国风力发电总装机容量已达到2.6万千瓦，对风能的利用发展

瑞典沿海的风力发电装置

风是一种取之不尽、用之不完、没有污染的能源。

迅速。在我们国家，利用风能的最大特色是建立了许许多多1千瓦以下的微型风力发电机，它们为捕捉风能立了大功。其实微型风力发电机结构简单，发电机发电就是靠安装在风力机水平轴上的两个叶片的风轮迎风转动。风力发电机可以通过蓄电池把用不完的电贮存，需要时再用。如果风力太大，风力机承受不住，风轮就会在制动装置控制下停止转动。

现代的风力机一般由风轮系统、传动系统、能量转换系统、保护系统、控制系统和塔架等组成。风轮轴和装在轴上的叶片组成的风轮是风力机的主要构成部分。风吹动叶片，使风轮旋转，再通过传动轴的带动，发电机就能发电了。叶片形状类似于直升机的旋翼。

目前研制的风力发电机有很多成本不高的类型。按额定功率的大小，可划分为小于1千瓦的微型，1～10千瓦的小型，10～100千瓦的中型和大于100千瓦的大型发动机。

而最常用的风力机是水平轴风力机。这种风力机在风速超过额定值时，风轮将被提起，从而起到自我保护作用。它的风轮轴与地面是平行的，叶片绕水平轴线旋转。现在一些国家正在研制垂直风力机。顾名思义，这种风力机的风轮轴与地面是垂直的。它不像水平轴风力机那样，方向随风向转动，而是可以在任何风向下运行，它方便的设计、制造、安装和运行很有发展前途。因为海面宽阔又毫无阻挡，所以海洋上的风力资源更为丰富。科学家根据海风的特点，专门设计了使海上风能得以充分利用的风力机。

近年来，除了传统的风力机外，各国科学家还在加紧研究探索怎样通过较小的风轮扫掠面积来收集更多的风能，以便发明出发电效率更高的各种新型风能转换装置。

我们相信，经过不断的努力，风电场会设计得更完备，风力发电技术也会越来越高，为人类提供更多的服务。

🔬 地球上最好的清洁燃料——氢

氢是自然界最轻的化学元素，在自然状态下，氢是无色无味的气体，它主要蕴藏在水中，而地球表面约70%为水所覆盖，因而氢在地球上的储量是极其丰富的，可以说是用之不竭的。

氢是一种理想的能源。用氢做燃料，燃烧后的主要生成物为水及少量的氢氧化物，不会产生导致"温室效应"的二氧化碳，因此有人把它称作地球环保的"救星"。氢燃烧放出的热量也非常大，1千克氢燃烧时，可以放出142000千焦的热量，相当于汽油的3倍。氢作为气体燃料，首先被用在汽车上，它不会像普通汽车那样排放有毒有害的气体，不会污染环境。现在氢已经是飞机、航天火箭、航天飞机最常用的燃料，因为氢体积小，重量轻，能量大，燃烧时间长，容易控制，所以，人们已经将氢誉为"21世纪的理想能源"。

现在人们常用的制氢方法，主要是以煤、石油、天然气为原料，让其在高温下与水蒸气反应，从而得到氢。可是这样做会消耗大量能源，也会污染环境，因此得不偿失。

一些工业部门使用电解水的方法制氢。然而，电解水要耗费大量电能，成本非常高。

一些科学家还对植物叶绿素的光合作用进行模仿，从而得到氢。植物的叶子中有一种叶绿素，能够吸收阳光把水分解成氢和氧。释放出来的氧可以净化空气，而氢与二氧化碳作用可生成碳水化合物，这是植物生长所必须的养分。假如可以造出模仿植物光

氢气是火箭、航天飞机必不可少的燃料。氢气具有重量轻、能量大、燃烧易控制等特点。

合作用的装置，同时使光合作用停留在分解水的阶段，这样便能利用太阳光和水产生氢气。英美等国的科学家已经研制出了用叶绿素体制造氢的装置。利用这种装置，用1克叶绿素在1小时内就可产生1升氢气。

随着探索制氢新途径的发展，目前出现了一支制氢生力军。科学家发现，许多的细菌竟然具有制氢的本领。日本生物学家发现，一种叫作"梭状芽孢杆菌"(CB)的细菌只要吃了淀粉，经过代谢便会产生氢气，从而发明了一种神奇的制氢技术：让"CB"菌吞食以淀粉为原料的食物，比如制药、酿造等工厂的废弃物，这样就会有大量的氢产生。如此一来，既变废为宝，又有利于环保。

随着科学技术的发展，人们发现了太阳也能制氢，这将是未来氢气的主要来源。科学家们还提出了一个大胆的设想：在未来的时代中，可以建造一些专门的核电站，提供大量电力来电解水，得到的氢和氧可用专门的贮气设备贮存起来，供人们使用。

用途广泛的激光技术

1960年美国的青年物理学家梅曼，研制出世界上第一台激光器，从这台激光器上发出了世界上第一束激光。从此以后，激光技术便广泛地应用于各种领域，

医生正在用激光对病人进行眼科手术。

成为我们生活中必不可少的工具。

那么，到底什么是激光呢？它有怎样的"威力"呢？激光虽然也是光，但与普通光差异很大，它有自己独特的性能和特点。

首先，激光是一种颜色最单纯的光，这种光是肉眼不能看见的，我们平时见的光是各种颜色的光混合起来的。比如太阳光或电灯光，由红、橙、黄、绿、青、蓝和紫7种颜色的光混合而成。

其次，激光的亮度亮得令人难以想象，比太阳光亮100亿倍以上。这是因为它载有高度集中的能量。灯光和强烈的太阳光无论多么亮都不能穿过哪怕是很薄的木板，而激光却可以在钢板上打出孔来，且仅用了不到千分之一秒的时间。任何坚硬的物体，包括金刚石等，也会在它的照射下顷刻化为乌有。

最后，激光有很好的方向性。普通的光在传播过程中会发散。而激光在传播过程中，光束始终像一条笔直的细线，发散的角度极小。美国的一个研究小组曾于1962年5月，把一束激光射向月面，以此来准确测定月球与地球的距离。这束激光到达月面时，已传播了约38万千米的距离，其所照出的光斑直径也不到2千米大。

由于激光具有特殊的优异性能，它问世不久，便开始为人类服务。

激光在医疗领域使用极其广泛，许多种疾病都可用激光来治疗，而且疗效甚佳。

众所周知，眼睛如果发生疾病，给眼睛做手术将是件精细的工作，而在眼科疾病方面激光治疗非常有效。近几年来国际上最先进的治疗近视手段之一就是激光治疗近视。激光"手术刀"又叫光刀，在控制切割的形状、切割的准确性和精确性等方面都比手工的手术强。治疗时，根据计算机的指示，激光治疗仪发出紫外激光（又叫冷激光），并把这种激光作用于患者眼睛。光的能量很大，因而手术所用时间短，对眼球的每个手术动作前后时间不足千分之一秒。在这么短的时间内，眼球的转动可以忽略不计，所以不需患者强行长时间凝神定睛，也不会伤及其他部位。光的波长极短，精细度极高。一般情况下，用普通手术极难治愈高度和超高度近视，而用激光治疗只要5～10分钟就能解决，对于低、中度近视则只需1～3分钟。在整个手术过程中，病人不会疼痛，也不会有出血现象。除近视外，激光还可以治疗视网膜脱落、青光眼、白内障等。

现在激光技术也被运用于外科手术很难实施的肝脏手术中，因为这一地方容易引起患者大出血，但若采用激光刀做手术刀，只要功率适当，就可以解决出血问题。另外，用激光治疗心肌梗塞、在心肌上打孔、用激光治疗胆结石等都可取得很好疗效，而且可以免除患者开刀的痛苦和风险，非常安全。此外，激光还可以在一定程度上治疗癌症：可用激光刀在人体体表的癌组织上直接切除病变组织，亦可利用光导纤维将激光导入体腔内切除人体腔内器官上的癌组织。手术时不需要开膛破肚，因而，可以使病人免受开刀之苦。激光的能量很大，能把刀口周围的血管封闭上，起到防止癌细胞转移的作用。

在工业上，激光常常用来切割材料。激光可以切割几毫米厚的金属板，以及陶瓷、复合材料、石英等。用激光切割材料，具有很多优点。比如，切缝又细又整齐，切割效率高，是常规切割的 8 ～ 20 倍，以及无振动、无噪声等。

在军事上，激光的作用也很大。比如在测量、通信、武器、雷达等诸多方面都有广泛的应用。其中，激光武器最为神奇，堪称威力无穷。激光武器能发射强激光，在这种强激光的照射下，飞机、导弹等的金属外壳会立即熔融、气化，机体、弹体等会发生穿孔现象，同时激光产生的冲击力能击碎飞机、军舰、坦克的外壳，杀伤敌方人员。

激光应用的实例很多，而且今后激光会更广泛、更有效地应用于技术、科学、生产、生活的各个领域。现在最先进的通信手段——光缆通信就是通过激光来传输的。目前，探索产生波长更短的激光的方法是激光技术发展的一个重要方向。使用这种光源，人们能拍摄到活的生物细胞、生物组织、生物分子的三维立体图像。

激光技术作为一门高新技术还有待于进一步向纵深方向发展，其应用的范围和领域也会日益广泛，相信激光能给我们带来更多的惊喜。

例如，能把人眼看不到的东西拍摄下来的红外成像技术。

当你站在照相机前时，随着快门的按动，你的影像就留在胶片上。可是你见到过一种只需要你留下自己的体温就把照片拍摄下来的仪器吗？它的名字叫红外成像仪。

"红外"是红外线的简称，它是一种电磁波，因为在波长电磁波谱上，它排在红光之外，所以被称为红外线，也叫红外辐射。比可见光中的红光波长还长的红外线却是人眼看不见的，那么为什么我们能感受到太阳光和炉火的温暖？原来是它们传出的红外辐射发到了我们身上。像冰、雪这样的低温物体也能像高温物体一样向外辐射红外线。只不过没有温度高的物体辐射红外线强烈。实验表明，一切温度在绝对零度（－ 273℃）以上的物体都要向外辐射红外线。

红外成像技术就是将预定目标发射或反射的红外信息变成了人眼看得见的图像。让我们来看一下成像的整个

在激光技术的帮助下，人类完全可以在光导纤维线路的另外一端实时生成某一个人的三维图像。

过程。因为同一目标各部分的温度一般并不一样，因此各部分发出的红外线的强度就不一样，即使温度相同的物体也会因材质、颜色、大小等不同，导致其发射的红外线强度不一样。红外成像的摄像设备就把这些不同的红外线加以区分，在光电转换和电光转换的作用下，底片或荧光屏上就显示出目标的像来。

让人佩服不已的是人眼看不到的东西，红外成像技术也可以拍摄到。它就像"火眼金睛"，不论是风雨交加，还是漆黑的夜晚，伪装得再好的目标也无法逃脱它的视线。

假设在一个月黑风高的夜晚，有一个偷越国境者。肉眼可见光和光学仪器很难看清他的真实面目，这时就可利用红外成像仪器了。偷越国境者温度高些的额头和两颊，在红外成像仪中就会亮些；而温度较低的鼻子、耳朵成像显得暗些；如果他戴着低温的眼镜，像几乎显示成黑色了。辨别能力很高的红外成像仪就把这个偷渡者清晰地拍摄下来了。

可别小看红外成像仪的本领，只要存在 0.2～0.5℃的温差，它就能挥洒自如地工作。

了解了红外成像原理，我们可以做一个小小的实验。你在红外成像仪前站一会儿就走开；在空气没有很大流动的情况下因为你站过的地方空气温度要比周围温度高，热成像仪就能把你的身体的形象显示出来了。或者你把一只手放在一本书的封面上一会儿，然后拿开，继而把书放在红外电视的摄像机前，这时，在红外电视的荧屏上竟可以看见你的手印清晰地留在书的封面上。而且书的扉页甚至十几页后你的手印仍清晰可见。

以上这些就是红外成像技术的秘密。了解它以后，我们再也不会觉得它有多神秘了。

人造卫星怎样"飞"上太空

人造卫星就是由人工制造的、能够环绕地球在空间轨道上运行的无人驾驶的航天器。这些环绕地球、在空间轨道上运行的人造天体，为我们的生活提供了很多的服务，比如它能给地球传回清晰的云图变化情况，为天气预报提供准确的信息；它能使人们坐在家里就可收看到全世界发生的新闻，等等。

自从 1957 年前苏联发射第一颗人造卫星以来，全世界至今共发射了近 5000 颗人造卫星。现在，人造卫星上天已不再是什么新鲜事了，但是万事开头难，人造卫星首次"飞"上天空并不是那么容易的事。

讲到卫星上天，我们还得先从近代火箭说起。齐奥尔科夫斯基是俄国一名中学教员，他双耳失聪，但对火箭理论的研究和发展做出了巨大的贡献。他首先提出巨大的火箭动力应当是液体火箭发动机，并设计了用液体火箭发动机做动力的飞行器草图，还设想用煤油和液氧做燃料来推进火箭飞行。1932 年齐奥尔科夫斯基的学生格鲁申柯和赞杰尔进行了一次火箭发动机试验。在试验中，他们使用煤油和硝酸等做推进剂，并于1933年发射了一枚探空火箭。

众所周知，任何交通工具都不能缺少推进力。推进力的来源有两种：一种是推开空气前进，像螺旋桨飞机那样；一种是本身喷出气体，靠反作用力前进，就像喷气式飞机那样。宇宙空间几乎是真空的。因而，火箭没法靠推开空气前进，只能靠自身喷出气体前进。但是，吸收空气后，喷气式飞机的发动机才能工作，所以，必须有一种工具来代替它，这种工具不需要外界空气，而是自带"喷出物质"，这种工具就是火箭。

当然，利用一枚单级火箭，难以实现航天的目的。单级火箭使用化学推进剂作为火箭的动

正在发射的运载火箭

力，因而，其飞行速度缓慢。即使采用最轻的结构材料、最好的推进剂，在最理想的飞行条件下，单级火箭的最大速度也只能达到7千米／秒，而第一宇宙速度是7.94千米／秒，单级火箭的速度达不到第一宇宙速度，所以要用火箭实现宇宙航行，还要采取别的措施。齐奥尔科夫斯基提出了多级火箭理论，从而使这一难题迎刃而解。

1942年10月，V-2火箭研制成功。V-2火箭的成功在现代火箭史上有划时代的意义。

第二次世界大战后，美、苏两国科学家开始发展各自的运载火箭和航天器。1957年，前苏联发射了两级液体洲际弹道导弹SS-6；同年10月4日，又利用当时世界上最大的运载火箭，即SS-6改装的运载火箭，发射了世界上第一颗人造地球卫星，这颗人造卫星被取名为"斯普特尼克号"。从而，开创了航天史的新纪元，为人类开辟了登天之路。

1958年2月，美国用"丘比特"运载火箭把"探险者1号"卫星送上太空。这次发射主要由著名火箭专家布劳恩指挥领导。

前苏联和美国发射人造地球卫星的成功，引发了许多国家对航天活动的热衷和关注，1962年以后，法国、日本、中国先后发射了人造卫星，使得全世界的卫星数量猛增，人造卫星在不知不觉中成为人类生活的一部分。

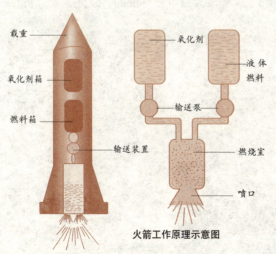

载重
氧化剂箱
燃料箱
输送装置
氧化剂
液体燃料
输送泵
燃烧室
喷口

火箭工作原理示意图

品种繁多的人造卫星

随着科技的发展，世界上许多国家不断传来人造卫星发射成功的消息。在各个轨道运行的人造卫星们组成了一个大家庭，在这个家庭中包含着各个不同的成员。

人造卫星也叫人造地球卫星，其实它是由人工制造、在空间轨道上环地球运行的一种无人航天器。世界上第一颗人造地球卫星是1957年苏联发射成功的。自此到1999年，全世界有5000多颗包括载人飞船和太空探测器及卫星在内的航天器被发射到太空中。其中，9%左右就是种类繁多的人造地球卫星。

这些卫星都是干什么用的？叫什么名字？有一种以偷窃军事情报为主的卫星，即侦察卫星，像一个间谍一样在太空运转，成为发射国家获取情报的有效工具，自1960年左右出现后，成为现代作战指挥系统和战略武器系统的重要组成部分。卫星上装有照相机、红外探测器、电视摄像机及电子侦察仪器等侦察设备。按执行的任务和侦察设备的不同，侦察卫星又可分为照相侦察卫星、电子侦察卫星、海洋监视卫星和导弹预警卫星。侦察卫星是世界上发射数量较多的一种卫星，它占卫星总数的40%～60%。

有一种卫星专门为地面、海洋、天空的空间用户导航定位服务。第一颗这类卫星"子午仪"在1960年4月由美国发射后，10颗各种类型的此种卫星已由世界各国相继发射，现在它们成为了飞机、导弹、潜艇、舰船等各种用户的"向导"，它就是导航卫星。

还有一种卫星叫作测地卫星。它们为洲际导弹发射测定准确的目标位置，主要用来测定地面点坐标、地球形状和地球引力场参数；对地面观测设备的观测目标或定位基准，它起的作用也很大。20世纪60年代初，地球扁率的推算，观测站坐标的测定，计算地球重力场，都是靠观测人造卫星完成的。从此，美、苏、法等国相继发射了测地卫星。

卫星成员中，能迅速、全面、经济地提供有关地球资源情况的卫星是地球资源卫星。美国于1972年发射了世界上第一颗地球资源卫星。它利用20世纪60年代的航空遥感技术，调查森林、水文、耕地种植和农作物生长等情况，帮助人们寻找地下

科学实验卫星

美国的军用卫星

各种卫星的相继应用极大地方便了人们对世界地理、环境及新闻的了解。3 图分别为：通信卫星（左）、导航卫星（中）和气象卫星（右）。

的丰富矿藏，对资源开发和国民经济起到了重要作用。地球资源卫星分为陆地资源卫星和海洋资源卫星。

天气预报中，反复变化的云层是气象卫星拍摄后送回到地面的。气象卫星就是专门用来进行气象观测的。继 1960 年第一颗气象卫星被美国发射后，太空中已经运转着上百颗气象卫星了。云、海水温度、大气温度、湿度和地球表面温度的垂直分布等这些气象资料都是利用气象卫星获得的。气象部门根据这些资料和拍摄到的照片、云图等，做出了天气预报。此外，气象卫星还能找出冷暖海洋交界处，从而找到鱼饵丰富、鱼儿集中的渔场。

通信卫星也叫地球静止轨道卫星。因为它在离地 35 860 千米高空的地球赤道平面内与地球同步运转，所以看起来好像静止地悬挂在空中。1963 年美国发射第一颗同步通信卫星，其覆盖面积大约为地球表面积的 40%。我国成功地发射第一颗通信卫星是在 1984 年，它使电视、电话、电报、传真图片等在大范围内得到迅速转播。人们坐在家里就能收看全世界任何一个电视台的节目。通信卫星还可以用于军事、航空、航海和飞机、船舶的导航等。全球通信的实现是将 3 颗通信卫星等距离分布在赤道上空的同步轨道上。还有一种根据各自的任务选择不同高度的椭圆轨道的卫星是非静止轨道卫星。

在卫星大家庭中还有以观测太阳为主的太阳观测卫星、探测太阳系以外的天体为主的非太阳探测卫星、X 射线天文卫星和 γ 射线天文卫星、紫外天文卫星等。还有一种专门用于拦截敌方卫星的反卫星等。

在卫星家园中，卫星的种类还有很多，远不止以上介绍的这些。

人类探索月球的历程

月球是离地球最近的一颗卫星，其表面凹凸不平，本身不会发光，只能依靠太阳光的反射而发亮。月球的直径约为地球直径的 1/4，引力相当于地球的 1/6，与地球相比，它要小很多。但这颗小小的星球自古至今都引起人们浓厚的兴趣，人们很想知道月球上到底有什么，还赋予它许多美丽的传说。直到 20 世纪五六十年代，人们开始探索月球时，才揭开了罩在月球上的这层面纱。

最早对月球进行探测的国家是前苏联。1959 年，苏联发射了第一个月球探测器"月球 1 号"。这个直径约 1 米、重约 1.5 吨的球体与月球擦肩而过，拍下了

美国宇航员乘"阿波罗"飞船登上月球，这是人类目前登上的除地球外的唯一自然天体。

世界上第一批从地球上无法看见的月球背面的照片。同年9月，"月球1号"进入日心轨道，世界上第一个人造行星就这样诞生了。此后，苏、美两国先后发射了50多个各类月球探测器。美国"阿波罗11号"登月飞船的指令长阿姆斯特朗于1969年第一个踏上了月球多尘的表面。这是人类与月球的第一次亲密接触。

20世纪末，世界各国开始了新一轮的"登月"热。

美国在这一轮"登月"热中仍然走在了前头，"阿波罗"登月计划胜利结束的第25年，美国向月球发射了由美国航天局与美国军方合作研制的第一个探测器——"克莱门汀号"，用以探索月球的奥秘。专家们通过分析探测器所拍的照片和探测数据，发现月球上居然有水存在！由于人类开发和利用月球的效益和前景与月球上是否有水密切相关，所以，科学家们和航天专家们都对月球的水源问题十分关注。

经过多次的探测、分析，专家们已经确定月球上肯定有水存在，而且水量还不少。能否就地获取水源和人类在月球上能否建立基地、长期生存有十分密切的关系。因此这对人类来说，无疑是一个巨大的喜讯，它必将加快人类开发和利用月球的步伐，激发人类登陆月球的热情。

人类在太空的住所——空间站

通俗地说，空间站是航天员在太空的家。他们在那里居住、工作。而这个家则是一个绕地球飞行的航天器。在运行期间，航天飞船或航天飞机把航天员的替换物资和设备送过去。天文和地球的观察，太空医学和生物学的研究，发展新工艺、新技术及航天活动都能在空间站中举行。航天员主要工作场所在轨道舱，休息场所在生活舱。

空间站还有与其他飞船等航天器对接的对接舱，航天员在轨道上出入空间站的气闸舱、装置生命保障系统及供电系统等的设备舱。这些都是空间站的重要组成部分。1971年，前苏联发射了世界上第一个（试验性）空间站"礼炮1号"，总长约12.5米，最大直径4米，总重约18.5吨。它由轨道舱、生活舱和对接舱组成，呈不规则圆柱形，它只有与"联盟号"航天飞船对接的接口。

"礼炮1号"工作了6个月，在进行了载人和不载人的综合性科学考察和对地球的观测后完成使命。

继其之后，苏联又在"礼炮1号"（属于第一代空间站）的基础上先后发射了"礼炮"2～7号6个空间站。

美国也曾于1973年5月发射了一个与苏联"礼炮6号"水平相当的空间站。即"天空实验室"，它也是美国发射的唯一成功的空间站。"天空实验室"总长36米，最大直径6.6米，重79吨，像一架巨大的直升机，由轨道舱、气闸舱、多用途对接舱和太阳望远镜等4大部分组成，其轨道舱是用"土星5号"火箭的第三级改制的。舱外有2块能发出3.7千瓦电力、供舱内仪器使用的翼状太阳能电池集光板。1973年5月、7月和11月，美国相继发射"阿波罗"载人飞船进入太空，与"天空实验室"对接成功。先后有3批共9名航天员在站内分别生活和工作了28天、59天和84天，还出舱活动达40多小时。

苏联的第三代空间站——"和平号"空间站的主舱发射入轨完成于1986年。这个空间站不像其他空间站在地面上一次做完再发射，而是采用模块式结构，先发射基础模块（主舱），再根据需要分别发射单独模块（各种科学实验舱），使它们在轨道上与主舱交会、对接而组成仍继续扩展的空间站，这项工作的难度可想而知。自主舱发射成功后，前苏联又将5个科学舱模块相继发射成功，成功对接。它们分别是：(1)1987年4月发射，长5.8米，最大直径4.2米的"量子1号"天文物理舱。主要用于天体物理研究。舱内有重约11吨，配有观测辐射X射线和紫外线的天体物理学伦琴观测台。 (2) 1989年12月发射的"量子2号"服务舱，长13.7米，最大直径4.4米，重约20吨。这个舱的建立改善了"和平号"的活动空间，增大了电力供应，使全站有了更先进的观测和实验基地，增添了许多新装置和新仪器。 (3) 1990年6月发射，长12.5米，最大直径4.4米，重约20吨的"晶体号"工艺舱。舱内配有6个材料加工的熔炼炉、4个制新药的电池装置和2台照相机。它的主要用途是进行细胞杂交以及有关天体物理、地球物理等方面的技术实验，工业试生产半导体材料，培养各种蛋白质晶体。 (4) 1995年6月发射的"量子4号"光谱舱。因苏联解体，苏、美两国间的冷战状态结束，这个原来准备用于试验探测弹道导弹发射和检测外层空间的舱，后来改用于民间科学实验。 (5) "量子5号"自然舱。1996年4月发射。舱内装有3台辐射计、

3 台光谱仪、2 台扫描仪以及俄法联合研制的用于研究地球大气竖直构造的激光雷达和一部大型合成孔径雷达，还有美国搭载的 600 多千克的科研硬件。它是俄罗斯最先进和最复杂的地球观测航天器。该舱投入使用后，对于地球生活状况、保护地球环境和保证美俄联合飞行任务的成功等方面具有极重要的意义。

自然舱陆续对接成功了，整个过程持续了 10 年之久，而"和平号"空间站的组装全部完成之日，正是当年宣告的它的 10 年寿命到期之时。在"和平号"空间站工作的 10 年中，它的运行都很顺利。所以，在 1989 年底，"量子 2 号"服务舱发射成功之后，前苏联开始了"和平号"的商业经营。美国的蛋白质晶体生成实验装置是它的第一个商业性载荷，56 天以后实验成功，美方对结果十分满意。从此，类似的商业经营连续不断，给前苏联带来了巨大利润。但是自设计寿命终结后，"和平号"已随着岁月的推移逐渐老化而不堪重负了，有 1400 多处大小故障被发现。其中有 60 多处至今未能排除，技术上的缺陷也日渐暴露出来。这座航天大厦摇摇欲坠，事故频频发生。前苏联早在 20 世纪 90 年代初就已经着手研制在"和平号"基础上改进的"和平 2 号"空间站，接替"和平号"，并准备让它在 1997 年左右上天。但是随着前苏联解体，俄罗斯出现经济危机，它已无力继续研制新的代替品，甚至连老化的"和平号"都渐成包袱，无力维持。

1984 年美国宣布要在 10 年内建立起比"和平号"规模大得多的永久性航天站"自由号"空间站，该空间站是一个国际性航天站，欧洲航天局、日本、加拿大都占有一个舱段。

美俄于 1993 年签署了一项具有历史意义的航天合作协议。在"自由号"和"和平号"空间站合作下，一个真正意义的国际空间站"阿尔法号"诞生了。合作者中除美俄之外，美国原"自由号"空间站的伙伴欧洲航天局、日本和加拿大等也加入进去。与"和平号"相比，"阿尔法号"国际空间站有什么不同呢？"阿尔法"国际空间站的结构形式是把各个舱段都建在一根主桁架梁上，统一供电。全站总重达 430 吨，主桁架梁长为 88 米，太阳能电池板翼展宽为 108 米，轨道高度平均为 397 千米，总容积 1200 立方米。最终的空间站由美国 1 个、欧洲航天局 1 个、日本 1 个、俄罗斯 2 个、日美联合的 1 个共 6 个实验舱和 1 个居住舱、2 个节点舱(供放置贮备物资及调节电力用)的服务系统、

发射塔

指挥舱

服务舱

登月舱

第三级火箭

用来发射"阿波罗"月球使者的"土星 5 号"火箭

第二级火箭

第一级火箭

运输系统等组成。全站的建设分 3 个阶段进行。1994 年至 1997 年是第一阶段。美俄两国将美国航天飞机与"和平号"空间站的 7 次对接飞行完成，每次都有一名美国航天员留在"和平号"上完成累计 3 年的工作。

第二阶段要达到有 3 人在轨工作的能力。从 1998 年 6 月开始至 1999 年 6 月

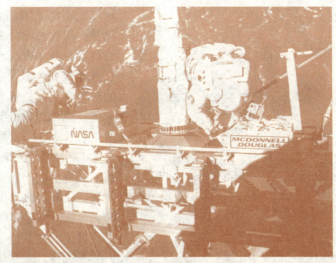

在国际空间站外工作的宇航员

完成，这是只有美俄两国参加完成的奠基工作阶段，美国的 2 个节点舱、俄罗斯的服务舱、美国的实验舱和俄罗斯的"联盟号"飞船与多功能货舱会分别发射入轨。站上将有初期科学研究所用的 13 个科研实验柜和 10 千瓦的电力。到本阶段结束时，空间站的核心部分将建成，达到有人照料的能力。

从 1998 年 11 月至 2003 年 12 月进行第三阶段的建设，达到 6 ～ 7 人在轨长期工作的能力。俄罗期将把自己的"和平号"空间站上最后到位的光谱舱和自然舱移到国际空间站应用。美国的桁架结构、太阳能电池板、加拿大的移动服务系统、欧洲航天局的"哥伦布"实验舱、日本的实验舱和俄罗斯的桁架结构及太阳能电池板将会先后在此阶段组装。最后，发射美国的居住舱，自此国际空间站的建设装配彻底完工。

预计国际空间站建成后将会运行 10 年，到 2012 年它的寿命自然终结。从此这一跨世纪的伟大航天器将为人类在 21 世纪观察地球和进行科学研究提供了一个前所未有的场地，为人类长期探索太阳系打开了大门，人类的生活条件将会大为改善，也为未来的地外旅行开辟了一条新路。

海水温差也可用来发电

海洋是一个巨大的资源宝库，人类正尽其所能地对它进行开发和利用。有数据显示，世界上最大的太阳能收集器是海洋，2 500 亿桶石油同时燃烧发出的热量仅相当于 6 000 万平方千米的热带海一天吸收的太阳能。因此，把海洋比喻成巨大的能源宝库是毫不夸张的说法。海洋每年吸收的太阳能相当于 37 亿千瓦时，如此算来，人类目前用电量只占其中的四千分之一左右。海洋为什么会具有如此大的能量呢？这是因为，海洋占地球面积的 70%，除了南北两极和浅海，辽阔的

海水温差发电示意图

海水温差发电技术，是以海洋受太阳能加热的表层海水（25～28℃）作高温热源，而以500～1000米深处的海水（4～7℃）作低温热源，用热机组成的热力循环系统进行发电的技术。

海岸是不结冰的，海水的上层贮存着大量热量。南北回归线之间是一个温暖而舒适的环境，海洋表面水温平均为27℃。然而在海洋深处，海水是很冷的。在赤道两侧的热带海区，一旦到数十米以下，海水温度便会急剧下降。到500米深处，海水温度只有5～7℃；到2000米以下，大约只有2℃左右了。如此一来，吸收阳光的表层海水温度高，而终不见日光的深层海水温度低。这样，海洋中存在着的温度差异非常大，有时相差20℃。如此大的温差必然造成很大的热量差异，所以说海水是个巨大的吸热体，它是地球上储存太阳能的最大热库。现在，人们正在积极利用大海这个巨大的热库进行发电，试图将其巨大的能量差异转换为电能为人类服务。

首先进行这方面尝试的是一个叫克劳德的法国物理学家。1926年，他在古巴近海用海洋温差发出了功率22千瓦的电。这种利用海水温差将海洋热能转换成电能并加以利用的发电方法称为"海水温差发电"

法，这在科学领域是一次突破。对于这一突破，许多科学家为之欢呼雀跃，因为他们的信心更足了。事实就摆在眼前，利用海洋表面的温水、深层的冷水之间的温度差，然后结合人类先进的科学技术，得到大量的电能只是时间问题。

经过半个多世纪的探索，科学家们已经找到了两种利用海水温差进行发电的方法。一种方法是利用被太阳晒热的温海水，使被加压的一种液体氨变成蒸气。然后，用这种蒸汽去推动汽轮发电机发电。最后，再用深海的冷水使氨蒸汽冷却，变成液体循环使用。

另一种发电方法的优点更多，它可以不受变化无常的潮汐和海浪的影响，不需要消耗任何燃料，更不会污染环境，人们在得到电能的同时可以得到大量味道甘美的淡化海水。这种方法是由美国科学家发现的。

在美国凯路业科的实验电站里，吸收了太阳热能的上层海水通过13根白色塑料管道被注入一个容器里。由于压力很低，温海水在这里一下子沸腾起来，蒸汽就产生了。蒸汽能转而推动汽轮发电机，电就发出来了，用过的蒸汽被送入管道，再用从800米深处抽上来的冷海水使它冷却，凝结成淡化水。

当然，利用海水温差发电成本过高，而且还有许多技术难关需要突破。相信在不久的将来，人类定能攻克难关，在海水发电上取得辉煌的成就。

超导体

1911 年，荷兰莱顿大学的海科·卡茂林·昂尼斯（1853—1926 年）偶然发现，将汞冷却到液态氦的温度时，汞的电阻突然消失了。后来他又发现许多金属和合金都具有与上述汞相类似的低温超导态。这一发现引起了世界范围内的震动。在他之后，科学家们开始把处于超导状态的导体称为超导体，并将超导体应用到医学成像、交通运输和粒子研究等多个领域。

由于低温的作用，超级冷却的超导体使磁铁在其周围"飘浮"，这就是磁悬浮现象。超级冷却的材料也可以产生蒸汽，如图中显示的一样。

超导体对流经的电流没有任何阻碍。超导体在 1911 年就被发现了，但是多年以来，科学家们认为超导只有在导体温度极接近绝对零度（−273.15℃）时才会发生。超导现象发生时的温度即为临界温度（Tc）。在大部分 I 型超导体中，首先被确定的是金属或准金属（介于金属与非金属之间的一类物质），并且它们只有在极低的温度下才能发生超导现象。某些合金和金属化合物被划入 II 型超导体，具有更高的临界温度——特别是施加超高压时。直到 1985 年，科学家发现了在普通大气压下具有的最高临界温度为 23.2K（−249.95℃）的超导体——铌的一种合金。

1986 年，"高温"超导研究取得了突破性的进展。1986 年，IBM 苏黎世欧洲研究中心的两位科学家阿列克斯·穆勒（1927 年—）和贝德诺尔茨（1950 年—）在镧−钡−铜−氧化物陶瓷材料上发现了高温超导电性——尽管陶瓷材料常用做绝缘材料。这种金属氧化物陶瓷材料的超导临界温度约 35K（−238.15℃）。尽管 35K 还是一个超低的温度，但是这个发现暗示找到具有更高超导临界温度的材料是可能的，这就进一步激发了科学家研究的兴趣。就在穆勒−贝德诺尔茨超导新发现发布几个月后，一些实验室用锶代替原来的钡，将超导临界温度提高到 39K（−234.15℃）。1987 年 3 月，物理学家朱经武（1941 年~）及其同事在美国休斯敦大学，以及阿拉巴马大学的吴茂昆等研究人员，用钇取代原来的金属镧，构成的钡−钇−铜金属氧化物陶瓷材料的超导临界温度升高到 98K（−175.15℃）。他们将其命名为"ibco"，并且根据材料中的三种原子钇、钡、铜组成比例将这类的超导材料称作 1−2−3 化合物。在 1987 年上半年，至少有 800 篇关于高温超导研究的论文发表在科学期刊上，并且在下半年，这方面的论文以每周 30 篇的速度迅速递增。1988 年，许多实验室称，由铊、钡、钙、铜和氧组成的化合物超导临界温度达到了 125K（−148℃），还有报道称，铊化合物超导临界温度已

20世纪末，日本磁悬浮列车试验成功，高速磁悬浮列车有望将从东京到大阪的时间缩短至1个小时，最高时速可达500千米／小时。

高达140K（−133.15℃）。铊基化合物在英国被为"烟草"。铊类化合物很难被分析，因为其具有超强的毒性。

在许多科学家继续研究陶瓷材料时，另一些科学家则转向了全新的超导研究方向，并在"巴基球"（1985年富勒发现）上发现了超导性。巴基球是碳原子的三种同素异构体之一（另外两种形式是石墨和金刚石），巴基球分子（C_{60}）是由60个碳原子以球状相互键合而成，外观形状像一个微小的足球。1991年，ＡＴ＆Ｔ（美国电报电话公司）贝尔实验室研究人员将钾原子掺杂在C_{60}中构成K_3C_{60}，发现其是一种超导体，超导临界温度为18K(−255.15℃)。其他的研究人员后来改变了K_3C_{60}的组成，用铷或铯取代钾原子，其超导临界温度提高到33K（−240.15℃）；当用铊取代钾时，超导临界温度升高到42K（−231.15℃）。

1993年，超导临界温度问题又取得了突破性的进展，在瑞士苏黎世联邦技术研究所，由汉斯·Ｒ.奥特领导的研究小组研制出一种由汞、钡、钙、铜和氧四种元素组成的陶瓷化合物材料，其超导临界温度达到了133K(−140.15℃)。同年不久，休斯敦大学的朱经武和法国格勒诺布尔极低温度国家研究中心的曼努尔·努伊兹－雷盖罗研制的汞基陶瓷材料在15万～23万倍于海平面大气压的超高压条件下，其超导临界温度达到了153K(−120.15℃)。有些研究小组声称已经发现了室温——300K(26.15℃)——下的超导体，但是没有任何证据证明其真实性。

物理学家们都在积极地寻求有价值的研究成果。低温超导体材料必须浸在液氦中，这既不方便又很昂贵。与之相反，液氮不但丰富、价廉而且使用方便。液氮的沸点为77K(−196.15℃)，适合高温超导体材料的冷藏。

由超导体材料制成的导线用于制造超导磁体。超导磁体在磁分离及医学成像方面有重要作用，而且还可以用于磁悬浮列车。磁体使列车悬浮，消除了列车与车轨之间的摩擦。2003年12月，日本一列磁悬浮列车在山梨磁悬浮测试线上行驶速度高达581千米／小时。由超导导线制成的发电机体积只有传统发电机的一半大小，但是其发电效率超过传统发电机的99%。闭合超导线圈可以储存电流而没有一点损耗，可用来制造零损耗充电电池。